Spannungsfeld Familienkindheit

Reihe Kindheitsforschung

Im Auftrag des Zentrums für Kindheits- und Jugendforschung, Universität Bielefeld, herausgegeben von

Wolfgang Melzer
Georg Neubauer
Uwe Sander
Klaus-Peter Treumann
Ingrid Volkmer

Band 14

Alois Herlth
Angelika Engelbert
Jürgen Mansel
Christian Palentien (Hrsg.)

Spannungsfeld Familienkindheit

Neue Anforderungen, Risiken und Chancen

Leske + Budrich, Opladen 2000

Gedruckt auf säurefreiem und alterungsbeständigem Papier.

Die Deutsche Bibliothek – CIP-Einheitsaufnahme
Ein Titeldatensatz für diese Publikation ist bei Der Deutschen Bibliothek erhältlich.

ISBN 3-8100-2899-1

Druck: Druck Partner Rübelmann, Hemsbach
Printed in Germany

Inhalt

IV. Schwierige Grenzziehungen

V. Ungleiche Lebenslagen

Postmoderne Familienkindheit?

Anforderungen, Risiken und Chancen

Angelika Engelbert, Alois Herlth, Jürgen Mansel, Christian Palentien

1. Familienkindheit als Spannungsfeld

Was wir heute als „Familienkindheit" bezeichnen, hat sich erst in der Mitte des 20. Jahrhunderts voll entfaltet: Wie die Geschichte der Kindheit zeigt, hat gerade die Familie mit Blick auf das Aufwachsen von Kindern und ihre gedeihliche Entwicklung einen ganz erheblichen Bedeutungszuwachs erfahren, der insbesondere durch eine Zunahme elterlicher Zuständigkeit und Verantwortlichkeit geprägt ist (vgl. Neumann, 1993; Honig, 1993). Dies läßt sich vor allem daran erkennen, daß die gesellschaftlichen Anforderungen an die familialen und somit elterlichen Erziehungsleistungen enorm gestiegen sind. So hat sich nicht nur die Phase des Aufwachsens mit den Eltern in einem gemeinsamen Haushalt zeitlich zum Teil bis weit in die zweite Hälfte des dritten Lebensjahrzehnts junger Menschen ausgedehnt. Insbesondere die Ansprüche an das Ausmaß, die Intensität und die vor allem die „Qualität" der Versorgung, Betreuung und Zuwendung, die Kinder durch ihre Eltern erfahren sollen, sind deutlich gestiegen. Und damit hat auch der zeitliche, finanzielle, personelle und affektive Aufwand, der den Eltern „abverlangt" wird, erheblich zugenommen.

Die Entstehung einer so gekennzeichneten „Familienkindheit" kann man als eine gleichsam notwendige Konsequenz gesellschaftlicher Modernisierung betrachten, die zum Ausdruck brachte, daß junge Menschen in einem gestiegenen Maße und in besonderer Weise auf ihre Familien verwiesen und angewiesen sind, um erwünschte Kompetenzen und Identität entwickeln und einen eigenen Platz in der Gesellschaft finden zu können. Dementsprechend hat aber nicht nur der „gesellschaftliche Druck" auf die Eltern, sich der Erziehungsverantwortung und den damit verbundenen Alltagsanforderungen zu stellen, deutlich zugenommen. Vielmehr scheint auch das Interesse von Eltern, ihren Kindern gerecht zu werden, sie zu umsorgen und ihr Hineinwachsen in die Gesellschaft nach Kräften zu fördern, nie zuvor stärker entwickelt gewesen zu sein als gerade in der zweiten Hälfte des 20. Jahrhunderts (vgl. Beck-Gernsheim, 1990).

Realisieren konnte sich ein solches Zuwendungs-, Versorgungs- und Förderungsniveau nur auf der Basis der „modernen Familie", und zwar wie sie sich im Leitbild der „bürgerlichen Familie" darstellt. Die für die Ausprägung der Familienkindheit wesentlichen Strukturmerkmale dieses Familientyps waren insbesondere zum einen eine bestimmte Form geschlechtsspezifischer Arbeitsteilung, die zur „Freisetzung“ der Mutter für die Sorgeanforderungen der Kinder führte, und zum anderen die Ehebasierung im Sinne einer „Unterordnung“ der (ehelichen) Paarbindung unter das Familieninteresse (vgl. König, 1966). Mit diesen Strukturmerkmalen und einer sich besonders in der zweiten Hälfte des 20. Jahrhunderts mehr und mehr etablierenden wohlfahrtsstaatlichen Absicherung der Familie waren die Grundlagen dafür geschaffen, die Familie als eine gesellschaftlich ausdifferenzierte „Spezialagentur“ für das Aufziehen und Erziehen von Kindern zu betrachten. In ihr – so wurde angenommen – konnten Kinder wie selbstverständlich einen verläßlichen und kontinuierlichen Zugang zu liebevoller Versorgung und Zuwendung, Unterstützung und Schutz, Anregung und Förderung finden. In diesem Sinne hat sich mit dem Begriff „Familienkindheit“ auch die Vorstellung vom Aufwachsen der Kinder in einer speziell auf die Bedürfnisse von jungen Menschen ausgerichteten – „kindzentrierten“ – Sonderumwelt verknüpft, die gleichzeitig spezifischen pädagogischen Normen unterworfen war, nämlich die Persönlichkeitsentwicklung der Kinder optimal zu fördern. Diese Entwicklung wurde obendrein durch gesellschaftliche Modernisierungsprozesse in anderen Teilbereichen der Gesellschaft forciert, die zu einer „Verhäuslichung“ (Zinnecker) und „Verinselung“ (Zeiher) der Kindheit führen mußten und den spezifischen „Anforderungscharakter“ der *Familienkindheit* entscheidend mitgeprägt haben.

In der „Verteidigung der bürgerlichen Familie“ durch Berger u. Berger (1983) kommen Bedeutung und Besonderheit dieses sozialen Arrangements für die Persönlichkeitsentwicklung von Kindern besonders deutlich zum Ausdruck – verknüpft mit der Forderung, dieses Arrangement dürfe um seiner einzigartigen Leistungen willen nicht zur Disposition stehen. Allerdings zeigt das offensichtliche Erfordernis einer solchen „Verteidigung“ bereits an, daß seit einiger Zeit Entwicklungen beobachtbar waren, die das bislang skizzierte Bild der Familienkindheit mehr und mehr als Relikt einer vergangenen Epoche erscheinen ließen. Dies ist zuallererst eine Folge der *Veränderungsdynamik*, die die familialen Lebensformen ergriffen hat und die insbesondere durch *sechs Aspekte* charakterisiert werden kann:

Erstens verflüchtigte sich seit dem Ende der 60er Jahre zusehends der institutionelle Verweisungszusammenhang von Ehe und Elternschaft, mit der Folge einer deutlichen Zunahme nicht-konventioneller Familienformen, mit denen Kinder klarkommen müssen. *Zweitens* kündigten – wie Franz-Xaver Kaufmann es formulierte – die Frauen in zunehmendem Maße den „Geschlechtervertrag“ (Kaufmann, 1988), mit der Folge gravierender Veränderungen in den familialen Alltagsarrangements, deren Kernproblem die Vereinbarkeit von Erwerbstätigkeit und Kinderbetreuung wird. *Drittens* erbrachte eine veränderte Sicht auf die Kinder – weg vom Zögling und Sozialisanden hin zum „eigenaktiven Gestalter“

(vgl. Qvortrup, 1993) – Veränderungen in den Erziehungsnormen und -praktiken, die das elterliche „Erziehungsprojekt" vor völlig neue und in Ihren Konsequenzen schwer abschätzbare Herausforderungen stellte. *Viertens* verlor das *familiale* Zusammenleben seinen biographischen Monopolcharakter als „normale erwachsenengemäße" Lebensform, mit der Folge, daß sich die Familie als eine *Option* neben anderen zusehends einer Kosten-Nutzen-Logik ausgesetzt sieht und die Erziehung von Kindern, in Konkurrenz mit anderen biographischen Optionen, unter Wettbewerbsdruck gerät. *Fünftens* verbinden sich mit dem Zusammenleben in Familien *gesteigerte Erwartungen und Ansprüche* an die Qualität der Beziehungen, die auf einen nachhaltigen „Bedeutungswandel" (Nave-Herz, 1989) hindeuten, der sich sowohl auf der Ebene der elterlichen Paarbeziehung (vgl. Lenz, 1998, 267ff.) als auch auf der Ebene der Eltern-Kind-Beziehung (vgl. Huinink, 1997) vollzogen hat. Das hat zur Folge, daß Familienbeziehungen aufgrund der auf beiden Ebenen gesteigerten Ansprüche in zunehmendem Maße konfliktanfällig und verletzlich erscheinen. *Sechstens* sehen sich die familialen Lebensformen mit Blick auf ihre Leistungen und die Bedingungen ihrer Leistungsfähigkeit vermehrt „strukturellen Rücksichtslosigkeiten" ausgesetzt (vgl. Fünfter Familienbericht, 1994, 20ff.; Kaufmann, 1995, 169ff.). Gemeint ist damit die in gesellschaftlichen Differenzierungsprozessen angelegte Entfaltung der Eigenlogiken der gesellschaftlichen Teilbereiche (z.B. Wirtschaft, Politik, Recht, Kultur usw.), die sich gegenüber den Funktionsbedingungen und Interessenlagen von Familien zunehmend indifferent verhalten, mit der Folge, daß aufgrund der gegebenen Abhängigkeiten der Familie von den anderen Teilbereichen das Zusammenleben in Familien deutlich erkennbar belastet und erschwert wird.

Im Ergebnis bedeutet dies, daß uns die Familienkindheit heute mehr und mehr als ein Spannungsfeld erscheint, das durch Widersprüchlichkeiten, Ambivalenzen und Unvereinbarkeiten gekennzeichnet ist und mit einer Vielzahl von Erschwernissen und Risiken für das gedeihliche Aufwachsen von Kindern verbunden ist. Diese zeigen sich einmal auf der familienstrukturellen Ebene, wo wir in vermehrten Maße „*unterschiedliche Familienformen und veränderte Familienrollen*" beobachten. In der familiensoziologischen Literatur wird dies als „Pluralisierung" beschrieben und bringt zum Ausdruck, daß sich im familialen Zusammenleben heute veränderte und sehr unterschiedliche Lebensentwürfe und biographische Konstellationen widerspiegeln. Wie Kinder in solchen unterschiedlichen familialen Arrangements aufwachsen und was diese Unterschiede für ihr Wohlbefinden und ihre Persönlichkeitsentwicklung bedeuten, ist ein erstes Problemfeld, das in diesem Sammelband aufgegriffen wird. Zum zweiten zeigen sich Erschwernisse und Risiken auf der binnenfamilialen Beziehungsebene: Wenn sich mit dem familialen Zusammenleben immer anspruchsvollere Erwartungen an die kommunikative Qualität der Beziehungen und ihren jeweiligen personalen Nutzen verbinden, hängt gedeihliche Entwicklung der Kinder vor allem davon ab, wie es den Familienmitgliedern auf der Ebene der elterlichen Paarbeziehung und der Ebene der Eltern-Kind-Beziehung gelingt, ihre jeweiligen Erwartungen, Ansprüche und Interessen kommunikativ einzubringen und auszubalancieren (vgl. Rerrich, 1988). Wir stoßen hier auf *„anspruchsvolle Familienwelten*" und auf *„schwierige Grenzziehungen*", die in diesem Sammelband dargestellt werden. Zum dritten ergeben sich Erschwernisse und Risiken, weil die Erziehungsleistungen der Familien in einem gesellschaftlichen Umfeld erbracht werden, das sich gegenüber diesen Aufgaben und Anforderungen zunehmend indifferent verhält. Für die Familien ergeben sich hier Probleme, wenn deshalb Ressourcen (z.B. Einkommen, Dienstleistungen) nicht hinreichend zur Verfügung stehen oder Belastungen durch die Kindererziehung nicht hinreichend kompensiert werden. Als Problem für das Aufwachsen der Kinder erweisen sich dabei vor allem die *„ungleichen Lebenslagen*", aufgrund derer gerade die ökonomische Ressourcenschwäche einer wachsenden Zahl von Familien zu einer Risikolage ersten Ranges wird. Darauf wird im letzten Teil dieses Sammelbandes eingegangen.

Zur analytischen Einordnung dieser hier skizzierten Entwicklung kann man sich auf modernisierungstheoretische Erklärungsansätze beziehen. Im Wandel der Familie im allgemeinen und in den hier aufgezeigten Risikokonstellationen – so läßt sich vermuten – spiegelt sich eine historisch neuartige „radikale Konsequenz der Moderne", die Diskontinuitäten im Wandel nicht nur einschließt (Giddens, 1995), sondern *Veränderbarkeit* zum Prinzip erhoben hat, wobei die erfahrbaren Folgeprobleme der Modernisierung noch deutlicher als in früheren Phasen eine „Distanz von einem naiven Fortschrittsglauben" bewirken (Kaufmann, 1988, 407).

Gemeint ist damit eine „Verschärfung" gesellschaftlicher Modernisierung, die in zunehmendem Maße Entwicklungsbrüche, Diskontinuitäten, Widersprüchlichkeiten und Ambivalenzen offenbar werden läßt. Die o.a. Veränderung der Familienkindheit kann als ein Beispiel dafür betrachtet werden. Daher liegt es nahe, sich bei der Deutung und Erklärung dieser Veränderungen auf den *Postmoderne-Diskurs* zu beziehen, wie dies bei einer Reihe von Beiträgen in diesem Sammelband geschieht und wie dies Ende der 80er Jahre erstmals von Kurt Lüscher (1988) vorgeschlagen wurde. In seiner soziologischen Wendung geht es in diesem Diskurs um die Folgeprobleme einer entfalteten gesellschaftlichen Differenzierung im Hinblick auf die Lebenspraxis der Menschen, die dazu führten, daß es für sie immer schwieriger werde, den Alltag „nach ihren Bedürfnissen und Wünschen zu gestalten" (Lüscher, 1988, 16).

Ein erster Aspekt einer solchen Betrachtungsweise betrifft das ‚Zerbröseln' ehedem verbindlicher gesellschaftlicher Leitbilder und institutionalisierter Verweisungszusammenhänge, zu denen insbesondere auch die „moderne Familie" zu zählen ist. An die Stelle dieser Leitbilder und festgefügten Verweisungszusammenhänge tritt etwas, das von Lüscher „*gesellschaftliche Aleatorik*" genannt wurde (1988, 16f.) und Optionserweiterung, zunehmende Konkurrenz der Handlungsmöglichkeiten sowie Flexibilität und Revidierbarkeit als zu präferierende Handlungsorientierungen beinhaltet. Die o.a. Pluralisierung und Diversifizierung der familialen Lebensformen kann als Beleg für eine solche Entwicklung gelten. Ein zweiter Aspekt folgt diesem Gedanken zwingend: die zunehmende *Offenheit* von Entwicklungsprozessen, die nicht mehr von einer „Fortschrittsidee" zielgerichtet vorangetrieben erscheinen und sich statt dessen einer „Anything goes"-Logik unterwerfen – mit der Folge zunehmender Unsicherheit im Hinblick auf die jeweilige Tragfähigkeit und den Bestand von individuellen Auswahlen und Entscheidungen. Dies finden wir auch auf der Ebene des familialen Zusammenlebens wieder, wo die Fähigkeit des Familiensystems, sich an neue Gegebenheiten anzupassen und mit Veränderungen klarzukommen, ganz offensichtlich zu einer wesentlichen Voraussetzung ihrer Funktionsfähigkeit geworden ist (vgl. Herlth, 1988). Schließlich ist als ein dritter Aspekt die zunehmende *Ambivalenz* der Modernisierungsprozesse (Gabriel, 1994, 139ff.) zu nennen, für die sich ebenfalls im Alltag des familialen Zusammenlebens zahlreiche Belege finden lassen, wenn z.B. divergierende Interessenlagen und Ansprüche zwischen den Geschlechtern und den Generationen aufeinanderprallen und kommunikativ bewältigt werden müssen (vgl. Lüscher/ Pajung-Bilger, 1998, 27ff.). Im folgenden wollen wir kurz skizzieren, wie die hier angesprochenen Probleme des Spannungsfeldes Familienkindheit von den Autorinnen und Autoren dieses Sammelbandes aufgegriffen und „verarbeitet" werden.

2. Unterschiedliche Familienformen und veränderte Familienrollen

Ganz offensichtlich erodieren im Zuge des familialen Wandels gerade die familialen Muster und Strukturen, die traditionell als Voraussetzung einer Erfüllung der enorm gestiegenen Leistungsanforderungen an die Familie gegolten haben: die dauerhafte bzw. lebenslange Ehe sowie die Form der geschlechtsspezifischen Arbeitsteilung, die eine Freisetzung der Frau für die Versorgung, Betreuung und Erziehung der Kinder ermöglichte. Nun treffen in zunehmendem Maße die o.a. gestiegenen Anforderungen an Aufwand und Qualität im Bereich familialer Erziehung auf veränderte familiale Rahmenbedingungen. Der institutionelle Verweisungszusammenhang von ehelicher

Paarbindung und Elternschaft entkoppelt sich (Tyrell/ Herlth, 1993). Die elterliche Paarbindung folgt zunehmend ihrer eigenen „Glückslogik“, die den Kindern riskante Anpassungszumutungen auf der Strukturebene familialen Zusammenlebens abverlangt. Derartige Brüche und Anpassungszwänge prägen den Alltag eines in den zurückliegenden 30 Jahren deutlich gestiegenen Anteils von Familien. Gerade weil das herkömmliche „bürgerliche“ Familienmodell unbestreitbare Vorteile für das Aufwachsen von Kindern bietet und obendrein immer noch das mit Blick auf die Verbreitung dominierende Muster ist, stehen „neue“ Muster, wie etwa das Alleinerziehen, das nicht-eheliche Zusammenleben oder die erneute Paarbindung nach einer Scheidung im Hinblick auf das Gelingen von Erziehung fast zwangsläufig unter besonderem Beweisdruck, und zwar ohne sich auf kulturell etablierte Vorgaben beziehen zu können, weshalb man solche Muster als „nichtkonventionelle“ bezeichnen sollte. Dies wirft die Frage auf, welche nichtkonventionellen familialen Arrangements welche Verbreitung gefunden haben, wodurch die Lebenssituation von Kindern in diesen unterschiedlichen Familienformen gekennzeichnet ist und welche Auswirkungen dies auf ihr Wohlbefinden und ihre Entwicklung hat.

Die in diesem Sammelband zusammengetragenen Beiträge von *Liselotte Wilk*, *Marina Rupp*, *Dagmar Hoffmann* und *Elisabeth Schlemmer* befassen sich mit solchen Formen und Konsequenzen des Aufwachsens in nichtkonventionellen Familien. Der Kern der Problematik steckt in der andersgearteten partnerschaftlichen Konstellation bei den Eltern, mit der die Kinder in den unterschiedlichen Lebensphasen und unter unterschiedlichen Lebensbedingungen zurechtkommen müssen. Das Aufwachsen mit nur einem Elternteil, die Nicht-Ehelichkeit der elterlichen Paarbeziehung und der „Elternzuwachs“ in Stiefelternkonstellationen sind – wie *Wilk* aufzeigt – die markanten Merkmale der Lebenssituation vieler Kinder und Jugendlicher geworden. Für das Gelingen von Eltern-Kind-Beziehungen sind solche Konstellationen eine riskante Herausforderung, da ihnen – wie *Wilk* ferner betont – eine „normativ-kulturelle Verankerung“ fehlt. Jedoch scheinen weniger die strukturellen Unterschiede in den familialen Arrangements für die Chancen der Kinder auf ein gedeihliches Aufwachsen von Bedeutung zu sein als vielmehr – wie gerade die Beiträge von *Rupp*, *Hoffmann* und *Schlemmer* belegen – die mit solchen Arrangements jeweils einhergehenden häufig typischen Lebenslagemerkmale, deren besondere Brisanz heute in der Bundesrepublik obendrein durch charakteristische *Ost-West-Unterschiede* unterstrichen wird, was sich in den Beiträgen von *Rupp* und *Hoffmann* zeigt.

„Unterschiedlichkeiten“ in den Familien heutiger Kinder sind aber keineswegs allein auf einer morphologischen Ebene auszumachen. Der Wandel der Familienkindheit ist im besonderen Maße auch auf den Wandel der Frauenrolle zurückzuführen, die sich nun durch eine doppelte Orientierung auf Familie und Beruf auszeichnet. Da sich die gesellschaftliche Umwelt dieser neuen Frauenrolle aber noch nicht in ausreichendem Maße angepaßt hat, ist die Realisierung beider Ziele in aller Regel mit erheblichen Spannungen und Konflikten verbunden. Spannungen ergeben sich nicht nur daraus, daß die Männerrolle sich in der Alltagspraxis noch nicht um den Zuständigkeitsbereich Haushalt und Familie erweitert hat, sondern auch daraus, daß entsprechende Bemühungen der Männer häufig auf den expliziten oder impliziten Widerstand der Frauen stoßen. In diesem Zusammenhang stellt sich auch die Frage nach den Folgen, die solche Rollenmuster und Rollenkonflikte für die Familienkindheit und insbesondere für die Eltern-Kind-Beziehung haben.

Mit dem Wandel der Mutterrolle und seinen Bezügen zur Familienkindheit setzt sich *Yvonne Schütze* auseinander. Sie kommt zu dem Ergebnis, daß Vorstellungen darüber, wie Mütter sein sollten, keiner linearen Entwicklung folgen, sondern sich eher wellenförmig beschreiben lassen und eine wechselnde Abfolge liberaler und rigider Rollenvorschriften widerspiegeln. Als invarianter Kern können Zuwendung und Fürsorge für das Wohl des Kindes gelten. Beobachtbare Wandlungserscheinungen, wie etwa der Rückgang autoritärer Haltungen oder die Reduzierung des elterlichen Einflusses auf bestimmte Lebensbereiche der Kinder lassen sich weniger auf einen Wandel der Mutterrolle als vielmehr auf „Prozesse funktionaler Differenzierung zurückführen, die den Wandel der Kindheit in und außerhalb der Familie auslösen." Auch wenn wir keine Belege dafür finden, daß der Wandel der Mutterrolle sich auf die Qualität der Mutter-Kind-Beziehung auswirkt, so sind jedoch Konsequenzen für das binnenfamiliale Rollengefüge, das ehedem durch Rollenkomplementarität geprägt war, offenkundig, die man mit dem Begriff der zunehmenden Familieninvolviertheit der Väter auf den Punkt bringen kann. Der Beitrag von *Alois Herlth* fragt nach den Konsequenzen einer solchen Veränderung in den familialen Rollenarrangements und sieht die Kinder als eindeutige Gewinner dieser Entwicklung.

3. Anspruchsvolle Familienwelten

Als eines der zentralen Charakteristika der „postmodernen Familie" kann die deutliche Aufwertung der Paarbeziehung gelten. Shorter (1989, 225) geht im Anschluß an Ariès gar davon aus, daß aufgrund der erwachsenenbezogenen Beschäftigung mit der eigenen Selbstverwirklichung und der gestiegenen Aufmerksamkeit für die angemessene Qualität der Zweierbeziehung die Kinder vom ersten Platz der familieninternen Relevanzen verdrängt und neue Prioritäten und Spannungen erzeugt werden. Dies ist sicherlich auch darauf zurückzuführen, daß partnerschaftliche Beziehungen aufgrund von Individualisierungsprozessen bedeutungsvoller, aber zugleich auch schwieriger werden und insofern mehr Aufmerksamkeit und Energien auf sich ziehen. Damit scheint die lange Zeit unhinterfragte Koppelung von Ehe und Elternschaft (Tyrell/ Herlth, 1994) nicht mehr zu gelten, was sich ohne Zweifel in der o.a. stärkeren Verbreitung nichtkonventioneller Familienformen äußert.

Gleichzeitig wird aber auch die Eltern-Kind-Beziehung in der Form des Normkomplexes „verantwortete Elternschaft“ (Kaufmann) bedeutsamer. Dies schließt nicht nur emotionale Zuwendung, sondern auch die verantwortliche Gestaltung und Organisation des Kinderalltags mit ein, der nicht zuletzt aufgrund räumlicher, sozialer und zeitlicher Differenzierungstendenzen zunehmend zersplittert und „verinselt“ (Zeiher, 1983) erscheint und der Koordination und Integration bedarf. Gerade die Stärkung der Teilelemente Partnerschaft und Elternschaft muß also als wesentliches Moment ihrer Entkoppelung gelten. Ihre Vereinbarung stellt insofern höchste Ansprüche an das Emotions- und Alltagsmanagement der Familien.

Lüscher u. Lange (1996, 29) sehen den Familienalltag denn auch als „Schauplatz und Drehscheibe“ der postmodernen Widersprüche. Dieser Familienalltag und die sich hier manifestierenden Kommunikationsstrukturen und Familienbeziehungen sind demnach zunehmend von pluralen Interessen, Verpflichtungen und Zeitverwendungen und damit auch von Spannungen und Konflikten geprägt. Die notwendige „Inszenierung des Alltags“ (Beck-Gernsheim 1994, 8) basiert darauf, daß eingespielte Regeln und Muster nicht mehr greifen, sondern immer öfter Entscheidungen notwendig werden, deren Konsequenzen offen bleiben müssen. Dies schafft Unsicherheiten, läßt traditionelle Dominanzen aber auch disponibel werden und eröffnet damit Raum für eine stärkere Beteiligung der Kinder.

Anspruchsvoll erscheinen die Familienwelten vor allem, weil Eltern und Kinder sich mit ihren unterschiedlichen Interessen in Aushandlungs- und Ausbalancierungsprozesse begeben. Eltern müssen ihre Kinder in ihren elterlichen Familienalltag integrieren, die Kinder aber wollen ihren Kinderalltag in kindgemäßer Weise eigen-willig leben und selbst gestalten. Wie unterschiedlich dies in Familien gehandhabt wird, zeigt *Helga Zeiher* an der Art und Weise, wie in Familien Kinder in die Haushaltstätigkeit und damit in die gemeinsame Versorgungsgemeinschaft integriert werden. Dabei erscheint es geradezu als eine Konsequenz der Akzeptanz kindlicher Selbständigkeit, Kinder in eine gemeinsame Verantwortlichkeit in der familialen Versorgungsgemeinschaft einzubeziehen. Gelingen kann dies nur auf der Grundlage funktionierender Eltern-Kind-Beziehungen.

Besondere Anforderungen und Herausforderungen ergeben sich für die Eltern-Kind-Beziehungen – wie der Beitrag von *Kurt Kreppner* zeigt – zum einen durch „normale" familienzyklische Veränderungen im Familienalltag und durch die immer häufiger auftretenden Veränderungen in der strukturellen Zusammensetzung der Familien, z.B. als Folge von Ehescheidungen. Eindeutig belegt erscheinen dabei die mit diesen Veränderungen einhergehenden Konsequenzen für die familialen Kommunikationsmuster. Jedoch dürfte die Bedeutung familienstruktureller Unterschiede als solche für die Persönlichkeitsentwicklung von Kindern eher zu vernachlässigen sein. Entscheidend seien die Beziehungsqualitäten.

Einzelnen Merkmalen der Beziehungsqualität gehen die Beiträge von *Dieter Kirchhöfer* und *Catarina Eickhoff* nach. Der Beitrag von *Dieter Kirchhöfer* untersucht die Kommunikation zwischen Eltern und Kindern am Beispiel der Gute-Nacht-Rituale von 10- bis 14jährigen Kindern aus den neuen Bundesländern und konzentriert sich auf die Frage möglicher Veränderungen im Zeitablauf. *Catarina Eickhoff* untersucht dagegen die Auswirkungen unterschiedlicher Beziehungsqualitäten im Sinne typischer Beziehungsmuster auf die Kinder. Im Lichte der hier vorgestellten Beiträge bedeutet „anspruchsvolle Familienkindheit" vor allem die Notwendigkeit des Aushandelns und Ausbalancierens der unterschiedlichen Interessenlagen von Eltern und Kindern.

4. Schwierige Grenzziehungen

Für Edward Shorter war unter anderem die „definitive Trennung der Verbindungslinien, die von der jüngeren Generation zur älteren führen," ein wesentliches Indiz für einen „Weg zur postmodernen Familie" (1977, 312). Für die „Gleichgültigkeit der Jugend gegenüber der Identität und Bedeutung der Familie" (ebd.) sah er keine historischen Vorläufer. Dies hat sich bis heute nicht geändert. Zusätzliche Spannungen ergeben sich möglicherweise aus dem häufig konstatierten Trend, daß junge Menschen möglichst lange zu Hause wohnen.

Das Phänomen einer zunehmenden Lösung der jüngeren Generation aus der Familie scheint allerdings mittlerweile auch schon für die Kinder zu gelten. Eine Ausweitung der außerhalb der Familie verbrachten Alltagsanteile (sowohl in räumlicher wie in sozialer Hinsicht) ist dabei vor allem auf vier Begründungszusammenhänge zurückführbar. Diese verweisen zwar auch, aber keinesfalls ausschließlich auf die familialen Wandlungserscheinungen.

- Die Zunahme der Müttererwerbstätigkeit geht mit erhöhten Betreuungserfordernissen einher. Angesichts der immer noch vorhandenen Engpässe institutioneller Angebote für Kleinkinder nehmen neben Krippen- und Hortbetreuung auch Tagesmütterbetreuung und Krabbelgruppen in ihrer rein quantitativen Bedeutung für den Alltag von Kindern zu.

- Neben den schulischen Angeboten (wie Arbeitsgruppen) spielen musisch-kulturelle, aber auch schulleistungsbezogene Förderung (Nachhilfestunden) eine wichtige Rolle im Leben heutiger Kinder – wenngleich hier auch nach wie vor sozialstrukturell bedingte Differenzen gelten. Dies ist zurückführbar auf die enorme Bedeutung einer Aneignung kulturellen Kapitals bereits in jungen Jahren, auf die starke Konkurrenz um solche Ressourcen und auf diesbezügliche Verdrängungseffekte (Hurrelmann, 1990, 129ff.).
- Gerade die Unsicherheit bezüglich der Aneignungschancen von Wissen läßt eine andere Freizeitverwendung immer wichtiger werden: den Sport und zwar vor allem den Sport in Vereinen und organisierten Gruppen (Büchner, 1990). Hier geht es um die Aneignung von „jugendlichem Körperkapital“, die der außerfamilialen Freizeitgestaltung einen immer größeren Raum gibt.
- Schließlich nehmen Beziehungen zu Gleichaltrigen einen zunehmend wichtigen Platz im Leben von Kindern ein. Dies ist möglicherweise auch eine Folge sinkender Kinderzahlen in Familien oder der gestiegenen Relevanz der Paarbeziehung.

Hinzufügen ließe sich sicherlich auch der deutlich gesteigerte Medienkonsum, der den Kindern vollkommen neue und unkontrollierbare Bereiche außerfamilialer Erfahrungen eröffnet (Computer, Internet).

Insgesamt spricht also vieles dafür, daß auch im Kindesalter die außerfamiliale Umwelt an Bedeutung gewonnen hat. Unklar ist allerdings, ob dies tatsächlich auf eine Zunahme des Einflusses institutioneller Umwelten und damit auf einen Bedeutungsverlust der Familie verweist oder ob, wie dies der Wissenschaftliche Beirat für Familienfragen (1998) vertritt, nur andere Formen familialer Einflußnahme relevant geworden sind und insgesamt der Schnittstellenproblematik mehr Aufmerksamkeit zukommen sollte. In diesem Zusammenhang wären dann möglicherweise Selektionsleistungen, Verarbeitungshilfen und Alltagsgestaltung wichtiger. Es stellt sich also nicht nur die Frage nach der faktischen quantitativen und qualitativen Relevanz außerfamilialer Umwelten und Beziehungen, sondern vor allem die Frage nach der Beziehung zwischen der Familie und diesen Umwelten.

Diese Themen behandeln die hier versammelten Beiträge. Ihnen ist gemeinsam, daß sie mit ihren Analysen die Grenze der Familie überschreiten und gleichzeitig eine Anbindung der außerfamilialen Erfahrungswelten von Kindern an die Strukturen und an das Geschehen in der Familie suchen.

Der Beitrag von *Rainer Dollase* greift zunächst die These einer stärkeren Gleichaltrigenorientierung heutiger Kinder und Jugendlicher auf und prüft sie auf der Grundlage einer Replikationsstudie. Sein Ergebnis ist, daß sowohl die Familie als auch die Peers nach wie vor zu den Positiva des kindlichen Soziallebens gehören und daß Pauschal- und Globalannahmen über einen vom Individuum unabhängigen Zeitwandel nicht gestützt werden können.

Jürgen Mansel weist anschließend darauf hin, daß nicht nur die familienstrukturellen Vorgaben der eigenen Familie, sondern auch diejenigen anderer Familien bedeutsam für die Peer-Beziehungen von Kindern sind und daß darüber hinaus altersspezifische kindgesteuerte Selektionsprozesse die sozialen Kontakte von Kindern und damit auch deren Entwicklung mitbestimmen.

Für *Burkhart Fuhs* stellt sich die Frage, welche Rolle das Generationenverhältnis für die Freizeitgestaltung von Kindern hat. In einer gesonderten Auswertung des Materials des Marburger Kindheitsprojektes arbeitet er heraus, daß diese Freizeitgestaltung eben kein isolierter Bereich ist, sondern in vielfältiger Weise in die Gesamtheit der Generationenbeziehungen und der Freizeitaktivitäten der Familie eingebunden ist – zumindest bei Vorliegen eines relativ hohen Aktivitätsniveaus der Kinder.

Auch *Yolanda te Poel, Manuela du Bois-Reymond und Elke Zeijl* setzen mit ihrem Beitrag an der gestiegenen Bedeutung der Freizeit für den Wissenserwerb an. Sie kommen anhand ihrer Auswertung qualitativer Interviews zu dem Ergebnis, daß Eltern diese Ressourcenqualität durchaus sehen und wertschätzen. Bei der Wahl von Freizeitaktivitäten zeichnete sich darüber hinaus auch ein gewisses Distinktionsverhalten der Eltern gegenüber unteren Sozialschichten ab.

Suus M. J. van Hekken, Hans-Joachim Schulze und Langha de Mey befassen sich schließlich mit einem speziellen Aspekt von Peerbeziehungen, nämlich der Kommunikation unter Gleichaltrigen und hier vor allem mit der Frage, welche Rolle Vertraulichkeit in solchen Beziehungen spielt. Sie stellen dabei deutliche Unterschiede nach dem Geschlecht fest. Vertrauensvolle Kommunikation im Jugendalter findet demnach vor allem unter Mädchen statt.

5. Ungleiche Lebenslagen

Eines der zentralen Merkmale moderner Gesellschaften ist, daß sich für die Individuen einerseits größere Freiheiten ergeben, daß Entscheidungen offener sind, gleichzeitig aber auch die Folgen dieser Entscheidungen unabsehbarer werden. Angesichts der erodierenden Primärbeziehungen wird überdies eine stärkere Abhängigkeit der Menschen von sekundären Stützsystemen konstatiert. Unsicherheiten und gesteigerte Abhängigkeiten treten auch für Familien auf. Dies ist insbesondere der Tatsache zuzuschreiben, daß sich die Umwelten der Familie nicht bzw. nur unvollkommen auf die Veränderungen der familialen Lebensverhältnisse eingestellt haben.

In diesem Zusammenhang ist zunächst die von Kaufmann auf den Begriff der „strukturellen Rücksichtslosigkeit“ gebrachte legitime Indifferenz des Wirtschaftssystems zu nennen. Anders als z.B. in Frankreich spielen bei der Festsetzung der Lohnhöhe – zumindest in der Privatwirtschaft – die familiären Verpflichtungen der Arbeitnehmer keine Rolle. Auch zeitliche Einbindungen und Festlegungen, die sich aus der Elternrolle ergeben, können ignoriert werden. Hinzu kommt, daß sich als Folge des Rollenwandels und der Frauenerwerbstätigkeit eine Situation etabliert hat, in der erst das Vorhandensein von *zwei* Erwerbseinkommen zur Sicherstellung des Familienbudgets ausreicht. Ersatz durch familienpolitische Transferleistungen wird nur in Ansätzen geboten – wenngleich sich hier in den letzten Jahren auch einiges zugunsten der Familien getan hat. Dies ist zuallererst auf das explizite Fehlen eines „Drei-Generationen-Vertrages“ im bundesdeutschen Sozialversicherungssystem zurückzuführen. Während die Kosten für die ältere Generation von der Gesellschaft getragen werden, gelten Kinder immer noch weitgehend als Privatsache, deren Kosten – zumindest zum größten Teil – die Eltern übernehmen müssen (vgl. Mansel et al., 1997). Eine bereits seit längerem bekannte Folge dieser Regelung ist nicht nur, daß eine deutliche generationale Ungleichheit zu verzeichnen ist, sondern auch, daß die Kinderzahl die ökonomische Situation einer Familie stärker beeinflußt als die Zugehörigkeit zu einer Berufsklasse (Bertram, 1991, 255).

Ein weiterer Grund für die schwierige materielle Situation von Familien und Kindern ist, daß die Entwicklung der familienpolitischen Gesetzgebung mit der Entwicklung der Solidaritäten nicht Schritt hält. Die Tatsache, daß hier bedeutsame Diskrepanzen zwischen faktischen Belastungen und familienpolitischen Leistungen vorhanden sind, trägt mit dazu bei, daß die Folgen familienbezogener Entscheidungen für die Individuen immer weniger absehbar sind. Diese Situation führt zu dem hohen Anteil der Haushalte mit Alleinerziehenden unter den Sozialhilfeempfängern und begründet die hohe Betroffenheit der Kinder Alleinerziehender von Armut. Dies ist ein Indiz für die Ungleichheit der Lebenslagen innerhalb der Generationen, die insbesondere auf die ungenügende familienpolitische Unterstützung „nichtkonventioneller“ Familienformen zurückzuführen ist.

In diesem Zusammenhang stellt sich u.a. die Frage danach, wie die Entwicklung unter Berücksichtigung ungleicher Lebenslagen zu charakterisieren ist. In der familienpolitischen Diskussion mehren sich Stimmen, die das Pluralisierungskonzept kritisch hinterfragen und auf Phänomene einer milieu- und schichtspezifischen Familienentwicklung hinweisen (Burkart, 1995; Strohmeier, 1993). In diesem Fall kumulieren schichtspezifische mit familienspezifischen Benachteiligungsfaktoren, wodurch sich die Situation der Kinder als strukturell benachteiligte Gruppe in unserer Gesellschaft noch kritischer darstellen würde.

Welche Folgen hätte dies für die Konzipierung einer problemangemessenen Kinder- und Familienpolitik? Die Beiträge behandeln diese Frage mit unterschiedlichen Schwerpunktsetzungen:

Hartmut M. Griese wendet sich gegen die soziologische „Mainstream-Diskussion“ um Pluralisierung und Individualisierung und vertritt demgegenüber die These einer zunehmenden Polarisierung familialer Lebenswelten. Er verbindet dies mit einer grundsätzlichen Kritik an der soziologischen Theoriebildung, die ihren Gegenstand tendenziell aus den Augen verliere und damit auch ihr gesellschaftskritisches – eben: „polarisierendes“ – Moment einbüße.

Ralf Bohrhardt belegt in seinem Beitrag die unterschiedliche Armutsbetroffenheit von Kindern in verschiedenen Haushaltstypen und führt dies vor allem auf veraltete wohlfahrtsstaatliche Regulierungen zurück, die immer noch dem Idealbild der Normalfamilie anhängen und die Verbreitung postmoderner Familienstrukturen ignorieren.

Klaus Peter Strohmeier und Volker Kersting stellen kleinräumig aggregierte Daten über Armutsquoten von Personen in verschiedenen Haushaltstypen in Zusammenhang mit bevölkerungsstrukturellen Indikatoren und kommen zu dem Resultat, daß eine Kumulation von Problemindikatoren wie etwa Armut, Arbeitslosigkeit, Ausgrenzung und Gewalt mit hohen Anteilen von Familien und Kindern in den Quartieren einhergeht, daß sich also auch eine regionale Polarisierung in der Entwicklung abzeichnet. Dies verstehen sie als eine Herausforderung an die Familienorientierung der lokalen Politik.

Mit Bezug auf den sozialökologischen Ansatz Bronfenbrenners entwickelt *Ludwig Liegle* ein Konzept von Kindern als „Personen in Entwicklung“, die auf ihre Umwelt und insbesondere auf die Familienumwelt nach wie vor in hohem Maße angewiesen sind. Eine zentrale Konsequenz ist deshalb, daß politisches Handeln als Umweltgestaltung konzipiert wird. Eine familiensoziologische Kontextualisierung der Maßnahmen für Kinder sei deshalb unverzichtbar – so eine wichtige Schlußfolgerung Liegles.

6. Anforderungen an Familien, Risiken und Chancen für Kinder

Obwohl sich deutliche Veränderungen in den Strukturvoraussetzungen des Familienlebens ergeben haben, werden die hohen Anforderungen an das Leistungsniveau der Familien aufrechterhalten. Dies wurde einleitend als zentraler Problempunkt einer Analyse von „Familienkindheit“ herausgearbeitet. Daraus ergibt sich das für die heutige Zeit typische Spannungsfeld, dessen Bewältigung nicht ohne Folgen für das familiale Zusammenleben und insbesondere für die Lebenssituation von Kindern zu denken ist. Mit den hier nur kurz skizzierbaren Veränderungen kommen auf Eltern neue *Anforderungen* zu. Sie müssen z.B. die richtige Balance zwischen der Verfolgung von Interessen und Bedürfnissen der Erwachsenen und der Berücksichtigung der Bedürfnisse der Kinder finden. Dies bezieht sich auf emotionale Zuwendung, auf Zeit oder auf materielle Ressourcen. Sie sollen das richtige Maß an zunehmend erforderlicher Umweltoffenheit etablieren, ohne daß dabei der immer noch unabdingbare familiale Zusammenhalt gefährdet wird. Sie müssen über die Zukunft ihrer Kinder entscheiden, ohne sich der Illusion hinzugeben, daß die Folgen ihrer Entscheidungen bereits absehbar sind. Sie müssen Ressourcen gerecht verteilen, dabei aber gleichzeitig auf größtmögliche Disponibilität dieser Ressourcen achten. Sie müssen schließlich der Tatsache Rechnung tragen, daß bislang ungewöhnliche Familienentscheidungen und „neue" Familienformen zwar durchaus normativ akzeptiert, aber keineswegs auch gesellschaftlich unterstützt werden.

Für die Kinder resultieren hieraus spezifische *Risiken*, aber auch neue *Chancen*. So kann die Stärkung der Bedeutung der Paarbeziehung eine Vernachlässigung der Kinderinteressen zur Folge haben, aber auch die Kinder von zu weitreichender Aufmerksamkeit und Kontrolle durch die Eltern entlasten und damit ihre Selbständigkeit stärken. Ohne oder nur mit einem Geschwister aufzuwachsen kann einerseits heißen, auf familieninterne Kinderkontakte verzichten zu müssen und Gefahr zu laufen, isoliert zu bleiben, andererseits müssen vorhandene Ressourcen auf weniger Kinder aufgeteilt werden. Die grundsätzliche Möglichkeit einer Lösung der Partnerbeziehung kann auf der einen Seite Kinder vor der Erfahrung von Familienkonflikten schützen, sie aber auch in gravierende Konfliktsituationen bringen. Veränderte Machtverhältnisse in der Familie erweitern die Freiheitsgrade für Kinder, können aber auch mit ihrer Überforderung einhergehen.

Anhand von Beispielen und Ergebnissen aus empirischen Studien lenken die in diesem Band versammelten Beiträge den Blick auf weitere Chancen und Risiken. Diese beziehen sich sowohl auf die morphologische Ebene als auch auf die Binnenwelt der Familie oder auf die außerfamilialen Beziehungen der Kinder. Ob für Kinder solche Chancen oder aber eher Risiken aus den veränderten Familienverhältnissen erwachsen, ist vor allem eine Frage des familialen Umgangs mit den neuen Anforderungen. Damit ergibt sich – quasi als weitere aktuelle Anforderung – die Notwendigkeit des Einsatzes und der Stärkung problemverarbeitender Kompetenzen und Strategien in Familien.

Neue Anforderungen stellen sich aber keineswegs allein für die Eltern. Insbesondere die Beiträge über „ungleiche Lebenslagen" betonen, daß gravierende Risiken, die aus einer unzureichenden materiellen Versorgung von Kindern resultieren können, nur dadurch zu vermeiden sind, daß sich auch die Sozialpolitik den Konsequenzen des familialen Wandels stellt.

Literatur

Beck-Gernsheim, E., 1990: Alles aus Liebe zum Kind, in: Beck, U. & Beck-Gernsheim, E., Das ganz normale Chaos der Liebe, Frankfurt/Main: Suhrkamp, S. 135-183.

Beck-Gernsheim, E., 1994: Auf dem Weg in die postfamiliale Familie. Von der Notgemeinschaft zur Wahlverwandtschaft, *Aus Politik und Zeitgeschichte*, B29-30/94, S. 3-14.

Berger, B. & Berger, P. L. 1983: In Verteidigung der bürgerlichen Familie. Frankfurt/M.: S. Fischer

Burkart, G., 1995: Zum Strukturwandel der Familie. *Aus Politik und Zeitgeschichte*, B52-53/95, S. 3-13.

Bertram, H., 1991: Familie und soziale Ungleichheit, in: Bertram, H., (Hrsg.), Die Familie in Westdeutschland. Stabilität und Wandel familialer Lebensformen, Opladen: Leske und Budrich, S. 235-273.

Büchner, P., 1990: Durch frühe Verselbständigung zu größerer Selbständigkeit? Thesen zur Kindersportkultur, in: Preuss-Lausitz, U., Rülcker, T. & Zeiher, H., (Hrsg.), Selbständigkeit für Kinder – die große Freiheit? Kinder zwischen pädagogischen Zugeständnissen und gesellschaftlichen Zumutungen, Weinheim: Beltz, S. 178-191.

Fünfter Familienbericht, 1994: Familien und Familienpolitik im geeinten Deutschland. - Zukunft des Humanvermögens,: Bundesministerium für Familie und Senioren (Hrsg.), Bonn: Bundestagsdrucksache 12/7560.

Gabriel, K., 1994: Christentum zwischen Tradition und Postmoderne, 3. Aufl. Freiburg i. Br.: Herder.

Giddens, A., 1995: Konsequenzen der Moderne, Frankfurt/M.: Suhrkamp.

Herlth, A., 1988: Was macht Familien verletzlich? Bedingungen der Problemverarbeitung in familialen Systemen, in: Lüscher, K., Schultheis, F. & Wehrspaun, M., (Hrsg.), Die „postmoderne“ Familie. Familiale Strategien und Familienpolitik in einer Übergangszeit, Konstanz: Universitätsverlag, S. 312-328.

Honig, M.-S., 1993, Sozialgeschichte der Kindheit im 20. Jahrhundert, in: Markefka, M. & Nauck, B., (Hrsg.), Handbuch der Kindheitsforschung, Neuwied: Luchterhand, S. 207-218.

Huinink, J., 1997: Elternschaft in der modernen Gesellschaft, in: Gabriel, K., Herlth, A. & Strohmeier, K. P., (Hrsg.), Modernität und Solidarität. Konsequenzen gesellschaftlicher Modernisierung, Freiburg: Herder, S. 79-90.

Hurrelmann, K., 1990: Familienstreß, Schulstreß, Freizeitstreß. Gesundheitsförderung für Kinder und Jugendliche, Weinheim & Basel: Beltz.

Kaufmann, F.-X., 1988: Familie und Modernität, in: Lüscher, K., Schultheis, F. & Wehrspaun, M., (Hrsg.), Die „postmoderne“ Familie. Familiale Strategien und Familienpolitik in einer Übergangszeit, Konstanz: Universitätsverlag, S.391-415.

Kaufmann, F.-X., 1995: Zukunft der Familie im vereinten Deutschland. Gesellschaftliche und politische Bedingungen, München: C.H. Beck.

König, R., 1966: Soziologie der Familie, in: Gehlen, A. & Schelsky, H., (Hrsg.), Soziologie. Ein Lehr- und Handbuch zur modernen Gesellschaftskunde, 6. Aufl. Düsseldorf & Köln: Diederichs, S. 121-158 (zuerst 1955).

Lenz. K., 1998: Soziologie der Zweierbeziehung. Eine Einführung, Opladen: Westdeutscher Verlag.

Lüscher, K., 1988: Familie und Familienpolitik im Übergang zur Postmoderne, in: Lüscher, K., Schultheis, F. & Wehrspaun, M. (Hrsg.), Die „postmoderne“ Familie. Familiale Strategien und Familienpolitik in einer Übergangszeit, Konstanz: Universitätsverlag, S. 15-36.

Lüscher, K., 1995: Familie und Postmoderne, in: Nauck, B. & Onnen-Isemann, C., (Hrsg.), Familie im Brennpunkt von Wissenschaft und Forschung, Neuwied: Luchterhand, S. 3-15

Lüscher, K. & Lange, A., 1996: Nach der „postmodernen Familie“, in: Buba, H. P. & Schneider, N. F., (Hrsg.), Familie zwischen gesellschaftlicher Prägung und individuellem Design, Opladen: Westdeutscher Verlag, S.23-36

Lüscher, K. & Pajung-Bilger, B., 1998: Forcierte Ambivalenzen. Ehescheidung als Herausforderung an die Generationenbeziehungen unter Erwachsenen, Konstanz: Universitätsverlag.

Mansel, J., Rosenthal, G. & Tölke, A., (Hrsg.), 1997: Generationen. Beziehungen. Austausch und Tradierung, Opladen: Westdeutscher Verlag.

Nave-Herz, R., 1989: Zeitgeschichtlicher Bedeutungswandel von Ehe und Familie in der Bundesrepublik Deutschland, in: Nave-Herz, R. & Markefka, M., (Hrsg.), Handbuch der Familien- und Jugendforschung, Bd. I Familienforschung, Neuwied &. Frankfurt/M.: Luchterhand. S. 211-222.

Neumann, K., 1993: Zum Wandel der Kindheit vom Ausgang des Mittelalters bis an die Schwelle des 20. Jahrhunderts, in: Markefka, M. & Nauck, B., (Hrsg.), Handbuch der Kindheitsforschung, Neuwied: Luchterhand, S. 191-205.

Rerrich, M. S.,1988: Balanceakt Familie: zwischen alten Leitbildern und neuen Lebensformen, Freiburg i. Br.: Lambertus.

Shorter, E., 1977: Die Geburt der modernen Familie, Reinbek b. Hamburg: Rowohlt.

Shorter, E., 1989: Einige demographische Auswirkungen des postmodernen Familienlebens, *Zeitschrift für Bevölkerungswissenschaft*, 15, S. 221-233.

Strohmeier, K. P., 1993: Pluralisierung und Polarisierung der Lebensformen in Deutschland, *Aus Politik und Zeitgeschichte* (Beilage zur Wochenzeitung *Das Parlament*) B 17/ 93, S. 11-22.

Tyrell, H. & Herlth, A., 1994: Partnerschaft versus Elternschaft, in: Herlth, A., Brunner, E. J., Tyrell, H. & Kriz, J., (Hrsg.), Abschied von der Normalfamilie? Partnerschaft kontra Elternschaft, Heidelberg: Springer, S. 1-15.

Wilk, L., & Bacher, J., 1998: Kindheit und Kindsein in der Postmoderne, in: Preglau, M. & Richter, R., (Hrsg.), Postmodernes Österreich? Wien: Sigma, S.287-309.

Wissenschaftlicher Beirat für Familienfragen, 1998: Kinder und ihre Kindheit in Deutschland, hrsgg. vom Bundesministerium für Familie, Senioren und Jugend, Stuttgart: Kohlhammer.

Zeiher, H., 1983: Die vielen Räume der Kinder. Zum Wandel räumlicher Lebensbedingungen seit 1945, in: Preuss-Lausitz, U., Büchner, P., Fischer-Kowalski, M., Geulen, D., Karsten, M. E., Kulke, Ch., Rabe-Kleberg, U., Rolff, H.-G., Thunemeyer, B., Schütze, Y. & Zimmermann, P., (Hrsg), Kriegskinder, Konsumkinder, Krisenkinder. Zur Sozialisationsgeschichte seit dem Zweiten Weltkrieg, Weinheim: Beltz, S.176-196.

Veränderte Familienformen – postmoderne kindliche Lebenswelten?

Liselotte Wilk

Die Diskussion um Familie scheint nicht nur im öffentlichen Diskurs, sondern auch im Bereich der Sozialwissenschaften in ihrem Kern vorrangig eine um das Aufwachsen von Kindern und deren Entwicklungsbedingungen zu sein. In diesem Zusammenhang wird nach wie vor der Familienform relativ große Bedeutung zugeschrieben. Zugleich ist das Wissen darüber, in welchen Familienkonstellationen Kinder heute aufwachsen und wie diese sich auf die Entwicklung und das Wohlbefinden der Kinder auswirken, noch äußerst mangelhaft. Im folgenden soll versucht werden, familiale Lebenswelten, in denen Kinder heute insbesondere in Deutschland und Österreich aufwachsen, anhand der demographischen Struktur sowie der Gestaltung der Eltern-Kind-Beziehungen kurz zu beschreiben. Im Anschluß daran soll eine Interpretation der skizzierten Situation und der Entwicklung der kindlichen familialen Lebenswelten in den letzten Jahrzehnten unter Zuhilfenahme des Konzepts der „Postmoderne" angeboten werden.

1. Demographische Strukturen kindlicher familialer Lebenswelten

Eine exakte zahlenmäßige Darstellung, in welchen Familienformen Kinder heute leben, ist für die meisten europäischen Länder derzeit nur begrenzt möglich. Kinder rücken erst in den letzten Jahren langsam in das Blickfeld und Interesse der amtlichen Statistiken (Beham et al., 1997; Nauck, 1995). Lange Zeit wurden sie in diesen lediglich als Haushalts- und Familienmitglieder registriert, aber nicht als eigenständige Individuen. Zudem nehmen amtliche Statistiken meist nur eine sehr grobe Kategorisierung von Familien vor, die die Pluralität von Familien nur sehr bedingt abbildet. Aber selbst der Informationswert großer Surveyerhebungen, die differenziertere Kategorisierungen erlauben, ist insofern begrenzt, als die Typisierungen keinem einheitlichen Schema folgen und die einzelnen ausgewiesenen Familienformen unterschiedlicher Erhebungen nur bedingt einander entsprechen. Zudem handelt es sich bei amtlichen Statistiken ebenso wie bei den meisten empirischen Untersuchungen um Querschnittsbetrachtungen, die eine Momentaufnahme darstellen und nichts darüber aussagen, in welchem Alter, wie häufig, wie viele Kinder von einer Familienform in eine andere wechseln. Ansätze zu einer Kinderstatistik auf der Basis langer Zeitreihen lassen sich bisher nur vereinzelt finden.

Einen ersten Überblick darüber, in welchen Familientypen Kinder EU-weit leben, gibt folgende auf Ergebnissen des ECHP (European Community Household Panel) beruhende Tabelle1.

Tab. 1: Verteilung der Kinder* in Haushalten nach Familientyp

Land	... % der Kinder* leben in ...				
	einfachen Haushalten			komplexen und „anderen/undefinierten" Haushalten	
	Alleinerzieher	verheiratetes Paar	unverheiratetes Paar	Alleinerzieher	andere
Belgien	10,7	79,0	6,3	0,5	3,5
Dänemark	14,5	63,6	19,9	0,3	1,7
Deutschland	9,6	82,1	4,1	0,7	3,5
Griechenland	3,0	79,5	0,4	1,8	15,4
Spanien	3,1	80,5	2,0	3,1	11,2
Frankreich	9,4	75,1	11,2	1,1	3,2
Irland	8,7	80,5	1,2	4,9	4,7
Italien***	4,4	79,3	0,1	1,8	14,5
Luxemburg	4,2	76,0	3,6	1,5	14,7
Niederlande**	8,2	88,2		<0,1	3,5
Portugal	5,3	75,4	1,8	3,2	14,3
Großbritannien	14,7	71,6	5,8	2,4	5,4

Quelle: Eurostat (Europäische Beobachtungsstelle, o.J., S. 27); für Finnland, Österreich und Schweden lagen keine Daten vor.
* Kinder: jünger als 16 Jahre.
** Die Frage zur eheähnlichen Gemeinschaft wurde in den Niederlanden nicht gestellt.
*** Wegen einer falschen Auslegung der Frage in Italien sind die Ergebnisse in Bezug auf eheähnliche Gemeinschaften für dieses Land wahrscheinlich falsch.

Demnach wird unterschieden zwischen Kindern, die in einfachen, und solchen, die in komplexen Haushalten leben. Letztere umfassen einerseits erweiterte Familienhaushalte, zum anderen Haushalte, in denen nicht alle Mitglieder miteinander verwandt sind. Sie umfassen aber auch „andere/undefinierte" Haushalte. Die Verwendung dieser Kategorie kann als Hinweis auf die Schwierigkeit einer trennscharfen Kategorisierung der Familien verstanden werden. Der Großteil aller Kinder unter 16 Jahren in der EU, nämlich 82,7%, lebt demnach in einem Paar-Familienhaushalt, wobei in ca. 6% davon das Paar nicht verheiratet ist. Über die Verbreitung von Stieffamilien in der EU gibt es keine zuverlässigen Informationen. Für Deutschland konnte im Rahmen des DJI-Familiensurveys ein Anteil von 6-7% der Kinder ermittelt werden, die in Stieffamilien lebten (Nauck, 1995, 63). Dies entspricht in etwa den Schätzungen einiger anderer EU-Staaten (Europäische Beobachtungsstelle, o.J. Bd. 2, 26). 8,7% der Kinder leben EU-weit bei einem Elternteil im Einzelhaushalt und 1,6% bei einem Elternteil in einem komplexen Haushalt. Einige Informationen über die Verteilung der Kinder auf unterschiedliche Familientypen in Österreich können einer kindspezifischen Auswertungen der Volkszählung 1991 (Beham et al., 1997) entnommen werden, wobei eine völlige Vergleichbarkeit mit den eben dargestellten EU-Daten aufgrund der unterschiedlichen Kategorisierung nicht gegeben ist. Von den Kindern unter 18 Jahren lebten demnach 81,4% mit einem Ehepaar, 3,7% bei einem Elternpaar, das in einer nichtehelichen Lebensgemeinschaft zusammenlebt, 12,9% mit der alleinstehenden Mutter und 2% mit dem alleinstehenden Vater (Beham et al., 1997, 52). Wie viele Kinder in stieffamilialen Konstellationen leben, läßt sich aufgrund mangelnder statistischer Erfassung auch für Österreich nicht angeben. Ihr Anteil wird auf 6 – 8% geschätzt (Wilk, 1998b).

Es zeigt sich also, daß die Kinder in der EU zwar in einer Vielfalt von Familientypen leben, daß der Anteil derer, die in jeweils einer bestimmten Familienkonstellation leben, aber zwischen den einzelnen Mitgliedsländern beträchtlich variiert. So leben in den südeuropäischen Ländern und Irland höchstens 2% der Kinder bei Eltern in einer nichtehelichen Lebensgemeinschaft, in Dänemark hingegen 20%. Auch der Anteil der Kinder, der mit nur einem Elternteil zusammenlebt, variiert zwischen 17% in Großbritannien und knapp 5% in Griechenland.

Im folgenden soll die Verteilung der Kinder auf unterschiedliche Familienformen in Deutschland und Österreich etwas genauer betrachtet werden. Für Deutschland versuchte Nauck eine differenzierte Analyse der Familienformen, in denen Kinder heranwachsen, zu erstellen. Seine Kategorisierung folgte allerdings etwas anderen Kriterien als jene der oben dargestellten EU-Daten. Er geht von einem sogenannten „Normalentwurf" des Kindschaftsverhältnisses aus, der sich aus folgenden Einzeldimensionen zusammensetzt:

- die Eltern des Kindes sind miteinander verheiratet,
- das Kind ist ehelich geboren,
- das Kind ist ein leibliches Kind beider Eltern,
- diese Eltern leben in einer Haushaltsgemeinschaft,
- diese Eltern bilden eine Haushaltsgemeinschaft mit ihrem Kind.

83,6% der Kinder in den alten und 75,4% jener in den neuen Bundesländern leben nach der Analyse Naucks (die auf der Basis eines kumulierten Datensatzes aus standardisierten Befragungen, die zwischen 1988 und 1992 durchgeführt wurden, erstellt wurde) in solch einem „Normalkindschaftsverhältnis". Die Kindschaftsverhältnisse der übrigen Kinder weichen in mindestens einer Dimension vom „Normalentwurf" ab, wobei diese Dimensionen bzw. Abweichungen von diesen in unterschiedlichsten Variationen miteinander verknüpft sein können. Tabelle 2 zeigt die Häufigkeit des Auftretens einiger der Haupttypen von Kindschaftsverhältnissen nach Nauck (1995, 60).

Tab. 2: Kindschaftsverhältnisse in West- (W) und Ostdeutschland (O) nach dem Alter des Kindes

Kindschaftsverhältnisse		Alter des Kindes									Total
		<2	<4	<6	<8	<10	<12	<14	<16	<18	
mit verheirateten leiblichen Eltern	W	90.6	89.1	88.6	83.5	82.4	80.1	82.2	77.1	76.4	83.6
	O	72.9	79.6	78.3	75.6	76.1	75.5	74.3	74.2	68.6	75.4
mit Eltern in nichtehel. Lebensgemeinschaft	W	5.6	3.2	1.3	2.2	1.9	0.8	0.8	0.7	0.4	2.0
	O	19.7	7.7	5.5	4.3	3.1	2.6	1.2	1.2	0.8	5.2
Scheidungswaise bei alleinlebend. Elternt.	W	0.1	1.3	1.0	2.7	3.8	4.2	5.2	3.7	4.6	2.9
	O	0.2	1.2	4.0	3.5	2.8	4.9	4.7	5.6	6.2	3.6
Scheidungswaise als Stiefkind lebend	W	0.4	0.2	1.3	2.4	3.1	4.5	2.5	4.9	4.4	2.5
	O	0.4	1.2	1.7	2.2	3.1	4.1	3.5	4.1	3.4	2.6
Einelternkind als Stiefkind lebend	W	0.3	2.7	3.3	4.4	4.3	6.9	5.0	6.6	7.0	4.4
	O	1.1	2.9	4.2	9.9	10.0	7.9	11.7	11.0	10.7	7.6
fremdbetreutes Kind	W	0.1	0.1	0.4	0.4	0.5	0.6	1.1	1.1	1.8	0.7
	O	0.2	0.7	0.2	0.5	0.5	0.2	0.5	1.7	7.3	1.0
Adoptiv- oder Pflegekind	W	-	0.6	0.4	0.9	0.8	0.8	1.0	1.9	1.5	0.9
	O	0.8	0.8	1.0	0.5	1.2	0.7	0.5	0.4	0.8	0.8
Einelternkind	W	2.7	2.1	3.3	2.8	2.4	2.1	1.5	3.5	3.4	2.6
	O	4.2	5.2	4.2	2.9	2.9	3.6	3.1	1.7	1.7	3.4
Stief-/Einelternkind bei and. Elternteil	W	0.4	0.6	0.3	0.8	0.7	0.1	0.8	0.6	0.5	0.5
	O	0.6	0.7	0.8	0.5	0.3	0.5	0.3	0.2	0.3	0.5

Auf die Vielfältigkeit der Familienformen, in denen Kinder leben, die nicht ehelich geboren wurden oder deren Eltern sich scheiden ließen, haben Schneider u. Bien (1998) hingewiesen. Demnach erlebt von den nichtehelich Geborenen, deren Anteil seit 1980 in allen europäischen Staaten im Ansteigen ist und 1994 zwischen 7% (Schweiz) und über 50% (Schweden) betrug (Prinz, 1998, 138), ca. die Hälfte das 18. Lebensjahr im Haushalt seiner verheirateten Eltern, ca. 10% im Haushalt seiner nicht verheirateten leiblichen Eltern, ca. ein Viertel lebt bis zum 18. Lebensjahr mit einem alleinerziehenden Elternteil, ca. 10% in einer Stieffamilie, die auf Ehe beruht, und ca. 5% in einer nichtehelichen Lebensgemeinschaft (NEL) mit einem Stiefelternteil.

Hier sei noch auf eine spezifische Problematik der NEL hingewiesen. Auch wenn ein Teil der Lebensgemeinschaften, abhängig von kulturellen, sozialen und ökonomischen Rahmenbedingungen als Äquivalent zu ehelichen Paarbildungen betrachtet werden kann, wie dies z.B. in Schweden der Fall ist, liegt ein wesentlicher Unterschied in der bedeutend höheren Trennungswahrscheinlichkeit von NEL im Vergleich zu ehelichen Partnerschaften, auch wenn in ersteren Kinder vorhanden sind (Hoem/ Hoem, 1988; Prinz, 1995). Das Trennungsrisiko für NEL mit Kindern ist, grob gesprochen, 50% höher als jenes für Ehen, auch wenn für beides große regionale Unterschiede bestehen (Prinz, 1998, 140). So scheitern, wie Rupp u. Rost (1998) feststellen konnten, bereits relativ viele NEL bis zum 3. Lebensjahr des Kindes. Bereits 29% der Dreijährigen aus NEL im Westen und 23% im Osten hatten einen Stiefvater, wobei dieser bei 17% bzw. 15% mit ihnen im selben Haushalt lebte. Mit 6 Jahren wohnte mehr als die Hälfte der Kinder allein mit ihrer Mutter. Von den ehelich geborenen, die eine Scheidung ihrer Eltern erlebten, blieben 55 - 60% bei einem alleinerziehenden Elternteil; 5% der Kinder im Westen und 25% im Osten lebten mit 18 Jahren in einer auf Ehe beruhenden Stieffamilie; 30% im Westen und 20% im Osten hingegen lebten in einer NEL eines leiblichen Elternteils. Nur jedes 10. Scheidungskind lebte nach der Scheidung längere Zeit in einer stabilen Stieffamilie (Schneider/ Bien, 1998, 29f.).

Diese Ergebnisse veranlassen zu dem Resümee, daß sich viele Formen und Verläufe jenseits der ehelichen Familie finden lassen, diese aber sehr heterogen sind und keine übergreifenden Muster erkennen lassen. Dabei entstehen viele dieser Verläufe nicht infolge einer bewußten Planung und eines rationalen Kalküls, sondern zwangsläufig aufgrund äußere Umstände, häufig aber auch ungewollt und zufällig.

Die Vielfältigkeit der Familienformen jenseits der dauerhaften ehelichen Familie ist nicht nur statistisch kaum greifbar, sie ist auch sprachlich kaum faßbar. Ist die auf amtlichen Statistiken beruhende Einteilung von Familien ein extrem grobes Raster, so ist auch die in der Alltagssprache und lange Zeit auch bei soziologischen und psychologischen Studien vorherrschende Kategorisierung eine wenig differenzierende. Auch hier werden sehr unterschiedliche Lebenswelten von Kindern, die sich teilweise nur hinsichtlich ihrer personalen Zusammensetzung ähnlich sind, hinsichtlich ihrer Entstehung, der familialen Vorgeschichte ihrer Familienmitglieder oder ihrer Sinngebung durch die Familienmitglieder aber deutlich voneinander unterscheiden, mit dem gleichen Label etikettiert: So verbergen sich hinter dem Begriff der Eineltern- oder Alleinerzieherfamilie sowohl Mutter- als auch Vaterfamilien, Familien nach unehelicher Geburt, nach Trennung und Scheidung oder Verwitwung. Diese Familien können als spezifische Lebensform freiwillig gewählt worden sein oder sich aufgrund unfreiwilliger oder schicksalhafter Ereignisse ergeben haben. In diesen Familien kann die Elternschaft ausschließlich von einer Elternperson wahrgenommen werden, es kann aber auch eine zweite Elternperson außerhalb des Haushalts Teile der Elternrolle erfüllen. Die mit dem Kind zusammenlebende Elternperson kann tatsächlich „alleinstehend", d.h. ohne festen Partner sein, sie kann aber auch in eine Partnerschaft in der Form des Living apart together involviert sein.

Aufgrund der meist höheren personalen Dichte von Stieffamilien ist die Vielzahl der sich hinter diesem Label verbergenden Familienformen noch größer als bei Einelternfamilien. Allein in der Stieffamilienforschung gibt es Kategorisierungen, die bis zu 24 unterschiedliche Formen anführen (Friedl, 1988; Ihinger-Tallman/ Pasley, 1987; Krähenbühl et al., 1991; Sager et al., 1983; Visher/ Visher, 1995).

Zusammenfassend läßt sich also feststellen, daß ca. Dreiviertel aller Kinder bis zu ihrer Volljährigkeit mit beiden verheirateten leiblichen Eltern im gemeinsamen Haushalt aufwachsen. Das restliche Viertel aber wächst in unterschiedlichsten, teilweise im Lebensverlauf des Kindes wechselnden Familienformen auf, deren Vielfältigkeit so groß ist, daß sie weder sprachlich noch demographisch-statistisch eindeutig faß- und kategorisierbar ist.

2. Eltern-Kind-Beziehungen in unterschiedlichen Familienformen

Die Verwirklichung von Elternschaft, so wie sie normativ festgelegt ist, vollzieht sich im Alltag vorwiegend im Rahmen der Kernfamilie. Die Kernfamilie ist von ihrer strukturellen Zusammensetzung und ihrer Beziehungsgestaltung darauf ausgerichtet (auf Basis der sie begründenden und legalisierten Partnerschaft der beiden Elternteile, als Lebens-, Wirtschafts- und Wohngemeinschaft, die sie bilden, mit der ihr zugestandenen Autonomie und Abgrenzung gegen außen), die gemeinsame Verantwortung beider Elternteile für ihre Kinder (für deren ökonomische Versorgung, Erziehung sowie die Erfüllung deren Bedürfnisse und die Förderung ihrer Entwicklung) zu sichern. Die Kernfamilie stellt das Ideal- und Leitbild dar, wie Elternschaft in unserer Gesellschaft gelebt werden soll, sie bildet den institutionalisierten Rahmen für das Aufwachsen von Kindern.

Einelternfamilien und Stieffamilien beispielsweise entsprechen in vielfacher Hinsicht nicht diesem Modell. Partnerschaft und leibliche Elternschaft stimmen nicht überein, die gemeinsame Verantwortung beider Partner für die Kinder ist nicht gegeben, für ökonomische Versorgung ist zumindest teilweise ein außerhalb lebender Elternteil, für Erziehung und die Befriedigung der emotionalen Bedürfnisse des Kindes rein rechtlich vorwiegend oder ausschließlich einer der Partner, nämlich der mit dem Kind zusammenlebende leibliche Elternteil, zuständig.

Die vorgegebenen Rahmenbedingungen in „anderen" Familien zur Gestaltung der Eltern-Kind-Beziehungen widersprechen somit in vielfacher Hinsicht dem vorherrschenden Leitbild von Elternschaft. Dieser Widerspruch, so die Annahme, ist einer jener Faktoren, der dazu beiträgt, daß sozial anerkannte Leitbilder und Modelle zur Gestaltung „anderer" Familien bisher fehlen.

Im Bereich der Sprache fehlen allgemein verbindliche Bezeichnungen für Verwandtschaftsbeziehungen biologisch nicht verwandter Familienmitglieder. Es gibt auch keine anerkannten Richtlinien, wie Familienmitglieder in der direkten Kommunikation angesprochen werden. Die Begriffe Vater und Mutter werden mit biologischer Elternschaft gleichgesetzt. Es gibt keine Bezeichnung für rein „soziale" Vater- bzw. Mutterschaft, keine Bezeichnung für Familien, die aus zwei Elternpaaren und zwei Haushalten bestehen, keine Bezeichnung für die Beziehung zwischen dem Kind und dem Lebensgefährten der Mutter in einer nichtehelichen Lebensgemeinschaft.

Auch im Bereich der kulturell entwickelten Modelle zur Gestaltung der Familie als Gruppe oder Beziehungsgefüge besonderer Art ist nur jenes der Kernfamilie verfügbar. Im Bereich der Beziehungsgestaltung gibt es keine Modelle dafür, wie die Beziehung zwischen einem Kind und seinem leiblichen, aber nicht im gemeinsamen Haushalt lebenden Elternteil gestaltet werden soll, oder die Beziehung zwischen einem Kind und dessen Stiefelternteil oder zwischen Großeltern und deren nicht-leiblichen Enkelkindern. Es gibt keine Modelle dafür, wie Vater- oder Mutterschaft von jeweils zwei Personen wahrgenommen werden kann.

All dies bedeutet für „andere" Familien die Herausforderung, das Problem oder die Chance, daß sie mangels institutionell verankerter Modelle individuell selbst auf die Suche danach gehen müssen, aber auch können, wie sie ihre Beziehungen und ihr Familienleben so gestalten können, daß die Persönlichkeitsentwicklung der Kinder gefördert wird und allen Familienmitgliedern möglichst gute Chancen gegeben sind, sich in ihrer Familie wohl zu fühlen.

2.1 Merkmale heutiger Eltern-Kind-Beziehungen

In den letzten Jahrzehnten löste ein Trend zu mehr Gleichstellung und Selbständigkeit der Kinder die traditionell starke Verfügungsgewalt der Eltern ab. Die Gesamtentwicklung der Eltern-Kind-Beziehung läßt sich schlagwortartig als gestiegene Kindorientierung, Abnahme von Kontrolle sowie Zunahme von Emotionalität und Kommunikation (Hofer, 1992a u. 1992b) charakterisieren und wird idealtypisch als Übergang vom „Befehlshaushalt“ zum „Verhandlungshaushalt“ beschrieben.

Faßt man die Ergebnisse der in den letzten Jahren in Deutschland und Österreich durchgeführten Studien zur Eltern-Kind-Beziehung, und zwar wie Kinder sie erleben, zusammen,[1] zeigt sich, daß der Großteil der Kinder seine Eltern als einfühlend-unterstützende Beziehungspartner, besetzt mit primär positiven Eigenschaften erlebt, die ihre Vorstellungen von Erziehung vorwiegend durch Belohnung in Form von Anerkennung aber auch durch manipulative Techniken durchzusetzen versuchen. Strafe als Erziehungsmittel wird nur von wenigen Kindern erlebt. Die Mutter scheint als Beziehungspartnerin für die Kinder nicht nur wichtiger zu sein als der Vater, sondern als solche auch positiver erlebt zu werden.

Dabei scheinen bestimmte Merkmalskombinationen die kindliche Entwicklung im besonderen mitzubestimmen. Werden Mutter und Vater einfühlsam und unterstützend erlebt, gehen von den Eltern Anregungen zu gemeinsamen Aktivitäten aus, identifizieren sich die Kinder mit ihren Eltern, erkennen sie diese als Rollenmodell an, erleben sie die elterlichen Ratschläge als hilfreich und haben die Eltern ausreichend Zeit für ihre Kinder, so fördert dies eine positive kindliche Entwicklung. Werden die Eltern als wenig einfühlend und unterstützend erlebt, haben sie wenig Zeit für ihre Kinder und können sich diese wenig mit ihren Eltern identifizieren, stellt solch eine Konstellation eher einen Risikofaktor für die kindliche Entwicklung dar (Zinnecker et al., 1996).

Nach wie vor wird die aufrechte Partnerbeziehung der leiblichen Eltern, die sich in deren umfassenden Lebensgemeinschaft manifestiert (Kernfamilie), als

---

1 Die meisten Studien wurden mit Kindern zwischen 10 und 15 Jahren durchgeführt (du Bois-Reymond et al., 1993; Büchner et al., 1996; ÖIJ 1995; Wilk/ Bacher, 1994; Zinnecker et al., 1996).

die günstigste Basis des Aufwachsens von Kindern angesehen. Die Rahmenbedingungen der Gestaltung der Eltern-Kind-Beziehung in den meisten jener Familien, die nicht diesem Modell entsprechen, sind insofern anders, als die Beziehung eines Elternteils zu seinem Kind bei fehlender Wohn- und Lebensgemeinschaft mit diesem gestaltet werden muß. Die Studien, die sich damit beschäftigen, wie die Eltern-Kind-Beziehungen in „anderen" Familienformen gestaltet werden, beschränken sich vorwiegend auf die Analyse dieser Beziehung in zwei bestimmten Familienformen, nämlich Eineltern- und Stieffamilien.

2.2 Die Beziehung zwischen Eltern und Kindern in Einelternfamilien

Im folgenden stehen vorwiegend die Eltern-Kind-Beziehungen in Mutter-Kind-Familien im Mittelpunkt, da der Großteil aller Einelternfamilien dieser Familienform zuzurechnen ist und über Eltern-Kind-Beziehungen in Vaterfamilien keine umfassenden empirischen Studien für den deutschen Sprachraum zur Verfügung stehen.

In einer Zusammenfassung ausländischer Studien kommt Fthenakis (1988 u. 1993) zu dem Schluß, daß sich das Alleinerziehen durch den Vater nicht negativ auf die Entwicklung der Kinder auswirken muß, daß ihm eine eigene Qualität zukommt und daß es auch positive Effekte haben kann (Fthenakis, 1993, 103). Allerdings räumt er ein, daß die bisherigen Arbeiten nur bruchstückhaft in die Qualität der Beziehung Einblick gewähren.

2.2.1 Die Mutter-Kind-Beziehung in Mutter-Kind-Familien

Obwohl es zahlreiche Arbeiten zur Situation von Einelternfamilien sowohl in Deutschland (Böttger/ Rust, 1985; Gutschmidt, 1986 u. 1993; Heiliger, 1993; Napp-Peters, 1995; Nave-Herz/ Krüger, 1992; Neubauer, 1988; Niepel, 1994; Sander, 1993) als auch in Österreich (Beham/ Wilk, 1990; ÖIBF, 1986; Verweijen et al., 1986) gibt, wird dabei der Beziehung zwischen Mutter und Kind meist nur am Rande Aufmerksamkeit gewidmet, wobei kaum danach differenziert wird, ob es sich um Familien lediger, geschiedener oder verwitweter Mütter handelt.

Einige Arbeiten weisen darauf hin, daß Mütter in Einelternfamilien besonders bemüht sind, Kinder als gleichwertige Partner zu behandeln (Napp-Peters, 1995). Sie versuchen, den Bedürfnissen ihrer Kinder und ihren eigenen im selben Maß gerecht zu werden (Böttger/ Rust, 1985) und durch Aushandeln zu Lösungen zu kommen (Gutschmidt, 1993). Andere Arbeiten aus den USA wiederum fanden insbesondere in der ersten Zeit nach der Scheidung einen autoritäreren Erziehungsstil, und Acock u. Demo (1994) stellten fest, daß Mütter in Einelternfamilien tendenziell mehr bestrafen. Auch über das Ausmaß der Kontrolle, das Mütter in Einelternfamilien im Vergleich zu solchen in Kernfamilien gegenüber ihren Kindern ausüben, gibt es unterschiedliche Ergebnisse (Acock/ Demo, 1994; Hetherington, 1987). Einige Autoren weisen auf die mögliche Tendenz eines sehr engen aufeinander Bezogenseins von Mutter und Kind in Mutter-Kind-Familien und die darin enthaltene Gefahr einer Parentifizierung und instrumentellen sowie emotionalen Überforderung des Kindes hin (Verweijen et al., 1986).

Einige Hinweise auf die Mutter-Kind-Beziehung in Einelternfamilien aus der Sicht von Zehnjährigen können der Studie „Kindsein in Österreich" (Wilk/ Bacher, 1994) entnommen werden. Darin schildern Kinder in dieser Familienform die Beziehung zu ihrer Mutter sehr positiv. Sie nehmen ihre Mutter überwiegend als einfühlend und unterstützend wahr.

2.2.2 Die Vater-Kind-Beziehung in Mutter-Kind-Familien

Vor einigen Jahrzehnten schien der Vater noch vorwiegend die Rolle des „instrumentellen Führers", wie dies Parsons ausdrückte, inne zu haben, der für die ökonomische Sicherung der Familie zuständig war und Autorität für sich sowie Gehorsam von seinen Kindern beanspruchte. Seine Abwesenheit von der Familie brachten dann nicht selten deren ökonomische Gefährdung und auch erzieherische Defizite bei den Kindern mit sich, wie dies ältere Studien glaubten feststellen zu können (vgl. zusammenfassend Fthenakis, 1993).

Die Entwicklungen der letzten Jahrzehnte führten jedoch zu einer Erweiterung des Funktionsbereichs von Vätern sowie zu einer Veränderung der Geschlechtsrollenstereotype und des Vaterbildes. Väter sehen sich in erster Linie als guter Freund, emotionale Bezugsperson und Freizeitpartner ihrer Kinder (Nave-Herz, 1988). Ob und in welchem Ausmaß Väter diese Funktionen wahrnehmen (können), wenn sie mit ihrem Kind *nicht* zusammenleben, da die Partnerschaft mit der Mutter aufgelöst wurde, darauf versuchen mehrere Studien Auskunft zu geben. Diese Arbeiten beschäftigen sich vorwiegend mit der Vater-Kind-Beziehung nach Scheidung, bisher gibt es allerdings nur wenige Arbeiten, die sich mit der Beziehung von Vätern mit ihren nichtehelichen Kindern, mit denen sie niemals zusammenlebten, beschäftigen (Stein-Hilbers, 1994; Rost, 1998). Scheinen österreichische Studien hierzu überhaupt zu fehlen, erlaubt die Studie von Napp-Peters (1987) und insbesondere jene von Vaskovics et al. (1997) Aussagen für die Situation in Deutschland. Napp-Peters konnte in ihrer Arbeit feststellen, daß bei fast zwei Drittel der von ihr untersuchten Kinder der Kontakt zwischen den Eltern noch vor der Geburt oder während des ersten Lebensjahres des Kindes abbrach und damit auch kein Vater-Kind-Kontakt mehr gegeben war. Auch in der oben genannten Studie von Vaskovics (Rost, 1998, 114) stellte sich heraus, daß 6 von 10 Kindern, die nicht mit ihrem Vater zusammenlebten, keinen Kontakt zu diesem hatten. Gab es Kontakte, variierten sie stark nach Häufigkeit und Ausgestaltung und reichten von intensivem regelmäßigem Kontakt bis zu unregelmäßigen sporadischen Begegnungen. Nur bei einem Drittel der Kinder, die Kontakt zu ihrem Vater hatten, war dieser regelmäßig. Der Kontakt zwischen Vater und Kind ist dabei einmal abhängig von der räumlichen Distanz, zum anderen von der Lebensform der Eltern. Eine Eheschließung von Vater oder Mutter reduziert den Vater-Kind-Kontakt, eine gute Beziehung zwischen Vater und Mutter erhöht die Kontakthäufigkeit. Insgesamt verringerte sich mit zunehmendem Alter die Kontakthäufigkeit. Jene Väter, die den Kontakt zu ihren Kindern aufrechterhielten, sahen diesen als für sie sehr bedeutsam an.

Häufiger wurde die Vater-Kind-Beziehung nach einer Scheidung zum Thema wissenschaftlicher Untersuchungen gemacht. Eine Trennung oder Scheidung der Eltern bedeutet nicht nur die Auflösung der Paarbeziehung, sondern ebenso die Auflösung des bisher von Kindern und beiden Elternteilen geteilten Raumes und der gemeinsamen Zeit, das Aufgeben einer umfassenden gemeinsamen Verantwortung von Vater und Mutter für ihre Kinder, und damit für den aus dem gemeinsamen Eltern-Kind-Haushalt ausgeschiedenen Elternteil den Verlust der Möglichkeit, den normalen Alltag mit seinen Kindern zu leben.

Empirische Untersuchungen untermauern, daß die Scheidung der Eltern nicht nur im subjektiven Erleben des Kindes einen teilweisen Verlust eines Elternteils bedeutet, sondern beinahe immer auch eine Reduktion der Kontakthäufigkeit und der Zeit des nicht sorgeberechtigten Elternteils (also im allgemeinen des Vaters) für das Kind. Das Zeitausmaß, das Väter für ihre Kinder zur Verfügung stellen, nimmt mit zunehmender Zeit nach der Trennung noch ab. So stellte Haller (1996, 58) fest, daß vier Jahre nach der Scheidung nur mehr ein Fünftel der Kinder einen mittleren oder starken Kontakt zum getrennten Elternteil hatte und Nave-Herz und Schmitz (1996, 166) konnten in ihrer Studie festhalten, daß im Laufe der Jahre ein Drittel der Väter die Verbindung zu ihren Kindern verloren hatte. Als mögliche Ursachen der Reduktion der Kontakte wurden die Rollenunsicherheit der Väter (Furstenberg/ Cherlin, 1993, 66), Konflikte zwischen den leiblichen Elternteilen, große räumliche Entfernungen, neue Interessen und Freundschaften (sowohl der Kinder als auch der Väter) sowie die Behinderung der Kontakte durch die Mutter angeführt.

Wie die Qualität der Beziehung zwischen Kind und außerhalb lebendem Elternteil erlebt wird, scheint von einer Vielzahl von Faktoren beeinflußt zu sein, deren Gewicht und Zusammenwirken jedoch noch kaum eindeutig bestimmt werden kann. So stellten Wallerstein u. Kelly (1980) keinen Zusammenhang zwischen Kontakthäufigkeit und Zuneigung der Kinder zu ihrem Vater fest, und Stein-Hilbers (1994, 160) vertritt die Ansicht, daß trotz gelegentlicher Kontakte zwischen Vätern und Kindern die Gefühle füreinander abstumpfen und Fremdheitsgefühle eintreten würden.

2.3 Die Gestaltung der Eltern-Kind-Beziehung in Stieffamilien

Heutige Elternschaft in Stieffamilien ist dadurch gekennzeichnet, daß sie meist *multiple Elternschaft* darstellt, indem soziale Elternschaft von mehreren Vater- oder Mutterpersonen gleichzeitig wahrgenommen wird[2]. Ein oder mehrere soziale Elternteile treten dabei zu den biologisch-sozialen Elternteilen hinzu und übernehmen im unterschiedlichen Ausmaß Teile der Rolle eines Elternteils. Der neu hinzutretende Elternteil kann z.B. den gleichgeschlechtlichen biologischen Elternteil als sozialen und rechtlichen ersetzen, wenn er dessen Rechte und Pflichten durch Adoption übernimmt. Verbleibt aber die rechtliche Elternschaft beim nicht sorgeberechtigten biologischen Elternteil, kann er z.B. die soziale Elternschaft weitgehend selbst und allein übernehmen, indem er die im Alltag erwartete soziale Rolle eines Elternteils erfüllt. Er kann sich ferner mit dem biologischen Elternteil die Rolle des sozialen Elternteils teilen, indem er bestimmte Teile dieser Rolle übernimmt, andere Teile aber neben der rechtlichen Elternschaft beim biologischen Elternteil verbleiben.

Wie diese Beziehungen in der Realität gestaltet werden, damit haben sich eine Vielzahl amerikanischer Studien (zusammenfassend Acock/ Demo, 1994; Ganong/ Coleman, 1994), einige wenige deutsche (Friedl/ Maier-Aichen, 1991; Napp-Peters, 1995; Walper, 1995) und eine österreichische Studie (Wilk, 1998a u. 1998b) beschäftigt. Da die meisten Arbeiten sich mit Stiefvaterfamilien (also Familien, in denen die Mutter mit ihrem leiblichen Kind bzw. ihren leiblichen Kindern und einem Partner zusammenlebt, der nicht der leibliche Vater dieses Kindes bzw. dieser Kinder ist) beschäftigen, die den überwiegenden Teil aller Stieffamilien bilden, beziehen sich die folgenden Ausführungen vorwiegend auf diesen Familientyp.

2.3.1 Die Beziehung zwischen leiblichem Elternteil in der Familie und seinem Kind

Die Beziehung zwischen dem sorgeberechtigten leiblichen Elternteil und seinem Kind ist für Stieffamilien von größter Bedeutung, dennoch wurde sie bisher nur

---

2 Der Anteil der Stieffamiliengründungen nach Tod eines Elternteils hat in den letzten Jahrzehnten stark abgenommen.

selten zum Themenschwerpunkt von Forschungsarbeiten gemacht (Ganong/ Coleman, 1994. 92). Die meisten Studien fanden einige Unterschiede in der Beziehung zwischen Mutter und Kind in Stieffamilien verglichen mit anderen Familienformen, wobei diese aber häufig nicht sehr ausgeprägt waren (Acock/ Demo, 1994, 139ff.). In der Linzer Kindstudie zeigte sich, daß Mütter in Stieffamilien für ihre ca. zehnjährigen Kinder wochentags deutlich weniger Zeit hatten als Mütter in Kernfamilien (aber mehr als jene in Einelternfamilien) und daß sie von ihren Kindern etwas seltener als einfühlend-unterstützend erlebt wurden als dies für Mütter in Kern- und Einelternfamilien galt (Wilk, 1998a, 120f.). Walper (1995) konnte in ihrer Studie, in welcher Familien mit Kindern in der frühen und mittleren Adoleszenz untersucht wurden, feststellen, daß Mütter in Stieffamilien ihr Verhalten als weniger demokratisch charakterisierten als Mütter in Kernfamilien, daß sie weniger mit ihren Kindern kommunizierten und eine höhere Bestrafungsneigung hatten als letztgenannte. Auch Acock und Demo (1994) stellten in ihrer Untersuchung eine erhöhte Bestrafungstendenz bei Müttern in Stieffamilien fest, zugleich erlebten diese Mütter die Beziehung zu ihren Kindern als weniger freudvoll und angenehm, jedoch streßbelasteter als Mütter in Kernfamilien.

2.3.2 Die Beziehung zwischen Kind und außerhalb lebendem leiblichen Elternteil

Bis heute gibt es aber auch nur wenige deutschsprachige empirische Studien, die sich explizit der Vater-Kind-Beziehung in Stieffamilien und der Veränderung der Vater-Kind-Beziehung nach einer Wiederheirat der Mutter widmen. Zu nennen wären die Arbeiten von Friedl-Maier/ Aichen (1991), Napp-Peters (1995) und Wilk (1998a). Napp-Peters (1995) sieht in der Aufrechterhaltung bzw. dem Abbruch der Vater-Kind-Beziehung jenen Faktor, der die Entwicklungschancen des Kindes nach einer Scheidung wesentlich bestimmt. In der Linzer Stieffamilienstudie ließen sich aufgrund der Aussagen der Kinder drei Formen der Vater-Kind-Beziehung auffinden: eine „emotional-enge“ Beziehung, getragen von gegenseitiger Zuneigung und regelmäßigem Kontakt, eine „kühl-distanzierte“, mit seltenem oder fehlendem Kontakt sowie „der unbekannte Vater“ zu dem die Kinder keinen Kontakt haben und den sie nicht als „richtigen“ Vater akzeptieren. Wie bereits erwähnt, ist die Tendenz feststellbar, daß eine Wiederheirat der Mutter eher zu einer Reduktion der Kontakte mit dem nicht sorgeberechtigten leiblichen Vater führt.

2.3.3 Die Beziehung zwischen Kind und Stiefelternteil

Diese Beziehung unterscheidet sich in ihrer Vielfalt nicht nur nach dem Geschlecht des Stiefelternteils, sondern auch danach, ob Kind und Stiefelternteil ständig zusammenwohnen oder ob das Kind ihn/sie nur (mehr oder weniger häufig) besucht. Die wenigen amerikanischen Arbeiten zu „Besuchsfamilien" (Ambert, 1986; Ganong/ Coleman, 1994) berichten, daß die Beziehungen zu Stiefelternteilen in diesen Familien weniger eng und tief sind als in „primären" Stieffamilien[3].

Jene empirischen Arbeiten, die die Stiefmutter-Kind-Beziehung in primären Stiefmutterfamilien durchleuchtet haben, geben Anhaltspunkte dafür, daß es in dieser Beziehung mehr Schwierigkeiten gibt als in Stiefvaterbeziehungen (Clingempeel/ Segal, 1986; Hobart, 1987, 1991; Kurdek/ Fine, 1993; Zill, 1988). Stiefmütter haben eine problematischere emotionale Beziehung zu ihren Stiefkindern als Stiefväter (Hetherington, 1987; Santrock/ Sitterle, 1987), und sie sind auch mit ihrer Beziehung zu ihren Stiefkindern weniger zufrieden (Ahrons/ Wallisch, 1987; Hobart, 1987; Rollin, 1988). Besonders schwierig scheint sich die Beziehung zu gestalten, wenn die Kinder zu ihrer leiblichen Mutter häufig Kontakt haben. Kinder scheinen dann leicht in einen permanenten Loyalitätskonflikt zu geraten, der den Aufbau einer zufriedenstellenden Stiefmutter-Kind-Beziehung verhindert (Clingempeel/ Segal, 1986; Furstenberg/ Nord, 1985; Hobart, 1987).

Das spezifische Problem der Stiefvater-Kind-Beziehung kann darin gesehen werden, daß sie eine weitgehend undefinierte ist, was sich in der Vielzahl der vorfindbaren Gestaltungsformen dieser Beziehung zeigt. Eine Reihe von Faktoren erschwert den Prozeß des Aufbaus dieser Beziehung: Die Unsicherheit des Stiefvaters über seine Rolle, wieviel Zuneigung er zeigen und wieviel Disziplin er ausüben soll; ausgeprägte Loyalität des Kindes gegenüber seinem leiblichen Vater, die die Zuneigung zum Stiefvater als Verrat erscheinen läßt (Ahrons/ Wallisch, 1987); Rivalität zwischen Stiefvater und Kind um die Gunst der Mutter; unterschiedliche Normen, Werte, Gewohnheiten, Vorstellungen und Regeln in einer Familie bezüglich des alltäglichen Zusammenlebens (Hetherington et al., 1982) sowie die besonders intensive Beziehung zwischen Mutter und Kind, die den Stiefelternteil als Eindringling erleben läßt (Wallerstein/ Blakeslee, 1989).

---

3 Unter einer primären Stieffamilie versteht man jene Familie, in der das Kind den Großteil seines alltäglichen Lebens verbringt. Die sekundäre Stieffamilie hingegen ist jene, in der das Kind sich nur zeitweise aufhält („Besuchsfamilie").

Mit zunehmender Dauer der Stiefelternschaft werden diese Probleme häufig positiv bewältigt. Dennoch scheinen bei den (teilweise widersprüchlichen) Studien jene zu überwiegen, die die Stiefvater-Kind-Beziehung als eine sich von der Vater-Kind-Beziehung unterscheidende, durch weniger emotionale Nähe, Gemeinsamkeit und Unterstützung gekennzeichnete, charakterisieren.

Zugleich weisen mehrere Studien aber auch darauf hin, wie unterschiedlich diese Beziehung gestaltet wird. So konnten in der Linzer Stieffamilienstudie (Wilk, 1998a) aus Sicht der Stiefväter vier unterschiedliche Typen der Stiefvater-Kind-Beziehung analysiert werden: eine „enge und innige Beziehung", in welcher sich die Stiefväter ihrem Stiefkind wie einem leiblichem verbunden fühlen, eine „freundschaftliche Beziehung", die nicht sehr gefühlsbetont, aber harmonisch und nicht konfliktgeladen ist, eine „zu gegenseitiger Akzeptanz entwickelte", deren Aufbau äußerst schwierig war, wo es aber gelungen ist, allmählich eine auf Akzeptanz beruhende, wenn auch nicht konfliktlose Beziehung aufzubauen, und eine „durch Konflikte bestimmte" Beziehung, die durch das Vorherrschen von Streit und Reibereien gekennzeichnet ist. Beide Beziehungspartner sind nicht fähig oder bereit, sich aufeinander einzulassen, es konnte sich keine emotional-positive Beziehung entwickeln (vgl. auch Friedl/ Maier-Aichen, 1991).

3. Versuch einer Interpretation der skizzierten Situation und der Entwicklungen der familialen Lebenswelten von Kindern

In den 80er-Jahren wurde relativ unhinterfragt die Angemessenheit der Hypothese der Pluralisierung familialer Lebensformen zur Beschreibung der Entwicklung der Familie akzeptiert. Heute hingegen wird die Pluralisierungsthese sehr differenziert betrachtet und von manchen (Nave-Herz, 1997) als wissenschaftliches Konstrukt, welches nicht der Realität entspricht, kritisiert. Es wird auf die mangelnde Differenzierung der Begriffe Pluralisierung und Pluralität (Lüscher, 1997a. u. 1997b), auf die Notwendigkeit der Unterscheidung von Lebens- und Familienformen, die Beschränkung der Pluralisierung auf spezifische Phasen des Lebenszyklus (Bertram, 1995 u. 1997), die Vielfalt der Familienformen in früheren Zeiten (Ehmer et al., 1997) sowie die alleinige Begründung der Pluralität anhand amtlich-demographischer Daten (Bertram, 1995 u. 1997) hingewiesen. Insbesondere wird die Tatsache, daß nach wie vor ca. drei Viertel der Kinder bis zum Erwachsenwerden mit ihren beiden leiblichen Elternteilen zusammenwohnen und -leben als ein Faktor angesehen, der gegen die generelle These der Pluralisierung von Familienformen spricht.

Aufgrund der Beschaffenheit der familialen Lebenswelten von Kindern heute erscheint möglicherweise ein anderes Interpretationsmuster der gesellschaftlichen Realität besser angepaßt, und zwar jenes der Polarisierung, wie es z.B. von Huinink (1995) oder Burkart (1993a, 1993b u. 1997) als Interpretationsmuster des allgemeinen familialen Wandels vorgeschlagen wird. Im folgenden wird davon ausgegangen, daß sich die familialen Lebenswelten von Kindern zunehmend polarisiert haben und sich jeweils einem von zwei in vielen Belangen gegensätzlichen Mustern zuordnen lassen. Das eine stellt die dauerhafte Kernfamilie mit zwei verheirateten leiblichen Elternteilen als „Normalentwurf" des Kindschaftsverhältnisses dar, das andere eines, das als „postmodernes" Muster bezeichnet werden soll, da es eine Vielzahl von Merkmalen aufweist, die als charakteristisch für „postmodernes Sein" angesehen werden können.

Modernisierungstheorien stellen heute einen wichtigen Zugang zur Zeitdiagnose dar. Wird bei der Analyse der Situation von Kindern darauf Bezug genommen, wird Modernisierung meist im Sinn eines allgemeinen linearen Trends in Richtung einer zunehmenden Individualisierung verstanden (du Bois-Reymond et al., 1994). Nur wenig Berücksichtigung fanden bisher jene Ansätze, die einen markanten Bruch in den allgemeinen Trends der Modernisierung in den letzten Jahrzehnten diagnostizieren, wie jener des Übergang von der „objektiven" zur „subjektiven" Moderne von Beck (1986 u. 1993; Beck/ Beck-Gernsheim, 1994) oder jene Ansätze, die unter den Oberbegriff der „Postmoderne" zu subsumieren sind. Postmoderne wird dabei vielfach nicht als Epochenbezeichnung verwendet, „sondern als Einschätzung komplexer widersprüchlicher gesellschaftlicher Verhältnisse und Prozesse, die unterschiedliche Entwicklungen zulassen" (Lüscher/ Lange, 1996, 31), wobei davon ausgegangen wird, daß „die Kennzeichnung Postmoderne auf eine umfassende Problematisierung gesellschaftlicher Prozesse, die kennzeichnend für Modernisierung seien" (Lüscher/ Lange, 1996, 24), verweise. All diesen zuletzt genannten Ansätzen ist gemeinsam, daß sie das derzeitige Modernisierungsgeschehen als ein von Widersprüchen, Verschiedenartigkeiten, Mehrdeutigkeiten, Ambivalenzen und Brüchen gekennzeichnetes sehen. Postmoderne kann demnach verstanden werden als „Verfassung radikaler Pluralität" (Welsch, 1993). Dies findet seinen Ausdruck auch in der Lebenssituation von Kindern. So verweist Lange (1995) darauf, daß Ambivalenzen von Risiken und Optionen ein grundlegendes Strukturmerkmal heutigen Kindseins darstellen, Klein (1993) artikuliert diese Vorstellung noch radikaler. Er sieht die Überlagerung beider Modernisierungsphasen als kennzeichnend für Kindheit an. Seiner Meinung nach treffen Strukturierungsprinzipien einer ersten Phase der Modernisierung (strukturelle Differenzierung und Entflechtung sozialer Lebens- und Funktionsbereiche) mit solchen einer zweiten (Deinstitutionalisierung und Infragestellung zentraler Prinzipien der Modernisierung) zusammen. Die Überlagerung der beiden Modernisierungsphasen generiert die Ambivalenzen des Alltagslebens heute und erzeugt damit auch die offensichtliche Widersprüchlichkeit des Kinderalltags.

Versucht man dieses Konzept der „Postmoderne" auf den Bereich des Kindseins in Familien heute anhand der skizzierten Dimensionen familialer Lebenswelten von Kindern anzuwenden, läßt sich folgendes feststellen:

- Die demographische Struktur der vom „Normalentwurf" abweichenden Familienformen von Kindern ist gekennzeichnet von Vielfältigkeiten und Uneindeutigkeiten, wie die unterschiedlichen Kategorisierungsversuche deutlich machen. Die Lebensverläufe von Kindern in diesen Familienformen weisen vielfach Brüche und Diskontinuitäten auf, übergreifende Muster sind kaum identifizierbar.
- Die rechtliche und normativ-kulturelle Verankerung dieser Familienformen ist bruchstückhaft, es mangelt an institutionalisierten Regeln und Modellen für das Zusammenleben, diese sind kulturell nicht vorgegeben oder uneindeutig. Rechtliche Regelungen werden widersprüchlich argumentiert oder sind teilweise nicht vorhanden. Es gibt keine klare und eindeutige sprachliche Verankerung spezifischer Familienkonstellationen, eindeutige Bezeichnungen für Beziehungen fehlen vielfach.
- Die Eltern-Kind-Beziehung weist, soweit sie nicht ihre Basis in einem gemeinsamen Haushalt hat, Diskontinuitäten und Brüche auf und wird vielfach zu einer unsicheren Beziehung. Die Rollen sozialer Elternteile sind nicht klar definiert und mangels institutioneller Vorgaben relativ frei gestaltbar, die Rollenerwartungen sind vielfach von Widersprüchen und Ambivalenzen gekennzeichnet.

Im Gegensatz dazu ist die strukturell-demographische Dimensionalität des „Normalentwurfs" des Kindschaftsverhältnisses klar und eindeutig, die rechtliche Stellung der auf Ehe beruhenden Kernfamilie, die Rechte und Pflichten der Elternteile umfassend und klar im Gesetz verankert und die sprachliche Bezeichnung der einzelnen Familienmitglieder selbstverständlich und unumstritten. In der Eltern-Kind-Beziehung ist durch gemeinsames Zusammenleben zumindest kontinuierlicher Kontakt gesichert, die Rollen von Eltern und Kindern sind innerhalb eines bestimmten Gestaltungsraumes eindeutig festgelegt.

Als eines der Kennzeichen der Postmodernität kann die „subjektive Multiperspektivität" gelten, d.h., daß für den einzelnen mehrere Handlungsorientierungen denkbar und möglich sind, von denen jede „auf plausible Weise den anstehenden Aufgaben zu genügen und das Handeln zu legitimieren vermag" (Lüscher, 1988, 33). Damit eröffnen sich dem einzelnen Erwachsenen auch im Bereich der Familie neue Wahlmöglichkeiten und Chancen, zugleich verbunden mit der Aufweichung traditioneller Bindungen, Ligaturen und Stützen. Dieser unaufhebbaren Ambivalenz der postmodernen, individualisierten Gesellschaft scheinen Kinder in den „anderen" Familienformen im besonderen Maß ausgesetzt. Es stellt sich daher die Frage, ob und inwiefern sie dadurch Schaden leiden.

Eine Fülle von sowohl klinischen als auch empirischen Studien versuchte darauf Antworten zu finden, wobei diese Studien vorwiegend Kinder in Eineltern- und Stieffamilien untersuchten und diese solchen in Kernfamilien gegenüberstellten.

Die frühen Arbeiten zur Einelternfamilie gingen dabei meist von einer Defizithypothese aus. Die Abwesenheit eines Elternteils wurde mit mangelnder Unterstützung und Kontrolle assoziiert sowie mit dem Fehlen generationaler Grenzen und hierarchisch-autoritärer Beziehungen verknüpft. Eine Vielzahl von Untersuchungen, in den 70er Jahren, vorwiegend in den USA durchgeführt, schien dies zu bestätigen. Es wurden Defizite im Bereich der Intelligenz- und Moralentwicklung sowie Schwierigkeiten bei der Übernahme von Geschlechtsrollen, insbesondere bei Knaben, festgestellt (vgl. zusammenfassend Fthenakis et al., 1982). Seit Ende der 70er Jahre werden diese Studien sehr kritisch – auch in methodischer Hinsicht – betrachtet (Sander, 1988). Die meisten in den 80er Jahren durchgeführten Arbeiten trugen dieser Kritik Rechnung, indem Kontrollgruppen sorgfältiger ausgewählt, repräsentative Stichproben zum Ausgangspunkt genommen und andere mögliche Einflußfaktoren (z.B. sozioökonomische Ressourcen, kritische Lebensereignisse) kontrolliert wurden. Die Ergebnisse dieser Studien sind allerdings äußerst widersprüchlich. Einige Arbeiten konnten keine sozialen Auffälligkeiten bei Kindern in Einelternfamilien finden (Compas/ Williams, 1990). Es scheinen aber jene Studien eher zu überwiegen, die Defizite dieser Kinder gegenüber solchen aus Kernfamilien feststellen. So wurden häufiger Verhaltens- und Lernprobleme in der Schule bei Kindern aus Einelternfamilien aufgezeigt (Astone/ McLanahan, 1991; Guidibaldi/ Perry, 1984; Hetherington et al., 1985; Steinberg, 1987). Längsschnittuntersuchungen (Murray/ Sandquist, 1990; Wallerstein/ Blakeslee, 1989) verdeutlichen, daß die Entwicklung von Kindern aus Einelternfamilien nicht einheitlich und konform, sondern äußerst unterschiedlich verläuft.

So wie im Bereich der Einelternthematik sind auch die Stieffamilienstudien bis in die 80er Jahre durch einen Defizitansatz und methodische Mängel (kleine

Untersuchungspopulationen, problematische Befragungsinstrumente, Beschränkung auf einige strukturelle Variablen (vgl. zusammenfassend Coleman/ Ganong, 1990; Ganong/ Coleman, 1994; Pasley/ Ihinger, 1987)), gekennzeichnet. Betrachtet man die derzeit vorliegenden – meist aus dem angloamerikanischen Raum stammenden – Studien, die sich mit den Folgen des Lebens in einer Stieffamilie für die davon betroffenen Kinder beschäftigen und unterschiedlichen theoretischen Ansätzen (Streßtheorie, Systemtheorie) folgen, so vermitteln diese – ähnlich wie bei den Einelternfamilien – ein uneinheitliches Bild (Walper, 1995). So z.B. fanden mehrere in den USA durchgeführte Studien, daß Kinder aus Stieffamilien im Vergleich zu solchen aus Kernfamilien aggressiver, ungehorsamer, beeinträchtigter in ihren Schulleistungen, ihrem Selbstwertgefühl und ihrer psychischen Gesundheit waren (Bray, 1988; Hetherington, 1991; Hetherington et al., 1982, 1985; Peterson/ Zill, 1986; Steinberg, 1987; Zill, 1988). Andere Studien hingegen konnten insbesondere bezüglich der kognitiven Fähigkeiten, des Sozialverhaltens und der sozialen Einstellungen keine signifikanten Unterschiede zwischen Kindern aus Stieffamilien und solchen aus Kernfamilien feststellen (Ganong/ Coleman, 1994).

Die Widersprüchlichkeit der Studien zum Einfluß unterschiedlicher Familienformen auf die Persönlichkeit von Kindern ist vermutlich ein Faktor, der mit dazu beigetragen hat, daß die Angemessenheit der Strukturdefizithypothese zunehmend in Frage gestellt wurde. So wird der Einbezug sozioökonomischer Ressourcen (Sander, 1993) ebenso wie jener von Beziehungs- und Prozeßvariablen (Noack, 1992) oder spezifischer Belastungen und Stressoren (Walper, 1995) angeregt. Es wird also danach gefragt, ob bzw. in welchem Ausmaß die Familienform an sich die Chancen von Kindern beeinflußt oder ob hierfür vorwiegend andere Faktoren, wie die Qualität der Familienbeziehungen sowie der Familienerziehung, die Rahmenbedingungen der Gestaltung familiären Lebens, insbesondere die ökonomischen, räumlichen, sozialen und zeitlichen Ressourcen, die zur Verfügung stehen, oder Belastungen und Stressoren von Bedeutung sind. Neuere Studien, die einem solchen erweiterten Ansatz Rechnung tragen, kommen relativ übereinstimmend zum Ergebnis, daß die Familienstruktur Einfluß auf bestimmte Sozialisationsmerkmale und das Wohlbefinden nimmt und Kinder in Kernfamilien meist begünstigt sind, dieser Einfluß aber vielfach geringer ist als jener der anderen Faktoren.

Insgesamt betrachtet ist die wissenschaftliche Analyse der Lebensformen, in denen Kinder leben, deren Erleben durch Kinder und deren Bedeutung für diese heute noch äußerst lücken- und mangelhaft. Eine Behebung dieses Mangels erfordert eine Intensivierung der wissenschaftlichen Arbeiten in mehrere Richtungen. Zum einen wären Längsschnittanalysen größerer Bevölkerungsgruppen und ein Ausbau der amtlichen Statistiken vonnöten, zum anderen differenzierte Lebenslaufanalysen jener Kinder, die in „anderen Familienformen“ leben. Jene Forschungsansätze, wie zum Beispiel jener von Acock und Demo (1994), die neben der Familienform andere Faktoren einbeziehen, wie sozioökonomische Ressourcen (Sander, 1993), Beziehungs- und Prozeßvariablen (Noack, 1992) oder spezifische Belastungen und Stressoren (Walper, 1995) wären auszubauen um zu differenzierteren Analysen darüber zu gelangen, unter welchen Bedingungen welche Familienstruktur welchen Einfluß auf bestimmte Sozialisationsmerkmale und das Wohlbefinden von Kindern nimmt. Dabei erscheinen interdisziplinäre Arbeiten, die es ermöglichen, z.B. ökonomische, soziologische und psychologische Aspekte zu verknüpfen, unerläßlich.

Literatur

Acock, A. C. & Demo, D. H., 1994: Family Diversity and Well-Being, Thousand Oaks: Sage.

Ahrons, C., R. & Wallisch, L., 1987: Parenting in the binuclear family: Relationships between biological and stepparents, in: Pasley, K. & Ihinger-Tallman, M., (Eds.), Remarriage and stepparenting today: Current research and theory, New York: Guilford, S. 225-256.

Ambert, A., 1986: Being a stepparent: Live-in and visiting stepchildren, *Journal of Marriage and the Family*, 48, S. 795-804.

Astone, N. M. & McLanahan, S. S., 1991: Family structure, practices and high school completion, *American Sociological Review*, 56, S. 309-320.

Beck, U., 1986: Risikogesellschaft. Auf dem Weg in eine andere Moderne, Frankfurt: Suhrkamp.

Beck, U., 1993: Die Erfindung des Politischen. Zu einer Theorie reflexiver Modernisierung, Frankfurt: Suhrkamp.

Beck, U. & Beck-Gernsheim, E., (Hrsg.), 1994: Riskante Freiheiten. Individualisierung in modernen Gesellschaften, Frankfurt: Suhrkamp.

Beham, M.,& Wilk, L.,1990: Alleinerzieherinnen. Ein Bericht zu ihrer Lage und Erwerbssituation. Hrsg. vom Bundesministerium für Arbeit und Soziales. Forschungsberichte aus Sozial- und Arbeitsmarktpolitik Nr. 30, Wien: Bundesministerium für Arbeit und Soziales.

Beham, M., Denk, G., Lutz, W., Nowak, V. & Pflegerl, J., 1997: Statistik aus Kinderperspektive. Kinderspezifische Auswertung der Volkszählung 1991, Materialiensammlung Heft 3, Wien: Österreichisches Institut für Familienforschung.

Bertram, H., 1995: Individuen in einer individualisierten Gesellschaft, in: Bertram, H., (Hrsg.), Das Individuum und seine Familie. Lebensformen, Familienbeziehungen und Lebensereignisse im Erwachsenenalter, DJI: Familiensurvey 4, Opladen: Leske+Budrich, S. 9-34.

Bertram, H., 1997: Die Familie: Solidarität oder Individualität? in: Vaskovics, L. A., (Hrsg.), Familienleitbilder und Familienrealitäten, Opladen: Leske+Budrich, S. 370-381.

Böttger, S. & Rust, G.,1985: Alleinerziehende Frauen in Hamburg. Untersuchung im Auftrag der Freien u. Hansestadt Hamburg, MS, Hamburg: Leitstelle Gleichstellung der Frau

Bray, J. H., 1988: Children's development during early remarriage, in: Hetherington, E. M. & Arasteh, J. D., (Eds.), Impact of divorce, single parenting, and stepparenting on children, New York: Erlbaum, S. 279-288.

Büchner, P., Fuhs, B. & Krüger, H.-H., (Hrsg.), 1996: Vom Teddybär zum ersten Kuß. Wege aus der Kindheit in Ost- und Westdeutschland, Opladen: Leske+Budrich.

Burkart, G., 1993a: Individualisierung und Elternschaft - Das Beispiel USA, *Zeitschrift für Soziologie*, 22 (3), S. 159-177.

Burkart, G., 1993b: Eine Gesellschaft von nicht-autonomen biographischen Bastlerinnen und Bastlern? Antwort auf Beck/ Beck-Gernsheim, *Zeitschrift für Soziologie*, 22 (3), S. 188-191.

Burkart, G., 1997: Lebensphasen - Liebesphasen. Vom Paar zur Ehe, zum Single und zurück? Opladen: Leske+Budrich.

Clingempeel, W. G. & Segal, S., 1986: Stepparent-stepchild relationships and the psychological adjustment of children in stepmother and stepfather families, *Child Development*, 57, S. 474-484.

Coleman, M. & Ganong, L. H., 1990: Remarriage and stepfamily research in the 1980s: Increased interest in an old family form, *Journal of Marriage and the Family*, 52, S. 925-940.

Compas, B. E. & Williams, R. A., 1990: Stress coping and adjustment in mothers and young adolescents in single and two-parent families, *American Journal of Community Psychology*, 18, S. 525-545.

du Bois-Reymond, M., Büchner, P. & Krüger, H.-H., 1993: Die moderne Familie als Verhandlungshaushalt. Zum Wandel des Generationenverhältnisses im interkulturellen Vergleich, *Neue Praxis*, 1+2/93, S. 32-42.

Ehmer, J., Hareven, T. K. & Wall, R. unter Mitarbeit von Cerman, M. & Hämmerle, Ch., 1997: Historische Familienforschung. Ergebnisse und Kontroversen, Frankfurt & New York: Campus.

Europäische Beobachtungsstelle für Nationale Familienpolitiken o.J.: Ditch, J., Barnes, H., Bradshaw, J. & Kilkey, M.: Eine Synthese Nationaler Familienpolitiken 1996, Keighley, Kommission der Europäischen Gemeinschaft.

Friedl, I., 1988: Stieffamilien: Ein Literaturbericht zu Eigenart, Problemen und Beratungsansätzen, Weinheim & München: DJI.

Friedl, I. & Maier-Aichen, R., 1991: Leben in Stieffamilien. Familiendynamik und Alltagsbewältigung in neuen Familienkonstellationen, Weinheim & München: Juventa.

Fthenakis, W. E., Niesel, R. & Kunz, H. R., 1982: Ehescheidung. Konsequenzen für Eltern und Kinder, München: Urban & Schwarzenberg.

Fthenakis, W. E., 1988: Väter. Zur Psychologie der Vater-Kind-Beziehung. (Bd. 1), München: Deutscher Taschenbuch Verlag.

Fthenakis, W. E., 1993: Fünfzehn Jahre Vaterforschung im Überblick, in: Deutsches Jugendinstitut (Hrsg.), Was für Kinder. Aufwachsen in Deutschland, München: Kösel, S. 101-105.

Furstenberg, F. F. & Cherlin, A. J., 1993: Geteilte Familien, Stuttgart: Klett-Cotta.

Furstenberg, F. F. & Nord, Ch. W., 1985: Parenting apart: Patterns of childrearing after marital disruption, *Journal of Marriage and the Family*, 47, S. 893-904.

Ganong, L. H. & Coleman, M., 1994: Remarried Family Relationships, Thousand Oaks, London & New Delhi: Sage.

Guidibaldi, J. & Perry, J. D., 1984: Divorce, socioeconomic status and children's cognitive – social competence at school entry, *American Journal of Orthopsychiatry*, 54, S. 459-468.

Gutschmidt, G., 1986: Kind und Beruf. Alltag alleinerziehender Mütter, Weinheim & München: Juventa.

Gutschmidt, G., 1993: Kinder in Einelternfamilien. Positive Aspekte einer Lebensform, in: Menne, K., Schilling, H. & Weber, M., (Hrsg.), Kinder im Scheidungskonflikt. Beratung von Kindern und Eltern bei Trennung und Scheidung, Weinheim & München: Juventa, S. 299-306.

Haller, M., 1996: Kinder und getrennte Eltern. Voraussetzungen und Strategien zur Bewältigung der Ehescheidung im Lichte neuer sozialwissenschaftlicher Studien, Wien: Österreichisches Institut für Familienforschung.

Heiliger, A., 1993: Zur Sozialisationskompetenz der Mutter-Kind-Familie, in: Böllert, K. & Otto, H. W., (Hrsg.), Die neue Familie. Lebensformen und Familiengemeinschaften im Umbruch, Bielefeld: KT-Verlag, S. 73-83.

Hetherington, E. M., Cox, M. & Cox, R., 1985: Longterm effects of divorce and remarriage on the adjustment of children, *Journal of the American Academy of Child Psychiatry*, 25, S. 518-530.

Hetherington, E. M., 1987: Parents, children and siblings. Six years after divorce, in: Hinde R. A. & Stefenson-Hinde, J., (Eds), Relationships within families. Mutual influences, Oxford: University Press, S. 311-332.
Hetherington, E. M., 1991: The role of individual differences and family relationships in children´s coping with divorce and remarriage, in: Cowan, P. & Hetherington, E. M., (Eds.), Family transitions, Hillsdale: Erlbaum, S. 165-194.
Hetherington, E. M., Cox, M. & Cox, R., 1982: Effects of divorce on parents and children, in: Lamb, M. E., (Ed.), Nontraditional families. Parenting and child development, Hillsdale: Erlbaum, S. 233-288.
Hobart, C. W., 1987: Parent-child relations in remarried families, *Journal of Family Issues*, 8, S. 259-277.
Hobart, C. W., 1991: Conflict in remarriages, *Journal of Divorce and Remarriage*, 15, S. 69-86.
Hoem, B. & Hoem, J., 1988: The Swedish Family – Aspects of Contemporary Developments, *Journal of Family Issues*, 9 (3), S. 397-424.
Hofer, M., 1992a: Die Familie mit einem Kind, in: Hofer, M., Klein-Allermann, E. & Noack, P., (Hrsg.), Familienbeziehungen. Eltern und Kinder in der Entwicklung, Göttingen, Bern, Toronto & Seattle: Hogrefe, S.129-147.
Hofer, M., 1992b: Die Familie mit Schulkindern, in: Hofer, M., Klein-Allermann, E. & Noack, P., (Hrsg.), Familienbeziehungen. Eltern und Kinder in der Entwicklung, Göttigen, Bern, Toronto & Seattle: Hogrefe, S.171-193.
Huinink, J., 1995: Warum noch Familie? Zur Attraktivität von Partnerschaft und Elternschaft in unserer Gesellschaft, Frankfurt & New York: Campus.
Ihinger-Tallman, M. & Pasley, K., 1987: Remarriage and Stepparenting, New York, London: Guilford.
Klein, A., 1993: Kinder, Kultur, Politik, Perspektiven kommunaler Kinderkulturarbeit, Opladen: Leske+Budrich
Krähenbühl, V., Jellouschek, H., Kohaus-Jellouschek, M. & Weber, R., 1991: Stieffamilien: Struktur -Entwicklung – Therapie, Freiburg: Lambertus.
Kurdek, L. & Fine, M., 1993: The relation between family structure and young adolescents' appraisals of family climate and parenting behavior, *Journal of Family Issues*, 14, S. 279-290.
Lange, A., 1995: Medienkinder, verplante Kinder? Die Sichtweise einer zeitdiagnostisch informierten Kindheitsforschung, *Familiendynamik* 3, S. 252-274.
Lüscher, K., 1988: Familie und Familienpolitik im Übergang zur Postmoderne, in: Lüscher, K., Schultheis, F. & Wehrspaun, M., (Hrsg.), Die „Postmoderne" Familie. Familiale Strategien und Familienpolitik in einer Übergangszeit, Konstanz: Universitätsverlag, S. 15-36.
Lüscher, K., Lange,A., 1996: Nach der "postmodernen" Familie, in: Buba, H. P. & Schneider, N. F., (Hrsg.), Familie. Zwischen gesellschaftlicher Prägung und individuellem Design, Opladen: Westdeutscher Verlag, S. 23-36.
Lüscher, K., 1997a: Familienrhetorik, Familienwirklichkeit und Familienforschung, in: Vaskovics, L. A., (Hrsg.), Familienleitbilder und Familienrealitäten, Opladen: Leske+Budrich, S. 50-67.
Lüscher, K., 1997b: Demographische Annäherungen an die „Pluralität familialer Lebensformen", *Zeitschrift für Bevölkerungswissenschaft*, 22 (2/3), S. 269-309.
Mitterauer, M., 1990: Entwicklungstrends der Familie in der neuen europäischen Geschichte, in: Gisser, R., Reiter, L., Schattovics, H. & Wilk, L., (Hrsg.), Lebenswelt Familie, Wien, S. 43-56.
Murray, A. & Sandquist, K., 1990: Father absence and children´s achievement from age 13 to 21, *Scandinavian Journal of Educational Research*, 34, S. 3-28.
Napp-Peters, A., 1987: Ein-Elternteil-Familien. Soziale Randgruppe oder neues familiales Selbstverständnis? Weinheim & München: Juventa.
Napp-Peters, A., 1995: Familien nach der Scheidung. München: Kunstmann.

Nauck, B., 1995: Kinder als Gegenstand der Sozialberichtserstattung – Konzepte, Methoden und Befunde im Überblick, in: Nauck, B. & Bertram, H., (Hrsg.): Kinder in Deutschland, Lebensverhältnisse von Kindern im Regionalvergleich, DJI: Familiensurvey 5, Opladen: Leske+Budrich, S. 11-97.

Nave-Herz, R. & Krüger, D., 1992: Ein-Eltern-Familien - eine empirische Studie zur Lebenssituation und Lebensplanung alleinerziehender Mütter und Väter, Bielefeld: Kleine.

Nave-Herz, R. & Schmitz, A., 1996: Die Beziehung des Kindes zum nicht-sorgeberechtigten Vater, in: Busch, F. W. & Nave-Herz, R., (Hrsg.), Ehe und Familie in Krisensituationen, Oldenburg: Isensee, S. 99-116.

Nave-Herz, R., 1988: Zum Wandel der Vaterrolle, Zeitschrift für Sozialisationsforschung und Erziehungssoziologie, 8, S. 242-245.

Nave-Herz, R., 1997: Pluralisierung familialer Lebensformen - ein Konstrukt der Wissenschaft? in: Vaskovics, L. A., (Hrsg.), Familienleitbilder und Familienrealitäten, Opladen: Leske+Budrich, S. 36-49.

Neubauer, E., 1988: Alleinerziehende Mütter und Väter - Eine Analyse der Gesamtsituation, Stuttgart u.a.: Kohlhammer.

Niepel, G., 1994: Alleinerziehende. Abschied von einem Klischee, Opladen: Leske+Budrich.

Noack, P., 1992: Freunde, Bekannte, Peers: Die Familie und die Beziehung zu „Gleichen“, in: Hofer, M., Klein-Allermann, E. & Noack, P., (Hrsg.), Familienbeziehungen. Eltern und Kinder in der Entwicklung, Göttingen, Bern, Toronto & Seattle: Hogrefe, S. 82-104.

ÖIBF (Österr. Institut für Berufsbildungsforschung), 1986: Singles mit Kindern, Forschungsbericht, Wien.

ÖIJ (Österr. Institut für Jugendforschung), (Hrsg.), 1995: Abschied von der Kindheit? Die Lebenswelten der 11- bis 14jährigen Kids, Eine Untersuchung des Österreichischen Instituts für Jugendforschung. Projektbericht: Wien.

Pasley, K. & Ihinger-Tallman, M., 1987: Remarriage and Stepparenting today. Current research and theory, New York: Guilford.

Peterson, J. L. & Zill, N., 1986: Marital disruption, parent-child relationships and behavior problems in Children, *Journal of Marriage and the Family*, 48, S. 295-307.

Prinz, Ch., 1995: Cohabiting, Married or Single, Aldershot: Avebury.

Prinz, Ch., 1998: Lebensgemeinschaften mit Kindern in europäischer Perspektive: Ausgewählte demographische und gesellschaftliche Aspekte, in: Vaskovics, L. A. & Schattovits, H., (Hrsg.), Lebens- und Familienformen – Tatsachen und Normen. 2. Europäischer Fachkongreß Familienforschung, 12.-14. Juni 1997, Wien, Heft 4 der Materialiensammlung des Österreichischen Instituts für Familienforschung, Wien, S. 135-142.

Rollin, M., 1988: So stief sind Stiefmütter gar nicht ..., *Psychologie Heute*, März 1988.

Rost, H., 1998: Die Beziehung nichtehelicher Kinder zum leiblichen Vater, in: Bien, W. & Schneider, N. F., (Hrsg.), Kind ja, Ehe nein? Status und Wandel der Lebensverhältnisse von nichtehelichen Kindern und von Kindern in nichtehelichen Lebensgemeinschaften. DJI: Familien-Survey 7, Opladen: Leske+Budrich, S. 109-135.

Rupp, M. & Rost, H., 1998: Lebensläufe dauerhaft nichtehelicher Kinder, in: Bien, W. & Schneider, N. F., (Hrsg.): Kind ja, Ehe nein? Status und Wandel der Lebensverhältnisse von nichtehelichen Kindern und von Kindern in nichtehelichen Lebensgemeinschaften, DJI: Familiensurvey 7, Opladen: Leske+Budrich, S. 71-108.

Sager, C. J., Brown, H. S., Crohn, H., Engel, T., Rodstein, E. & Walker, E., 1983: Treating the remarried family, New York: Brunner Mazel Publishers.

Sander, E., 1988: Überlegungen zur Analyse fördernder und belastender Bedingungen in der Entwicklung von Scheidungskindern, *Zeitschrift für Entwicklungspsychologie und Pädagogische Psychologie*, 20, S. 77-95.

Sander, U., 1993: Mögliche Bewältigungsformen und Strategien alleinerziehender Mütter nach Trennung oder Scheidung, Diplomarbeit. Universität Innsbruck.

Santrock, J. W. & Sitterle, K., 1987: Parent-child relationships in stepmother families, in: Pasley, K. & Ihinger-Tallman, M., (Eds.), Remarriage and stepparenting today. Current research and theory, New York: Guilford Press, S. 273-299.

Schneider, N. & Bien, W., 1998: Nichteheliche Elternschaft – Formen, Entwicklung, rechtliche Situation, in: Bien, W. & Schneider, N. F., (Hrsg.), Kind ja, Ehe nein? Status und Wandel der Lebensverhältnisse von nichtehelichen Kindern und von Kindern in nichtehelichen Lebensgemeinschaften, DJI: Familiensurvey 7, Opladen: Leske+Budrich, S. 1-40.

Steinberg, L. D., 1987: Single parents, stepparents and the susceptibility of adolescence to antisocial peer pressure, *Child Development*, 58, S. 269-275.

Stein-Hilbers, M., 1994: Wem „gehört" das Kind? Neue Familienstrukturen und veränderte Eltern-Kind-Beziehungen, Frankfurt & New York: Campus.

Vaskovics, L. A., Rupp, M. & Hofmann, B., 1997: Lebensverläufe in der Moderne. Teil 1: Nichteheliche Lebensgemeinschaften. Eine soziologische Längsschnittstudie, Opladen: Leske+Budrich.

Verweijen, I., Fleischmann, I. & Jandl-Jager, E., 1986: Lebenssituation von Alleinerzieherfamilien. Ökonomische und psychosoziale Situation, Endbericht des Projektes 2319 des Jubiläumsfonds der Österreichischen Nationalbank, Wien.

Visher, E. B. & Visher, J. S., 1995: Stiefeltern, Stiefkinder und ihre Familien. Probleme und Chancen, München & Weinheim: Psychologie Verlags Union (zuerst 1987).

Wallerstein, J. & Blakeslee, S., 1989: Gewinner und Verlierer. Frauen, Männer, Kinder nach der Scheidung. Eine Langzeitstudie, München: Droemer Knaur.

Wallerstein, J. & Kelly, J. B., 1980: Surviving the breakup: How children and parents cope with divorce, New York: Harper Collins Publishers.

Walper, S., 1995: Familienbeziehungen und Sozialentwicklung Jugendlicher in Kern-, Eineltern- und Stieffamilien, *Zeitschrift für Entwicklungspsychologie und Pädagogische Psychologie*, 27, S. 93-121.

Welsch, W., 1993: Unsere postmoderne Moderne, Berlin: VCH, Acta Humaniora

Wilk, L. & Bacher, J., (Hrsg.), 1994: Kindliche Lebenswelten. Eine sozialwissenschaftliche Annäherung, Opladen: Leske+ Budrich.

Wilk, L., 1998a: Chancen und Probleme von Stieffamilien, Unveröffentlichter Forschungsbericht, Linz.

Wilk, L., 1998b: Stieffamilien, in: Vaskovics, L. A. & Schattovits, H., (Hrsg.), Lebens- und Familienformen - Tatsachen und Normen, Europäischer Fachkongreß für Familienforschung, 12.-14. Juni 1997, Wien: Österreichisches Institut für Familienforschung, Materialiensammlung, Heft 4, S. 169-175.

Zill, N., 1988: Behavior, achievement, and health problems among children in stepfamilies: Findings from a national survey of child health, in: Hetherington, E. M. & Arasteh, J. D., (Eds.), Impact of divorce, single parenting, and stepparenting on children, Hillsdale: New York, S. 325-368.

Zinnecker, J., Georg, W. & Strzoda, Ch., 1996: Beziehungen zwischen Eltern und Kindern aus Kindersicht, in: Zinnecker, J. & Silbereisen, R. K., (Hrsg.), Kindheit in Deutschland. Aktueller Survey über Kinder und ihre Eltern, Weinheim & München: Juventa, S. 213-228.

Nichteheliche Kinder in Ost- und Westdeutschland

Marina Rupp

Nichteheliche Geburten und Kinder sind seit längerem nicht mehr zum expliziten Thema sozialwissenschaftlicher Forschung erhoben worden. Bezeichnenderweise gerade seit sie wieder im Zunehmen begriffen sind und ihre Stigmatisierung rückläufig ist, tauchen sie allenfalls als Subkategorien in der Familienforschung auf. Dabei sprächen gerade die bis vor kurzem noch sehr deutlichen Differenzen der Elternschaft aufgrund des Status dafür, deren Auswirkungen näher zu untersuchen. Tatsache ist jedoch, daß zum Thema Nichtehelichkeit in der jüngeren Vergangenheit zwar die Geburt und die Institutionalisierung von Beziehungen, nicht aber die Lebensverhältnisse der betroffenen Kinder wissenschaftliches Interesse auf sich zogen.

Dementsprechend finden wir empirische Informationen vor allem zum Verbreitungsgrad nichtehelicher Geburten (Engstler, 1997), und diese Daten werden herangezogen, wenn es darum geht, den Wandel der Familie zu verdeutlichen (z.B. Peuckert, 1996, Schneider et al., 1998). Darüber hinaus erfolgt eine Thematisierung, jedoch allenfalls nachrangig, vor allem in Berichten über Alleinerziehende (z.B. Niepel, 1994). Im Kontext der Diskussion um die Änderungen bzw. Anpassung des Kindschaftsrechts wuchs allerdings das Interesse an den Bedingungen, Begleitumständen und Folgen nichtehelicher Geburt bzw. dauerhafter Nichtehelichkeit. Vor diesem Hintergrund entstand ein empirisches Forschungsprojekt (im Auftrag des Bundesministeriums der Justiz), in dessen Rahmen rund 1.500 sorgeberechtigte Mütter nichtehelicher Kinder (im Alter bis zu 12 Jahren) in Ost- und Westdeutschland befragt wurden.[1]

Aus diesem Forschungskontext werden hier die Themenbereiche ausgewählt, die verdeutlichen, welchen Einfluß unterschiedliche gesellschaftliche Rahmenbedingungen auf die kindlichen Lebensverhältnisse ausüben, zumal die familialen Entwicklungen in der früheren DDR und der alten BRD recht verschieden verliefen und zudem tendenziell zwei differenten Grundmustern (nordeuropäisch-modern versus südeuropäisch-traditional) folgten. Nicht nur vor der Vereinigung, sondern bis zur Änderung des Kindschaftsrechtes 1997 galten in den alten und neuen Bundesländern unterschiedliche Rechtsnormen – also auch zum Zeitpunkt der Erhebung. Auch wurden von den Kindern aus den neuen

---

1 Das Forschungsprojekt „Lebenslage nichtehelicher Kinder" der Sozialwissenschaftlichen Forschungsstelle der Universität Bamberg (Laufzeit 1992 bis 1996). Eine Dokumentation der Ergebnisse (Vaskovics et al., 1997) sowie weitere Analysen (Rupp/ Rost, 1998) liegen bereits vor.

Ländern einige noch zu DDR-Zeiten geboren, da Geburtsjahrgänge ab 1986 erfaßt wurden. So erscheint es in diesem Zusammenhang keineswegs überzogen, von zwei unterschiedlichen Landesteilen zu sprechen, weshalb deren Spezifika im folgenden kurz erörtert werden.

1. Gesellschaftliche Rahmenbedingungen

Da Ost- und Westdeutschland sich bezüglich der sozialen wie sozialstaatlichen Bedingungen nichtehelicher Elternschaft deutlich unterschieden, wird hier kurz darauf eingegangen, unter welchen Rahmenbedingungen diese Familiengründungen erfolgten. Hier stellt sich somit die Frage nach Vor- oder Nachteilen im sozialen Stützungssystem oder im Recht wie auch nach den normativen und subjektiven Voraussetzungen für eine Ehe bzw. eheliche Elternschaft.

Die Frage, was es bedeutet, den Weg in die Elternschaft ohne eine Heirat zu gehen, führte in der früheren DDR wie in der Bundesrepublik insofern zur *gleichen* Antwort, als die Mütter damit die Hauptverantwortung für das Kind übernahmen, da nur sie in der Regel das Sorge- bzw. Erziehungsrecht erhielten. Selbst wenn de facto eine Lebensgemeinschaft mit dem Vater des Kindes bestand, wurden sie formal zu Alleinerziehenden. Diese rechtliche und soziale Anbindung der Kinder an ihre Mütter bedingt, daß die Frauen zum Ausgangspunkt der Betrachtungen genommen werden, da nichteheliche Väter nur in ganz seltenen Ausnahmefällen die volle und alleinige Verantwortung für ein leibliches Kind erhielten.

Für die ehemalige DDR ist weiter zu bemerken, daß bereits sehr frühzeitig versucht wurde, in den gesetzlichen Regelungen Benachteiligungen von Kindern, „deren Eltern nicht miteinander verheiratet sind" (Familiengesetzbuch der DDR von 1966), auszuräumen, und daß auch die sozialstaatlichen Rahmenbedingungen für alleinstehende Frauen deutlich günstiger waren. Diese mußten mit dem Status „nichteheliche Mutter" daher eher geringe Probleme in Kauf nehmen – im Gegenteil boten einige familienpolitischen Maßnahmen (insbesondere vor 1986) durch besondere Hilfestellungen für unverheiratete Mütter Anreize, „die Heirat zu unterlassen" (Gysi, 1989, 267; s. auch Strohmeier, 1993). „Unverheiratete Mütter, zumal wenn sie in einer nichtehelichen Lebensgemeinschaft lebten, hatten also beträchtliche Vorteile gegenüber verheirateten Müttern" (Huinink, 1995, 46), da sie ab 1972 besondere Hilfen erhielten. Beispielsweise gab es bis 1986 nur für unverheiratete Mütter eine Möglichkeit der „bezahlten" Beurlaubung über die Karenzzeit hinaus, und sie wurden auch in anderen Bereichen wie z.B. bei der Vergabe von Krippenplätzen bevorzugt. Es läßt sich somit eine Inkongruenz zwischen normativer Präferenz ehelicher

Verhältnisse und staatlicher Unterstützung nichtehelicher Elternschaft feststellen.

Erst ab 1986 stand *allen* Müttern das sog. „Babyjahr" zur Verfügung; nun konnten sie bei maximal 90%iger Lohnfortzahlung und Sicherstellung des Arbeitsplatzes zwölf Monate pausieren. Die Vereinbarkeit von Kind und Beruf besaß keine besondere Brisanz, wozu Anteile von 80 bis 90 Prozent an institutioneller Kinderbetreuung das Ihre beigetragen haben. Kinder – auch Kleinkinder – in die Krippe zu geben, wurde zunehmend zur Selbstverständlichkeit, was wiederum verknüpft war mit spezifischen gesellschaftlichen Vorstellungen von „der Rolle der Frau". Diese wurde frühzeitig nicht hauptsächlich über Familienarbeit definiert, so daß die weibliche Identität sich in hohem Maße auf Familie *und* Beruf gründete (vgl. Bertram, 1993, 211).

Insgesamt erfolgte im sozialistischen Deutschland eine stärkere Abfederung der Elternschaft, insbesondere der Mutterschaft, durch staatliche Hilfen als in den alten Bundesländern. Aber es war für die Frauen in der ehemaligen DDR nicht nur wesentlich einfacher, sondern zunehmend auch selbstverständlicher, unverheiratet Mutter zu werden. Es schien „beliebig, ob man als verheiratete bzw. unverheiratete Frau Kinder bekam" (Höhn/ Dorbritz, 1995, 154). Die hohen Anteile nichtehelich geborener Kinder bereits vor der Vereinigung sprechen dafür. Selbst wenn es sich dabei nur um eine Entkoppelung von Ehe und *Zeitpunkt* der Geburt gehandelt haben soll (ebd.) und auch dort die institutionalisierte Variante Ehe und Familie propagiert und wertgeschätzt wurde (Huinink, 1995, 39), sehen wir uns variableren Mustern des Übergangs zur Elternschaft gegenüber als in Westdeutschland.

Auch in den alten Bundesländern ist zwar im Zuge der Veränderung von Familie, der Zunahme ihrer Varianten und vor allem der Eintritts- und Übergangsformen davon auszugehen, daß nichteheliche Geburten heute nicht mehr stark stigmatisiert werden, doch kann trotz steigender Nichtehelichenquote nicht von einer „Entkoppelung zwischen Ehe und Geburt von Kindern" gesprochen werden (Höhn/ Dorbritz, 1995, 152). Schließlich sind die Rahmenbedingungen hier andere: Nicht nur daß die „legitimierte Familie" noch immer eine besondere Wertschätzung erfährt – die Vorstellungen von Elternschaft beinhalten zudem weitgehend ein Modell, welches eine Betreuung der Kinder im familialen Kontext vorsieht, wobei diese in aller Regel von den Müttern übernommen wird. Dieses „Hausfrauen-Familien-Konzept" wird steuerlich begünstigt, ist jedoch ohne einen Partner, der die Ernährerrolle übernimmt, nur schwer zu realisieren. Und auch *Paare,* die sich gegen eine Ehe entscheiden, verzichten unter Umständen auf materielle Vorteile und nehmen eine rechtliche Sonderstellung von Eltern und Kind in Kauf.

Berufstätigkeit und Kinderbetreuung in Einklang zu bringen, ist nicht einfach. Zwar können die Frauen in den alten Bundesländern seit 1986 Erziehungsurlaub erhalten, was den Einschub einer Familienphase in die berufliche Biographie erleichtert, doch ist der materielle Ausgleich so niedrig, daß er keine eigenständige Existenzsicherung darstellt. Zudem ist die außerfamiliale Versorgung von Kleinkindern in vielen Fällen nur schwer sicherzustellen; das Angebot an institutioneller Betreuung ist gering, zu unflexibel, teils teuer und wird oft als „nicht kindgerecht“ eingeschätzt. Obwohl wir in jüngerer Zeit in den alten Bundesländern einen Trend zu höherer Qualifikation und beruflicher Integration der Frauen erkennen können, bleiben die Ansprüche an Mutterschaft und Mutterrolle weiterhin eher traditional. Somit finden wir hier ein Spannungsfeld, das zu bewältigen gerade alleinstehenden Müttern sehr schwer fallen dürfte.

Abschließend ist auf ein generelles Spezifikum nichtehelicher Geburten hinzuweisen: In beiden Landesteilen und über die vergangenen zwei Jahrzehnte hinweg sind diese Mütter bei der Geburt ihrer Kinder deutlich jünger als verheiratete Frauen. Die Differenz beträgt nahezu drei Jahre. Dies gilt auch für die Frauen unserer Stichprobe und hat sehr wahrscheinlich Konsequenzen für ihre Lebenslage.

2. Nichteheliche Geburten und nichteheliche Kindheit

Aktuell nichteheliche Kinder sind nicht identisch mit nichtehelich geborenen, da sie nur einer Teilmenge der Geburten entsprechen. Tatsächlich wird ein Großteil der Kinder – in Ost- und Westdeutschland – relativ bald nach der Geburt durch die Heirat der Eltern „legitimiert“.

In den alten Bundesländern betrifft dies rund 35% der nichtehelich Geborenen (BIB, 1995) – man könnte bei diesen also auch von vorehelichen Geburten sprechen. Diese Quote ist seit langem – trotz steigender Tendenz bei den nichtehelichen Geburten – konstant geblieben. Die Legitimation erfolgt in der Regel in den ersten Lebensjahren, so daß 85% aller Fälle bis zum dritten Lebensjahr vollzogen sind; ab dem sechsten Lebensjahr wird eine nachträgliche Heirat äußerst unwahrscheinlich.

Trotz aller Differenzen zwischen den beiden Landesteilen, erfolgten auch in der früheren DDR in hohem Maße nachträgliche Legitimationen, wodurch sich bei vier von zehn nichtehelich Geborenen der Rechtsstatus „ehelich“ änderte (Engstler, 1997, 84). Auch diese Quote ist über lange Zeit konstant geblieben und speist sich gleichfalls hauptsächlich aus der Heirat von Paaren mit Kleinstkindern.

Die Konsequenz aus diesem Legitimationsprozeß für die Stichprobe lautet: Je älter die Kinder schon sind, um so geringer wird die Wahrscheinlichkeit, daß sich die Nichtehelichkeit als ein vorübergehendes Stadium erweist. Da nur 31% der Kinder im Sample maximal 3 Jahre alt sind, sich aber 30% im Kindergartenalter befinden weitere 39% älter als sechs Jahre sind, enthält die Stichprobe sowohl Kinder, bei denen eine Legitimation noch zu erwarten ist, als auch solche (die Mehrheit), bei denen dies praktisch ausgeschlossen werden kann.

Der Vollständigkeit halber ist zu erwähnen, daß es auch andere Möglichkeiten der Statusänderung gibt, insbesondere die Adoption, welche aber aufgrund der geringen Relevanz hier nicht explizit berücksichtigt werden.

3. Lebensformen und Lebensverhältnisse bei Eintritt der Schwangerschaft

Unter welchen weiteren Voraussetzungen steht der Weg in die nichteheliche Elternschaft? Die Frage erscheint um so bedeutungsvoller, als unter Berücksichtigung der unterschiedlichen gesellschaftlichen Rahmenbedingungen von den Lebensverhältnissen mehr oder weniger starke weichenstellende Wirkungen auf die Form der Elternschaft zu erwarten sind. In diesem Zusammenhang wird im folgenden dargestellt, wie die Beziehung der werdenden Eltern zueinander ist, in welchen sozioökonomischen Verhältnissen sie leben und ob aus den jeweiligen Konstellationen Erklärungen dafür abgeleitet werden können, weshalb die Elternschaft auf Dauer nichtehelich bleibt.

3.1 Soziale Lage der Mütter

Wie bereits erwähnt, ist das Alter nichtehelicher Mütter unterdurchschnittlich. Dies gilt auch für unser Sample: Die Mütter in den alten Bundesländern waren 27 Jahre, die in den neuen 23 Jahre alt, als sie das Kind bekamen. Während von den verheirateten Frauen insgesamt nur 2% vor dem 20sten Geburtstag Mutter geworden, so sind es von den unverheirateten in den alten Bundesländern 10% und sogar 14% in den neuen. Allerdings gibt es auch bei nichtehelichen Müttern eine breite Streuung über die Altersklassen hinweg.

Entsprechend dem erhöhten Anteil junger Frauen ist vor allem in Westdeutschland die berufliche Situation zum Zeitpunkt der Geburt des Kindes häufiger noch nicht gefestigt. 14% der Mütter stehen noch in der Ausbildung und auch in den neuen Ländern betrifft dies immerhin 11%. Gelegentlich fallen Schwangerschaft und Geburt auch in eine Phase der Arbeitslosigkeit, welche im Westen mit 8% systembedingt öfter anzutreffen ist als im Vergleichsgebiet. Der fehlenden beruflichen Integration zufolge ist die finanzielle Lage bei einem Teil eher schlecht.

In den alten Bundesländern ist bei 38% der Schwangeren die soziale Lage problematisch, d.h. die Frauen sind sehr jung, nicht beruflich integriert und/oder ihre finanzielle Lage ist schwach. In den neuen Bundesländern betrifft dies weniger Frauen, aber immerhin rund ein Viertel. Diese Frauen werden oftmals von den Eltern unterstützt. Die Herkunftsfamilie bietet somit zwar einigen Frauen – vor allem den jüngsten – Unterstützung und fungiert als „Familienersatz" für das Kind, aber daraus wird meist keine Dauerlösung.

3.2 Die Erwünschtheit der Kinder

Nichteheliche Kinder sind keineswegs vorwiegend das Ergebnis von Verhütungspannen oder gleichzusetzen mit (seitens der Mütter) unerwünschten Kindern. Allerdings zeigen sich auch diesbezüglich die erwarteten Unterschiede zwischen den Landesteilen: Die Kinder in den neuen Ländern waren deutlich häufiger Wunschkinder oder zumindest wesentlich willkommener. Die Frauen aus dem alten Bundesgebiet dagegen geben eher an, daß sie ungewollt schwanger geworden seien und sich dann mehr oder weniger gut auf diese Situation einstellen konnten.

Tab. 1: Erwünschtheit des Kindes aus der Sicht der sorgeberechtigten Mütter (in Prozent)

Erwünschtheit des Kindes (aus Sicht der Mütter)	alte Bl.	neue Bl.	alle
gewollt oder „dem Zufall überlassen" und gefreut	44	69	56
„Verhütungspanne" oder nicht gewollt, aber gefreut	33	19	27
„Verhütungspanne" oder nicht gewollt, aber damit arrangiert	15	9	11
„Panne"/ nicht gewollt, schlecht damit zurechtgekommen	8	3	6
C.V. = .26 P = 0.000 N =	800	665	1465

Quelle: Sozialwissenschaftliche Forschungsstelle, Projekt NIKI

Stellt man diesen Äußerungen der Mütter die Meinung der Väter gegenüber,[2] so zeigt sich, daß bei diesen eine etwas geringere Akzeptanz vorherrschte, wiederum vor allem in den alten Ländern: Für ein Drittel der Väter war das Kind unerwünscht, ebenso viele haben sich gefreut. Die Väter aus den neuen Ländern sahen jedoch zu mehr als der Hälfte (54%) Anlaß zur Freude, und nur ein Fünftel bezeichnete den Nachwuchs als unerwünscht. Auch hier treten also die landestypischen Unterschiede deutlich zu Tage.

2 Hier ist anzumerken, daß rund 480 der Väter der Kinder im Sample schriftlich befragt werden konnten.

Interessanter und noch aussagekräftiger ist die Paarebene, also die Kombination der Reaktion von Vater und Mutter, welche hier anhand der *Einschätzung der Mütter* wiedergegeben wird. Deren Sicht konnte allerdings durch einen Abgleich mit den tatsächlichen Väteraussagen validiert werden.

Tab.2: Reaktion beider Elternteile in Kombination (in Prozent)

Kombination der Reaktionen beider Elternteile auf die Schwangerschaft (aus Sicht der Frauen)	alte Bl.	neue Bl.	alle
Mutter und Vater wenig erfreut bis negativ	22	12	17
Mutter wenig erfreut bis negativ/Vater positiv	1	--	1
Mutter erfreut, Vater negativ	24	15	20
Mutter erfreut, Vater hat sich damit arrangiert	22	20	21
beide haben sich gefreut	31	53	41
C.V. =.24 P = 0.000 N =	788	659	1447

Quelle: Sozialwissenschaftliche Forschungsstelle, Projekt NIKI

Die Paare aus den alten Bundesländern zeigen also auch deutlich mehr Diskrepanzen in den Einstellungen zur Elternschaft. In mehr als zwei Drittel aller Fälle hat mindestens ein Elternteil keine positive Einstellung zum Nachwuchs. Demgegenüber wurde jedes zweite nichteheliche Kind im Osten von beiden Eltern freudig erwartet. Diese Haltungen sind einesteils Ausdruck unterschiedlicher Familienmodelle, andererseits stehen sie auch vor dem Hintergrund individueller Beziehungsgenesen.

Weitere Analysen erbrachten, daß die Erwünschtheit des Kindes in hohem Maße von der Partnerschaftsqualität abhängt. Demzufolge sind Kinder um so erwünschter, je gefestigter die Beziehung der Eltern ist und am ehesten dann, wenn diese bereits zusammen leben. Daher wird auf die Hintergründe in den Beziehungen der werdenden Eltern etwas genauer eingegangen.

3.3 Die Bedeutung der Partnerschaft

Oftmals stehen nicht tragfähige bzw. unbefriedigende Beziehungen zwischen den leiblichen Eltern hinter dem Ausbleiben einer Heirat. Dies geht aus der Partnerschaftsentwicklung im Zeitraum von Schwangerschaft und Geburt deutlich hervor.

Nach Eintritt der Schwangerschaft kommt es relativ häufig zur Auflösung der Beziehung, wobei Partnerschaften *ohne* gemeinsame Wohnung etwas häufiger scheitern als (nichteheliche) Lebensgemeinschaften (NEL). In den alten Bundesländern berichtet rund ein Drittel der Frauen, daß die Beziehung oder NEL mit dem Vater des Kindes gescheitert sei, im Vergleichsgebiet ist ein Viertel davon betroffen. Die Gegentendenz nimmt sich im Vergleich dazu eher gering aus. Nur 13% der Paare gründen eine Lebensgemeinschaft erst *nach* Eintritt der Schwangerschaft. Daß sich in diesem Zeitraum überhaupt erst eine feste Beziehung zwischen den werdenden Eltern entwickelt, stellt die totale Ausnahme dar. So kann man folgern, daß diese Umstände – und hier insbesondere unterschiedliche Vorstellungen darüber, ob eine Elternschaft akzeptiert wird – eine Belastungsprobe für die Beziehungen darstellen, welche tendenziell zur Polarisierung führt: Die Paare trauen sich zu, zusammenzuleben oder aber sie lösen diese Bindung. So leben ein halbes Jahr nach der Geburt nur noch 30% der Mütter und Kinder mit dem leiblichen Vater zusammen, in den neuen Bundesländern sind dies immerhin 43%. Und mit zunehmendem Alter des Kindes wird sich dieser Anteil weiter reduzieren. Im Gegenzug wächst zunächst die Zahl alleinerziehender Mütter, erst langsam und in kleinerem Umfang treten neue Beziehungen hinzu.

Tab. 3: Reaktion der leiblichen Eltern auf die Schwangerschaft nach Beziehungssituation (in Prozent)

Reaktion beider Elternteile nach Beziehungssituation	alte Bundesländer				neue Bundesländer			
	keine	fester Partner	NEL	gesamt	keine	fester Partner	NEL	gesamt
beide nicht erfreut	33	24	11	22	19	12	9	11
Mutter nicht erfreut/Vater erfreut	1	1	2	1	--	--	1	--
Mutter erfreut/Vater negativ	40	21	16	24	50	14	5	15
Mutter erfreut/Vater arrangiert sich	19	29	17	17	20	26	15	20
beide erfreut	7	25	54	31	13	48	71	53
N =	173	355	256	784	93	271	284	648
in %	22	45	33	100	14	42	44	100

Quelle: Sozialwissenschaftliche Forschungsstelle, Projekt: NIKI

Nichteheliche Elternschaft gründet sich demzufolge kaum auf fehlende Beziehungen zwischen den Eltern. Sie resultiert auch nicht vorwiegend aus Geburten in nichtehelichen Lebensgemeinschaften – besonders nicht in Westdeutschland. Der Hauptgrund, der diese Situation bedingt, sind demnach nicht zufriedenstellende, nicht dauerhaft tragfähige Beziehungen. Zugleich ist aber ein Zeiteffekt festzustellen: Je jünger die Kinder heute noch sind, desto eher leb(t)en sie in den ersten Monaten in einer (zufriedenstellenden) Lebensgemeinschaft. Darin ist möglicherweise ein leichter Trend zu Veränderungen im Geburts- und Legitimationsverhalten erkennbar. Zur Verdeutlichung, wie stark die Reaktion der Eltern durch ihre Beziehungssituation mitbestimmt ist, wird dies in Tabelle 3 (s.o.) dargestellt. Hier zeichnet sich bereits deutlich ab, daß die Beziehungssituation einen wesentlichen Bestimmungsfaktor der Nichtehelichkeit darstellt. Welche Motive die Paare insgesamt vom Heiraten abhielten, wird im folgenden wiederum aus der Perspektive der Mütter beleuchtet.

3.4 Gründe für die Entscheidung nicht (gleich) zu heiraten

Fragt man die Mütter, weshalb sie damals von einer Heirat Abstand nahmen, so bestätigen sie mit ihren Äußerungen den Eindruck, daß unzulängliche Partnerschaften eine wichtige Rolle spielen. So war den Frauen oft schon vorher klar, daß dieser Partner kein geeigneter „Mann fürs Leben" ist. In den alten Ländern wird relativ häufig angeführt, man habe die Eheschließung zunächst aufgeschoben, wollte nichts überstürzen, sich nicht durch die Schwangerschaft drängen lassen. Rund jedes vierte Paar hatte „später" vor, die Hochzeit nachzuholen – bislang kam es allerdings nicht dazu. Diese Absicht ist vor allem bei nichtehelichen Lebensgemeinschaften in den neuen Bundesländern anzutreffen: die Ehe wurde bei einem Teil von ihnen bis dato aufgeschoben. Dabei kann durchaus eine Rolle spielen, daß die Heirat nicht mit finanziellen Vorteilen verbunden gewesen wäre. Und auch die Vorstellung, daß die Elternschaft nicht unbedingt einen Heiratsgrund darstelle, ist im Osten deutlich verbreiteter als im Westen. Eine ablehnende Haltung der Ehe gegenüber findet sich allerdings eher in den alten Bundesländern, wobei diese Haltung nicht unbedingt als generelle Ablehnung der Institution zu verstehen ist, denn sie wird oft kontextgebunden empfunden. Wie unterschiedlich diese Motive in verschiedenen Beziehungskonstellationen ausfallen, läßt sich am besten in Form einer tabellarischen Übersicht zeigen (vgl. Tab. 4).

Obgleich ein Teil der Frauen aufgrund ihrer negativen Einschätzung der damaligen Partnerschaft auf eine Heirat und meist auch auf eine Fortsetzung der Beziehung verzichtet, ist die Elternschaft ohne feste Beziehung in aller Regel keine Wunschlösung. Sie wird eher als Kompromiß beschrieben, der eine Entscheidung für die „Mutterschaft" impliziert, mit der die Frauen in Ermangelung einer tragfähigen Beziehung die Verantwortung für das Kind alleine übernehmen.

Ohne näher auf die weitere biographische Entwicklung eingehen zu können, sei hier erwähnt, daß die eher negative Beziehungsdynamik sich weiter fortsetzt. Recht generell tragen demnach Elternpaare, die nicht heiraten, ein hohes

Trennungsrisiko. Damit ergeben sich in bezug auf die Haushalts- und Lebensformen für nichteheliche Kinder eher dynamische Verhältnisse, die nicht selten Trennungserfahrungen beinhalten. In welche Lebensumstände dies bis zum Erhebungszeitraum mündet, wird abschließend kurz erläutert.

Tab. 4: Eine Auswahl der subjektiven Gründe dafür, trotz Schwangerschaft nicht zu heiraten (in Prozent)

Warum haben Sie nicht geheiratet, obwohl Sie Mutter wurden ? (Mehrfachnennungen)	alte Bundesländer				neue Bundesländer			
	keine Part-ner-sch.	Part-ner-sch.	NEL	ge-samt	keine Part-ner-sch.	Part-ner-sch.	NEL	ge-samt
Vater des Kindes war kein geeigneter Partner für mich	35	28	24	28	31	17	14	16
weil uns die Ehe keine wirtschaftlichen Vorteile gebracht hätte	11	7	13	9	17	9	20	15
wir wollten später heiraten	3	13	16	13	3	22	33	26
wollte ein Kind, aber deshalb muß man nicht gleich heiraten	10	16	31	21	17	25	39	31
ich wollte einfach nicht heiraten	32	32	45	37	19	27	25	25
N =	72	353	258	683	36	271	286	593
in %	11	51	38	100	6	46	48	100

Quelle: Sozialwissenschaftliche Forschungsstelle, Projekt: NIKI

4. Aktuelle Lebensumstände nichtehelicher Kinder

Vorweg ist daran zu erinnern, daß der eben beschriebene Geburtszeitraum jetzt zwischen einem halben und 12 Jahren zurückliegt. Entsprechend unterschiedliche Entwicklungen sind eingetreten und haben die Lebensverhältnisse um- bzw. mitgestaltet.

Da sich das Scheitern der Beziehung der Eltern fortsetzt, finden wir bei der Querschnittsbetrachtung 46% der Mütter in den alten und 32% in den neuen Ländern als Alleinerziehende; d.h. sie bilden mit dem Kind (und eventuell Geschwistern) alleine einen Haushalt. Die Lebensgemeinschaften mit dem leiblichen Vater nehmen deutlich ab, dafür werden sie nach und nach durch neue Partner im Haushalt ergänzt. Ein Teil der Frauen lebt mit dem Kind bei ihren Eltern, einzelne in anderen Haushalten wie Wohngemeinschaften. Die nichteheliche Lebensgemeinschaft der *leiblichen* Eltern ist demnach nicht die dominante Lebensform für nichteheliche Kinder. In welchen Haushalten die Kinder aktuell leben, zeigt Tabelle 5.

Tab. 5: Familienformen nichtehelicher Kinder zum Befragungszeitpunkt (in Prozent)

aktuelle Familien- bzw. Lebensform	alte Bl.	neue Bl.	gesamt
alleinerziehende Mutter	56	44	51
Lebensgemeinschaft mit leiblichem Vater	18	31	24
Lebensgemeinschaft mit anderem Partner	14	18	15
bei den Eltern der Mutter /in WG	12	7	10
N =	812	654	1498

Quelle: Sozialwissenschaftliche Forschungsstelle, Projekt NIKI

Wie erwartet unterscheiden sich die familialen Muster in Ost und West deutlich. Die nichteheliche Lebensgemeinschaft der leiblichen Eltern – als Ersatz für eine eheliche Familie – nimmt vor allem in den neuen Ländern ein relevante Größenordnung an. Zwar sind auch dort alleinerziehende Mütter die häufigste familiale Konstellation, doch ist diese nicht mit solchem Abstand dominant wie in den alten Ländern. Bemerkenswert ist weiterhin der erhöhte Anteil von nichtehelichen Zweitkindern im Osten. Dies bestätigt wiederum, wie unterschiedlich sich die Familienformen in beiden Landesteilen entwickelt haben. Die nichteheliche Familie besitzt in den neuen Bundesländern höhere gesellschaftliche Relevanz als alternatives Familienmodell. Dies hat auch alltagspraktische Auswirkungen auf die Lebensverhältnisse der Kinder.

Mitbedingt durch den hohen Anteil alleinstehender Mütter liegt auch die Erwerbsquote eher hoch – vor allem im Vergleich mit verheirateten Frauen und besonders auffällig in den alten Bundesländern. Nichteheliche Kinder haben also häufiger als Kinder von Ehepaaren eine berufstätige Mutter. Weiterhin haben nichteheliche Kinder im Vergleich zu ehelichen generell seltener Geschwister – nicht einmal jedes zweite Kind besitzt einen Bruder oder eine Schwester.

Die soziale Lage der Familien ist in starkem Maße davon abhängig, ob die Mutter alleine steht oder einen Lebensgefährten besitzt. Dabei ist es relativ unerheblich, ob der Lebenspartner der leibliche Vater des Kindes ist oder ein neuer Partner, der die soziale Vaterschaft übernimmt: Der Mann im Haushalt steht – zumindest in der Mehrzahl der Fälle – für höheres Einkommen, günstigere Wohnverhältnisse und einen geringeren Anteil von Sozialhilfeempfängern und Familien in Armut. Auch das subjektive Belastungsempfinden der Mutter und Gefühle der Überforderung sinken mit dem Vorhandensein einer Beziehung. Dies gilt im wesentlichen für alte und neue Länder gleichermaßen.

Tab. 6: Ausgewählte Aspekte der Lebenssituation nichtehelicher Mütter

Charakteristika		alte Bundesländer	neue Bundesländer
aktuelles Alter der Mütter (Mittelwert)		33 Jahre	29 Jahre
aktuelle Lebensform:	Alleinerziehende	46%	32%
	NEL mit leiblichem Vater	18%	24%
weitere Kinder vorhanden		45%	42%
rechtlicher Status der Geschwister: nichtehelich		58%	75%
Berufstätigkeit:		61%	50%
	nur geringfügig beschäftigt	11%	--
	durchschnittliche Arbeitszeit	30 Std.	38 Std.
Nichtberufstätige sind typischerweise		Hausfrauen	arbeitslos oder in Umschulung
Gründe für fehlende Berufstätigkeit:			
	möchte das Kind selbst betreuen	77%	26%
	keine andere Betreuungsmöglichkeit	34%	7%
	keine geeignete Stelle gefunden	14%	38%
Anteil an Sozialhilfeempfängerinnen		19%	12%
Unterhalt bekommen regelmäßig		86%	75%
Kontakte zum Vater haben (ohne NEL der Eltern)		48%	33%
die Mütter fühlen sich überfordert,		64%	33%
und zwar wegen:			
Doppelbelastung: Beruf und Kinderbetreuung		62%	62%
keine Zeit für sich selbst		64%	49%
Vaterschaft wurde freiwillig anerkannt		83%	88%
erst *nach* Anschreiben durch Jugendamt		36%	20%

Quelle: Sozialwissenschaftliche Forschungsstelle, Projekt NIKI

Ein Zusammenhang zwischen der Berufstätigkeit der Mutter und deren Lebensform zeigt sich im Unterschied zu den alten Bundesländern in den neuen nicht. Hier arbeiten Alleinerziehende in ähnlichem Umfang wie Mütter in nichtehelichen oder ehelichen Lebensgemeinschaften. Im früheren Bundesgebiet jedoch neigen Ehefrauen stark zur Reduktion oder Aufgabe der Berufstätigkeit, vor allem wenn kleinere Kinder zu versorgen sind. Für die nichtehelichen Kinder heißt dies, daß sie vor allem dann eine nichterwerbstätige Mutter haben werden, wenn diese einen anderen Partner heiratet und/oder ein weiteres Kind bekommt.

Einen knappen Überblick über die aktuellen Lebensumstände bietet die obige Zusammenstellung in Tabelle 6. Ein Teil der Mütter – vor allem die jüngeren unter ihnen – hofft auf eine Veränderung der Situation: Daß sich ein Partner und Lebensgefährte finden möge, daß sie ein „richtiges Familienleben" führen werden und weitere Kinder bekommen. Dabei fühlen sich wiederum vor allem die Mütter in den alten Ländern zu einem traditionalen Familienbild hingezogen, gleichzeitig oft zu wenig unterstützt und teilweise auch diskriminiert. Die Frauen aus den neuen Ländern trauern der „klassischen" Familie mit Trauschein dagegen weniger nach, sie sind zufriedener mit ihrer privaten Lebensführung, bemängeln eher die nachlassende staatliche Unterstützung seit der Vereinigung und die Problematik von Arbeitslosigkeit und sinkender Versorgung mit öffentlichen Betreuungseinrichtungen.

5. Zusammenfassung

Wie eingangs klargestellt wurde, ist zu unterscheiden zwischen nichtehelichen Geburten und längerfristiger Beibehaltung des Rechtsstatus „nichtehelich". Während von den nichtehelich Geborenen relativ viele in den ersten Lebensjahren ihren Status durch eine nachträgliche Heirat der Eltern ändern, kommt dies später kaum mehr vor. Nichteheliche Kinder sind zudem nicht gleichzusetzen mit Kindern nichtehelicher Lebensgemeinschaften. Wie gezeigt werden konnte, stammt noch immer nur ein kleiner Teil dieser Kinder aus „Ehen ohne Trauschein", und nur ein Bruchteil lebt dauerhaft in einer solchen Familienkonstellation.

Nichtehelichkeit korreliert gleichfalls nur zum Teil mit deprivierten Lebenslagen oder Jugend als „Ehehindernis". Die Hauptursache dafür sind kriselnde Beziehungen der leiblichen Eltern, z.T. einhergehend mit divergierenden Vorstellungen über Familienplanung und Elternschaft. Nur bei sehr wenigen Frauen kann auf eine bewußte Planung einer „unbemannten" Mutterschaft geschlossen werden. Maßgeblich sind vielmehr nicht tragfähige Beziehungen und fehlende Übereinstimmung darüber, ob Kinder erwünscht sind bzw. wie man auf unverhofften Nachwuchs reagieren soll. Diese Diskrepanzen zerrütten schließlich einen relativ großen Teil der Partnerschaften. Allerdings gibt es vor allem in den neuen Ländern auch die Vorstellung, daß die Elternschaft allein noch kein triftiger Heiratsgrund sei. Für die Paare aus den alten Ländern dagegen gilt dieser Satz vornehmlich dann, wenn die Beziehung unbefriedigend ist.

Ein Teil der Frauen wird unter eher schwierigen Voraussetzungen Mutter: sie sind eher jung, haben noch keine Anstellung oder stehen noch in der Ausbildung und verfügen dementsprechend nur über geringe materielle Ressourcen. Dieser Typ nichtehelicher Mütter kommt aufgrund der längeren Ausbildungszeiten in den alten Ländern häufiger vor als in den neuen – prägt aber nicht das Bild. Die dominante Familienform nichtehelicher Kinder ist wie gesagt nicht die nichteheliche Lebensgemeinschaft, sondern der Haushalt einer alleinerziehenden Mutter – mit den bekannten Konsequenzen für die materiellen Lebensumstände. Trotz Berufstätigkeit der meisten Mütter mangelt es an Geld, Wohnraum und Haushaltsausstattung; manche dieser Familien leben an der Armutsgrenze. Frauen, die nicht berufstätig sein können oder wollen – z.B. in den ersten Lebensmonaten der Kinder –, sind oftmals auf die Mittel der Sozialhilfe angewiesen. Insgesamt fühlen sich alleinerziehende Mütter oftmals überfordert durch die Dreifach-Belastung.

Die Situation in Paar-Familien ist dagegen meist wesentlich entspannter, wenngleich nicht alle leiblichen und sozialen Väter in relevantem Umfang zum Haushaltseinkommen beitragen. Vor allem bei Lebensgemeinschaften oder Ehen mit einem neuen Partner der Mutter steigt in Westdeutschland die Wahrscheinlichkeit, daß Geschwister in die Familie kommen und auch die der Berufsaufgabe der Mutter. In den neuen Bundesländern kommen dagegen auch nichteheliche Lebensgemeinschaften mit mehr als einem nichtehelichen Kind nicht so selten vor. Anders ausgedrückt: sowohl die Möglichkeit, mit weiteren Kindern aufzuwachsen, als auch die Erwerbsneigung der Mütter ist dort weniger stark vom Familienstand abhängig.

Insgesamt zeigen die Lebensumstände nichtehelicher Kinder die Unterschiede in der Entwicklung der Familienformen zwischen den Landesteilen, welche mit divergenten Leitbildern und Stützungssystemen korrelieren. So bleibt die Frage, ob und in welche Richtung ein Angleichungsprozeß stattfinden wird.

Literatur

Bertram, H., Hrsg.: 1993: Die Familie in den neuen Bundesländern, Opladen: Leske+Budrich.

BIB (Bundesinstitut für Bevölkerungsforschung), 1995: BIB-Mitteilungen, Informationen aus dem Bundesinstitut für Bevölkerungsforschung beim Statistischen Bundesamt, 16, 4.

Engstler, H., 1997: Die Familie im Spiegel der amtlichen Statistik: Lebensformen, Familienstrukturen, wirtschaftliche Situation der Familien und familiendemographische Entwicklung in Deutschland, Bonn: Bundesministerium für Familie, Senioren, Frauen und Jugend.

Gysi, J. (Hrsg.), 1989: Familienleben in der DDR. Zum Alltag von Familien mit Kindern, Berlin: Akademieverlag.

Höhn, C. & Dorbritz, J., 1995: Zwischen Individualisierung und Institutionalisierung – Familiendemographische Trends im vereinten Deutschland, in: Nauck, B. & Onnen-Isemann, C. (Hrsg.): Familie im Brennpunkt von Wissenschaft und Forschung, Neuwied: Luchterhand, S. 149-174.

Huinink, J., 1995: Familienentwicklung und Haushaltsgründung in der DDR. Vom traditionellen Muster zur instrumentellen Lebensplanung? in: Nauck, B., Schneider, N. & Toelke, A. (Hrsg.), Familie und Lebenslauf im gesellschaftlichen Umbruch, Stuttgart: Enke, S. 39-55.

Niepel, G., 1994: Alleinerziehende. Abschied von einem Klischee, Opladen: Leske+Budrich.

Peuckert, R., 1996: Familienformen im sozialen Wandel, Neuaufl. Opladen: Leske+Budrich.

Rupp, M. & Rost, H., 1998: Lebensläufe dauerhaft nichtehelicher Kinder, in: Bien, W. & Schneider, N. F., (Hrsg.): Kind ja, Ehe nein? Status und Wandel der Lebensverhältnisse von nichtehelichen Kindern und von Kindern in nichtehelichen Lebensgemeinschaften, DJI: Familiensurvey 7, Opladen: Leske+Budrich, S. 71-108.

Schneider, N. F., Rosenkranz, D. & Limmer, L., 1998: Nichtkonventionelle Lebensformen. Entstehung, Entwicklung, Konsequenzen, Opladen: Leske+Budrich.

Strohmeier, K. P., 1993: Pluralisierung und Polarisierung der Lebensformen in Deutschland, *Aus Politik und Zeitgeschichte*, Beilage zur Wochenzeitung *Das Parlament* B 17, S. 11-19.

Vaskovics, L. A., Rost, H., & Rupp, M.,1997: Lebenslage nichtehelicher Kinder, Rechtstatsächliche Untersuchung zu Lebenslagen und Entwicklungsverläufen nichtehelicher Kinder, Köln: Bundesanzeiger.

Postmoderne Familienwelten – neue Sozialisationskontexte für Kinder und Jugendliche in Ost- und Westdeutschland?

Dagmar Hoffmann

Am Ende des 20. Jahrhunderts hat sich „die Landschaft des Familienlebens" (Beck-Gernsheim, 1994) weit geöffnet, und es finden sich vielfältige Organisationsformen des privaten Zusammenlebens und zahlreiche familiale Handlungsorientierungen. Das Kleinfamilienmodell ist nicht mehr unbedingt das absolut favorisierte, sondern es wird an der Existenz des Zusammenlebens in vielfältiger Weise 'gebastelt' (Hitzler/ Honer, 1994). Nichteheliche Lebensgemeinschaften, Einelternfamilien, Scheidungs- und Trennungsfamilien sind heute im Gegensatz zu früher verbreiteter, weitgehend etabliert und akzeptiert (Vaskovics et al., 1997). Plurale Familienformen bedeuten – so die These – für die heranwachsenden Kinder veränderte familiale Sozialisationsbedingungen.

Der folgende Beitrag beschäftigt sich damit, inwieweit sich im familialen Kontext Modernisierungstendenzen erkennen lassen, und analysiert am Beispiel von Jugendlichen, welche Konsequenzen sich daraus für die Sozialisation ergeben. Allgemein wird postuliert, daß aufgrund vielfältiger gesellschaftlicher Modernisierungen Kinder und Jugendliche zunehmend in Kontexten von Individualisierung leben (Ferchhoff, 1999). Allerdings kann angenommen werden, daß die Rahmenbedingungen des Aufwachsens in beiden Teilen Deutschlands noch immer verschieden sind und konträre „Jugendwelten" wahrscheinlich sind. Folglich müssen – soweit möglich – die unterschiedlichen Sozialisationskontexte besonders berücksichtigt werden. Die Frage, die es zu beantworten gilt, ist die nach der 'Meßbarkeit' von Individualisierung von Jugendlichen. Dabei ist zunächst wichtig, Individualisierung von Jugendlichen zu definieren, und des weiteren ist von Bedeutung, wie Modernisierungsprozesse für die Subpopulation der Jugendlichen überhaupt erfaßt werden können. Es stellt sich die Frage: Was sind eigentlich *moderne* Sozialisationskontexte?

Die Ausdifferenzierung der Familie als Teilsegment der Gesellschaft hat – jedenfalls in Westdeutschland – in den letzten Jahrzehnten dazu geführt, daß Kindheit und Jugend an Einheitlichkeit, Kontingenz und Überschaubarkeit verloren haben. Der Beitrag geht der Frage nach, wie sich in sozialstruktureller und sozialkultureller Hinsicht im Zuge der gesellschaftlichen Modernisierung die familialen Bedingungen des Aufwachsens verändert haben. Für die Erfassung komplexer Modernisierungsprozesse bietet sich in den Sozialwissenschaften die Dimensionierung in die Bereiche von Struktur und Kultur an (Münch, 1984, 1986; van der Loo/ van Reijen, 1997). Um Aussagen über sozialstrukturelle Sozialisationsbedingungen von Kindern und Jugendlichen machen zu können, werden Informationen und Sekundäranalysen amtlicher Statistiken notwendig. Damit wird ein Überblick über die Vielfalt der familialen Lebensformen und der familialen Lebenskontexte möglich. Die Lebenslagen junger Menschen werden darüber hinaus von finanziellen und materiellen Einflußfaktoren bestimmt, die es zu erfassen gilt. Im zweiten Teil des Beitrags sind die sozialkulturellen Bedingungen des Aufwachsens von Jugendlichen von Interesse. Es soll herausgefunden werden, wie in Zeiten zunehmender Individualisierung Jugendliche sozial eingebunden sind, wie mobil sie im Alltag sind und welche Tendenzen moderner Sozialisation sich darüber hinaus erkennen lassen.

2. Sozialstrukturelle Sozialisationskontexte von Kindern und Jugendlichen

Für die sozialstrukturelle Analyse einer Subpopulation müssen sozial relevante Indikatoren gefunden werden. Diese sind in der Regel nicht wissenschaftlich normativ determiniert. Hier wird die Auswahl der Indikatoren für die Beschreibung der sozialstrukturellen Sozialisationskontexte im wesentlichen danach getroffen, inwieweit sie nach strukturfunktionalistischen Aspekten betrachtet (Fürstenberg, 1972; Geißler, 1996) für die Bearbeitung des Themas von Nutzen sein kann. Die Sozialstruktur einer Gesellschaft bzw. einer Teilpopulation sollte – wenn möglich – nicht losgelöst von historischen Bezügen betrachtet werden, d.h. nicht ohne die Berücksichtigung des sozialen Wandels. Denn schließlich kann man nur sagen, was „modern“ ist, wenn man weiß, was „traditionell“ ist (van der Loo/ van Reijen, 1997). Allerdings ist die Retrospektivbetrachtung schwierig, da die Gesellschaften beider deutschen Staaten eine jeweils andere Geschichte und damit Tradition haben. Sofern eine Bezugnahme auf bereits Geschehenes bzw. Vorhandenes vorgenommen werden kann, werden die Bedingungen des Aufwachsens der Generation, die zwischen der Eltern- und der Großelterngeneration heutiger Jugendlicher aufgewachsen ist, zu erfassen versucht und in Beziehung zu aktuellen Sozialisationskontexten zu setzen versucht. Modernisierungsprozesse verlaufen nicht linear, deshalb ist eine Zäsur für die Gegenüberstellung traditionaler und moderner familialer Sozialisationskontexte schwer festzulegen. Bei der Auswahl der Indikatoren sollen idealiter berücksichtigt werden: soziale Grunddaten der jungen Bevölkerung, soziale Beziehungen wie z.B. die Familienformen, der Lebensstandard wie z.B. die Wohnverhältnisse, die finanziellen Ressourcen wie z.B. die Einkommensverhältnisse, Berufstätigkeit bzw. Arbeitslosigkeit der Eltern. Zunächst sollen

Daten über die Struktur der Bevölkerung abbilden, wie junge Menschen heute aufwachsen und wo und wie sie sich in dieser Gesellschaft verorten können.

2.1 Bevölkerungsstrukturen

Die Struktur und Entwicklung der Bevölkerung hat Auswirkungen auf die Gesellschaft und schafft mitunter veränderte Lebensbedingungen für einzelne und Subpopulationen (Geißler, 1996). Im Hinblick auf die Altersstruktur finden sich heute im Vergleich zu den 50er Jahren offenkundig Unterschiede (Statistisches Bundesamt, 1997): So betrug 1950 der Anteil der Nachwachsenden, d.h. der unter 20jährigen, an der Gesamtbevölkerung noch gut ein Drittel. Anfang 1995 sind hingegen nur noch 22% der Gesamtbevölkerung unter 20 Jahre alt. Die Altersgruppe der 20- bis 60jährigen, der sog. Erwerbsfähigen, stellte 1995 einen Anteil an der Gesamtbevölkerung von 58%. Und ein Viertel der Bevölkerung ist 60 Jahre und älter gewesen. Die Gruppe der Jugendlichen bildet zusammen mit den Kindern heute den Stamm der 'Alterspyramide', die aufgrund der niedrigen Geburtenzahlen der vergangenen Jahre mehr einer Tanne als einer Pyramide gleicht. Die niedrigen Geburtenraten, die verbesserte medizinische Versorgung und damit die durchschnittlich höhere Lebenserwartung haben zur Folge, daß junge Menschen in einer „überalterten“ Gesellschaft leben, in der sie selbst unter quantitativen Aspekten betrachtet eine kleine Populationsgruppe darstellen, die „strukturell marginalisiert“ ist (Nauck/ Bertram, 1995, 1).

Diese Entwicklung wird sich vorläufig wohl auch nicht ändern, da die Geburtenraten sehr niedrig sind. In der DDR sind im Vergleich zur Bundesrepublik die Geburtenraten im Zeitraum von 1950 bis 1990 im Durchschnitt kontinuierlich höher gewesen, doch durch die politischen, wirtschaftlichen und sozialen Veränderungen sowie die starken Abwanderungen ist es seit 1989/90 zu einem drastischen Geburtenrückgang in Ostdeutschland gekommen. Auch fünf Jahre nach der Vereinigung beider deutscher Staaten sind ostdeutsche Frauen bzw. Paare bei ihren Entscheidungen für Nachwuchs nach wie vor zurückhaltend.

2.2 Familienstrukturen

Generell sinkt in Ostdeutschland nach der Vereinigung beider deutscher Staaten die Heiratsneigung; diese Tendenz wird bereits seit den 70er Jahren für Westdeutschland festgestellt. Dafür setzte in Ostdeutschland früher und stärker die Tendenz zu einer geringeren Ehestabilität ein. Diese Entwicklungen haben Veränderungen der Haushalts- und Familienformen mit sich gebracht, so daß sich heute in Deutschland insgesamt zahlreiche Formen von Familien finden:

Scheidungsfamilien, Stieffamilien, Einelternfamilien, nichteheliche Lebensgemeinschaften und auch gleichgeschlechtliche Partnerschaften mit Kind bzw. Kindern. Familiensoziologen wie Bertram (1997) und auch Nave-Herz (1994, 1997) sind sehr verhalten hinsichtlich der Behauptung, daß sich in den letzten Jahrzehnten die familialen Lebensformen pluralisiert hätten. Sowohl Bertram (1997) als auch Burkart (1995) halten die Heranziehung amtlicher Daten als Untersuchungsbasis für das Aufzeigen von Pluralisierungstendenzen für absolut ungeeignet, da sie den Wandel und die Entwicklung familiärer Lebensformen nicht in angemessener Weise darzustellen vermögen:

„Aufgrund ihrer Definitionen, teilweise auch rechtlichen Festlegungen, sind sie auf Konstanz hin angelegt und verdecken häufig den sich darunter vollziehenden Wandel in den Geschlechterrollen in einer möglichen Vielfalt von familiären Lebensformen aufgrund unterschiedlicher Kulturen, regionaler Ausdifferenzierungen und variierender Lebensformen. Diese können zwar mit traditionellen Kategorien der amtlichen Statistik benannt werden, stellen aber möglicherweise inzwischen ganz andere Lebensformen dar" (Bertram, 1997, 381).

Z. B. können Stieffamilien oder Fortsetzungsfamilien nicht expliziert werden. Allerdings ist die Datenlage zur Situation der Kinder und Jugendlichen generell so defizitär, daß man auf amtliche Statistiken angewiesen bleibt.

Betrachtet man die Entwicklung der Haushaltsgrößen in den letzten Jahrzehnten, so kann festgestellt werden, daß sich die Haushalte konstant verkleinert haben. Die Einpersonenhaushalte haben sich im früheren Bundesgebiet bis heute im Vergleich zu 1950 nahezu verdoppelt und stellen den größten Anteil aller Haushalte dar. Was gern als „Singlehaushalte" bezeichnet wird, bezieht sich aber weniger auf junge Menschen, die keine feste Beziehung eingehen wollen oder bereits von ihrem Lebenspartner getrennt sind, sondern realiter größtenteils auf alte Menschen, die – zum Teil verwitwet – allein wohnen (Bauereiß et al., 1997). Alleinleben oder das Leben in nichtehelicher Gemeinschaft ist bei jüngeren Menschen meistens nur eine Übergangsphase im Lebensverlauf, weil Phasen des Alleinlebens sich mit Formen des Zusammenlebens abwechseln (Burkart, 1995; BMFSFJ, 1998; Vaskovics et al., 1997). Nur 1,6% aller Haushalte in Deutschland sind sogenannte Mehrgenerationenhaushalte, d.h. in nur ganz wenigen Fällen leben heute noch mehr als zwei Generationen zusammen. Lebten 1950 in gut 50% aller Haushalte mehr als zwei Personen zusammen, sind es 1995 nur noch knapp ein Drittel.

Es kann festgestellt werden, daß – entgegen manchen Szenarien – die Mehrheit aller Kinder und Jugendlichen im „vollständigen Kleinfamilienmodell" lebt, bestehend aus verheirateten Eltern mit einem Kind bzw. maximal zwei Kindern. Insgesamt ca. 9,5 Millionen Familien leben schätzungsweise in dieser Konstellation in Deutschland, wobei Stieffamilien nicht extra aufgeführt sind. Es ist anzunehmen, daß diese einen ausgesprochen geringen Prozentanteil von allen Familien ausmachen. Knapp 1,5 Millionen Familien sind größer, d.h. mehr als 'vierköpfig'. Alleinerziehende finden sich in Deutschland 1993 2,7 Millionen, wobei 75% aller Alleinerziehenden ein Kind, 22% zwei Kinder und ein verschwindend geringer Anteil an Müttern oder Vätern mehr als zwei Kinder allein zu versorgen haben. Zusammengenommen stehen ungefähr 10,9 Millionen Familien, in denen Eltern verheiratet sind, 2,7 Millionen Alleinerziehenden gegenüber (Bauereiß et al., 1997).

Auch im Zehnten Kinder- und Jugendbericht (BMFSJ, 1998) wird moniert, daß standardisiert erhobene Daten die Vielfalt der familialen Lebensformen nicht vollständig abbilden können. Die vielen verschiedenen Facetten des familialen Zusammenlebens können amtlich gar nicht erfaßt werden. So sind z.B. Eltern verheiratet, leben aber nicht zusammen in einem Haushalt, sondern u.U. mit anderen Partnern und die Kinder mit Halbgeschwistern. Alleinerziehende leben oftmals mit Partnern, gelten allgemein aber als Einelternfamilie. Zudem können keinerlei Aussagen über die Qualität der Eltern-Kind-Beziehungen gemacht werden. Es ist heute nicht ungewöhnlich, während der Kindheit und Jugend mehrmals die Familienform zu wechseln (Beck-Gernsheim 1998; Peuckert, 1996). Verschiedene Autoren schätzen, daß fast ein Drittel der in den 80er Jahren Geborenen eine Zeitlang ohne Vater oder ohne Mutter leben bzw. gelebt haben (Schwarz, 1989 zitiert nach BMFSFJ, 1998). Für die alten Bundesländer steht fest, daß seit Beginn der 60er Jahre eine beträchtliche Zunahme des Anteils der bei alleinstehenden Eltern lebenden Kinder und Jugendlichen zu verzeichnen ist. 1961 machten die bei Alleinstehenden lebenden Minderjährigen in der Bundesrepublik einen Anteil von 8,3% aus, 1991 einen Anteil von 11,4% (Peuckert, 1996).

Im Jahr 1995 wurden bundesweit mehr als 1,7 Millionen nichteheliche Lebensgemeinschaften geschätzt. Es fällt auf, daß im früheren Bundesgebiet lediglich in jeder fünften, in den neuen Ländern hingegen in jeder zweiten nichtehelichen Lebensgemeinschaft ein Kind oder mehrere Kinder aufwachsen. Diese Familienform ist in Ostdeutschland etablierter als im Westteil Deutschlands. Im früheren Bundesgebiet 'sichern' Eltern eher ihre Familie formal mit Trauschein 'ab'. Allerdings hat sich die Zahl der nichtehelichen Lebensgemeinschaften dort insgesamt in den vergangenen zehn Jahren fast verdoppelt.

Es kann festgehalten werden, daß Familien gesamtgesellschaftlich betrachtet weniger häufig anzutreffen sind und daß sie im Laufe der letzten Jahrzehnte kleiner geworden sind. Jugendliche sind innerhalb der Gesellschaft heute strukturell marginalisiert. Überwiegend wachsen sie mit ihren leiblichen Eltern auf, familiäre Lebensformen variieren aber, Kindschaftsverhältnisse ebenfalls mit steigender Tendenz. Die Kernfamilie ist die am häufigsten anzutreffende Familienform, hat aber prinzipiell an Selbstverständlichkeit eingebüßt (Beck-Gernsheim, 1998). Gut die Hälfte aller Kinder und Jugendlichen wächst ohne Geschwister auf, etwas über ein Drittel hat ein Geschwister, nur 12% haben mehr als zwei Geschwister. In Ostdeutschland leben prozentual dreimal mehr Kinder in Haushalten nichtehelicher Lebensgemeinschaften als in Westdeutschland.

2.3 Erwerbstätigkeit und Arbeitslosigkeit der Eltern

Entscheidend für die Sozialisationsbedingungen von Kindern und Jugendlichen ist, inwieweit die Familie finanziell gesichert ist. Darüber bestimmt sich der Lebensstandard einer Familie, ob der Unterhalt in ausreichendem Maße gewährleistet ist oder ob Kinder und Jugendliche etwa bei elementaren Dingen des alltäglichen Lebens wie z.B. bei der Ernährung oder bei der Anschaffung von Kleidung zurückstehen müssen oder ob z.B. Konsum- und Luxusgüter, Freizeitaktivitäten selbstverständlich ermöglicht werden können. Die Entwicklungschancen von Kindern und Jugendlichen werden vorrangig von der Lebensqualität der Familien, in denen sie aufwachsen, bestimmt. Lebensqualität ist ein abstrakter, unklarer Begriff, unter dem vieles angeführt werden kann. Es besteht aber relative Einigkeit darüber, daß für die Lebensqualität einer Familie die Einkommensverhältnisse zentral sind und die Erwerbstätigkeit die wichtigste Unterhaltsquelle ist.

Bezogen auf die 15- bis unter 65jährigen lag die Erwerbsquote der Männer 1995 bei 81,3% und die der Frauen bei 59,9% (Statistisches Bundesamt, 1997). Gingen bis 1989 in der DDR offiziell nahezu alle Personen im erwerbsfähigen Alter einer Beschäftigung nach, so wurden beim Übergang von der Plan- zur Marktwirtschaft Männer und Frauen in großer Zahl von ihren Arbeitsplätzen 'freigesetzt' und mit dem zuvor unbekannten Problem der Arbeitslosigkeit konfrontiert. Die Erwerbsquote in den neuen Ländern lag 1995 knapp 4% über der im früheren Bundesgebiet, was damit zusammenhängt, daß die Erwerbsquote der Frauen in den neuen Ländern im Vergleich zu den alten Ländern recht hoch ist. In der DDR war es selbstverständlich, daß beide Elternteile arbeiteten, was durch die Institutionalisierung der Kinderbetreuung auch ohne weiteres möglich war (Meyer/ Schulze, 1992). Die Erwerbsquote der Frauen im früheren Bundesgebiet hat sich in den vergangenen Jahrzehnten leicht erhöht: sie betrug 1960 noch 33,6%, 1970 sogar nur 30,2%, 1980 dann 32,6%, und seit 1990 liegt sie kontinuierlich knapp über 39%.

In Westdeutschland werden von den Männern in der Regel mehr Arbeitsstunden pro Woche geleistet als in Ostdeutschland, d.h. sie sind entsprechend weniger zu Hause präsent. Der Großteil aller arbeitenden Frauen leistete 1994 zumeist weniger als 30 Arbeitsstunden wöchentlich. Arbeitsverträge mit mehr als 30 Stunden pro Woche sind für Männer hingegen die Norm. Der Anteil der Frauen, die mehr als 30 Stunden pro Woche arbeiteten, lag in den neuen Ländern mit 43,3% deutlich über dem im früheren Bundesgebiet mit 34,2% (Bauereiß et al., 1997). Dort gehen Frauen eher einer Teilzeitbeschäftigung nach als in Ostdeutschland. Mit der Beschäftigungssituation der Eltern eng verbunden sind die Aufgaben und Rollenverteilungen in der Familie, die für die Kinder zur Verfügung stehende Zeit und Möglichkeiten der sozialen Kontrolle. Tabelle 1 zeigt, ob und wie viele Frauen mit Kindern in der Zeit von 1991 bis 1994 erwerbstätig gewesen sind. Generell läßt sich feststellen, daß die Erwerbsquoten von Frauen in den Jahren nach 1991 leicht rückläufig sind. Dies kann daran liegen, daß der Anteil der Frauen im erwerbsfähigen Alter leicht abgenommen hat und deutet darauf hin, daß Frauen verstärkt von Arbeitslosigkeit betroffen sind. Das Augenmerk ist hier auf die Frauen mit minderjährigen Kindern gerichtet. Von den verheirateten Frauen mit Kind bzw. Kindern haben 1994 56,2% gearbeitet. Dieser Anteil liegt über dem der verheirateten Frauen ohne Kinder, was darauf schließen läßt, daß Familienmütter 'mit'arbeiten müssen, um zum Haushaltseinkommen beizutragen. Sehr häufig reichen die Unterhaltszahlungen nicht aus (Bauereiß et al., 1997), was Grund dafür sein könnte, daß die Erwerbstätigenquote alleinerziehender Mütter mit minderjährigen Kindern deutlich über der von Ehefrauen liegt.

Tab. 1: Erwerbstätigenquoten von Frauen ohne bzw. mit minderjährigen Kindern im Haushalt 1991 bis 1994 (in Prozent)

Jahr	Verheiratete ohne Kinder	Verheiratete mit minderjährigen Kindern	Alleinstehende	Alleinstehende mit minderjährigen Kindern
1991	51,1	57,3	60,5	70,7
1992	49,4	56,6	60,0	67,7
1993	48,7	55,5	58,7	64,6
1994	48,7	56,2	58,1	63,7

Quelle: Statistisches Bundesamt, zitiert nach Bauereiß et al. (1997)

Die Arbeitslosenquote lag 1994 im früheren Bundesgebiet nach Angaben der Bundesanstalt für Arbeit bei 9,2%, 1995 bei 9,3% und 1996 bei 10,1%. Damit waren in Westdeutschland 1996 2,8 Millionen Menschen ohne Arbeit. In den neuen Ländern ist die Arbeitsmarktsituation noch angespannter: Hier waren 1996 fast 1,2 Millionen Menschen von Arbeitslosigkeit betroffen, was einer Quote von 16,7% entsprochen hat. Im früheren Bundesgebiet ist 1996 fast jede zehnte Person im erwerbsfähigen Alter arbeitslos, in den neuen Ländern sogar jede sechste. Während im früheren Bundesgebiet die Quoten von arbeitslosen Männern und Frauen relativ nahe beieinander gelegen haben, sind in den neuen Ländern deutlich mehr Frauen als Männer ohne Arbeit gewesen. Tatsächlich ist die Zahl der Personen ohne Arbeit noch größer als oben angegeben, da sich nicht wenige Arbeitssuchende gar nicht beim Arbeitsamt registrieren lassen oder sich in beruflicher Weiterbildung befinden etc. (Statistisches Bundesamt, 1997). Ostdeutsche Jugendliche werden in der 90er Jahren mit Arbeitslosigkeit konfrontiert, sei es als gesamtgesellschaftliches Phänomen oder weil Eltern oder sie selbst davon betroffen sind. In den neuen Ländern sind 1996 7 bis 8% der Jugendlichen, in Berlin-Ost 10%, in Berlin-West gar 18% arbeitslos gewesen. Im früheren Bundesgebiet lag die Quote je nach Region zwischen 6% und 15%.

Versucht man traditionale bzw. moderne 'Modelle' für beide Teile Deutschlands zu beschreiben, so haben in Ostdeutschland traditional die Eltern gearbeitet, und zwar beide Elternteile und in der Regel Vollzeit. Das traditionale Modell in Westdeutschland sieht so aus, daß der Vater arbeitet, die Mutter eher nicht. Das moderne Modell in Ostdeutschland stellt sich so dar, daß Vater und Mutter nicht selbstverständlich arbeiten. In Westdeutschland ist das moderne Modell so zu fassen, daß der Vater in der Regel einer Beschäftigung nachgeht, die Mutter tendenziell auch, aber eher Teilzeit.

2.4 Zum Lebensstandard

Die Sozialisationskontexte von Kindern und Jugendlichen werden in sozialer und ökonomischer Hinsicht über die familiären Ressourcen bestimmt. Die sozioökonomische Situation der Eltern determiniert entscheidend die Entwicklung der Kinder. Zur finanziellen Situation der Familien läßt sich sagen, daß der Lebensstandard im Vergleich zu den fünfziger Jahren in Westdeutschland enorm, in Ostdeutschland mäßig gestiegen ist. Die Verhältnisse haben sich nach der Vereinigung noch nicht angleichen können. Im Jahr 1993 haben Ehepaare mit Kindern mehrheitlich über ein monatliches Nettoeinkommen zwischen 1800 und 4000 DM verfügt. Jede zehnte Familie hat mehr als 5000 DM im Monat zur Verfügung gehabt. Alleinerziehende (eher Mütter) sind in unteren Einkommensgruppen zu finden gewesen und haben entsprechend weniger Geld ausgeben können. Ihre Einkommenssituation hat sich in den letzten sechs Jahren zunehmend verschärft. Ausgenommen Familien, die in Ostberlin leben, ist die Einkommenssituation ostdeutscher Familien schlechter als die der Familien in Westdeutschland. In den neuen Ländern können nur ca. 9% der Ehepaare mit Kindern mehr als 3000 DM im Monat ausgeben.

Im Jahr 1993 standen in Ostdeutschland einer Person im Durchschnitt knapp 30 qm Wohnfläche, in Westdeutschland fast 41 qm Wohnfläche zur Verfügung. Die Wohnungen in Ostdeutschland sind im Durchschnitt 18 qm kleiner gewesen. In Ostdeutschland wohnten 1993 zwei Drittel der Bevölkerung zur Miete, in Westdeutschland nur jeder zweite. Die Wohnungsausstattung hat 1993 in Ostdeutschland nur zu 52% dem Standard entsprochen, d.h. in nur 52% der Haushalte war Zentralheizung, 11% hatten weder Dusche noch Bad und 15% keine innenliegende Toilette.

3. Sozialkulturelle Sozialisationskontexte von Jugendlichen

Der Übergang vom Jugendalter zum Erwachsensein gestaltet sich Mitte der neunziger Jahre insofern komplexer als noch zu Zeiten der Elterngeneration heutiger Jugendlicher, als daß es weniger Verbindlichkeiten und weniger normative Vorgaben gibt. Die Gestaltung der Freizeit erfolgt weitgehend autonom und Entscheidungen über Lebenskonzepte werden nicht unbedingt bzw. nicht ausschließlich mit den Eltern verhandelt, sondern Freunde spielen hierbei eine wichtige Rolle, aber unter Umständen werden auch Institutionen wie etwa die Schule, verschiedene Organisationen oder Medien frequentiert. Diese Entwicklung ist mit dem Begriff der Selbstsozialisation treffend auf den Punkt gebracht worden (Fromme et al., 1999). Sozialisation ist in Eigenregie möglich und wird (oder muß?) in modernen Gesellschaften weitgehend selbst 'organisiert' werden.

Im Vergleich zu Jugendlichen früherer Jahrzehnte verfügen die Jugendlichen der 90er Jahre über ein weitaus größeres zeitliches Budget, da sie weniger familiale und gesellschaftliche Verpflichtungen haben, oftmals keine oder nur wenige Verantwortungsbereiche und insgesamt mehr auf sich allein gestellt sind (Kirchhöfer, 1998; du Bois-Reymond et al., 1994). Gerade in Ostdeutschland haben sich die infrastrukturellen Angebote nach der Schule erheblich reduziert. Diese Strukturschwächen haben zur Freisetzung Jugendlicher geführt (Karig, 1994; Lenz, 1995). Aber auch in Westdeutschland konstatieren Freizeitforscher wie etwa Opaschowski (1988), daß Jugendliche Langeweile haben und nach „Lückenbüßern" suchen, wobei exklusive „Jugendräume" rar sind. Jugendliche der 90er Jahre verfügen nicht nur über mehr freie Zeit, sondern auch über ein größeres finanzielles Budget. Dies hat zur Konsequenz, daß Freizeit- und Konsumbereiche für Jugendliche sehr wichtig sind. Je nach Alter und Geschlecht (Strzoda, 1996) variieren die Freizeit- und Konsummuster. Bereits Kinder erhalten von ihren Eltern zumeist Taschengeld, über das sie frei bestimmen können und mit dem sie sich kleinere oder größere Wünsche erfüllen können. Im Jugendalter sind sie gewöhnt, autonome Kaufentscheidungen treffen zu können; es werden ihnen über vielfältige Kulturangebote früh Partizipationen an gesellschaftlichen Konsumsektoren ermöglicht. Sie frequentieren oftmals die gleichen Konsumorte wie Kaufhäuser, Kinos, Sportstätten etc. wie Erwachsene. Jugend- und Erwachsenenwelten sind hier wenig getrennt, Distinktionsmöglichkeiten nur über unterschiedliche Geschmackskulturen gegeben (Georg, 1992 u. 1993; Schulze, 1992).

Es ist zu beobachten, daß Jugendliche heute sowohl sozial als auch regional weitaus mobiler als frühere Jugendgenerationen sind, was nicht zuletzt daran liegt, daß es mehr Kinder gibt, die allein in der Familie aufwachsen und sie gezwungenermaßen nach gleichaltrigen Sozialbeziehungen suchen, um nicht sozial isoliert zu sein. 'Neue' Formen der Kommunikation – nicht zuletzt über Medien – verhelfen ihnen zu weitreichenden und vielfältigen Sozialbeziehungen, und zwar primär zu einzelnen oder Gruppen von Gleichaltrigen. Die 'Kontakt- und Freundschaftsmodelle' sind zahllos, weil sie stark ausdifferenziert sind. Zudem ist ein breites Spektrum an Gruppenstilen, Stilbildungen und Gruppenpraktiken anzutreffen (Ferchhoff, 1999).

Im folgenden soll der Versuch unternommen werden, herauszufinden, inwieweit die oben beschriebenen sozialstrukturellen und die sozialkulturellen Gegebenheiten der Sozialisation auf Prozesse der Individualisierung von Jugendlichen wirken. Dazu wurden im Frühjahr 1996 insgesamt 1011 Chemnitzer und Oldenburger Schüler und Schülerinnen der Jahrgangsstufen 5 bis 10 befragt, davon lebten 498 Befragte in Chemnitz und Umgebung und 513 Jugendliche in Oldenburg und im Oldenburger Umland.

4. Methode und Ergebnisse

Aufgrund der Tatsache, daß Jugendliche bedingt durch gesellschaftliche Individualisierungsprozesse zunehmend ihr Leben bzw. diese altersbedingte Statuspassage selbst organisieren, ist eine Skala zur „Individualorientierung“ von Jugendlichen entwickelt worden. Diese Skala umfaßt insgesamt 10 Items, mit denen abgefragt werden kann, was von den Jugendlichen eigenständig geregelt und 'selbstorganisiert' wird.[1] Die Skala „Individualorientierung“ zeigt sich hinsichtlich der Trennschärfe und der Faktorladungen der Items für die Gesamtstichprobe bei Alpha = 0,72 als zufriedenstellend reliabel. Mittels ausgewählter Strukturvariablen wurde in Varianzanalysen (ANOVA) zunächst

1 Z.B.: „Wenn ich ein Problem habe, gehe ich das selbständig an“, „Wichtige Schulangelegenheiten regele ich eigenständig“, „wenn es um Musik geht, ist die Meinung anderer für mich eigentlich von geringer Bedeutung“.

herauszufinden versucht, inwieweit strukturelle Gegebenheiten der Sozialisation in Zusammenhang mit der Individualorientierung von Jugendlichen gebracht werden können. Zuerst ist die Erwerbssituation der Eltern als Indikator für die Individualorientierung von Jugendlichen auf den Prüfstand gehoben worden (vgl. Tab. 2).

Tab. 2: Erwerbssituation der Eltern in Ost- und Westdeutschland (Chemnitz/Oldenburg) und Individualorientierung von Jugendlichen 1996

Erwerbssituation	Ost	West	Ost		West	
	Individualorientierung Mittelwerte		N	%	N=	%
Vater und Mutter berufstätig	1,53 (n.s.)	1,61 (n.s.)	357	71,7	296	57,7
nur ein Elternteil berufstätig	1,54 (n.s.)	1,59 (n.s.)	106	21,3	171	33.3
beide erwerbslos	1,69 (n.s.)	1,51 (n.s.)	10	2,0	24	4,7
keine Angabe			25	5,0	22	4,3
insgesamt			498	100	513	100
aufgeschlüsselt:						
nur Vater berufstätig			68	13,6	155	30,2
nur Mutter berufstätig			38	7,6	16	3,1

Wie nach den obigen Ausführungen zu erwarten war, sind in Chemnitz und dem Chemnitzer Umland zum Erhebungszeitpunkt weitaus mehr Frauen als in Oldenburg und Umgebung berufstätig gewesen. Folglich finden sich, wie Tabelle 2 zeigt, in Ostdeutschland wesentlich häufiger Eltern, die beide berufstätig sind. Fast drei Viertel der sächsischen Befragten haben angegeben, daß beide Elternteile einer Arbeit nachgehen. In Oldenburg haben gerade mal gut die Hälfte der Befragten sagen können, daß beide Elternteile berufstätig sind. Daß Vater und Mutter von Erwerbslosigkeit betroffen sind, kommt in der westdeutschen Stichprobe etwas mehr als doppelt so häufig vor wie in der ostdeutschen. Die Erwerbssituation der Eltern hat in den Varianzanalysen keinen signifikanten Zusammenhang zur Individualorientierung der Jugendlichen aufzeigen können.

Als nächstes sollte getestet werden, inwieweit die Familienform Einfluß auf die Individualorientierung von Jugendlichen hat (vgl. Tab. 3). Die Familienkonstellationen der vorliegenden Stichprobe decken sich nicht mit den amtlichen Statistiken. Der Anteil der befragten Jugendlichen, die mit nur einem Elternteil zusammenleben, ist in Ost- und Westdeutschland gleich und ist in Oldenburg und Umgebung relativ hoch. Im Hinblick auf die Individualorientierung von Jugendlichen spielt die Familienkonstellation entgegen qualitativer Jugendstudien (z.B. du Bois-Reymond et al., 1994) keine Rolle. Im Westen entscheiden –

allerdings lediglich auf dem 5%-Signifikanzniveau – die Geschwister mitunter darüber, ob Jugendliche individualorientiert sind oder nicht. Die westdeutschen Jugendlichen, die allein mit ihren Eltern leben, sind demnach individualorientierter als Jugendliche in der gleichen Region, die mit Geschwistern aufwachsen. In Ostdeutschland sind für Jugendliche Geschwister im Hinblick auf die Auseinandersetzung mit Prozessen von Individualisierung irrelevant.

Tab. 3: Zusammenhang zwischen der Familienform und der Individualorientierung der Jugendlichen

Familienform	Ost	West	Ost		West	
	Individualorientierung Mittelwerte		N	%	N	%
Vater und Mutter	1,53 (n.s.)	1,58 (n.s.)	402	80,7	412	80,3
mit nur einem Elternteil	1,54 (n.s.)	1,68 (n.s.)	77	15,5	77	15,0
andere / keine Angabe			19	3,8	24	4,7
mit Geschwistern	1,52 (n.s.)	1,58*	333	66,9	413	80,5
ohne Geschwister	1,53 (n.s.)	1,70*	154	30,9	89	17,3
insgesamt			498	100	513	100

* $p \leq 0,05$

Da die Strukturvariablen „Erwerbssituation der Eltern“ und „Familienform“ kaum Vorhersagen über die Individualorientierung von Jugendlichen zulassen, sollen anhand ausgewählter Kulturvariablen die Zusammenhänge zur Individualorienticrung von Jugendlichen aufzuklären versucht werden. Als Vorlage diente dabei die Herangehensweise einer qualitativen Untersuchung von ost- und westdeutschen sowie niederländischen 12jährigen Kindern, die von du Bois-Reymond et al. (1994) Anfang der 90er Jahre durchgeführt wurde. Die Autoren klassifizierten dabei Alltagsstile der von ihnen Befragten, die sie als „hochindividualisiert“, „teilmodern“ und „traditional“ bezeichnen konnten. Diese Klassifizierung wird im folgenden übernommen und anhand des vorliegenden Datensatzes zu überprüfen versucht. Modernitätsmerkmale in sozialkultureller Hinsicht sind dabei die *soziale und regionale Mobilität*, die *Vereinszugehörgkeit* und die *Leistungsorientierung* von Jugendlichen.[2] Die ausge-

2 Die Anzahl der Freunde bzw. der Freundinnen wurde als Variable für die soziale Mobilität berücksichtigt, die anderen Items lauten wie folgt: „Auch wenn Freunde oder Freundinnen mal weiter weg wohnen, komme ich allein dort hin“ (Regionale Mobilität, 11-stufige Ratingskala), „Für ein wichtiges Konzert fahre ich auch sehr weit“ (Regionale Mobilität, 4-stufige Ratingskala), „Ich weiß genau, was ich machen muß, um gute Noten zu bekommen“ (Leistungsorientierung, 4-stufige Ratingskala), „Außerhalb eines Vereins Sport treiben“ (Keine Vereinszugehörigkeit, dichotome Antwortkategorien).

wählten Indikatoren konnten in einer Clusteranalyse (K-Means, stepwise) sinnvoll in drei Modernitätsbereiche aufgeteilt werden. Anschließend sollten diese Modernitätsbereiche Varianz zur Individualorientierung von Jugendlichen aufklären. Die folgende Tabelle 4 zeigt die Ergebnisse.

Tab. 4: Sozialkulturelle Indikatoren und Individualorientierung von Jugendlichen

Indikatoren	Cluster 1 individualisiert	Cluster 2 traditional	Cluster 3 teilmodern
Anzahl der Freunde**	4,71	4,37	4,50
regionale + soziale Mobilität**	9,37	1,47	5,67
regionale Mobilität**	1,33	1,01	1,31
Leistungsorientierung*	2,07	1,90	1,97
keine Vereinsorientierung*	1,31	1,16	1,25
N= 955	515	174	266
Mittelwerte (Oneway Anova) p=.0000	1,63++	1,44	1,51

**$p \leq 0{,}01$; * $p \leq 0{,}05$

++Scheffé-Test / signifikanter Unterschied zu Cluster 2 und Cluster 3

Das Cluster 2 kann demnach als traditionaler Alltags- bzw. Lebensstil bezeichnet werden, der nur von wenigen Befragten präferiert wird (N= 174): die Jugendlichen haben nicht so viele gleichaltrige Sozialkontakte, sind relativ immobil und sozial wenig flexibel. Sie gehören eher einem Verein an. Das Cluster 3 kann als teilmoderner Lebensstil klassifiziert werden, den knapp ein Drittel der befragten Jugendlichen für gut heißen: Jugendliche, die dieser Gruppe angehören, verfügen über etwas mehr Freunde und Freundinnen als die Jugendlichen des Clusters 2. Sie sind unternehmungsfreudiger und leistungsorientierter. Ihre Freizeit verbringen sie weniger in Vereinen. Die Hälfte der befragten Jugendlichen bevorzugten einen kulturellen Alltagsstil, der als individualisiert bezeichnet werden kann. Diese Jugendlichen (Cluster 1) können wie folgt charakterisiert werden: Sie sind sozial aufgeschlossen und haben die meisten Freunde und Freundinnen. Mobilität ist ihnen wichtig. Sie binden sich nicht gern an Vereine und sie sind deutlich leistungsorientiert. Diese Jugendlichen unterscheiden sich im Hinblick auf ihre Individualorientierung signifikant von den beiden anderen Gruppen, die eher nach traditionalem oder teilmodernem Muster ihre disponible Zeit gestalten. Die Jugendlichen des Clusters 1 erreichen auf der Skala der Individualorientierung einen weitaus höheren Mittelwert (1,63) als die beiden anderen Gruppen.

5. Diskussion

Es sollte geprüft werden, inwieweit sozialstrukturelle und sozialkulturelle Gegebenheiten in der jugendlichen Sozialisation auf Prozesse von Individualisierung wirken, diese forcieren oder gegebenenfalls unberührt lassen. Dazu wurden verschiedene Struktur- und Kulturvariablen in Beziehung zur Individualorientierung der Jugendlichen gesetzt. Die Ergebnisse präsentieren sich entgegen meinen Erwartungen: sozialstrukturelle Gegebenheiten übernehmen keine Prädiktorfunktion in Bezug auf die Individualorientierung von Jugendlichen. Lediglich in Westdeutschland sind schwache Zusammenhänge erkennbar: Jugendliche, die ohne Geschwister aufwachsen, sind in ihrem Alltagsverhalten individualorientierter als Jugendliche, die mit Geschwistern zusammenleben. In Ostdeutschland spielt weder die Familienkonstellation noch die Erwerbssituation eine Rolle in Bezug auf die Individualorientierung von Jugendlichen. Die Strukturvariablen können somit in einer Querschnittsanalyse keine Vorhersagen über die Individualorientierung von Jugendlichen garantieren. Dieses Ergebnis könnte in dem Sinne interpretiert werden, daß Individualisierung bzw. Individualorientierung faktisch unabhängig von sozialer Herkunft, unabhängig vom sozioökonomischen Status, von der Zahl der Geschwister sowie der Familienkonstellation erfolgt. Die Auseinandersetzung mit Prozessen von Individualisierung scheint sich eher phänomenologisch im Sozialkulturellen abzuspielen, sich eher in Einstellungen, Bewußtsein und vor allem Lebensstilen zu zeigen.

Folgt man der Chicagoer Schule und Elder, dann kann es sich hier aber auch um ein methodisches Artefakt handeln, insofern, als daß Jugendliche selbstverständlich durch die Lebensweise und -situation ihrer Eltern beeinflußt werden (interdependente Lebensverläufe), allerdings sich der Einfluß nicht unmittelbar auswirkt, d.h. er läßt sich nicht unbedingt unmittelbar messen, sondern kann nur im Längsschnitt aufzeigt werden. Erst die historische Betrachtung des individuellen Entwicklungsverlaufs kann dann ausreichend Rückschlüsse erbringen, ob und wie familiale Bedingungen Individualisierung verstärken (Elder/ Caspi, 1991). Außerdem sind nicht unbedingt nur die Erfahrungen des sozialökologischen Nahbereichs für die Verhaltensorientierungen von Jugendlichen ausschlaggebend, sondern es wirken die „Makro“-Ereignisse wie z.B. politische Geschehnisse oder Wirtschaftskrisen determinierend. Diese konnten hier allerdings nicht a priori berücksichtigt werden. Der Beitrag ist eher experimentell zu verstehen. Es ist der Versuch, Veränderungsprozesse in den Sozialisationskontexten von Jugendlichen empirisch zu erfassen. Die ‘Diagnosen’ für diese Teilpopulation bleiben letztlich allerdings vage.

Literatur

Bauereiß, R., Bayer, H. & Bien, W., 1997: Familien-Atlas II: Lebenslagen und Regionen in Deutschland. Karten und Zahlen, Opladen: Leske+Budrich.

Beck-Gernsheim, E., 1994: Auf dem Weg in die postfamiliale Familie – Von der Notgemeinschaft zur Wahlverwandtschaft, in: Beck, U. & Beck-Gernsheim, E., (Hrsg.), Riskante Freiheiten. Individualisierung in modernen Gesellschaften, Frankfurt a.M.: Suhrkamp, S. 115-138.

Beck-Gernsheim, E., 1998: Was kommt nach der Familie? Einblicke in neue Lebensformen, München: Beck.

Bertram, H., 1997: Die Zukunft der Familie aus der Sicht der Familienforschung, in: Vaskovics, L. A., (Hrsg.), Familienleitbilder und Familienrealitäten, Opladen: Leske+Budrich, S. 370-381.

BMFSJ (Bundesministerium für Familie, Senioren, Frauen und Jugend), (Hrsg.), 1998: Zehnter Kinder- und Jugendbericht. Bericht über die Lebenssituation von Kindern und die Leistungen der Kinderhilfen in Deutschland, Bonn: Universitäts-Buchdruckerei.

Burkart, G., 1995: Zum Strukturwandel der Familie. Mythen und Fakten, *Aus Politik und Zeitgeschichte*, Beilage zur Wochenzeitung *Das Parlament*, B 52-53, S. 3-15.

du Bois-Reymond, M., Büchner, P., Krüger, H.-H., Ecarius, J. & Fuhs, B., (Hrsg.),1994: Kinderleben. Modernisierung von Kindheit im interkulturellen Bereich. Opladen: Leske+Budrich.

Elder, G.H. & Caspi, A., 1991: Lebensverläufe im sozialen Wandel. Soziologische und psychologische Perspektiven, in: Engfer, A., Minsel, B. & Walper, S., (Hrsg.), Zeit für Kinder! Kinder in Familie und Gesellschaft, Weinheim & Basel: Beltz, S. 32-60.

Ferchhoff, W., 1999: Jugend an der Wende vom 20. zum 21. Jahrhundert. Lebensformen und Lebensstile, 2. Aufl., Opladen: Leske+Budrich.

Fromme, J., Kommer, S., Mansel, J. & Treumann, K. P., (Hrsg.),1999: Selbstsozialisation, Kinderkultur und Mediennutzung, Opladen: Leske+Budrich.

Fürstenberg, F., 1972: Die Sozialstruktur der Bundesrepublik Deutschland. Ein soziologischer Überblick, 2. neubearb. Aufl., Opladen: Westdeutscher Verlag.

Geißler, R., 1996: Die Sozialstruktur Deutschlands. Zur gesellschaftlichen Entwicklung mit einer Zwischenbilanz zur Vereinigung, 2., neubearb. u. erweiterte Aufl. Opladen. Westdeutscher Verlag.

Georg, W., 1992: Jugendliche Lebensstile - ein Vergleich, in: Jugendwerk der Deutschen Shell, (Hrsg.), Jugend '92: Lebenslagen, Orientierungen und Entwicklungsperspektiven im vereinten Deutschland. Bd.2: Im Spiegel der Wissenschaften, Opladen: Leske+Budrich, S. 265-286.

Georg, W., 1993: Modernisierung und Lebensstile Jugendlicher in Ost- und Westdeutschland, *Aus Politik und Zeitgeschichte*, Beilage zur Wochenzeitung *Das Parlament*, B 26/27/93, S. 20-28.

Hitzler, R. & Honer, A., 1994: Bastelexistenz. Über subjektive Konsequenzen der Individualisierung, in: Beck, U. & Beck-Gernsheim, E., (Hrsg.), Riskante Freiheiten. Individualisierung in modernen Gesellschaften, Frankfurt a.M.: Suhrkamp, S. 307-315.

Karig, U., 1994: Freizeit zwischen Lust und Frust oder Jugend auf dem Markt der Möglichkeiten, in: Bien, W., Karig, U., Kuhnke, R., Lang, C. & Reissig, M., (Hrsg.), Cool bleiben – erwachsen werden im Osten. Ergebnisse der Leipziger Längsschnitt-Studie1, München: DJI, S. 137-164.

Kirchhöfer, D., 1998: Aufwachsen in Ostdeutschland. Langzeitstudie über Tagesverläufe 10- bis 14jähriger Kinder, Weinheim & München: Juventa.

Lenz, K., 1995: Die „zweite Generation" der DDR auf dem Weg in eine andere Gesellschaft. Jugendliche nach der Wende, in: Hettlage, R. & Lenz, K., (Hrsg.), Deutschland nach der Wende: eine Bilanz, München: Beck, S. 194–221.

Loo, H. van der & Reijen, W. van, 1997: Modernisierung. Projekt und Paradox, 2., aktualisierte Aufl. München: Deutscher Taschenbuch Verlag.

Meyer, S. & Schulze, E., 1992: Familie im Umbruch: Zur Lage der Familien in der ehemaligen DDR, Stuttgart, Berlin & Köln: Kohlhammer.

Münch, R., 1984: Die Struktur der Moderne. Grundmuster und differentielle Gestaltung des institutionellen Aufbaus der modernen Gesellschaften, Frankfurt /M.: Suhrkamp.
Münch, R., 1986: Die Kultur der Moderne. Band II: Ihre Entwicklung in Frankreich und Deutschland, Frankfurt /M.: Suhrkamp.
Nauck, B. & Bertram, H., (Hrsg.), 1995: Kinder in Deutschland. Lebensverhältnisse von Kindern im Regionalvergleich. DIJ: Familien-Survey 5, Opladen: Leske+Budrich.
Nave-Herz, R., 1994: Familie heute. Wandel der Familienstrukturen und Folgen für die Erziehung, Darmstadt: Primus.
Nave-Herz, R., 1997: Pluralisierung familialer Lebensformen - ein Konstrukt der Wissenschaft? in: Vaskovics, L. A., (Hrsg.), Familienleitbilder und Familienrealitäten, Opladen: Leske+Budrich, S. 36-49.
Opaschowski, H. W., 1988: Psychologie und Soziologie der Freizeit, Opladen: Leske+Budrich.
Peuckert, R., 1996: Familienformen im sozialen Wandel, 2. Aufl. Opladen: Leske+Budrich.
Schulze, G., 1992: Die Erlebnisgesellschaft. Kultursoziologie der Gegenwart, Studienausgabe. Frankfurt /M.: Campus.
Statistisches Bundesamt, (Hrsg.), 1997: Datenreport 1997. Zahlen und Fakten über die Bundesrepublik Deutschland, Bonn: Bundeszentrale für politische Bildung.
Strzoda, C., 1996: Freizeitverhalten und Freizeitmuster, in: Silbereisen, R. K., Vascovics, L. A. & Zinnecker, J., (Hrsg.), Jungsein in Deutschland. Jugendliche und junge Erwachsene 1991 und 1996, Opladen: Leske+Budrich, S. 261-279.
Vaskovics, L. A., Rupp, M. & Hofmann, B., 1997: Lebensverläufe in der Moderne 1. Nichteheliche Lebensgemeinschaften. Eine soziologische Längsschnittstudie, Opladen: Leske+Budrich.

Pädagogischer Familienalltag und Schule

Elisabeth Schlemmer

Der Schüleralltag und mit ihm der Familienalltag werden durch die Schule weitreichend zeitlich und organisatorisch bestimmt. Diese These wird aus dem Blickwinkel der elterlichen *Erziehungsleistungen für die Schule* (z.B. Kaiser, 1985; Ulich, 1993) bzw. der *Belastung der Familie durch die Schule* (z.B. Lempp, 1991; Winterhager-Schmid, 1994) vertreten. Der Wandel der Familie, d.h. die zunehmende Erwerbstätigkeit der Mütter und die Ausdifferenzierung familialer Lebensformen (z.B. Bertram, 1991), bedingt – so ist anzunehmen – eine durch diese strukturellen Vorgaben bestimmte Veränderung des Schüleralltags: Sog. „alternative Familien" mit Schulkindern sind durch biographische Brüche, häufigere Erwerbstätigkeit der Mütter sowie ein im Durchschnitt geringeres Haushaltseinkommen gekennzeichnet, und sie unterscheiden sich hinsichtlich des Bildungsstandes untereinander und von den traditionellen Familien (Schlemmer, 1994 u. 1998a). Welche Veränderungen dies für die alltägliche Organisation des Schülernachmittags nach sich zieht, wie er sich in verschiedenen Familienformen und nach verschiedenen familialen Lagen unterscheidet, welche pädagogischen Auswirkungen dies auf die Kinder hat, sind Fragestellungen, denen im folgenden nachgegangen wird.[1]

Erziehungsnormen bzw. -praktiken bestimmen den Kinder- bzw. Schüleralltag, seine Gestaltung bzw. Bewältigung durch zeitliche und organisatorische Vorgaben. Die Gestaltung des Kinderalltags unterscheidet sich nach einschlägigen wissenschaftlichen Ergebnissen sowohl nach den elterlichen Erziehungsnormen, die einen Übergang vom „Befehls- zum Verhandlungshaushalt" vollzogen haben (de Swaan, 1982; Büchner, 1983; du Bois-Reymond et al.,1994; Krüger & Cötters 1995), als auch nach elterlichen Erziehungskompetenzen (z.B. Krüger et al., 1993). Welchen Einfluß strukturelle Bedingungen wie insbesondere die Familienform und die Erwerbstätigkeit der Mutter nehmen, wird im folgenden untersucht, um Belastungen des Schüleralltags ausfindig zu machen.

---

1 Das Datenmaterial stammt aus der ersten Welle der Langzeitstudie „Familienänderung und Schulerfolg". Diese wurde 1996 an 16 regional differenzierten bayerischen Grundschulen mit Schüler/innen der Jahrgangsstufen 2 und 4 durchgeführt, die demnach zum Erhebungszeitpunkt zwischen 8 und 10 Jahre alt waren. Befragt worden sind in einem Mehrebenenansatz die Schüler/innen selbst, deren Eltern (Rücklauf 72,6%, entspricht N = 668) und Lehrer/innen. Für diesen Beitrag stütze ich mich auf Daten aus der Elternbefragung.

1. Erziehungshaltungen zum Schüleralltag

Abb. 1: Erziehungshaltungen zum Schülernachmittag aus elterlicher Sicht (Mittelwerte) *

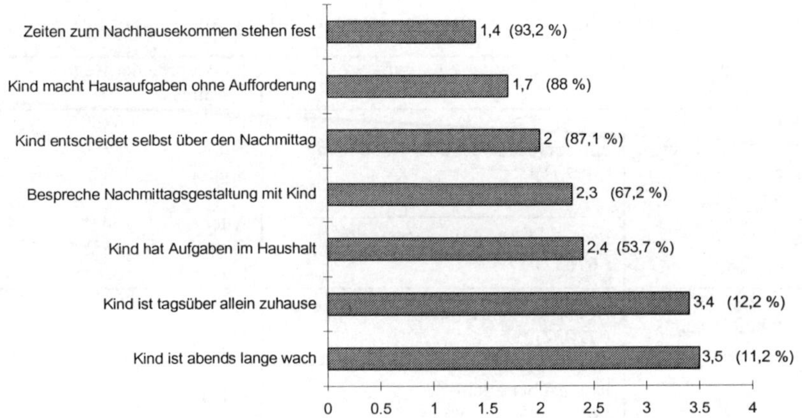

* Rating per 4er Skala: 1 „trifft voll zu", 2 „trifft teilweise zu", 3 „trifft kaum zu", 4 „trifft nicht/nie zu"; Prozentangaben: kumulierte Prozent aus „trifft voll" und „teilweise zu".

Die Antworten der Eltern auf die Frage: „Wie sieht bei Ihnen der Alltag mit Ihrem Schulkind aus" werden in Abbildung 1 veranschaulicht. Die Elternangaben zu ihren Erziehungshaltungen verweisen durchschnittlich auf einen behüteten und geregelten Kinderalltag. Die Regel ist die gesicherte Betreuung der Kinder, trotzdem sind 12,2% von ihnen tagsüber allein zu Hause. Es existieren feste Zeiten, die den Tagesablauf regeln: abends sind aber 11,2% der Kinder lange wach. Die Eltern setzen den Kindern Grenzen: für 93,2% ist die Zeit zum Nachhausekommen ganz bzw. teilweise festgelegt. Selbstverantwortung wird gefördert: 48,1% machen die Hausaufgaben immer ohne Aufforderung und 37,9% teilweise. Der Nachmittag ist frei zur Selbstorganisation: bei 22,6% ganz und bei 64,5% teilweise, wobei das Besprechen bzw. Aushandeln des Nachmittags von 17,7% der Eltern immer und von 49,5% teilweise praktiziert wird. Aufgaben im Haushalt übernehmen aus der Sicht der Eltern immer 9,7% und teilweise 44% der Kinder, wobei die Verteilung nach Geschlecht nicht signifikant ist.

Um Belastungen des Schüleralltags zu ermitteln, werden die in Abbildung 1 dargestellten Items zu den Erziehungshaltungen einer Faktorenanalyse unterzogen. Diese erbringt drei Faktoren (vgl. Tab. 1): Faktor 1 umfaßt den konträren, durch „Aushandeln bzw. Festlegen“ bestimmten Schülernachmittag, Faktor 2 den „behüteten Schülernachmittag“ (Umpolung der Items) und Faktor 3 den „selbständig organisierten Schülernachmittag“ unter der Bedingung elterlicher Grenzsetzung.

Tab. 1: Erziehungshaltungen zum Schülernachmittag aus elterlicher Sicht [2]

Faktor	Items der Faktoranalyse	Indikatoren der Regressionsanalyse^{+++}
Faktor 1: der ausgehandelte vs. festlegte Schülernachmittag	entscheidet selbst über Nachmittag $^{+}$ (.68763)$^{++}$	R^2 .06780 Std. E. .90796 Sign. F .0141
	bespreche Nachmittagsgestaltung (.67637)$^{++}$	Alter -.154*** Geschl. .145*** Famform .102**
Faktor 2: der behütete Schülernachmittag	ist abends lange wach $^{+}$ (.72032)$^{++}$	R^2 .09728 Std. E. .91813 Sign. F .0003
	ist tagsüber allein $^{+}$ (.61101)$^{++}$	Erw. Mut. .201*** Kinderanz. .172***
	hat Aufgaben im Haushalt $^{+}$ (.57745)$^{++}$	Geschl. -.112** Alter -.096*
Faktor 3: der selbständig organisierte Schülernachmittag mit elterlicher Grenzsetzung	macht HA ohne Aufforderung (.71729)$^{++}$	R^2 .07040 Std. E. 1.00073 Sign. F .0103
	feste Zeiten zum Heimkommen (.71578)$^{++}$	Famform -.096* Bild. Mut. -.122* Geschl. -.098* Nation -.158***

Rating der Items per 4er Skala von 1 „trifft voll zu“ bis 4 „trifft nicht zu“,
$^{+}$Items umgepolt, $^{++}$Faktorladung aus rotierter Faktormatrix (Varimax),
$^{+++}$standardisierte Regressionskoeffizienten ‘Beta’ – Sign. T: *** < .01, ** < .05, * < .10.

Indikatoren des Schüleralltag wurden durch eine multiple Regressionsanalyse berechnet, die signifikante Ergebnisse für alle drei Faktoren liefert, jedoch wegen der geringen Varianzaufklärung bzw. des hohen Standardfehlers als

2 Variablen des Indikatormodells: Alter und Geschlecht des Kindes, Nation und Region (Land < 20.000 Einw., Stadt > 20.000 Einw.) , Familienform (Ehe + gemeinsame Kinder = traditionelle Familie, andere Familienformen = alternative Familie – s.a. Fn. 3), Kinderanzahl, Haushaltsgröße, Erwerbstätigkeit der Mutter, Schulabschluß der Mutter und des Vaters, Haushalteinkommen, Schulaspiration. Dargestellt werden nur die signifikanten Indikatoren (quantitative Datenbeschreibung s. Schlemmer, 1998a). Kategorialvariablen wurden als „Dummy-Variablen“ recodiert.

tendenziell betrachtet werden muß (s. Tab. 1). Deshalb wird zur Überprüfung der Zusammenhänge auf Mittelwertvergleiche zurückgegriffen.

Der *„ausgehandelte vs. festgelegte Schülernachmittag"* weist signifikante Zusammenhänge mit den Indikatoren Alter und Geschlecht auf: mit wachsendem Alter entscheiden die Kinder zunehmend selbst über ihren Nachmittag, dies gilt stärker für Jungen als für Mädchen. Der signifikante Indikator „Familienform"[3] ergibt ein auf den ersten Blick überraschendes Ergebnis: Der Nachmittag von Kindern aus alternativen Familienformen ist weniger häufig „ausgehandelt" bzw. in die eigene Entscheidung des Kindes gelegt als in traditionellen Familien. Bezüglich der Erwerbstätigkeit der Mutter zeigt sich in der Regressionsanalyse kein signifikanter Zusammenhang. Die Mittelwertvergleiche belegen jedoch einerseits eine signifikant höhere Festlegung des Schülernachmittags bei erwerbstätigen Müttern (Kind entscheidet selbst: erwerbst. 2,05; nicht erwerbst. 1,91, Sign. F. .0269) und anderseits ein etwas strikteres Zeitmanagement dieser Mütter durch – wenn auch nicht signifikant – häufigeres Besprechen der Nachmittagsgestaltung ihres Kindes.

Der *„behütete Schülernachmittag"* scheint sicherer, wenn die Mutter nicht erwerbstätig ist und mit wachsender Kinderanzahl. Dieses betrifft besonders traditionelle Familien, obwohl die Familienform kein signifikanter Indikator ist. Die Ursache liegt in Varianzen der Mittelwerte der einzelnen alternativen Familienformen: in alternativen Paarfamilien (nichteheliche Familie und eheliche Stieffamilie) sind die Kinder tendenziell tagsüber häufiger allein als in traditionellen Familien und bei Alleinerziehenden (trad. Familien 3,43; ehel. Stieffamilien 3,32; nichtehel. Familien 3,28; Alleinerziehende 3,40). Andererseits sind nichteheliche Paare und Alleinerziehende liberaler bei den Zubettgehzeiten als traditionelle Familien und ehelichen Stieffamilien (trad. 3,54; Stieff. 3,84; nichtehel. 3,47; Alleinerz. 3,49). Darüber hinaus ist ein Alters- und Geschlechtseinfluß signifikant: Mit zunehmendem Alter wird der behütete Kinderalltag gelockert, insbesondere für Jungen.

Der *„selbständig organisierte Schülernachmittag mit elterlicher Grenzsetzung"* wird erstens durch die Familienform bestimmt: Schüler alternativer Familien sind selbständiger – allerdings nicht einheitlich: in nichtehelichen Familien und ehelichen Stieffamilien werden die Kinder als weniger selbständig bei der Erledigung der Hausaufgaben beschrieben als dies für Alleinerziehende

3 Die Definition der Familienform wird erstens nach den gelebten Beziehungen (ehelich, nichtehelich, allein) und zweitens nach dem Kindschaftsverhältnis (gemeinsames/nicht gemeinsames Kind) vorgenommen. In den dargestellten Berechnungen sind nichtehliche Familien unabhängig vom Kindschaftsverhältnis aufgrund geringer Fallzahlen zusammengefaßt (quantitative Darstellung der Familienformen s. Schlemmer, 1998a).

und auch traditionelle Familien zutrifft (trad. Familien 1,69; ehel. Stieffamilien 1,96; nichtehel. Familien 2,03; Alleinerziehende 1,60; Sign. F .0382), und die Kinder von alternativen Paarfamilien sind auch weniger an feste Zeiten beim Nachhausekommen gebunden (trad. Familien 1,37; ehel. Stieffamilien 1,44; nichtehel. Familien 1,47; Alleinerziehende 1,39). Zweitens fördern Mütter mit höherem Schulabschluß (Abitur bzw. Fachhochschulabschluß) die Selbständigkeit des Kindes stärker als Mütter mit einem niedrigeren Schulabschluß. Der Faktor ist auch geschlechtsabhängig: Mädchen werden als selbständiger eingestuft, jedoch sind die Grenzsetzungen bezüglich des Nachhausekommens strenger als bei Jungen. Der Indikator „Nation" belegt, daß die Kinder ausländischer Familien hochsignifikant häufiger ihre Hausaufgaben selbständig erledigen als die deutscher Familien.

Fazit: Prinzipiell ist von einer Homogenität der Erziehungshaltungen der Eltern und damit des Schüleralltags auszugehen, wie aus der geringen Varianzaufklärung durch das Indikatormodell zu erschließen ist. Auch bedingen Alter und Geschlecht des Kindes elterliche Erziehungsnormen unabhängig von der Familienform. Trotzdem sind Unterschiede im Schüleralltag und damit auch in den Belastungen in Abhängigkeit von der Familienform bzw. der Erwerbstätigkeit der Mutter erkennbar:

1. Bei erwerbstätigen Müttern ist aufgrund des schwierigen Zeitmanagements der behütete Kinderalltag, der sich durch Betreuungs- und Zubettgehzeiten zum einen und durch die (durchschnittlich moderate) Mithilfe im Haushalt zum anderen auszeichnet, nicht in gleicher Weise gewährleistet wie bei nicht erwerbstätigen Müttern. Andererseits ist der Kindernachmittag dieser Familien häufiger festgelegt (s.u.).
2. Eigenverantwortung bzw. Selbständigkeit wird besonders von Alleinerziehenden und von Müttern mit höherem Schulabschluß gefördert. Dies kennzeichnet zum einen „Selbständigkeit" als Mittelschichtnorm (vgl. du Bois-Reymond et al., 1994, S. 148), und zum anderen ist Selbständigkeit eine notwendige Praxis (vgl. Preuss-Lausitz, 1990) angesichts eines schwierigeren Zeitmanagements der Alleinerziehenden. Die größere Distanz zur Selbständigkeit bei den alternativen Paarfamilien kann durch deren vergleichsweise niedrigeren Bildungsstatus gegenüber den Alleinerziehenden (s. Schlemmer, 1998a) erklärt werden. Daß ausländische Familien mehr Selbständigkeit ihrer Kinder bei der Erledigung ihrer Hausaufgaben angeben, liegt vermutlich an der größeren Distanz zu Schule und Bildung aufgrund sprachlicher Barrieren.
3. „Aushandeln" bzw. „Festlegen" der Nachmittagsgestaltung ist deutlich durch die Familienform indiziert: Alternative Familien, in denen die Mütter auch häufiger erwerbstätig sind, planen den Kinderalltag – notgedrungen – signi-

fikant häufiger als traditionelle Familien. Dieses Ergebnis kann jedoch nicht mit einer betonteren Liberalität der traditionellen Familien interpretiert werden. Die weitere Analyse wird verdeutlichen, daß der Alltag von Kindern aus alternativen Familien bereits stärker in außerfamiliale institutionelle Betreuung eingebunden ist (s. Abschn. 2.2).

2. Gestaltung des Schülernachmittags

Der Schülernachmittag wird hinsichtlich seiner institutionellen und familialen Gestaltungs- und Betreuungsbereiche, und zwar im wesentlichen soweit sie durch die Schule tangiert sind, untersucht: Hort, Nachhilfeunterricht, Besuch eines außerschulischen Kurses, erwachsene Netzwerkpersonen zur Betreuung nach Schulende und am Nachmittag, Hausaufgabenbetreuung.

2.1 Institutionelle Betreuung von Kindern

Die Erhebung der Hausaufgabenbetreuung in Hort bzw. Schule dokumentiert, daß nur ca. 8% aller Kinder des Samples immer bzw. meistens und ca. 2% kaum am Nachmittag durch den Hort bzw. die Schule betreut werden (s. Abschn. 2.3). Alternative Familien nehmen erwartungsgemäß institutionelle Hausaufgabenbetreuung signifikant häufiger in Anspruch als traditionelle Familien (6,2%): 15% eheliche Stieffamilien, 33,3% nichteheliche Familien und 29,5% Alleinerziehende. Dagegen beanspruchen erwerbstätige Mütter (unabhängig von der Familienform) diese zu 10,3% gegenüber 7% bei den nichterwerbstätigen Müttern. Entscheidend für die Inanspruchnahme institutioneller Hausaufgabenbetreuung ist folglich die Familienform, die Erwerbstätigkeit der Mutter ist nachrangig. Damit ist für ca. ein Drittel der Kinder alternativer Familienformen der Nachmittag durch institutionelle Betreuung bzw. Betreuung durch andere erwachsene Netzwerkpersonen (s. Abschn. 2.2) deutlich häufiger als in traditionellen Familien „festgelegt". Die selbständige Gestaltung des Kindernachmittags wird demnach durch seine Institutionalisierung relativiert, und dies trifft häufiger auf Kinder aus alternativen Familien zu.

Die These vom verplanten Kindernachmittag (Zeiher/ Zeiher, 1994) – so hat bereits Ursula Nissen (1992) empirisch nachgewiesen – läßt sich allerdings nicht bedingungslos halten: Durchschnittlich besuchen „nur" gut die Hälfte (56,5%) aller Grundschulkinder des Samples einen außerschulischen Kursus, beispielsweise in Musik, oder sind in einem Sportverein aktiv. Kinder aus traditionellen Familien gehen am ehesten außerschulischen Aktivitäten nach (58,3%), während Kinder aus nichtehelichen Familien dies am seltensten tun (43,8%). Kinder in ehelichen Stieffamilien (52%) und von Alleinerziehenden (51,7%) liegen im mittleren Bereich. Die familienbezogenen Unterschiede sind hier jedoch nicht signifikant. Nachhilfeunterricht erhalten nur 3,1% aller Grundschulkinder des Samples. Von den Kindern aus Stieffamilien sind es 12% und dagegen kein Kind aus nichtehelichen Familien. Das Ergebnis korrespondiert mit dem seltenen Besuch von nachmittäglichen Kursen durch Kinder aus nichtehelichen Familien. Die Distanz der nichtehelichen Familien zu kostengebundenen, institutionellen Erziehungs- und Unterstützungsangeboten kann mit ihrer eingeschränkten finanziellen Situation (s. Schlemmer, 1998a) erklärt werden und dokumentiert soziale Ungleichheit bei der Ausschöpfung privat organisierter Bildungsressourcen für Kinder.

2.2 Betreuungsnetzwerke von Grundschulkindern am Nachmittag

Eltern antworten zu 87,8% auf das Item „Es kommt vor, daß mein Kind tagsüber allein zu Hause ist" mit „trifft kaum" bzw. „trifft nicht zu" (s. Abb. 1). Erfaßt man jedoch für einen genau fixierten Wochentag, mit wem das Kind den Nachmittag verbracht hat, dann ergibt sich ein differenziertes Bild der betreuenden Netzwerkpersonen am Nachmittag (s. Abb. 2).

Abb. 2: Betreuende Netzwerkpersonen am Schülernachmittag (multresponse)

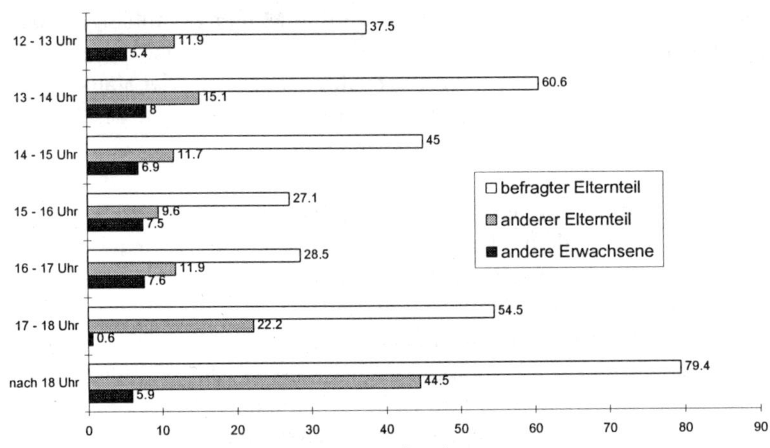

Von 12-13 Uhr sind noch fast 40% der Kinder in der Schule. Mit dem befragten Elternteil verbringen 37,5% die Zeit, mit dem anderen Elternteil ca. 12% und mit anderen erwachsenen Personen 5,4%. Der Zeitraum von 13-14 Uhr ist

ebenfalls als weit überwiegend erwachsenenbetreut anzusehen, da diese Zeit ca. zwei Drittel der fokussierten Schulkinder mit mindestens einer erwachsenen Person verbringen. Damit ist die Mittagszeit, die reguläre Zeit nach Schulschluß, als zentrale familiale Betreuungszeit anzusehen. Ab 14 Uhr nimmt der Anteil erwachsener Bezugspersonen am Nachmittag ab, und von 15-17 Uhr findet in den meisten Familien eine „freie Zeit der Kinder" statt. Es ist dies die Zeit, die die Schüler/innen mit anderen Kindern verbringen und die sie ohne Betreuung durch eine erwachsene Person selbst gestalten können (s. Abb. 2). Kommt der Abend, dann nimmt die Betreuung durch mindestens eine erwachsene Person wieder zu. Eine Differenzierung der Netzwerkpersonen des Schülernachmittags nach Familienformen (s. Tab. 2) zeigt:

1. Bereits die allgemein übliche Absicherung familialer Betreuung zur Mittagszeit (12-14 Uhr) kann bei Alleinerziehenden nur durch Unterstützung von Seiten anderer erwachsener Personen geleistet werden.
2. Alleinerziehende können bei der Betreuung des Schulkindes nicht auf eine Partnerunterstützung bauen, so daß damit auch die nachmittägliche Betreuung bei den Schulkindern von Alleinerziehenden durch andere erwachsene Personen bzw. durch institutionelle Betreuung zu gewährleisten ist. Die allgemein festgestellte nachmittägliche „freie Zeit der Kinder" ist durch die Notwendigkeit zur institutionellen Betreuung der Kinder von Alleinerziehenden insgesamt reduziert gegenüber den traditionellen Familien, die aufgrund der generellen Anwesenheit der Mutter durch „Aushandeln" einen weniger beaufsichtigten Schülernachmittag gestalten können.
3. Die Partnerunterstützung bei nichtehelichen Familien ist ebenfalls deutlich geringer als bei Ehepaaren. Somit muß in nichtehelichen Familien die familiale Betreuung ebenfalls durch Unterstützung einer anderen erwachsenen Person ausgeglichen werden. Zwar sind diese Kinder häufiger in institutionelle Betreuung wie Hort eingebunden (s. Abschn. 2.1), so ist trotzdem die „freie Zeit der Kinder" am Nachmittag deutlicher sichtbar als bei den Alleinerziehenden.

Eine Differenzierung nach erwerbstätigen und nicht erwerbstätigen Müttern dokumentiert, daß sich die Mütter an den „Normalitätsunterstellungen" (Behrens/ Voges, 1996) zweier Bereiche orientieren: Arbeits- und Schulzeiten. Zwar kann die Betreuung während der Mittagszeit von erwerbstätigen Mütter nicht in demselben Umfang geleistet werden wie von nicht erwerbstätigen Müttern, trotzdem verbringen erwerbstätige Mütter ab 13-14 Uhr zu 52,4% gegenüber 60,5% der nicht erwerbstätigen Mütter die Zeit mit ihren Kindern. Sie arbeiten meist Teilzeit und betreuen am Nachmittag ihre Kinder selbst. Für die alleinerziehenden und nichtehelichen erwerbstätigen Mütter trifft dies insoweit weniger oft zu, als sie signifikant häufiger – infolge ihres Familienstatus – vollerwerbstätig sind (Schlemmer 1998a) und demnach außerfamiliale bzw. institutionelle Betreuung ihrer Schulkinder beanspruchen müssen.

Tab. 2: Netzwerkpersonen von Schulkindern am Nachmittag nach Familienform* (mult-response)

	befragter Elternteil			anderer Elternteil			andere erwachsene Person		
Zeit am Nachmittag	ehelich	nicht ehelich	alleinerziehend	ehelich	nicht ehelich	alleinerziehend	ehelich	nicht ehelich	alleinerziehend
12-13	33,5	30,3	19,7	10,9	12,1	3,0	3,3	9,1	13,6
13-14	58,1	30,3	34,8	15,3	9,1	1,5	5,1	12,1	22,7
14-15	42,1	30,3	34,8	11,8	6,1	3,0	4,8	6,1	19,7
15-16	25,4	21,2	27,3	9,9	6,1	3,0	5,6	6,1	19,7
16-17	25,7	24,2	34,8	11,8	9,1	6,1	6,0	6,1	16,7
17-18	41,5	51,5	45,5	18,8	18,2	3,0	0,5	0	0
nach 18	72,0	75,8	62,1	43,7	42,4	6,1	4,8	6,1	9,1

* Familienform bezieht sich auf die, in der das Kind bzw. der befragte Elternteil lebt.

2.3 Hausaufgabenbetreuung

Fester Baustein bei der Gestaltung des Schüleralltags ist in allen Familien die Erledigung der Hausaufgaben. Der Zeitaufwand für die familiale Hausaufgabenbetreuung schwankt – jedoch nicht signifikant – zwischen 27 Minuten bei den traditionellen Familien und 21 Minuten bei den Alleinerziehenden. Die Hausaufgabenbetreuung scheint nach den elterlichen Antworten durchschnittlich in den meisten Fällen gesichert und problemlos zu verlaufen: In ca. 70% aller Familien machen die Kinder die Hausaufgaben alleine und die Eltern kontrollieren diese nur noch (kumulierte Prozentwerte von „trifft voll zu" bis „trifft meist zu"). Allerdings ist die Hausaufgabenbetreuung bei ca. 30% mit Problemen behaftet. Welche Familien dies besonders betrifft, wird im weiteren einer Analyse unterzogen.

Eine Faktorenanalyse und regressionsanalytische Untersuchung (s. Tab. 3) deutet beim Faktor 1 („Probleme bei der Hausaufgabenbetreuung") erstens auf Schwierigkeiten mit dem Sozial- und Leistungsverhalten der Schüler und damit auf das sozial auffällige und lernschwache Kind hin. Zweitens sind die Zusammenhänge mit der elterlichen Schulaspiration sowie dem Bildungsstatus von Mutter und Vater signifikant: In Familien mit niedrigerem Schulabschluß von

Mutter und Vater werden mehr Probleme bei der Hausaufgabenbetreuung wahrgenommen.

Tab. 3: Hausaufgabenbetreuung in der Familie [4]

Faktor	Items der Faktorenanalyse	Indikatoren der Regressionsanalyse⁺⁺	
Faktor 1: Probleme bei Hausaufgabenbetreuung	Kind schafft ohne Hilfe bei Hausaufgaben Schule nicht (.75738)⁺ Hausaufgaben nehmen viel Zeit im Familienleben ein (.72589)⁺ zu viele Hausaufgaben (. 68125)⁺ Ärger wegen Hausaufgaben (.67186)⁺ übe zusätzlich zu Hausaufgaben (.58450)⁺	R^2 Std. E. Sign. F Sozialverh. Leistungsverh. Schulasp. Bild. Mut. Bild. Vat. Region Nation Zeitaufw.HA	.62491 .76380 .0000 .394*** .217** -.279** -.204* -.212* .122** .200** -.278***
Faktor 2: Belastung durch Hausaufgaben und institutionelle Hausaufgabenbetreuung	keine Hausaufgabenbetreuung wegen berufl. Belastung (.85890)⁺ keine Hausaufgabenbetreuung wegen fam. Belastung (.84909)⁺ Hausaufgabenbetreuung in Schule /Hort (.61525)⁺	R^2 Std. E. Sign. F Famform Geschlecht Nation	.28777 .78783 .0143 .341*** -.194* .245**
Faktor 3: Selbständigkeit des Kindes bei Hausaufgaben	kontrolliere nur die Hausaufgaben (.88592)⁺ Kind macht Hausaufgaben alleine (.72374)⁺	R^2 Std. E. Sign. F Zeitaufw. HA Übertr. Gy.	.23313 .85717 .0774 .304*** -344**
Faktor 4: Ablehnung der Hausaufgabenbetreuung in der Familie	Ablehnung der Hausaufgabenbetreuung in der Familie (.70198)⁺ ältere Geschwister helfen (.56012)⁺	R^2 Std. E. Sign. F Kinderanz. Nation Zeitaufw. HA	.21929 .94348 .1117 -.295** .238** .245**

Rating der Items per 4er Skala von 1 („trifft voll zu") bis 4 („trifft nicht zu")
⁺ Faktorladung aus rotierter Faktormatrix (Varimax)
⁺⁺ standardisierte Regressionskoeffizienten 'Beta' – Sign. T: *** < .01, ** < .05, * < .10.

4 Variablen des Indikatormodells sind neben den in Anm. 1 beschriebenen: Sozialverhalten, Leistungsverhalten, Zeitaufwand bei Hausaufgabenbetreuung (HA). In Faktor 2 wurde Sozial- und Leistungsverhalten nicht prozessiert, um den sozioökonomischen Belastungseffekt nicht zu überdecken. In Faktor 3 wurde der Zeitaufwand bei der Hausaufgabenbetreuung weggelassen, obwohl das Gesamtmodell hochsignifikant ist wie auch Sign. T dieser Variable, um die Familien- und Schuleffekte nicht zu überdecken.

Probleme bei der Hausaufgabenbetreuung differieren darüber hinaus mit der Region und Nation: sie betreffen häufiger Schulkinder auf dem Land und ausländische Familien. Der Indikator „Zeitaufwand für die Hausaufgabenbetreuung" belegt schließlich: je geringer der Zeitaufwand, desto geringer die wahrgenommenen Probleme. „Belastung durch Hausaufgaben" betreffen hochsignifikant alternative und ausländische Familien. Zwar wird von diesen Familien vermehrt auf institutionelle Hilfe bei der Hausaufgabenbetreuung zurückgegriffen, jedoch ist dieses Angebot insgesamt selten (s.o.). So verwundert es nicht, daß die zusätzliche Überprüfung der Mittelwerte der einzelnen Items ergibt, daß es in alternativen Familien häufiger Ärger wegen der Hausaufgaben gibt und die Eltern der Meinung sind, daß die Kinder zu viele Hausaufgaben aufbekommen. Die Belastung wird schließlich stärker wahrgenommen, wenn das Schulkind ein Junge ist.

Der Faktor 3 „Selbständigkeit des Kindes bei den Hausaufgaben" ist nur bedingt signifikant. Prinzipiell ist dieser Faktor zeitabhängig, d.h. je weniger Zeitaufwand für die Hausaufgabenbetreuung verwandt wird, desto selbständiger wird das Kind wahrgenommen. Der realisierte Übertritt in das Gymnasium bzw. die sechsstufige Realschule darf als der motivationale Indikator in diesem Zusammenhang angesehen werden. Demnach ist dieser Faktor als homogen für die beim Übertritt erfolgreiche Schülergruppe zu konstatieren.

Der Faktor 4 „Ablehnung der Hausaufgabenbetreuung in der Familie" ist ebenfalls zeitabhängig wie Faktor 3. Die „Ablehnung" ist damit gepaart, daß ältere Geschwister helfen (müssen), und geht einher mit der Kinderanzahl (mit zunehmender Kinderanzahl erhöht sich die Ablehnung) und der Nation (ausländische Familien lehnen die Hausaufgabenbetreuung in der Familie eher ab).

Zusammenfassend ist zu konstatieren, daß Probleme bei der Hausaufgabenbetreuung kaum in Zusammenhang mit Alter und Geschlecht des Schulkindes, sondern in unmittelbarem Zusammenhang mit seinem schulischen Fortkommen bzw. dessen Gefährdung stehen. Dies wird einerseits dadurch dokumentiert, daß Problembereiche der Hausaufgabenbetreuung grundsätzlich mit dem schwierigen bzw. lernschwachen Kind gepaart sind und daß andererseits Familien, die durch einen niedrigeren Bildungsstatus gekennzeichnet sind oder die aufgrund familialer und beruflicher Umstände besonders belastetet sind, wie beispielsweise Alleinerziehende oder erwerbstätige Mütter oder ausländische Familien, davon besonders betroffen sind. Die Selbständigkeit des Kindes bei der Erledigung der Hausaufgaben erscheint in diesem Licht als Notwendigkeit und nicht gleichzeitig als Gewähr für schulischen Erfolg.

3. Schlußfolgerungen

Die Analyse des Schülernachmittags dokumentiert, daß die Pluralisierung der Familienformen trotz prinzipieller Homogenität normativer Erziehungshaltungen, die auf individualisierten Werten (vgl. Beck-Gernsheim, 1993; Bertram, 1995) beruhen wie „Selbständigkeit“ oder „Aushandeln“ von Entscheidungsräumen (Preuss-Lausitz et al., 1990; du Bois-Reymond et al., 1993; Macha, 1997), zu einer unterschiedlichen bzw. sogar konträren Gestaltung des Schüleralltags führt. Die jeweilige familiale Lage ist entscheidend dafür, ob der Nachmittag der Schulkinder durch Aushandeln im familialen Rahmen stattfindet oder durch institutionelle Festlegung geplant wird. Begründet werden mit den konträren Erziehungsmodellen „Aushandeln“ und „Festlegen“ des Schülernachmittags unterschiedliche Erziehungspositionen der alternativen und traditionellen Familien, die sich aus ihrer jeweiligen sozialen Lage ableiten lassen: Lebensformen bestimmen Erziehungsverhältnisse (Mühlfeld, 1998, 83).

Der gesellschaftliche Wandel verfestigt einerseits Erziehungshaltungen wie Beförderung der „Selbständigkeit“ des Kindes, andererseits setzt sich diese Erziehungshaltung je nach familialer Lage unterschieden durch. Dies führt dazu daß sich der Schüleralltag strukturell und normativ unterscheidet: Auf struktureller Ebene führt die stärkere Herauslösung alternativer Familienformen aus traditionellen Bezügen zu einer größeren Tendenz zur Institutionalisierung von Kinderbetreuung (vgl. Beck, 1986). Die Alleinerziehenden weisen den höchsten Institutionalisierungsgrad auf. Auf normativer Ebene wird der Schüleralltag in alternativen Familien zwischen Selbständigkeit, die insbesondere erhöhte Selbstverantwortung meint, und institutioneller Festlegung der Organisation des Kindernachmittags geregelt. Demnach unterscheiden sich die Familien in der normativen Anspruchshaltung gegenüber ihren Kindern: Selbstverantwortung ist notwendig in alternativen Familien, insbesondere bei Alleinerziehenden. Freizügigkeit, soweit sie sich in der nachmittäglichen „freien Zeit der Kinder“ ausdrückt, wird stärker in traditionellen Familien gewährt.

Belastungen bei der Organisation des Kindernachmittags und der Hausaufgabenbetreuung sind hauptsächlich mit der Familienform verknüpft. Die Erwerbstätigkeit der Mütter ist der Familienform als Belastungsindikator nachgeordnet, verstärkt jedoch die Belastungswahrnehmung der Eltern bzw. Mütter. Die stärkste Belastung findet man bei den erwerbstätigen alleinerziehenden Müttern und Vätern. Traditionelle Familien sind im Unterschied zu alternativen Familien durch eine größere Institutionendistanz gekennzeichnet. Dies kann jedoch m.E. nicht als Beleg dafür gewertet werden, daß die Betreuung von Schulkindern ausreichend gesichert ist, sondern es ist als Hinweis auf die größere Starre institutioneller Betreuung gegenüber der Flexibilität der familialen Betreuung, beispielsweise durch die Gewährung von „(betreuungs-)freien Zeiten der Kinder“, zu verstehen. Die familiale Lage ermöglicht nun insbesondere alternativen Familien keine Entscheidungsfreiheit zwischen familialer und institutioneller Betreuung. Sollen Institutionen eine Betreuungsfunktion wahrnehmen, dann fordert diese in Zeiten des gesellschaftlichen Wandels auch größere Variabilität und Flexibilität.

Literatur

Beck, U., 1986: Risikogesellschaft. Auf dem Weg in eine andere Moderne, 1. Aufl. Frankfurt /M.: Suhrkamp.

Beck-Gernsheim, E., 1993: Was kommt nach der Familie? Einblicke in neue Lebensformen, München: Beck.

Behrens, J. & Voges, W., 1996: Kritische Übergänge, in: Dies., (Hrsg.), Kritische Übergänge: Statuspassagen und sozialpolitische Institutionalisierung, Frankfurt /M. & New York: Campus, S. 16-42.

Bertram, H., (Hrsg.), 1991: Die Familie in Westdeutschland. Stabilität und Wandel familialer Lebensformen., Opladen: Leske+Budrich.

Bertram, H., 1995: Moralische Verpflichtungen und Werte in einer individualisierten Gesellschaft, in: Bertram, H., (Hrsg.), Das Individuum und seine Familie. Lebensformen, Familienbeziehungen und Lebensereignisse im Erwachsenenalter, Opladen: Leske+Budrich, S. 196-222.

Büchner, P., 1983: Vom Befehlen und Gehorchen zum Verhandeln, in: Preuss-Lausitz, U., Büchner, P.,Fischer-Kowalski, M., Geulen, D., Karsten, M. E., Kulke, Ch., Rabe-Kleberg, U., Rolff, H.-G., Thunemeyer, B., Schütze, Y. & Zimmermann, P., (Hrsg), Kriegskinder, Konsumkinder, Krisenkinder, Weinheim: Juventa, S. 196-212.

Büchner, P., Fuhs, B., & Krüger, H.-H., 1993: Kinderalltag und Kinderfreizeit in Ost- und Westdeutschland, *deutsche jugend*, 41/1, S. 31-41.

du Bois-Reymond, M., Büchner, P. & Krüger, H.-H., 1994: Die moderne Familie als Verhandlungshaushalt. Eltern-Kind-Beziehungen in West- und Ostdeutschland und in den Niederlanden, in: du Bois-Reymond, M., Büchner, P., Krüger, H.-H., Ecarius, J. & Fuhs B., (Hrsg.), Kinderleben. Modernisierung von Kindheit im interkulturellen Bereich, Opladen: Leske+Budrich, S. 137-220.

Kaiser, A., 1985: Mütterarbeit im Unterricht - oder die Institutionalisierung der Schattenschule, in: Melzer, W., (Hrsg.), Eltern - Schüler - Lehrer. Zur Elternpartizipation an Schule, Weinheim: Juventa, S. 310-316.

Krüger, H.-H. & Cötters, K., 1995: Aufwachsen in den neuen Bundesländern - Ergebnisse einer Befragung von 11- bis 16jährigen, in: Löw, M., Meister, D., & Sander, U., (Hrsg.), Pädagogik im Umbruch, Opladen: Leske+Budrich, S. 157-170.

Krüger, H.-H., Ecarius, J. & Grunert, D., 1994: Kinderbiographien. Verständigungsschritte und Lebensentwürfe, in: du Bois-Reymond, M., Büchner, P., Krüger, H.-H., Ecarius, J. & Fuhs B., (Hrsg.), Kinderleben. Modernisierung von Kindheit im interkulturellen Bereich, Opladen: Leske+Budrich, S. 221-272.

Krüger, H.-H., Haak, G. & Musiol, M., 1993: 'Naja' ich würd' gern selbständig sein ...'. Biographien und Elternbeziehungen ostdeutscher Kinder, *Der pädagogische Blick*, 1/3, S. 133-144.

Lempp, R., 1991: Die Belastung der Familie durch die Schule, *Pädagogik*, 7-8/91, S. 25-27.

Lempp, R. & Schiefele, H., (Hrsg.), 1987: Ärzte sehen die Schule. Weinheim & Basel: Juventa.

Macha, H., 1997: Familienerziehung - Wandel und Perspektiven, in: Macha, H. & Mauermann, L., (Hrsg.), Brennpunkte der Familienerziehung, Weinheim: Deutscher Studien Verlag, S. 14-33.

Melzer, W., 1991: Zum Wandel familialer Lebensformen in Westdeutschland, in: Büchner, P., & Krüger, H.-H., (Hrsg.), Aufwachsen hüben und drüben, Opladen: Leske+Budrich, S. 69-88.

Mühlfeld, C., 1998: Ausdifferenzierung familialer Entwicklungsverläufe und das Erziehungsverhältnis, in: Körner, W. & Hörmann, G., (Hrsg.), Handbuch der Erziehungsberatung, Bd. 1, Anwendungsbereiche und Methoden der Erziehungsberatung, Göttingen, Bern, Toronto & Seattle: Hogrefe, S. 71-86.

Nissen, U., 1992: Raum und Zeit in der Nachmittagsgestaltung von Kindern, in: Deutsches Jugendinstitut, (Hrsg.), Was tun Kinder am Nachmittag? München: Verlag Deutsches Jugendinstitut, S. 127-170.

Preuss-Lausitz, U., Rülcker, T. & Zeiher, H., (Hrsg.), 1990: Selbständigkeit für Kinder – die große Freiheit? Kindheit zwischen pädagogischen Zugeständnissen und gesellschaftlichen Zumutungen, Weinheim: Beltz.

Rolff, H.-G. & Zimmermann, P., 1993: Kindheit im Wandel. Eine Einführung in die Sozialisation im Kindesalter, Weinheim: Beltz.

Schlemmer, E., 1991: Soziale Beziehungen junger Paare, in: Bertram, H., (Hrsg.), Die Familie in Westdeutschland, Stabilität und Wandel familialer Lebensformen, Opladen: Leske+Budrich, S. 45-78.

Schlemmer, E., 1994: Schulkinder von Alleinerziehenden: Problemkinder zwischen Familie und Schule? in: Die Familie ändert sich - die Schule nicht. Bd. zur Tagung „Alleinerziehende und die Schule", 17.-18.6.1994. Protokolldienst der Evangelischen Akademie, Bad Boll, 28/94.

Schlemmer, E., 1998a: Risikolagen von Familien und ihre Auswirkungen auf Schulkinder, in: Mansel, J. & Neubauer, G., (Hrsg.), Armut und soziale Ungleichheit bei Kindern, Opladen: Leske+Budrich, S. 129-146.

Schlemmer, E., 1998b: Das Sozial- und Leistungsverhalten von Schulkindern mit und ohne Familienänderung aus Elternperspektive. Empirische Ergebnisse aus dem Projekt 'Familienänderung und Schulerfolg', Bamberg (unveröffentlichtes Manuskript).

Swaan, A. de, 1982: Vom Ausgehverbot zur Angst vor der Straße, *Päd. Extra* II, 2, S. 48-55.

Ulich, K., 1993: Schule als Familienproblem. Konfliktfelder zwischen Schülern, Eltern und Lehrern. Frankfurt /M.: Fischer.

Winterhager-Schmid, L., 1994: Kultivierung des Kinderalltags in der „Vollen Halbtagsschule". Eine Antwort auf die veränderte Lebenswelt der Kinder, *Die Deutsche Schule*, 86/3, S. 296-313.

Zeiher, H. J.; & Zeiher, H., 1994: Orte und Zeiten der Kinder. Soziales Leben im Alltag von Großstadtkindern, Weinheim, München: Juventa.

Zinnecker, J., 1990: Kindheit, Jugend und soziokultureller Wandel in der BRD, in: Büchner, P., Krüger, H.-H., & Chisholm, L., (Hrsg.), Kindheit und Jugend im interkulturellen Vergleich, Opladen: Leske+Budrich, S. 17-36.

Wandel der Mutterrolle – Wandel der Familienkindheit?

Yvonne Schütze

Gegenstand der folgenden Überlegungen ist eine häufig geäußerte These. Sie besagt: Der Wandel der Mutterrolle hat zu einem Wandel der Familie im allgemeinen und zu einem Wandel der Kindheit im besonderen geführt. Bevor ich mich der Frage nach diesem Zusammenhang zuwende, möchte ich einige Vorbemerkungen zum Konzept des Wandels machen.

Wie Philip Abrams (1981) feststellt, sind Soziologen immer besonders daran interessiert Wandel festzustellen. Dies trifft insbesondere auf die Familie zu. Seit Riehl und Le Play Mitte des vorigen Jahrhunderts die ersten familiensoziologischen Untersuchungen durchführten, geht es um den Strukturwandel der Familie, wobei Wandel auch häufig mit Zerfall – in moderner Terminologie Deinstitutionalisierung – gleichgesetzt wird. Dagegen ist z.B. René König der Auffassung, daß es nicht Wandel zu erklären gelte, sondern das, was sich ihm entgegenstemme, denn Wandel sei in „infinitesimalen Prozessen" ständig im Gange (König, 1974, 10).

Hieraus folgt, daß sowohl die manchmal kaum wahrnehmbaren Veränderungen wie die Kontinuitäten in den Blick zu nehmen sind. Um Wandel feststellen zu können, gilt es Indikatoren und Zeiträume, innerhalb derer ein Wandel stattgefunden haben soll, zu benennen. An welchen Zeitraum denken wir, wenn vom Wandel der Mutterrolle und der Familienkindheit die Rede ist? Je nachdem, welchen Bezugspunkt man wählt, ändert sich die Perspektive, ein Tatbestand, dem in den zahlreichen Publikationen zum Wandel der Familie leider kaum Rechnung getragen wird. So wird z.B. häufig nicht klar, ob es um die bürgerliche Familie des späten 18. und 19. Jahrhunderts oder um die der 60er Jahre unseres Jahrhunderts geht.

Ebenso wird nicht unterschieden zwischen kulturellen Vorstellungen, normativen Erwartungen und empirischer Realität, in Termini der Rollentheorie könnte man auch sagen, es wird häufig keine Differenz gemacht zwischen Rollenerwartung und Rollenausführung. Dabei wissen wir spätestens seit Goffman, daß die Kongruenz von Rollenerwartung und Rollenausführung eher ein pathologischer Grenzfall als Alltagsrealität ist. Um diesen der Wandlungsdiagnose gespannten Fallstricken zu entgehen, werde ich mich auf drei Zeitpunkte beziehen, das 19. Jahrhundert, die 60er und die 90er Jahre unseres Jahrhunderts. Dabei werde ich jeweils zunächst die vorherrschenden normativen Vorstellungen und im Anschluß daran die empirischen Verhältnisse skizzieren.

Die Ausarbeitung jenes Bündels von normativen Erwartungen, das man als Mutterrolle bezeichnen kann, findet zeitgleich mit der Etablierung der bürgerlichen Familie statt. Auf der semantischen Ebene konstituiert sich die bürgerliche Familie, die zugleich die moderne Familie ist, über zwei – auch heute noch geltende – Vorstellungen. Da ist einmal die Idee, daß Ehen auf der Basis wechselseitiger Zuneigung geschlossen werden sollten. Und da ist zweitens die Idee, daß Kinder sowohl schutz- wie erziehungsbedürftig sind und daß Eltern aus dieser Tatsache die Verpflichtung erwächst, sich ihren Kindern mit Aufmerksamkeit zuzuwenden. Parallel dazu erfolgt auf der sozial-strukturellen Ebene die Differenzierung zwischen Berufs- und Familiensphäre, und innerhalb der Familie wird die immer schon existierende geschlechtsspezifische Arbeitsteilung räumlich und zeitlich scharf markiert.

Dieser Vorgang erfährt eine unterschiedliche Beurteilung in der Familiensoziologie. Einerseits heißt es, daß die bürgerliche Familie als Hort der Gefühlsverbundenheit eine Gegenstruktur zu den affektiv neutralen, an den Kriterien instrumenteller Vernunft orientierten Strukturen der Berufswelt darstellt. Als Protagonistin dieser innerfamilialen Gefühlskultur firmiert die Frau. Von der Etikettierung der Familie als Gegenstruktur führt ein gerader Weg zu der weiteren Annahme, daß mit dem Eintritt der Frauen in die auf Plan- und Berechenbarkeit angelegte Berufswelt die innerfamiliale Gefühlskultur bedroht ist. Andererseits formuliert René König: „Die Familie geht mit der Gesellschaft, d.h. jede Gesellschaft hat die Familie, die unter bestimmten sozialgeschichtlichen Voraussetzungen zu ihr gehört.“ (König, 1974, 10). Damit ist aber nichts anderes gesagt, als daß die Familie ähnlich wie das Schilfrohr in der Fabel La Fontaines ihren Bestand durch Anpassung an die gesellschaftlichen Verhältnisse sichert und nicht etwa durch Widerstand. Hieraus folgt, daß Diagnosen über Zerfall oder Bestand der Familie vermutlich weniger von den empirischen Verhältnissen abhängen, als davon, welches Familienmodell man zugrunde legt, das der Gegenstruktur oder das der Anpassung.

1. Die Mutterrolle in der bürgerlichen Familie

In der vorbürgerlichen Familie war die Hausmutter dem Hausvater in jeder Hinsicht untergeordnet. Noch Rousseau hatte als Erzieher den Vater genannt, während der Mutter nur die Rolle der Amme und Wärterin in den ersten Lebensjahren des Kindes zukommen sollte. In der bürgerlichen Familie dagegen wird die Mutterrolle aufgewertet. Die Verantwortung für Wohl und Wehe des Kindes fällt nunmehr in den Aufgabenbereich der Mutter, während der Vater auf die Rolle des Ernährers reduziert wird. Allerdings findet diese auf der Basis funktionaler Differenzierung stattfindende Enthierarchisierung in der außerfamilialen Umwelt keine Entsprechung. Denn weder auf der politischen noch auf der rechtlichen Ebene ist die Frau dem Manne gleichgestellt und ihren Status gewinnt sie ausschließlich über den Gatten.

Ab dem frühen 19. Jahrhundert heißt das, was eine Mutter zu tun hat, „Mutterpflichten" in Analogie zu den Berufspflichten des Mannes. Die inhaltlichen Bestimmungen dieser Pflichten werden von Experten, primär Ärzten oder Pädagogen definiert. Die Mütter sollen sich an der Pflege und Betreuung des Kindes beteiligen, sie sollen Ammen, Kinderfrauen oder auch etwaige andere Unterbringungsorte mit Sorgfalt auswählen, anstatt wie es vielfach üblich war, das Kind jedweder Person anzuvertrauen, gleichgültig ob sie sich für den Umgang mit Kindern eignete oder nicht.

Die zweite Forderung, die vor allem von den Ärzten betont wird, ist der „richtige" Umgang mit dem kindlichen Körper. So formuliert Zückert Ende des 18. Jahrhunderts noch beide Eltern adressierend:

> „Diese Liebe zu seinen Kindern ist bey den Menschen von einer solchen Stärke, daß sie alle anderen Gefühle gleicher Art weit übertrifft; – aber demungeachtet bereiten oft die zärtlichsten Eltern durch ihre Unbekanntschaft mit den richtigen Grundsätzen der physischen Erziehung der Kinder, oder durch Befolgung verderblicher Rathschläge, den Lieblingen ihres Herzens einen frühen Tod, ohne selbst zu ahnen, daß sie allein die Mörder derselben gewesen sind" (Zückert, 1799, 2).

Selbstredend war von mütterlicher Erwerbstätigkeit noch keine Rede, denn die soziale Konstruktion der Mutterrolle galt ja der bürgerlichen Frau, die ihren Status daraus ableitete, daß sie nicht wie die Proletarierin einer Erwerbsarbeit nachgehen mußte, sondern einen Mann hatte, der – wie es so schön hieß – eine Familie ernähren konnte. Während heute häufig unterstellt wird, daß die Mütter, weil sie nicht erwerbstätig waren, gleichsam automatisch jenes biedermeierliche Ideal der bürgerlichen Familie auch gelebt hätten, waren die Zeitgenossen vielfach anderer Auffassung. So kritisierten z.B. zwei Pädagogen des 19. Jahrhunderts die häusliche Erziehung des 18. Jahrhunderts in folgender Weise:

> „Da wurde dann die Sorge um das Wohl der Kinder den leichtlebigen, in Vergnügungen aller Art sich berauschenden Müttern eine unangenehme Bürde, deren sie sich möglichst schnell zu entledigen suchten, und so konnte es vorkommen, dass die Kinder 'bis ins neunte oder zehnte Jahr unter dem Gesinde stecken mussten und kaum jede Woche einmal das Glück hatten, vor ihre Eltern gelassen zu werden'" (Stephan/ Biedermann, 1891, 5).

Ein Blick in die Autobiographien und Romane des 19. Jahrhunderts, besonders aber in das Schrifttum der Frauenbewegung zeigt, daß sowohl die Mütter wie die Kinder ihr Familienleben keineswegs als so befriedigend einschätzten, wie uns dies heute vielfach suggeriert wird. Nicht wenige Mütter waren sich der Eingeschränktheit ihrer Möglichkeiten, am außerfamilialen Leben teilzunehmen, bewußt, und nicht umsonst versuchten sie sich häufig, den Pflichten als

Gattin und Mutter durch nervöse Leiden zu entziehen oder ließen ihre Umwelt deutlich spüren, daß die Triebfeder ihres Handelns nicht Neigung sondern Pflicht hieß. Lily Braun, geboren 1865, schreibt über ihre Mutter:

„Alles, was Mama z. B. tat, wenn sie ein recht unzufriedenes Gesicht dazu machte, erklärte sie für Pflichterfüllung: die schmutzige Wäsche selber zählen, obwohl drei Dienstboten daneben standen, die Zutaten zum Kochen herausgeben, obwohl wir eine vortreffliche französische Köchin hatten, nachmittags mit mir spazierengehen, obwohl wir uns beide schrecklich dabei langweilten, – ja selbst die Dämmerstunden bei Papa, wo er zu Frau und Kind gern zärtlich war, schienen mir nach ihrem Ausdruck zu schließen, in dieses Gebiet zu gehören." (Braun, 1924, 39).

Doch auch die Mütter, die sich durch die Mutterpflichten nicht beeinträchtigt sahen, sondern ihnen aus vollem Herzen nachkamen, widmeten sich ihren Kindern nur zu bestimmten Zeiten des Tages und hatten offenbar keine Gewissensbisse, sie dienstbaren Geistern anzuvertrauen, um ihren gesellschaftlichen Verpflichtungen zu genügen. Häufig wurden Kinder an Verwandte abgegeben, sei es, daß diese Verwandten kinderlos waren, sei es, daß man hoffte, den Kindern auf diese Weise bessere Aufstiegsmöglichkeiten als sie im Elternhaus vorhanden waren, zu bieten.

2. Die Mutterrolle in der zweiten Hälfte des 20. Jahrhunderts

Betrachten wir die Mutterrolle ab der zweiten Hälfte unseres Jahrhunderts, so können wir Kontinuität und Wandel konstatieren. Kontinuität weisen die Rollennormen im Hinblick auf die äußere Lebensführung der Mutter auf: sie soll Zeit für ihre Kinder haben. Im 19. Jahrhundert hieß dies Verzicht auf die sogenannten gesellschaftlichen Vergnügungen, in der zweiten Hälfte des 20. Jahrhunderts bedeutete dies Verzicht auf Erwerbstätigkeit.

Mütterliche Erwerbstätigkeit – soweit nicht durch krasse Not legitimiert – wurde gleichgesetzt mit Vernachlässigung des Kindes und Persönlichkeitsverfall der Mutter (vgl. Speck, 1956; Schelsky, 1960; Jacobsohn, 1961; Pfeil, 1961). Neu sind dagegen die Forderungen an die mütterliche Psyche, die John Bowlby mit den immer wieder zitierten Sätzen formulierte:

„Es ist für die seelische Gesundheit des Kindes überaus wichtig, in den ersten Lebensjahren eine warme, intensive und beständige Beziehung zu seiner Mutter zu erleben (oder auch zu einer Mutter-Ersatzfigur), in der beide Partner Befriedigung und Genuß finden ... Ebenso wie der Säugling das Gefühl braucht, zu seiner Mutter zu gehören, braucht die Mutter das Gefühl, zu ihrem Kind zu gehören. Und nur wenn sie die aus diesem Gefühl entstehende Befriedigung erlebt, ist es für sie leicht, sich ihrem Kind ganz zu widmen. Eine solche ständige Bereitschaft, Tag und Nacht, sieben Tage in der Woche und 365

Tage im Jahr, ist einer Frau nur dann möglich, wenn sie dadurch eine tiefe Befriedigung gewinnt." (Bowlby, 1953; deutsche Ausgabe 1972, 69f.).

Die Komplexität dieser Anforderungen wird insofern beträchtlich gesteigert, als die Experten jede tatsächliche oder vermeintliche Fehlentwicklung des Kindes nicht nur im Verhalten der Mutter, sondern in ihren unbewußten Empfindungen begründet sehen. Von nun an sind Schuldgefühle die ständigen Begleiter der Mutter, besonders der erwerbstätigen. Bei diesen Schuldgefühlen handelt es sich offensichtlich um eine kulturelle Neuerwerbung. Denn wie aus einer Untersuchung von Herwartz-Emden hervorgeht, haben aus einer traditionellen Kultur stammende in Deutschland lebende türkische Mütter keinerlei Probleme, erwerbstätig zu sein, während westdeutsche Mütter sich den Rollenzwängen der 60er Jahre bis in die Gegenwart nicht entziehen können (Herwartz-Emden, 1995).

In den 90er Jahren gelten die 60er Jahre als das goldene Zeitalter der Familie, die hierfür immer wieder genannten Indikatoren sind frühes Heiratsalter, im Vergleich zur Nachkriegszeit relativ hohe Geburten- und geringe Scheidungszahlen und vor allem eine geringe Erwerbsbeteiligung der Mütter. Doch ebenso wenig wie das Familienideal des 19. Jahrhunderts eine Beschreibung der empirischen Familie lieferte, ebenso wenig können die genannten dürren Daten der Statistik als Beleg für Familienstabilität oder gar Harmonie dienen. Das heutige Urteil über die Familie der 60er Jahre gründet offensichtlich auf einem gegenwärtig vorherrschenden Kulturpessimismus, wobei die damals massive Kritik an der Familie nicht zur Kenntnis genommen wird. Diese Kritik war auf verschiedenen Ebenen angesiedelt. Aus der Perspektive der Wissenschaft wurde die Familie als strukturell pathogen angesehen. Es waren die familialen Interaktionsstrukturen, die als ursächlich für Neurosen, Schizophrenie oder abweichendes Verhalten galten. Auf der politischen Ebene griffen Studentenbewegung und außerparlamentarische Opposition den autoritären Erziehungsstil an, der seinerseits autoritäre Charaktere hervorbringen sollte. Und auf der Ebene der Beteiligten, also der Familienmitglieder selbst, waren es Frauen aller Schichten und Altersgruppen, die im Anschluß an die neue Frauenbewegung ihr Unbehagen an der Kultur allgemein und an der Familie im besonderen äußerten. Mit anderen Worten, es waren weniger die politischen Veränderungen, die die 68er Zeit so bedeutsam machten, als ein kultureller Wandel, der in „infinitesimalen" Prozessen die Mütter, die Kinder und schließlich auch die Väter betraf.

Die Zwänge der Mutterrolle wurden keineswegs aufgehoben, aber insofern gelockert, als die Forderung der alten Frauenbewegung des 19. Jahrhunderts nach dem Recht auf Erwerb nunmehr allmählich auch auf die Mütter ausgeweitet wurde und in das Schlagwort von der Vereinbarkeit von Erwerbs- und Familientätigkeit mündete.

Ebenso wurde die Mutter nicht mehr allein verantwortlich für den Sozialisationsprozeß des Kindes gemacht, sondern es wurde die Bedeutung des Vaters auch jenseits seiner Ernährerrolle herausgestellt. Während z.B. die Ratgeberliteratur, die ja stets dem herrschenden Zeitgeist zu folgen versucht, in den 70er Jahren noch dominant an die Mütter adressiert war, werden in den 90er Jahren stets beide Elternteile angesprochen. Damit sind die Experten in Sachen Pflege und Erziehung des Kindes wieder zu ihren Anfängen im letzten Drittel des 18. Jahrhunderts zurückgekehrt, auch damals waren die Eltern und nicht nur die Mütter die Adressaten.

Vielleicht bedeutsamer noch als die Akzeptanz mütterlicher Erwerbstätigkeit und die Einbeziehung des Vaters in das Sozialisationsgeschehen dürfte der Wechsel des Tons sein, der neuerdings angeschlagen wird. Bis in die 80er Jahre wurden die Experten nicht müde, Schuldgefühle in den Müttern zu erwecken, weil sie dieses und jenes falsch gemacht oder falsch empfunden hatten. Die neue Ratgeberliteratur dagegen ermuntert geradezu, nicht perfekt zu sein. „Bloß nicht alles richtig machen“ so der programmatische Titel eines Buches, das – wie die Autorin Cornelia Nitsch (1998) versichert – explizit kein Ratgeber sein, sondern von eigenen Erfahrungen berichten will. Und auch der Titel, den Sonia Taitz gewählt hat, nämlich „Das Buch für die perfekte Mutter“, ist eher ironisch gemeint, denn schon auf dem 'Cover' heißt es: „Es gibt unzählige Methoden ein Kind aufzuziehen. Wenn Sie eine Million Bücher gelesen haben, werden Sie sie alle kennen – nur die eine nicht, nämlich Ihre eigene Methode“ (Taitz, 1998). Auch ein Titel wie „Der Mythos von der heilen Kindheit“ (Wais, 1998) fordert die Eltern nicht dazu auf, sich an Maßstäben zu messen, die nicht im Bereich der Realität angesiedelt sind.

Diese „antiautoritäre“ Wende der Experten hat ebenfalls ein Vorbild, zumindest in den USA. Dort war es in den 40er Jahren Dr. Benjamin Spock, der den verunsicherten Eltern zurief : „Trust yourself“ und dazu aufforderte, lieber Fehler zu machen, als „to do everything letter-perfect out of a feeling of worry“ (Spock, 1946, 4).

Einige Autoren fühlen sich offenbar bemüßigt, den Eltern den Rücken gegen ihre übermächtigen Kinder zu stärken. Hier wären zu nennen: „Der kleine Tyrann. Welchen Halt brauchen Kinder?“ (Prekop, 1998) oder „Die Schlaraffenlandkinder“. Im Untertitel dieses Buches heißt es: „Täglich lassen sich Eltern von ihren Kindern beleidigen, demütigen und terrorisieren, ohne sich zu wehren. Warum?“ Mit der folgenden Formulierung knüpft der Autor dann, ohne sich dessen bewußt zu sein, an einer alten Tradition an, die Mütter sind immer schuld, gleichgültig ob Täter oder Opfer: „Es hat Zeiten gegeben – und es gibt sie noch – in denen sich Kinder ihren Eltern radikal unterordnen mußten. Nun leben wir in einer Zeit, in der sich die Eltern – vorwiegend die Mütter – zunehmend ihren Kindern radikal unterordnen (Wyrwa, 1998, 7).

Kurz, die Vorstellungen darüber, wie Mütter sind und wie sie sein sollten, weisen – ähnlich wie die Vorstellungen über die Natur des Kindes (Göppel, 1997) keine lineare Entwicklung auf, sondern lassen sich eher als eine Wellenbewegung beschreiben, dergemäß liberale und rigide Rollenvorschriften einander ablösen und institutionelle Handlungsspielräume sich erweitern oder verengen.

3. Mutterrolle und Mütter – die Perspektive junger Erwachsener

Um herauszufinden, ob und inwiefern der sich in der Ratgeberliteratur zu beobachtende Wandel in den Rollenerwartungen an Mütter auch im Alltagsbewußtsein niederschlägt, habe ich in meiner Vorlesung eine kleine Umfrage durchgeführt, an der sich insgesamt 74 Personen beteiligt haben, 22 Studenten, 47 Studentinnen und 5 Personen ohne Angabe des Geschlechts. Die Studierenden wurden gebeten, die gesellschaftlich vorherrschenden Rollenanforderungen an Mütter und im Anschluß daran ihre eigenen, in der Kindheit gemachten Erfahrungen mit der Mutter, zu beschreiben. Ordnet man die genannten Rollenmerkmale nach der Häufigkeit der Nennungen, so wird deutlich, daß Experten und Laien im wesentlichen übereinstimmen. Am häufigsten werden mit über 30 Nennungen genannt: Liebe, Einfühlungsvermögen, Verständnis, Toleranz, Versorgung (Nahrung, Kleidung, Gesundheit) Erziehung, Schutz und Geborgenheit.

Spezifischere Anforderungen wie etwa Hilfe und Unterstützung bei Problemen jeglicher Art, zum Beispiel Schularbeiten, Erziehung zu Selbständigkeit, Familie zusammenhalten und Familientreffen organisieren, Förderung von Interessen und Begabungen liegen mit 15 - 20 Nennungen im Mittelfeld. Am seltensten – mit unter 10 Nennungen – werden Vermittlung gesellschaftlicher Normen und Werte, Ordentlichkeit und Sauberkeit, Durchsetzungsvermögen und Freude an der Mutterrolle genannt.

Erwerbstätigkeit wird selten erwähnt, nämlich neunmal als während der ersten Lebensjahre des Kindes unerwünscht und dreimal als explizit erwünscht. Hieraus kann man schließen, daß für die Mehrzahl der Befragten, die zwischen 20 und 30 Jahre alt sind, Nicht-Erwerbstätigkeit kein Merkmal der Mutterrolle mehr bildet. Wird die Erwerbstätigkeit der eigenen Mutter erwähnt, dann in dem Sinne, daß die Mutter trotz Erwerbstätigkeit eine gute Mutter war:

„... Meine Eltern waren immer voll berufstätig und arbeiteten jahrelang im Schichtdienst. Allerdings war es meist so geregelt, daß immer einer von beiden nachmittags für uns da war. Ich besuchte die Kinderkrippe, den Kindergarten und später in der Schule auch den Hort. Diesen allerdings freiwillig. Ich hatte eine schöne Kindheit, die volle Berufstätigkeit meiner Eltern hat mich nie sehr gestört, denn ich konnte trotzdem genügend Zeit mit ihnen verbringen. Besonders an den Wochenenden haben wir viel gemeinsam unternommen. Meine Mutter war eigentlich immer für uns da, wenn wir sie brauchten. Mit Problemen und Fragen konnten wir jederzeit zu ihr gehen. Bei Problemen haben wir immer versucht, gemeinsam eine Lösung zu finden. Meine Mutter war immer und ist sehr fürsorglich und liebevoll. Wir wurden eher antiautoritär erzogen. Sie schimpfte nicht oft mit uns, sondern versuchte immer, ruhig über alles mit uns zu reden. Schläge haben wir nie kennengelernt. Wenn ich z. B. in der Schule mal eine schlechte Note bekam, übte meine Mutter mit mir und machte mir Mut. Auch für die Aufklärung war in unserer Familie eher meine Mutter verantwortlich. Meine Interessen wurden immer beachtet und gefördert. Auch bei der Berufsfindung half mir meine Mutter sehr. Und auch heute noch kann ich jederzeit zu meinen Eltern gehen, sie sind immer für mich da."

Einige Befragte heben hervor, daß sie aufgrund der mütterlichen Erwerbstätigkeit gelernt haben, Verantwortung zu übernehmen. „Ich fühlte mich gefordert und fand es toll, Verantwortung zu übernehmen." Eine winzige Minderheit beklagt allerdings, daß die Mutter aufgrund ihrer Erwerbstätigkeit zu wenig Zeit hatte.

Besondere Aufmerksamkeit verdient ein geradezu klassisches Element der Mutterrolle, nämlich die Bereitschaft, auf eigene Bedürfnisse zu verzichten. Die Verzichtkategorie liegt mit 17 Nennungen zwar im Mittelfeld, aber die Befragten machen mehrheitlich deutlich, daß es sich in ihren Augen um eine überholte Forderung handelt, während sie mit den anderen Rollenmerkmalen durchaus einverstanden sind. Eine Studentin führt z. B. folgende Verhaltensanforderungen auf:

- Kind Wärme, Geborgenheit, Sicherheit geben,
- Verständnis und Unterstützung,
- Vertrauensperson des Kindes,
- Gewißheit vermitteln, daß das Kind auch dann geliebt wird, wenn es Fehler macht oder sich unangemessen verhält,
- Kind Selbstbewußtsein geben,
- Kind ernst nehmen und als gleichwertiges Lebewesen achten,
- Kind in verschiedensten Bereichen fördern,
- bedingungslose Aufopferung für das Kind.

Dieser Aufzählung fügt sie folgenden Zusatz an: „Die von mir genannten 'Rollenerwartungen an die Mutter' hat meine Mutter erfüllt, obwohl sie dabei nicht alle ihre eigenen Bedürfnisse 'geopfert' hat." Eine andere Befragte äußert zum gleichen Punkt: „Meine Mutter hat es versucht, aber nicht geschafft und hoffentlich nicht ernsthaft gewollt."

Nur zwei Befragte konstatieren einen krassen Gegensatz zwischen Rollenerwartungen und Rollenausführung durch die eigene Mutter. Als Erwartung heißt es da: „Daß sie eine spezielle Nähe und intime Beziehung zum Kind unterhält." Und mit Bezug auf die eigene Mutter: „Meine Mutter – nein!" In dem anderen negativen Beispiel heißt es als Rollenerwartung „waschen, kochen, putzen, trösten, Familie zusammenhalten, Kinder erziehen, Verständnis haben, Streit schlichten" und die Wirklichkeit wird folgendermaßen beschrieben: „meine Realität als Kind einer werktätigen Mutter – waschen, kochen, putzen, mißverstanden gewesen, im Streit leben".

Bis auf die genannten zwei Ausnahmen, sind alle anderen der Auffassung, daß die eigene Mutter den Erwartungen entsprochen hat, wobei die Mehrzahl sogar betont, daß die Mutter weitaus mehr getan hätte, als allgemein erwartet wird. Hierzu ein Beispiel – als Rollenerwartungen werden aufgeführt: „Schutz, Fürsorge, Ernährung, Lehrerin, Beraterin, Unterstützung, Bestrafung, Lob, Ordnung, Sauberkeit, Haushalt erledigen, Taschengeld." Die eigene Mutter wird folgendermaßen beschrieben:

„ ... hat in der Vergangenheit alle 'Normen' erfüllt und übererfüllt, und jetzt ist es eigentlich immer noch so: ihr Motto: Hauptsache, es geht ihrem Jungen gut. Alles in allem: die Mutter, die sich immer um alles gekümmert hat und es heute noch weitgehend tut."

Wenn Kritik geäußert wird, dann eher im Sinne von zuviel als zu wenig Mütterlichkeit, nämlich Ängstlichkeit, Überfürsorglichkeit, Nicht-loslassen-Können und zu hohe Leistungserwartungen.

Häufig wird betont, daß man keinen Unterschied zwischen Mutter- und Vaterrolle sieht, daß etwas, was die Mutter tut, auch der Vater tun könne. Hierzu eine junge Frau: „Die Rolle der Mutter ist meiner Meinung nach nicht so ganz genau zu definieren, da ich, wenn ich an Mutter denke, gleichzeitig an Vater denken muß." In Formulierungen wie diesen bestätigt sich die bereits bezüglich der Ratgeberliteratur erwähnte Tendenz, die Differenzierung zwischen Mutter- und Vaterrolle, wenn nicht aufzuheben, so doch zu verringern.

4. Die Mutterrolle – mehr Kontinuität als Wandel

In der Zusammenschau lassen sich nun folgende Thesen zu Kontinuität und Wandel der Mutterrolle im Zeitraum zwischen dem 19. und Ende des 20. Jahrhunderts aufstellen. Es scheint einen harten Kern von Rollenerwartungen zu geben, der sich über den genannten Zeitraum erhalten hat und möglicherweise universelle Geltung beanspruchen kann. Dieser Kern läßt sich als Zuwendung und Fürsorge für das leibliche und seelische Wohl des Kindes beschreiben.

Gewandelt haben sich dagegen die normativen Vorstellungen darüber, in welcher Art und Weise diesen allgemeinen Anforderungen nachzukommen ist. So haben Aufopferung und Verzicht, mütterliche Alleinverantwortlichkeit und Nicht-Erwerbstätigkeit, die weit bis in die zweite Hälfte unseres Jahrhunderts zum Rollenrepertoire einer Mutter gehörten, deutlich an Akzeptanz verloren, was allerdings nicht bedeutet, daß die Erwartungen an mütterliche Zuwendung geringer geworden wären, denn Empathie, Toleranz und Vertrauenswürdigkeit liegen hoch im Kurs. Allerdings – und dies scheint mir eine bedeutsame Änderung – geht man offenbar nicht mehr davon aus, Mütter könnten diese Form der Zuwendung nur dann an den Tag legen, wenn sie sich gleichzeitig in Verzicht und Selbstaufopferung übten.

Können wir von diesen Wandlungen der Mutterrolle nun auf einen Wandel der Kindheit schließen? Ich denke umgekehrt wird ein Schuh daraus. Es ist die Beziehung zwischen Mutter und Kind, die Kontinuität aufweist, da sie – wie Max Weber es nannte – die einzige „urwüchsige" Gemeinschaftsbeziehung von naturgegebener Dauer ist (Weber, 1964, 275 ff.). Auch wenn einige Elemente der Mutterrolle an Bedeutung verloren und andere an Bedeutung gewonnen haben und Mütter niemals – und man möchte hinzufügen: Gott sei Dank – den Rollenerwartungen vollständig entsprochen haben, so erweisen sich Zuwendung und Fürsorge während der gesamten Gattungsgeschichte der Menschheit als konstante Merkmale der Mutter-Kind-Beziehung.

Gleichwohl – die eingangs zitierte These René Königs „die Familie geht mit der Gesellschaft" gilt natürlich gleichermaßen auch für die Kindheit. Der Wandel der Kindheit resultiert aus zwei interdependenten gleichwohl getrennt zu behandelnden gesellschaftlichen Prozessen. Der erste betrifft die Binnenstruktur der Familie, der zweite wirkt sich unmittelbar gleichsam an den Eltern vorbei auf die Kinder aus.

Hierzu nur einige Stichworte: Wenn die These, die besagt, daß in der postindustriellen Gesellschaft nicht mehr vertikale, sondern funktionale Differenzierung das vorherrschende Prinzip ist, überhaupt eine Berechtigung hat, dann in der Familie. Die Generationendifferenzierung konstituiert sich nicht mehr über Macht und Ohnmacht, Befehl und Gehorsam, sondern über die Differenz zwischen unterschiedlichen Kompetenz- und Partizipationsstrukturen. Wie Büchner/ Fuhs (1996) in ihrer Untersuchung feststellen, ist „die geringe Berücksichtigung kindlicher Interessenäußerungen und die Betonung der elterlichen Macht durch häufiges (und hartes) Strafen tatsächlich auf dem Rückzug begriffen. Nur noch eine Minderheit der befragten 10 - 15jährigen Kinder und jungen Jugendlichen (23%) gibt an, daß elterliches Strafverhalten in ihrem Lebensalltag noch vorkommt" (Büchner/ Fuhs 1996, 191). Kindheit als Vorbereitung auf den Status des Erwachsenen ist nicht – wie die Soziologie der Kindheit annimmt – mit einem Minderheitenstatus assoziiert (z.B. Zeiher, 1996), sondern läßt sich, um einen Begriff von Janosz Korczak aufzugreifen, als „egalitäre Differenz" beschreiben (Korczak, 1992, zitiert nach Göppel, 1997, 373).

Der Status des Kindes als gleichwertiges, wenn auch nicht gleichartiges Gesellschafts- und Familienmitglied wirft freilich die Frage auf, wie denn im Vollzug der konkreten Lebenspraxis Schutz und Fürsorge mit Selbstbestimmung in Einklang gebracht werden können. Ich möchte diese Konstellation an einem Beispiel illustrieren. In der Vorweihnachtszeit startete der Kinderschutzbund eine Kampagne gegen die Flut der Geschenke. Die Botschaft hieß, die Kinder sind dieser Überstimulation nicht gewachsen, und die Eltern wurden aufgefordert, den üppigen, von der Konsumgüterindustrie induzierten Weihnachtswünschen Widerstand entgegenzusetzen.

Dieser Widerstand sollte aber nicht dem traditionellen Muster folgen, demgemäß die Eltern entschieden hätten, welche Geschenke das Kind bekommt. Statt dessen sollten die Eltern das verfügbare Budget offenlegen und die Kinder im Rahmen der finanziellen Möglichkeiten ihre Wahl treffen lassen.

Im Sinne des Modells „Familie als Gegenstruktur" kann man dieses Vorgehen des Kinderschutzbundes mit dem Argument beklagen, daß auf diese Weise der Reiz des Weihnachtsfestes, Vorfreude, Überraschung usw., verloren geht und somit die Plan- und Berechenbarkeit der außerfamilialen Umwelt nunmehr auch eine der letzten Bastionen der Familienkindheit, nämlich das Weihnachtsbrauchtum, ergriffen hat.

Man kann diese Aktion aber auch im Sinne eines Anpassungsprozesses an die Strukturen der Moderne auffassen, gemäß denen Individualrechte immer stärker an Boden gewinnen. Aus dieser Perspektive stellt sich das Vorgehen des Kinderschutzbundes als ein Versuch dar, die traditionelle Funktion, die Kinder vor Unbill zu schützen, mit der neuen Funktion, das Recht des Kindes auf Selbstbestimmung zu wahren, zu verbinden.

Die zweite Dimension des Wandels der Kindheit läßt sich ebenfalls als Ausdruck funktionaler Differenzierung verstehen. Nicht nur die Erwachsenen, sondern auch die Kinder sind in vielfältige Handlungskontexte eingebunden, die nicht aufeinander Bezug nehmen, sondern je unterschiedlichen Prinzipien folgen. So haben z.B. die Eltern ihre Funktion als intermediäre Instanz zwischen Medien, Märkten und Kindern weitgehend verloren. Wie Hengst (1996) gezeigt hat, sind nicht mehr die Eltern die Adressaten der Konsumgüterindustrie für

Kinder, sondern die Kinder werden als Nutzer und Konsumenten angesprochen, die ihre Entscheidungen selbständig tätigen.

Umgekehrt differenzieren auch die Kinder zwischen verschiedenen Instanzen, denen sie jeweils unterschiedliche Funktionen zuschreiben. So zeigen verschiedene empirische Untersuchungen, daß Kinder im Hinblick auf Ausbildung und Zukunftsplanung auf ihre Eltern setzen, während sie bei Fragen des Konsums und der Freizeitaktivitäten die Peergroup zu Rate ziehen (Zinnecker/ Silbereisen, 1996; Büchner/ Fuhs, 1996).

Bereits Georg Simmel stellte im Hinblick auf Freundschaften fest, daß in der modernen Gesellschaft Beziehungen nicht mehr allumfassend sind, sondern daß Ego nur über jeweils bestimmte Seiten seiner Persönlichkeit mit Alter verbunden ist, und dieser wiederum bindet sich an Ego auch nur über spezifische Aspekte. Simmel zieht allerdings aus diesem Vorgang nicht – wie heutige Kulturpessimisten dies tun – die Konsequenz, daß Freundschaften auf diese Weise ihren Charakter verlieren, weil man sich einander nicht mehr vollständig öffnet, sondern jeweils nur spezifische Aspekte seines Seins preisgibt. Explizit formuliert Simmel, daß eine solchermaßen „begrenzte und mit Diskretionen umgebene Beziehung ... in dieselbe Gemütstiefe und zu derselben Opferwilligkeit (führt), wie undifferenziertere Epochen und Personen sie nur mit einer Gemeinsamkeit der gesamten Lebensperipherie verbinden, für die Reserven und Diskretion kein Problem sind“ (Simmel, 1992, 402, zuerst 1908). Simmel hat diese Beobachtungen 1908 formuliert, woraus hervorgeht, daß Veränderungsprozesse, die heutige Individualisierungstheoretiker in die 60er Jahre verlegen, bereits um die Jahrhundertwende stattgefunden haben. Allerdings bezog sich Simmel ausschließlich auf Erwachsene, denn er konstatierte, daß „in sehr jungen Jahren“ die Persönlichkeit noch nicht so „eigenartig individualisiert“ sei, wie in späteren Lebensphasen (Simmel, 1992, 401, zuerst 1908). An diesem Punkt läßt sich nun möglicherweise eine Differenz aufzeigen, zwischen der Kindheit, wie sie sich zur Zeit Simmels und wie sie sich gegenwärtig darstellt. Während zu Beginn des Jahrhunderts der Einfluß der Familie – man könnte es auch die elterliche Gewalt nennen – sich auf sämtliche Lebensbereiche des Kindes erstreckte, ist in der heutigen Zeit eine Ausdifferenzierung der sozialen Kreise des Kindes zu beobachten. In diesen je verschiedenen Kreisen, seien sie nun institutionalisiert oder informell, agiert das Kind zwar relativ eigenständig, d.h. der elterlichen Kontrolle entzogen, aber gleichzeitig hat es auch den in diesen Kreisen verfolgten Prinzipien zu folgen, wenn es nicht zum Außenseiter werden will. Das bekannteste Beispiel für diesen Vorgang ist wohl der in der Peergroup oder Schulklasse herrschende Zwang, bestimmte „Markenklamotten“ zu tragen. Auch dieser Prozeß läßt sich je nachdem, ob man das Modell der Gegenstruktur oder das der Anpassung favorisiert, unterschiedlich interpretieren, nämlich entweder als Verlust einer allumfassenden Präsenz der Familie oder – und so scheint Simmel es gesehen zu haben – als Zuwachs an Möglichkeiten individueller Entfaltung, wobei er freilich auch eine gewisse Einförmigkeit dieser Entwicklung konstatiert.

„Je enger der Kreis ist, an den wir uns hingeben, desto weniger Freiheit der Individualität besitzen wir; dafür aber ist dieser Kreis selbst etwas Individuelles, scheidet sich, eben weil er ein kleiner ist, mit scharfer Begrenzung gegen die übrigen ab. Und entsprechend: erweitert sich der Kreis, indem wir uns betätigen und dem unsere Interessen gelten, so ist darin mehr Spielraum für die Entwicklung unserer Individualität; aber als Teile dieses Ganzen haben wir weniger Eigenart." (Simmel, 1992, 797, zuerst 1908).

Ich fasse zusammen: Zweifellos hat ein Wandel der Mutterrolle stattgefunden, gleichwohl ist dieser Wandel im Vergleich zu den Elementen, die der Mutter-Kind-Beziehung Kontinuität verleihen, weniger bedeutsam. Mit anderen Worten, es ist nicht der Wandel der Mutterrolle, sondern es sind die Prozesse funktionaler Differenzierung, die den Wandel der Kindheit in und außerhalb der Familie auslösen.

Literatur

Abrams, P., 1981: Das Bild der Vergangenheit und die Ursprünge der Soziologie, in: Lepenies, W., Geschichte der Soziologie, Bd. 1, Frankfurt /M.: Suhrkamp, S. 75-95.

Bowlby, J., 1972: Mutterliebe und kindliche Entwicklung, München: Kindler (zuerst 1953).

Braun, L., 1924: Memoiren einer Sozialistin, Bd. I und II, München: Albert Langen.

Büchner, P.& Fuhs, B., 1996: Der Lebensort Familie. Alltagsprobleme und Beziehungsmuster, in: Büchner, P., Fuhs, B. & Krüger, H.H., (Hrsg.), Vom Teddybär zum ersten Kuß. Wege aus der Kindheit in Ost- und Westdeutschland, Opladen: Leske+Budrich.

Göppel, R., 1997: Kinder als 'kleine Erwachsene'? *Neue Sammlung*, 37, H. 3, S. 357-376.

Hengst, H., 1996: Kinder an die Macht! Der Rückzug des Marktes aus dem Kindheitsprojekt der Moderne, in: Zeiher, H., Büchner, P. & Zinnecker, J., (Hrsg.), Kinder als Außenseiter? Umbrüche in der gesellschaftlichen Wahrnehmung von Kindern und Kindheit, Weinheim & München: Juventa, S. 117-134.

Herwartz-Emden, L., 1995: Mutterschaft und weibliches Selbstkonzept. Eine interkulturell vergleichende Untersuchung. Weinheim & München: Juventa.

Jacobsohn, C., 1961: Familiengerechte Frauenarbeit – ein gesamtgesellschaftliches Zeitproblem, Berlin: Freie Univ., Wirtschafts- u. Sozialwiss. Fakultät, Diss.

König, R., 1974: Dreißig Jahre Familiensoziologie. Vorwort zur zweiten Auflage, in: König, R., (Hrsg.), Materialien zur Soziologie der Familie, Köln: Kiepenheuer & Witsch, S. 9-14.

Nitsch, C., 1998: Bloß nicht alles richtig machen. Vom partnerschaftlichen Umgang mit Kindern, Reinbek: Rowohlt.

Pfeil, E., 1961: Die Berufstätigkeit von Müttern, Tübingen: Mohr.

Prekop, I., 1998: Der kleine Tyrann. Welchen Halt brauchen Kinder? München: Kösel.

Schelsky, H., 1960: Wandlungen der Deutschen Familie in der Gegenwart, Stuttgart: Enke.

Simmel, G., 1992: Gesamtausgabe, Bd. 11, Soziologie, Untersuchungen über die Formen der Vergesellschaftung, Frankfurt /M.: Suhrkamp (zuerst 1908).

Speck, O., 1956: Kinder erwerbstätiger Mütter, Stuttgart: Enke.

Spock, B., 1946: The Common Sense Book of Baby and Child Care, New York: Duell Sloan and Pearce.

Stephan, G. & Biedermann, K., 1891: Die häusliche Erziehung in Deutschland während des 18. Jahrhunderts, Wiesbaden: Bergmann.

Taitz, S., 1998: Das Buch für die perfekte Mutter, München: Goldmann.

Wais, M., 1998: Der Mythos der heilen Kindheit, Stuttgart & Berlin: Mayer.

Weber, M., 1964: Wirtschaft und Gesellschaft, Köln: Kiepenheuer & Witsch.

Winnicott, D. W., 1969: The Child, the Family, and the Outside World, Harmondsworth: Penguin Books.

Wyrwa, H., 1998: Die Schlaraffenlandkinder. Täglich lassen sich Eltern von ihren Kindern beleidigen, demütigen und terrorisieren, ohne sich zu wehren. Warum? Weinheim: Beltz.

Zeiher, H., 1996: Kinder in der Gesellschaft und Kindheit in der Soziologie, *Zeitschrift für Sozialisationsforschung und Erziehungssoziologie*, 16, S. 26-46.

Zinnecker, J. & Silbereisen, R. K., 1996: Kindheit in Deutschland. Aktueller Survey über Kinder und ihre Eltern. Weinheim & München: Juventa.

Zückert, J. F., 1799: Unterricht für rechtschaffene Eltern zur diätetischen Pflege ihrer Säuglinge, 4. Aufl. Berlin: Mylius (zuerst 1764).

Wozu sind Väter gut?

Die Modernisierung der Vaterrolle und ihre Bedeutung für das familiale Zusammenleben

Alois Herlth

1. Die Modernisierung der Vaterrolle

Traditionellerweise konzentrierte sich der Beitrag der Väter zum Familienleben auf die Wahrnehmung der Ernährerrolle. Über diese Rolle waren die Väter – und sind es zum größten Teil auch heute noch – in die Familienstruktur eingebunden. Der Familie sicherten sie so ganz entscheidende Funktionsbedingungen: ihr ökonomisches Auskommen und ihren sozialen Status. Mit dieser Rolle unmittelbar verknüpft war zugleich die „instrumentelle Führungsposition" der Väter innerhalb der Familie und damit auch ihr innerfamilialer Status.[1] Es waren in erster Linie die Ernährerqualitäten, die diesen Status sicherten und den erwarteten Beitrag zum familialen Zusammenleben ausmachten. Mit der Übernahme der Ernährerrolle waren Männer – so legte es das Leitbild der „bürgerlichen Familie" nahe – zugleich von fast allen binnenfamilialen Aufgaben, und zwar vor allem im Bereich des Haushalts und der Betreuung und Versorgung von Kindern, freigesetzt. Demzufolge waren Väter in der Binnenwelt der Familien vor allem symbolisch präsent und ihr unmittelbarer Umgang mit Kindern beschränkte sich meistens auf symbolische Akte des „Erziehens" (z.B. disziplinarische Maßregelung) oder der „Familienpräsentation" (z.B. der Sonntagsspaziergang).

Zweckdienlich war eine solche Ausrichtung der Vaterrolle selbstverständlich nur auf der Grundlage ausgewiesener Komplementarität zu Mutterrolle. Die Ernährerrolle des Vaters setzt bekanntermaßen das Vorhandensein einer für die Binnenwelt der Familie – Haushalt, Kindererziehung, „Nestpflege" – „freigesetzten" Mutter voraus. Der komplementäre Bezug beider Familienrollen aufeinander – also das, was wir als traditionelle Form der geschlechtsspezifischen Arbeitsteilung bezeichnen, – muß als entscheidende Bedingung für die immer wieder zu recht hervorgehobene Leistungsfähigkeit des bürgerlichen Familienmusters betrachtet werden.[2]

---

1 Nirgendwo wurde dieses traditionelle Verständnis der Vaterrolle klarer und eindrücklicher herausgearbeitet als bei Talcott Parsons (z.B. Parsons, 1968). Ähnliches findet sich auch bei König (1974, 71ff.) unter Bezug auf A. Mitscherlichs Begriff vom „unsichtbaren Vater".

2 Vgl. hierzu die als Streitschrift konzipierte Analyse von Berger/ Berger (1984): „In Verteidigung der bürgerlichen Familie".

Nun wird schon seit längerem ein Wandel dieses traditionellen Rollenarrangements beobachtet. Dabei geriet anfangs fast ausschließlich der Wandel der Mutterrolle in den Blick der Forschung, da eine Zunahme mütterlicher Erwerbstätigkeit als deutlichstes Merkmal dieses Rollenwandels anfangs als „familienschädlich“ diskreditiert wurde. Seit der Mitte der 70er Jahre wurde man in der Familienforschung auch vermehrt auf den Wandel der Vaterrolle aufmerksam. Seit den 80er Jahren ist von den „neuen Vätern“ die Rede. Gemeint sind damit Väter, die ein deutliches Interesse am Umgang mit ihren Kindern demonstrieren, indem sie z.B. nicht nur Wert auf die Anwesenheit bei der Geburt legen, sondern sich auch an der Säuglingspflege beteiligen, die Kinder betreuen und mit ihnen spielen sowie auch im Haushalt vermehrt Aufgaben übernehmen. Wissenschaftliche Studien, die diesem Phänomen der „neuen Väter“ seit Ende der siebziger Jahre nachgegangen sind, bestätigen denn auch, daß Väter nicht nur mehr Interesse am Alltag ihrer Kinder entwickeln und demzufolge mehr Zeit mit ihnen verbringen, sondern daß sie auch vermehrt Formen der Fürsorglichkeit und liebevollen Zuwendung praktizieren und damit Interaktionsweisen an den Tag legen, die traditionellerweise als typisch „mütterlich“ gelten (Lamb, 1986; Fthenakis, 1992). Zwar sind diese neuen Väter in der Mehrzahl der Fälle für die Mütter noch keine Konkurrenten bei der Erledigung des Haushaltes, jedoch scheinen manche Väter heute in viel stärkerem Maße in der Binnenwelt der Familie präsent zu sein. Man kann sie als „familieninvolviert“ bezeichnen (Lamb et al.,1987).

Ein solcher Trend zu mehr Familieninvolviertheit der Väter wird insbesondere durch zwei Entwicklungsprozesse ausgelöst und vorangetrieben: Familieninvolviertheit der Väter kann zum einen verstanden werden als familienstrukturelle Anpassung an den Rollenwandel der Frau und zum anderen als Konsequenz des Bedeutungswandels von Ehe und Familie.

Was wir in den zurückliegenden Jahrzehnten als Modernisierung der Vaterrolle beobachten und beschreiben konnten, hatte eine ganz entscheidende Wurzel im Rollenwandel der Frau, und zwar insbesondere in der zunehmenden „doppelten Lebensorientierung“ von Frauen, die die mehr und mehr selbstverständliche Erwartung einer Vereinbarkeit von Familie und Beruf beinhaltete. Damit aber wurde – wie Kaufmann (1988) es treffend auf den Punkt gebracht hat – der traditionelle „Geschlechtervertrag“ von den Frauen aufgekündigt und damit – was das eigentlich entscheidende ist – die komplementäre Austarierung der Elternrollen in Familien zu einem Problem. Denn man mag es drehen und wenden wie man will: die traditionelle Vaterrolle verträgt sich in mancher Hinsicht nicht mehr mit der gewandelten Mutterrolle. Zum einen wird der Familie durch die Erwerbstätigkeit der Mutter Personal entzogen, was – ein

Interesse der Väter an dem Funktionieren der Paarbeziehung und der Familienerziehung vorausgesetzt – eine stärkere Familieninvolviertheit der Väter sinnvoll erscheinen ließe, um der eingetretenen Verknappung des Familienpersonals und der damit erwartbaren Rollenüberlastung der Mutter entgegenzuwirken. Zum anderen aber gerät durch eine zunehmende Erwerbsbeteiligung der Mütter die „Ernährerrolle" des Vaters obendrein unter Konkurrenzdruck: Familienernährung allein dürfte kaum mehr zur familienstrukturellen Legitimierung der Vaterrolle genügen, wenn dies wie selbstverständlich auch Sache der Mütter geworden ist. Die traditionelle Einbindung der Väter in die Familienstruktur erleidet der Tendenz nach einen Plausibilitätsverlust.

In dieser Situation weist der eingetretene „Bedeutungswandel" von Ehe und Familie (vgl. Nave-Herz, 1989) den Vätern den Weg. Familien werden nicht mehr als „überlebenssichernde" Haushaltsgemeinschaft und auch nicht mehr als selbstverständliche biographische Normaloption gelebt, sondern um ihrer identitätsstiftenden und identitätsstützenden Beziehungsformen willen (vgl. Lenz, 1998). Wer sich heute auf eine Paarbeziehung bzw. Ehe einläßt, tut dies weil er/sie von der Art einer solchen Zweierbeziehung Leistungen erwartet, die mit Glückserwartungen und der Suche nach emotionaler Befriedigung, Zugehörigkeit und personaler Beachtung verknüpft sind. Dies gilt ähnlich auch für die Familiengründung. Familien werden um ihrer Beziehungsqualitäten willen angestrebt (vgl. Huinink, 1997) und müssen sich daher auch als Beziehungen im Familienalltag bewähren. Das hat erhebliche Konsequenzen für die Vaterrolle. Was ein guter Vater ist – so läßt sich vermuten –, bestimmt sich nicht allein mehr durch seine Leistungen in der Ernährerrolle, sondern ebenso – wenn nicht sogar in weitaus stärkerem Maße – durch seine Beiträge im Rahmen familialer Beziehungsarbeit. Väter gewinnen zunehmend ihren innerfamilialen Status aus ihrer Rolle als Beziehungspartner für ihre Partnerinnen und für ihre Kinder.

2. Konsequenzen für das familiale Zusammenleben

Aus den vorangestellten Überlegungen zur Modernisierung der Vaterrolle lassen sich Hypothesen bezüglich der Konsequenzen einer solchen Modernisierung für das familiale Zusammenleben ableiten. Je stärker die Familieninvolviertheit des Vaters ausgeprägt ist, desto positiver müßte sich das auf die Qualität der binnenfamilialen Beziehungen auswirken.

Die Konsequenzen der männlichen Geschlechtsrollenorientierung für das psychische Wohlbefinden der Frau wurden bislang überwiegend in Familien mit erwerbstätigen Müttern untersucht. Eine modernisierte egalitäre Geschlechtsrollenorientierung des Mannes kann als Beitrag verstanden werden, die Frau von einer Rollenüberlastung („Doppelbelastung“) und dem damit einhergehenden psychischen Streß zu bewahren (vgl. Lamb et al., 1987). Eine solche „Doppelbelastung“, die häufig als unmittelbare Folge der mütterlichen Erwerbstätigkeit betrachtet wird, kann sogar als eine Voraussetzung für die Bereitschaft des Mannes zur tatsächlichen Hilfe im Haushalt und bei der Kindererziehung betrachtet werden (Anderson-Kulmann/ Paludi, 1986). Wie Brandstätter u. Wagner (1994) zeigen konnten, geht mit einer höheren Arbeitsbelastung häufig auch eine Beeinträchtigung der psychischen Befindlichkeit erwerbstätiger Frauen einher. Eine Unterstützung durch den Mann bei der Hausarbeit hatte hingegen positive Auswirkungen auf das Wohlbefinden der berufstätigen Frau. Die Mitwirkung der Männer im Haushalt kann dabei u.a. als Folge ihrer Geschlechtsrollenorientierung betrachtet werden (Perry-Jenkins/ Crouter, 1990). Höpflinger u. Charles (1990) wiesen darauf hin, daß insbesondere mit einer Geschlechtsrollenorientierung einhergehende normative Vorstellungen und nicht so sehr das Ausmaß der tatsächlichen Erwerbstätigkeit der Frau Einfluß auf die jeweilige Arbeitsteilung in der Familie haben.

Auch die Ehezufriedenheit scheint aufgrund vorliegender Untersuchungen als entscheidend durch die männlichen Rollenorientierungen und die damit einhergehende Form der innerfamilialen Arbeitsteilung beeinflußt zu sein. Wenn Männer sich nicht an der Hausarbeit beteiligen, hat dies in Familien mit erwerbstätigen Ehefrauen negative Auswirkungen auf die Ehezufriedenheit der betroffenen Frauen (Bernardo et al., 1987; Blair, 1993). Es gibt sogar Hinweise darauf, daß unabhängig vom Erwerbstätigkeitsstatus der Mutter und der Art der innerfamilialen Arbeitsteilung eine egalitäre Geschlechtsrollenorientierung des Mannes mit einer hohen Ehezufriedenheit der Partnerin verknüpft ist (Aida/ Falbo, 1991; Bowen, 1989; Li/ Caldwell, 1987). Allerdings gibt es auch Hinweise, daß eine stärkere Beteiligung der Väter im Haushalt die psychische Befindlichkeit der Mütter eher beeinträchtigt, da Mitarbeit im Haushalt von den betroffenen Frauen häufig als ein Eindringen in ihren ureigenen Gestaltungsraum empfunden wird (Lamb et al. 1987, 115).

Inwieweit die Geschlechtsrollenorientierung und die tatsächliche Beteiligung des Mannes an Haushalt und Kindererziehung sich auf das elterliche Erziehungsverhalten auswirkt, ist bislang nur vereinzelt untersucht worden – und wenn, dann auch nur für die Vater-Kind-Beziehung, während mögliche Auswirkungen auf die Mutter-Kind-Beziehung nicht in Betracht gezogen wurden. Es läßt sich aber vermuten (vgl. hierzu Belsky, 1984; Conger et al., 1992; Herlth et al., 1995), daß sich eine stärkere Familieninvolviertheit der Väter nicht nur positiv auf die Ehequalität und das psychische Wohlbefinden der Mütter auswirkt, sondern auch die Qualität der Eltern-Kind-Beziehung positiv beeinflußt. Lamb et al. führen diesbezüglich einige Belege für die Annahme an, „daß zunehmende väterliche Involviertheit zu engeren, erfüllteren Beziehungen zu den Kindern führt" (1987, 119). Gerade mit Blick auf den Bedeutungswandel der Familie, der den Vätern stärker als zuvor Leistungen im Bereich der Beziehungsarbeit abverlangt (s.o.) ließe sich daher vermuten, daß ein stärkeres Engagement in der Binnenwelt der Familie nicht nur auf der Ebene der Ehebeziehungen, sondern auch auf der Ebene der Eltern-Kind-Beziehungen positiv zu Buche schlägt. Wahrscheinlich ist auch, daß eine positive Einstellung des Vaters zu einer egalitären Aufgabenverteilung in der Familie auch ein größeres Interesse der Väter an der Beschäftigung mit Kindern signalisiert, so daß Mütter sich im Umgang mit den Kindern stärker von ihren Partnern unterstützt fühlen, was sich positiv auf die Qualität der Mutter-Kind-Beziehung auswirken müßte (vgl. Belsky, 1984).

3. Wem nützt die Familieninvolviertheit der Väter?

Im folgenden berichte ich über einige Ergebnisse einer Studie, die von 1992 bis 1997 an der Universität Bielefeld durchgeführt wurde.[3] Im Rahmen einer Quotenstichprobe wurden 315 nordrhein-westfälische Familien ausgewählt, die mindestens ein Kind im Alter von 10 bis 12 Jahren hatten und in denen beide Eltern mit dem Kind in einem gemeinsamen Haushalt lebten. Anhand zweier standardisierter Fragebögen wurden zunächst in Abwesenheit des Vaters die Mütter zusammen mit dem Kind interviewt und sodann der Vater allein, wobei Informationen über die Eltern-Kind-Beziehung und die Ehebeziehung sowie über die psychische Befindlichkeit der Befragten durch sog. „Selbstausfüller" erfaßt wurden, um u.a. – im Falle des Mutter-Kind-Interviews – eine wechselseitige Beeinflussung der Befragten auszuschließen. Die Studie war in erster Linie darauf gerichtet, Auswirkungen der Ehequalität auf die Qualität der Eltern-Kind-Beziehung zu untersuchen. In diesem Zusammenhang wurden u.a. auch Informationen über die Geschlechtsrollenorientierung und die familiale Arbeitsteilung erhoben.

Um das Ausmaß der Familieninvolviertheit des Vaters zu messen, bieten sich zwei übliche Indikatoren an. Zum einen kann man die Geschlechtsrollenorientierung als eine Einstellung bezüglich der jeweiligen Zuständigkeiten und

---

3 Ich habe diese Studie zusammen mit Franz-Xaver Kaufmann und unter Mitarbeit von Susanne Böcker und Friedolf Ossyssek im Rahmen des Sonderforschungsbereichs „Prävention und Intervention im Kindes- und Jugendalter" durchgeführt. Das methodische Vorgehen wurde an anderer Stelle näher dargestellt (Ossyssek et al., 1995; Herlth et al., 1995).

Verantwortlichkeiten der Eltern im Familienhaushalt erfassen und zum anderen das tatsächliche Rollenverhalten der Väter, d.h. ihre Beteiligung an der Arbeit im Haushalt. Dementsprechend wird Familieninvolviertheit mit zwei Skalen gemessen:

- Väterliche *Familienorientiertheit* mißt, in welchem Maße Haushalt und Kindererziehung vom Vater als gemeinsame und egalitär zu bewältigende Aufgaben im Familienalltag betrachtet werden. Die entsprechende Skala basiert auf der Subskala „role orientation" des „Marital Satisfaction Inventory" von Snyder (1981) und berücksichtigt drei Items.[4] Die Skala weist einen Reliabilitätskoeffizienten von Alpha = .66 aus, der mit Blick auf die geringe Zahl der Items noch vertretbar ist.
- Väterliche *Haushaltsbeteiligung* mißt das tatsächliche Rollenverhalten des Vaters. Die Meßvariable basiert auf den Angaben (Einschätzungen) der Mutter bezüglich des Ausmaßes (Stunden pro Woche) ihrer eigenen und der von ihrem Mann geleisteten Arbeit im Haushalt. Jedoch gibt die hier verwendete Variable nicht die absoluten Zeitwerte für die Väter wieder, sondern den jeweiligen Vateranteil in Prozent der von beiden Partnern aufgewendeten Zeit.[5] Durchschnittlich liegt dieser Anteil bei rund 21% mit einer Standardabweichung von rund 16.

Im folgenden ist nun näher zu untersuchen, welche Auswirkungen unterschiedliche Grade der *Familienorientierung* und der *Haushaltsbeteiligung* des Vaters auf die Qualität der Eltern-Kind-Beziehung, die Ehequalität und die psychische Befindlichkeit der Mutter haben: Nützt eine stärkere Familieninvolviertheit den Kindern, der Ehe und den Müttern? Können wir die o.g. bereits vorliegenden Befunde und Vermutungen auf der Grundlage eigener empirischer Beobachtungen bestätigen?

Wie bereits in zahlreichen Studien gezeigt werden konnte, kann man „elterliches Unterstützungsverhalten" (parental support) sowie „elterliches Machtverhalten" (parental power) bzw. „elterliches Kontrollverhalten" (parental control) als valide Indikatoren für die Qualität der Eltern-Kind-Beziehung betrachten (vgl. Rollins/ Thomas, 1979; Peterson/ Rollins, 1987; Herlth et al., 1995). Dies gilt vor allem deswegen, weil sich mit diesen Indikatoren Merkmale der kindlichen Persönlichkeitsentwicklung relativ gut vorhersagen lassen, und zwar insbesondere für den Bereich der kindlichen Kompetenzentwicklung. Dabei

4 „Mann und Frau sollten sich die Hausarbeit teilen, wenn beide berufstätig sind", „Eine Frau sollte immer von ihrem Mann erwarten, daß er ihr bei der Hausarbeit hilft" und „Der Mann sollte die gleiche Verantwortung in der Betreuung der Kinder übernehmen wie die Frau".

5 Die Wahl einer relativen Maßeinheit erfolgte, um den Effekt von Familie zu Familie sehr unterschiedlicher und auch sehr eigenwilliger „Aufwandsbemessungen" (es gibt schließlich keine Norm für notwendigen Aufwand) auf das Ausmaß der Vaterbeteiligung auszuschalten. Familieninvolviertheit im Rollenverhalten zeigt sich somit im Verhältnis zum mütterlichen Haushaltsengagement.

muß aber berücksichtigt werden, daß die Prädiktoreigenschaft der Merkmale des Elternverhaltens für die kindliche Kompetenzentwicklung unterschiedlich ausfällt, je nachdem ob man die Vater-Kind-Beziehung oder die Mutter-Kind-Beziehung betrachtet (vgl. Peterson/ Rollins, 1987, 486). In unserer Studie läßt sich das kindliche *Selbstwertgefühl* im Falle der Väter am besten – positiv – durch die Unterstützungsdimension des Elternverhaltens voraussagen, während es sich im Fall der Mütter am besten – negativ – durch die Machtdimension voraussagen läßt. Um zu analysieren, ob und inwieweit die Familieninvolviertheit des Vaters die Qualität der Eltern-Kind-Beziehung beeinflußt, wird deshalb mit den beiden folgenden Variablen gearbeitet, die zusammen 27% der Varianz des kindlichen Selbstwertgefühls erklären können:

- *Väterliche Unterstützung* mißt, in welchem Maße sich das Kind von seinem Vater anerkannt, akzeptiert und unterstützt fühlt. Die Skala basiert auf 10 Items (z.B. „Mein Vater schenkt mir viel Beachtung", „Mit meinem Vater kann ich gut reden"). die Reliabilität der Skala beträgt Alpha = .86.
- *Mütterliches Machtverhalten* mißt, in welchem Maße sich die Mutter in der Wahrnehmung des Kindes streng verhält und sich über die Interessen des Kindes hinwegsetzt. Die Skala besteht ebenfalls aus 10 Items (z.B. „Meine Mutter bestraft mich oft", „Meine Mutter ist sehr streng") und hat eine Reliabilität von Alpha = .83.

Im weiteren sind aufgrund der vorangehenden Erörterungen über die Konsequenzen väterlicher Familieninvolviertheit die mütterliche Ehezufriedenheit als Merkmal der Ehequalität und die psychische Befindlichkeit der Mutter zu berücksichtigen:

- Mütterliche *Ehezufriedenheit* mißt, in welchem Maße die Mutter ihre Beziehung zu ihrem Partner „alles in allem betrachtet" als zufriedenstellend erlebt. Es handelt sich bei dieser Skala um die deutsche Version der „relationship adjustment scale" (Hendrick, 1988; Sander & Böcker, 1993). Sie besteht aus 7 Items (z.B. „Wie zufrieden sind Sie insgesamt mit Ihrer Beziehung?"), und zwar mit einer Reliabilität von Alpha = .93.
- Mütterliche *Depressivität* mißt das psychische Wohlbefinden der Mutter in einer negativen Weise als Häufigkeit des Vorkommens depressiver Symptome. Sie basiert auf der deutschen Version der CES-D (Center for Epidemiologic Studies Depression Scale, Radloff, 1977; Hautzinger, 1988). Die Skala besteht aus 20 Items (z.B. „Während der letzten Woche: – dachte ich, mein Leben ist ein einziger Fehlschlag; – haben mich Dinge beunruhigt, die mir sonst nichts ausmachen; – war ich traurig") und hat sich als gut geeignet für die Messung depressiver Verstimmungen in nichtklinischen Stichproben erwiesen. Die Reliabilität beträgt Alpha = .89.

Tabelle 1 zeigt die bivariaten Zusammenhänge der in diese Analyse einbezogenen Variablen. Im Rahmen dieses ersten Analyseschrittes erweisen sich die zuvor vorgestellten Vermutungen über die Konsequenzen der väterlichen Familieninvolviertheit für das familiale Zusammenleben im großen und ganzen als bestätigt, jedoch mit zwei Ausnahmen.

Tab. 2: Interkorrelation+ der Untersuchungsvariablen

	(1)	(2)	(3)	(4)	(5)
väterliche Unterstützung (1)	XXX				
mütterliches Machtverhalten (2)	- .21 *** (302)	XXX			
mütterliche Ehezufriedenheit (3)	.43 *** (299)	- .15 ** (306)	XXX		
mütterliche Depressivität (4)	-.19 ** (295)	.34 *** (302)	- .41 *** (299)	XXX	
väterliche Familienorientierung (5)	.38 *** (302)	- .21 *** (309)	.35 *** (306)	- .19 *** (302)	XXX
väterliche Haushaltsbeteiligung (6)	.29 *** (257)	- .11 ns (264)	.06 ns (265)	.05 ns (257)	.35 *** (266)

+ Pearson Korrelation; **: p<= .01; ***: p<= .001; ns = nicht signifikant; (...) = N

Zunächst kann festgestellt werden, daß die *Familienorientierung* des Vaters sowohl mit der Qualität der Eltern-Kind-Beziehung als auch mit der *Ehezufriedenheit* sowie – negativ – mit der mütterlichen *Depressivität* korreliert. Eine egalitäre Geschlechtsrollenorientierung des Vaters scheint in der Tat das Beziehungsklima in der Familie positiv zu beeinflussen und scheint sogar das Wohlbefinden der Mutter zu fördern. Ferner – und das liegt selbstverständlich auf der Hand – zeigt sich ein starker Zusammenhang zwischen der *Familienorientierung* und der *Haushaltsbeteiligung* des Vaters. Die überraschenden Ausnahmen betreffen die vermuteten Konsequenzen der Haushaltsbeteiligung: Es gibt keinen Zusammenhang zwischen der *Haushaltsbeteiligung* und der *Ehezufriedenheit* sowie zwischen der *Haushaltsbeteiligung* und der mütterlichen *Depressivität*. Schließlich ist der Korrelationstabelle noch zu entnehmen, daß die väterliche *Haushaltsbeteiligung* zwar der Vater-Kind-Beziehung zugute kommt, nicht aber – und zwar im Unterschied zur *Familienorientierung* des Vaters – der Mutter-Kind-Beziehung.

Die hier aufgezeigten korrelativen Zusammenhänge können allerdings nur als ein erster Schritt der Analyse betrachtet werden, da sie keine eindeutigen Aussagen über tatsächliche Einflußfaktoren zulassen. Denn wie aus der Tabelle 1 ebenfalls zu entnehmen ist, korrelieren die meisten der einbezogenen Variablen miteinander, so daß in vielen Fällen eine bestehende Korrelation immer auch die Einflüsse von Drittvariablen wiedergibt. Um den tatsächlichen Einfluß der väterlichen Familieninvolviertheit auf die Ehebeziehungen und die Eltern-Kind-Beziehungen zu ermitteln, soll daher das Instrument der Pfadanalyse eingesetzt werden, mit deren Hilfe man kausale Zuordnungen zwischen Variablen vornehmen und statistisch überprüfen kann. Zwei Modelle sollen dazu vorgestellt werden, die zum einen den Einfluß der Familieninvolviertheit auf die Qualität der Vater-Kind-Beziehung (*väterliche Unterstützung*) und zum anderen auf die Qualität der Mutter-Kind-Beziehung (*mütterliches Machtverhalten*) untersuchen. In beiden Modellen soll zugleich der Einfluß der Familieninvolviertheit auf die Ehebeziehung und das psychische Wohlbefinden der Mutter mitberücksichtigt werden.

3.1 Väterliche Unterstützung

Um die tatsächliche Stärke des Einflusses der Familieninvolviertheit des Vaters auf die Qualität der Vater-Kind-Beziehung zu messen, muß man demnach berücksichtigen, daß einzelne Variablen stets im Kontext anderer Einflußvariablen wirken. Einige dieser anderen Variablen mag der Forscher kennen, weil er sie in seinem Datensatz berücksichtigt hat, andere bleiben ihm unbekannt und müssen als „nicht erklärte Varianz“ behandelt werden. Grundlage solcher Analysen ist das Regressionsverfahren, welches erlaubt, den jeweiligen Erklärungsanteil einzelner „unabhängiger“ Variablen (Prädiktoren) im Hinblick auf die Varianz einer abhängigen Variablen statistisch zu berechnen. Betrachten wir die *väterliche Unterstützung* als eine solche abhängige Variable und ziehen wir mit Ausnahme des *mütterlichen Machtverhaltens* alle anderen hier eingeführten Variablen (vgl. Tab. 1) als mögliche Prädiktoren in Betracht, so zeigt bereits eine multiple Regressionsanalyse, daß die mütterliche Depressivität nicht als ein solcher Prädiktor für *väterliche Unterstützung* in Frage kommt, d.h. keinen eigenständigen Beitrag zur Varianzaufklärung leistet.

Das in Abbildung 1 dargestellte Pfadmodell stellt dieses Ergebnis mit den direkt auf *väterliche Unterstützung* verweisenden Pfaden anschaulich dar und berücksichtigt obendrein die bivariaten Zusammenhänge zwischen den jeweiligen Prädiktoren, die als indirekte oder vermittelte Effekte kausal interpretiert werden und ebenfalls zur Varianzerklärung beitragen.[6] Mit dem in Abbildung 1 dargestellten Erklärungsmodell gelingt es, 29% der Varianz der abhängigen Variablen (*väterliche Unterstützung*) aufzuklären.

Abb. 1: Pfadmodell zur Erklärung des väterlichen Unterstützungsverhaltens

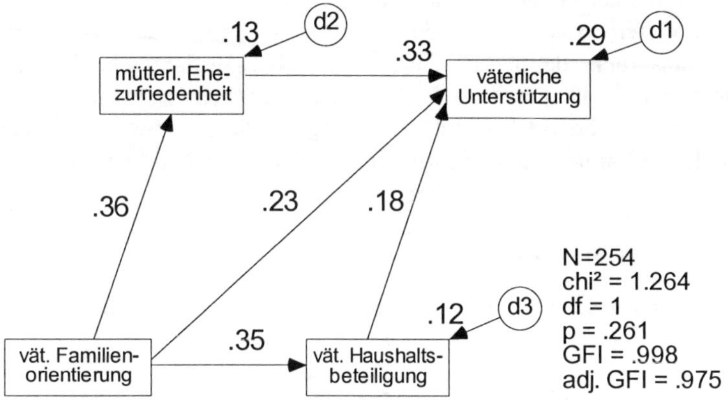

Im einzelnen zeigt sich, daß alle drei erklärenden Variablen einen eigenständigen und signifikanten Erklärungsbeitrag leisten; am stärksten die *Ehezufriedenheit* der Mutter, sodann die *Familienorientierung* des Vaters und schließlich auch seine tatsächliche *Haushaltsbeteiligung*: Kinder erfahren ihren Vater um so unterstützender, liebevoller und beachtender, je familienorientierter er ist, je mehr er sich im Haushalt engagiert und je zufriedener die Mutter mit der Ehe ist.[7] Wie bereits anhand der Korrelationsanalyse gezeigt werden konnte, bestätigt sich auch auf der Grundlage der vorliegenden Pfadanalyse, daß kein Zusammenhang zwischen der Haushaltsbeteiligung des Vaters und der Ehezufriedenheit der Mutter besteht, was eingangs so nicht vermutet wurde. Für die Ehezufriedenheit der Mutter ist zwar eine egalitäre Geschlechtsrolleneinstellung des Vaters (*Familienorientierung*) von Nutzen, aber ob eine solche Einstellung

6 Die statistischen Berechnungen basieren auf Strukturgleichungen (structural equation modeling, vgl. Kline, 1998) und wurden mit Amos (Arbuckle, 1997) ausgeführt. Die Modellschätzung erfolgte nach der Maximum-Likelihood-Methode.

7 Die hier erkennbar werdende Bedeutung der Ehequalität für die Vater-Kind-Beziehung kann aus Platzgründen an dieser Stelle nicht näher erläutert werden. Verwiesen sei deswegen auf einen weiteren Beitrag (Herlth, 2000), der sich insbesondere mit diesem Zusammenhang befaßt. Die Überlegungen dort laufen darauf hinaus, die Vater-Kind-Beziehung als eine „ehelich vermittelte" zu interpretieren.

auch in tatsächliches Verhalten mündet, ist nicht von Bedeutung. Hier wirken sich vermutlich ambivalente Effekte eines stärkeren Haushaltsengagements des Vaters aus: Es mag zwar die vermuteten positiv wirkenden Entlastungseffekte geben, diese dürften aber auch von negativen Effekten begleitet sein, die darauf zurückzuführen sind, daß sich – wie bereits Lamb et al. (1987) betont haben – die Väter in die traditionelle Familiendomäne der Mutter „einmischen".

Statistisch betrachtet kann das Pfadmodell als gut angepaßt an die empirische Datenstruktur gelten, was sich in dem „Goodness of Fit Index" (GFI und adjusted GFI) ausdrückt, der hier dem aus dem LISREL-Verfahren her bekannten Güteindex entspricht. Die Modellgüte ist um so besser, je mehr sich der Index dem Wert 1 annähert.[8] Als zentrale Aussage bestätigt dieses Modell den Nutzen väterlicher Familieninvolviertheit für die Kinder und läßt eine ambivalente Wirkung auf die Ehequalität erkennen.

3.2 Mütterliches Machtverhalten

Abb. 2: Pfadmodell zur Erklärung des mütterlichen Machtverhaltens

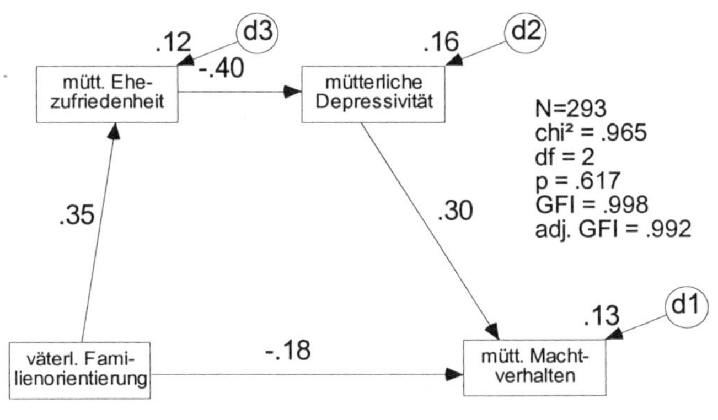

Wählen wir nun das *mütterliche Machtverhalten* (also die vom Kind wahrgenommene Strenge und Unsensibilität der Mutter) als negativen Indikator für die Qualität der Mutter-Kind-Beziehung, müssen wir auf der Grundlage der hier betrachteten möglichen Prädiktoren – wie Abbildung 2 zeigt – einige Änderungen im Erklärungsmodell vornehmen. Für die Qualität der Mutter-Kind-

8 Der ebenfalls in Abbildung 1 ausgewiesene p-Wert sagt aus, daß sich die Modellschätzungen nicht signifikant von der empirischen Datenstruktur unterscheiden, was ebenfalls ein wichtiger statistischer Hinweis für die Brauchbarkeit des vorliegenden Pfadmodells ist (vgl. Kline, 1998, 128).

Beziehung spielt die Haushaltsbeteiligung der Väter – was nicht überrascht – ebenfalls keine Rolle. Dies hatte auch schon die Korrelationsanalyse gezeigt. Es bleibt aber ein signifikanter Effekt der väterlichen Familienorientierung erkennbar: je familienorientierter der Vater ist, desto weniger streng und unsensibel wird die Mutter vom Kind wahrgenommen. Auswirkungen der Ehequalität auf die Mutter-Kind-Beziehung sind auf der Grundlage dieses Erklärungsmodells überraschenderweise zurückzuweisen. Statt dessen zeigt sich in Abbildung 2 ein starker Einfluß der psychischen Befindlichkeit der Mutter (*Depressivität*). Das Modell geht davon aus, daß die Ehequalität nur vermittelt über die psychische Befindlichkeit der Mutter für die Qualität der Mutter-Kind-Beziehung von Bedeutung ist.

Obwohl das in Abbildung 2 vorgestellte Modell hinsichtlich seiner Güte (vgl. GFI und adj. GFI) überzeugt, erklärt es jedoch nur 13% der Varianz der abhängigen Variablen, was ein deutlicher Hinweis darauf ist, daß die Qualität der Mutter-Kind-Beziehung noch durch eine Reihe anderer Faktoren beeinflußt wird, die jedoch in diesem Zusammenhang nicht berücksichtigt werden müssen, da sie den hier im Zentrum stehenden Einfluß der väterlichen Familieninvolviertheit nicht berühren.[9] Wichtig ist, daß in jedem Falle auch die Geschlechtsrolleneinstellung des Vaters positive Konsequenzen für die Qualität der Mutter-Kind-Beziehung hat, so daß Kinder als die eigentlichen Nutznießer väterlicher Familieninvolviertheit betrachtet werden können.

4. Diskussion und Resümee

Die sich in Ansätzen abzeichnende Modernisierung der Vaterrolle im Sinne einer stärker familienorientierten, egalitären Geschlechtsrollenorientierung des Vaters dürfte von erheblichem Vorteil für die Qualität des familialen Zusammenlebens sein. Wie hier gezeigt werden konnte, erweist sich eine stärkere Familienorientierung des Vaters – er sieht sich mit seiner Partnerin in einer gemeinsamen Verantwortlichkeit für die binnenfamilialen Belange der Kindererziehung und des Haushaltes – als äußerst vorteilhaft für die Qualität der Ehe und der Eltern-Kind-Beziehungen. Wie in einem früheren Beitrag bereits vermutet (Böcker et al., 1996) und an anderer Stelle empirisch belegt (Herlth, 2000), dürfte dieser Effekt vor allem darauf zurückzuführen sein, daß sich in der hier gemessenen väterlichen *Familienorientierung* ein ganz spezifisches

---

9 Es versteht sich von selbst, daß beispielsweise mütterliche Persönlichkeitsmerkmale (etwa die Geschlechtsrolleneinstellung oder die Erziehungseinstellung) die Qualität der Mutter-Kind-Beziehung mitbestimmen.

Persönlichkeitsmerkmal des Vaters ausdrückt, das als „interpersonale Sensitivität“ bezeichnet werden kann.

Familienorientierte Väter sind zugleich Väter, die in besonderer Weise für die Bedürfnisse und Interessen der anderen Familienmitglieder empfänglich sind, sie wahrnehmen und respektieren. Das belegt vor allem der äußerst starke Zusammenhang zwischen der *Familienorientierung* und einer sensitiv unterstützenden Erziehungseinstellung des Vater (r = .65), so daß in diesem Fall sogar von einer Eindimensionalität der beiden Konstrukte ausgegangen werden kann (Herlth, 2000). Eine solche interpersonale Sensitivität kann als Indikator für „Beziehungskompetenz“ des Vaters gewertet werden, die aufgrund des familialen Strukturwandels ganz offensichtlich zur Schlüsselressource für das Funktionieren familialer Lebensformen geworden ist. Je mehr der Sinn des familialen Zusammenlebens aus dem Funktionieren identitätsstiftender und identitätssichernder „dialogischer Beziehungen“ (Huinink, 1997) geschöpft wird, desto mehr wird Beziehungskompetenz zur unerläßlichen Voraussetzung für das Gelingen von Ehe- und Eltern-Kind-Beziehungen (vgl. Belsky/ Rovine, 1990).

In der politischen Diskussion findet allerdings das tatsächliche Rollenverhalten der Väter eine größere Beachtung, weil von einer verstärkten Haushaltsbeteiligung der Väter Entlastungseffekte für die Mütter erwartet werden, die es ihnen erleichtern sollen, Beruf und Erwerbstätigkeit miteinander zu verbinden. In dieser Hinsicht wird ein stärkeres Engagement der Väter im Haushalt geradezu als Voraussetzung für ein stärkeres berufliches Engagement der Mütter angesehen, wenn die Ehebeziehung, die Mutter-Kind-Beziehung und das Wohlbefinden der Mutter darunter nicht leiden sollen. Empirisch findet sich für eine solche Erwartung in meinen Beobachtungen kein Beleg. Ein verstärktes Haushaltsengagement der Väter nützt zwar der Vater-Kind-Beziehung, aber darüber hinaus weder der Mutter-Kind-Beziehung, noch der Ehe, noch der Psyche der Mutter. Erklärbar könnte ein solcher Nichtzusammenhang werden, wenn man von einer ambivalenten Wirkung der Haushaltsbeteiligung ausgeht: negative Effekte wegen des o.a. „Eindringens“ des Vaters in die Domäne der Mutter wiegen positive Effekte aufgrund mütterlicher Entlastung auf. Wenn dem so wäre, müßte man gerade in der Geschlechtsrolleneinstellung der Mütter eine entscheidende Voraussetzung für das tatsächliche Rollenverhalten der Väter sehen. Und es ist, wie die Daten zeigen, in der Tat so, daß Väter dann signifikant mehr Engagement im Haushalt an den Tag legen, wenn auch die Mütter eine egalitäre Geschlechtsrollenorientierung bekunden. Für die Ehezufriedenheit der Mutter und ihr psychisches Wohlbefinden aber dürfte die sich in der Familienorientierung des Vaters ausdrückende Sensitivität eine der entscheidenden Voraussetzungen sein, durch die sichergestellt wird, daß die

Mutter sich mit ihren Bedürfnissen und Interessen beachtet und respektiert fühlt. Die auch seitens der Politik immer wieder vorgetragene Forderung nach mehr Mitarbeit der Väter im Haushalt aber erweist sich dann als nützlich, wenn man die Vater-Kind-Beziehung im Blick hat: der im Haushalt präsente und mitarbeitende Vater muß nicht der bessere Ehemann sein, aber er ist auf jeden Fall der bessere Vater.

Literatur

Aida, Y. & Falbo, T., 1991: Relationships between marital satisfaction, resources, and power strategies, *Sex Roles*, 24, S. 43-56.

Anderson-Kulman, R. E. & Paludi, M. A., 1986: Working mothers and the family context: Predicting positive coping, *Journal of Vocational Behavior*, 28, S. 241-253.

Arbuckle, J. L., 1997: Amos User's Guide, Chicago: SmallWaters.

Belsky, J., 1984: The determinants of parenting: A process model, *Child Development*, 55, S. 83-96.

Belsky, J. & Rovine, M., 1990: Patterns of marital change across the transition to parenthood: Pregnancy to three years, *Journal of Marriage and the Family*, 52, S. 5-19.

Berger, B. & Berger, P. L., 1984: In Verteidigung der bürgerlichen Familie, Frankfurt/Main: Fischer.

Bernado, D. H., Shehan, C. L. & Leslie, G. R., 1987: A residue of tradition: Jobs, careers, and spouses' time in housework, *Journal of Marriage and the Family*, 49, S. 381-390.

Blair, S. L., 1993: Employment, family, and perceptions of marital quality among husbands and wives, *Journal of Family Issues*, 14, S. 189-212.

Böcker, S., Herlth, A. & Ossyssek, F., 1996: Modernität der Familie und Kompetenzentwicklung von Kindern. Konsequenzen familialer Rollenarrangements für die Entwicklung von Kindern, *Zeitschrift für Sozialisationsforschung und Erziehungssoziologie*, 16, S. 270-283.

Bowen, G. L., 1989: Sex role congruency and marital quality revisited, *Journal of Social Behavior and Personality*, 4, S. 61-72.

Brandstätter, H. & Wagner, W., 1994: Erwerbstätigkeit der Frau und Alltagsbefinden von Ehepartnern im Zeitverlauf, *Zeitschrift für Sozialpsychologie*, 25, S. 126-146.

Conger, R. C., Conger, K. J., Elder, G. H. & Lorenz, F. O. et al., 1992: A family process model of economic hardship and adjustment of early adolescent boys, *Child Development*, 63, S. 526-541.

Fthenakis, W. E., 1992: Zur Rolle des Vaters in der Entwicklung des Kindes, *Praxis der Psychotherapie und Psychosomatik*, 37, S. 179-189.

Hautzinger, M., 1988: Die CES-D Skala. Ein Depressionsmeßinstrument für Untersuchungen in der Allgemeinbevölkerung, *Diagnostica*, 34, S.167-173.

Hendrick, S.S., 1988: A generic measure of relationship satisfaction, *Journal of Marriage and the Family*, 50, S. 93-98.

Herlth, A., 2000: Ressourcen der Vaterrolle, in: Walter, H., (Hrsg.), Männer als Väter, Konstanz: Universitätsverlag (im Druck).

Herlth, A., Böcker, S. & Ossyssek, F., 1995: Ehebeziehungen und Kompetenzentwicklung von Kindern, in: Nauck, B. & Onnen-Isemann, C., (Hrsg.), Familie im Brennpunkt von Wissenschaft und Forschung, Neuwied: Luchterhand, S. 221-235.

Höpflinger, F. & Charles, M., 1990, Innerfamiliale Arbeitsteilung: Mikro-soziologische Erklärungsansätze und empirische Beobachtungen, *Zeitschrift für Familienforschung*, 2, S. 87-113.

Huinink, J., 1997: Elternschaft in der modernen Gesellschaft, in: Gabriel, K., Herlth, A. & Strohmeier, K.P., (Hrsg.), Modernität und Solidarität. Konsequenzen gesellschaftlicher Modernisierung, Freiburg u.a.: Herder, S. 79-90.

Kaufmann, F.-X., 1988: Familie und Modernität, in: Lüscher, K., Schultheis, F. & Wehrspaun, M., (Hrsg.), Die "postmoderne" Familie. Familiale Strategien und Familienpolitik in einer Übergangszeit, Konstanz: Universitätsverlag, S. 391-415.

Kline, R. B., 1998: Principles and Practice of Structural Equation Modeling, New York, London: The Guilford Press.

König, R., 1974: Die Familie der Gegenwart. Ein interkultureller Vergleich, München: Beck.

Lamb, M. E., 1986: The changing roles of fathers, in: Lamb, M. E., (Ed.), The father's role. Applied perspectives, New York: John Wiley, S. 3-27.

Lamb, M. E., Pleck, J. & Levine, J. A., 1987: Effects of Increased Paternal Involvement on Fathers and Mothers, in: Lewis, Ch. & O'Brien, (Eds.), Reassessing Fatherhood. New Observations on Fathers and the Modern Family, Beverly Hills: Sage, S. 109-125.

Lenz. K., 1998: Soziologie der Zweierbeziehung. Eine Einführung, Opladen: Westdeutscher Verlag

Li, J. T. & Caldwell, R. A., 1987: Magnitude and directional effects of marital sex-role congruency on marital adjustment, *Journal of Family Issues*, 8, S. 97-110.

Nave-Herz, R., 1989: Zeitgeschichtlicher Bedeutungswandel von Ehe und Familie in der Bundesrepublik Deutschland, in: Nave-Herz, R. & Markefka, M. (Hrsg.), Handbuch der Familien- und Jugendforschung, Bd. I Neuwied &. Frankfurt: Luchterhand, S. 211-222.

Ossyssek, F., Böcker, S. & Giebel, D., 1995: Alltagsbelastungen, Ehebeziehungen und elterliches Erziehungsverhalten, in: Gerhardt, U., Hradil, S., Lucke, D. & Nauck, B., (Hrsg.), Familie der Zukunft – Lebensbedingungen und Lebensformen, Opladen: Leske & Budrich, S. 245-260.

Parsons, T., 1968: Alter und Geschlecht in der Sozialstruktur der Vereinigten Staaten, in: ders., Beiträge zur soziologischen Theorie, 2. Aufl. Neuwied: Luchterhand (1. Aufl. 1964, Orig. zuerst 1942), S. 65-83.

Perry-Jenkins, M. & Crouter, A. C., 1990: Men's provider-role attitudes – implications for household work and marital satisfaction, *Journal of Family Issues*, 11, S. 136-156.

Peterson, G. W. & Rollins, B. C., 1987: Parent-child socialization, in: Sussman, M. B. & Steinmetz, S. K., (Eds.), Handbook of marriage and the family, New York: Plenum, S. 471-508.

Radloff, L. S., 1977: The CES-D Scale: A Self-report depression scale for research in the general population, *Applied Psychological Measurement*, 1, S. 385-401.

Rollins, B. C. & Thomas, D. L., 1979: Parental support, power, and control techniques in the socialisation of children, in: Burr, W. R., Hill, R., Nye, F. J. & Reiss, I. L., (Eds.), Contemporary theories about the family. Research-based theories, Vol. 1., New York: The Free Press, S. 317-364.

Sander, J. & Böcker, S., 1993: Die deutsche Form der Relationship Assessment Scale (RAS): Eine kurze Skala zur Messung der Zufriedenheit in einer Partnerschaft, *Diagnostica*, 39, S. 55-62.

Snyder, D. K., 1981: Marital Satisfaction Inventory, Los Angeles: Western Psychological Services.

Familienalltag und Kindheit

Helga Zeiher

„Letztens bin ich mit einigen Zehnjährigen, die in unserem Hort angemeldet sind, über ihre Nachmittagsbeschäftigungen ins Gespräch gekommen. Anlaß war ein auffälliges Fehlen. Sie schilderten, daß vier oder fünf von ihnen sich dort verabredeten, wo beide Eltern, weil sie arbeiten, gerade abwesend sind: ‘Und dann machen wir es uns gemütlich.’ Das heißt, sie sehen fern oder hören Musik oder verkleiden sich oder alles zusammen. Und wenn dann irgendwann der Hunger kommt, teilen sie ihr Geld, um den Pizzaschnelldienst zu bestellen. Anders als bei uns im Hort sei es nicht so laut, nicht so voll oder chaotisch. Und so würden sie dann einen gelungenen Nachmittag verbringen.“

In dieser Geschichte, die Michael Köhler, Leiter einer Kindertagesstätte, in der Süddeutschen Zeitung (25./26.7.1998) berichtet hat, stoßen zwei Weisen, wie Kindheit gesellschaftlich konstruiert wird, aufeinander. Die eine Weise kommt gleichsam von „oben“, als zielvolle Aktivität von Pädagogen und Politikern. Kindheit wird ausdifferenziert als Schonraum, in dem Kinder betreut und versorgt werden und in dem sie sich unter Anleitung auf die volle Handlungsfähigkeit als Erwachsene hin entwickeln. Dieser Schonraum hat institutionelle Strukturen, die Familie und die Kindertagesstätte gehören dazu. Und er hat eine normative Struktur, die unter anderem in Konzepten vom sozialen Alter besteht, etwa „Zehnjährige brauchen Betreuung und Versorgung durch Erwachsene“. Die Hortflüchter und Pizzabesteller aus der Geschichte folgen diesen Vorgaben nicht. In ihrem Handeln erscheint ein anderes Konzept von sozialem Alter: „Mit zehn können wir uns auch schon mal selbst versorgen“. Im Alltagshandeln von Kindern wird Kindheit „von unten“ konstruiert. Kinder führen ihr alltägliches Leben innerhalb und außerhalb der für sie eingerichteten gesellschaftlichen Kinderorte, und sie setzen sich in ihrem Handeln mit den Vorgaben auseinander, auf die sie dort treffen.

Ich möchte mich in diesem Beitrag mit Kindheitskonstruktion im Familienalltag beschäftigen. Kindheit ist – auf individueller und auf sozialstruktureller Ebene – Ausdruck des Verhältnisses, in dem Erwachsene und Kinder zueinander stehen. Im Alltagsleben von Familien wird dieses Generationenverhältnis täglich neu verhandelt und neu hergestellt. Das geschieht unter anderem, indem häusliche Arbeit verteilt wird. Ich werde die innerfamiliale Konstruktion von Kindheit an der Art und Weise untersuchen, wie Kinder in Hausarbeit einbezogen sind. Was für Positionen weisen Eltern ihren Kindern im Familienhaushalt zu? Wie gehen Kinder mit dem um, was Eltern von ihnen erwarten und ihnen zugestehen wollen? Wie ist das Generationenverhältnis beschaffen, das auf diese Weise im Zusammenwirken von Eltern und Kindern im Familienalltag gelebte Realität wird?

1. Ein Konzept der intergenerationalen Teilung häuslicher Arbeit

Die genannten Fragen setzen bei der Arbeit an, die Kinder im Familienhaushalt leisten oder nicht leisten. Sie zielen jedoch auf die sozialen Verhältnisse zwischen Eltern und Kindern, die in Umfang und Art der Arbeitsbeteiligung von Kindern zum Ausdruck kommen: auf Abhängigkeit und Unabhängigkeit zwischen den Generationen sowie auf deren soziale Integration.

Wie läßt sich innerfamiliale Arbeitsteilung so untersuchen, daß die Position, die Kinder darin haben, greifbar wird? Die vorliegenden Untersuchungen zur innerfamilialen Arbeitsteilung und zur Hausarbeit zielen auf die Position der Frauen, also auf das Geschlechterverhältnis. Ungleiche Verteilung wird bestimmt, Hausarbeit wird mit Berufsarbeit verglichen, und der ökonomische Wert von Hausarbeit wird zu bestimmen versucht (z.B. Oakley, 1974; Ostner, 1978). Hier ist dagegen ein generationenbezogener Zugang notwendig. Ein solcher hat das besondere Sorgeverhältnis zwischen Eltern und Kindern zu berücksichtigen: die Naturtatsache, daß das Kind als neugeborenes ganz auf Arbeit anderer angewiesen ist und erst allmählich aus dieser Abhängigkeit herauswächst. Max Weber (1956, 275 ff.) hat die sozialen Beziehungen der „Hausgemeinschaft" in einer Weise definiert, auf die sich ein generationenbezogener Ansatz gründen läßt. Weber unterscheidet im Haushalt naturwüchsige und andere Formen der Vergemeinschaftung: zum einen die „Versorgungsgemeinschaft" zwischen Mutter und Kind, deren „naturgegebene Dauer die Zeit bis zur Fähigkeit des Kindes zur selbständigen ausreichenden Nahrungssuche umfaßt", und zum anderen die „Wirtschaftsgemeinschaft", „die ein kontinuierliches und intensives Gemeinschaftshandeln" beinhalte. Im Familienhaushalt, so Weber, kreuzen sich die unterschiedlichen Gemeinschaftsformen. Diese analytische Trennung der asymmetrischen Mutter-Kind-Sorgebeziehung, deren Bedeutung im Zeitverlauf abnimmt, von Beziehungen aller Haushaltsmitglieder, die im Prinzip (wenn man von Machtverhältnissen absieht) durch Gleichheit und Dauer charakterisiert sind, macht es möglich, zu untersuchen, wie beide Beziehungsformen in konkreten Familien miteinander verschränkt sind und wie sich im individuellen Kindheitsverlauf deren Gewichte verschieben.

Zur Untersuchung der durch Teilung familialer Arbeit konstituierten Beziehungen zwischen den Generationen unterscheide ich aus der Perspektive des Kindes die folgenden sozialen Formen häuslicher Arbeit:

Im Bereich der Eltern-Kind-Versorgungsgemeinschaft:

- elterliche Sorgearbeit. Hier ist das Kind Objekt und Empfänger elterlicher Dienstleistungen, also abhängig. Mit dem Älterwerden des Kindes nimmt diese Arbeit in der Regel ab.
- Selbstversorgungsarbeit des Kindes. Hier ist das Kind aktiv in der Arbeit für seine eigenen Belange, also unabhängig. Mit dem Älterwerden nimmt diese Arbeit in der Regel zu.

Im Bereich der Wirtschaftsgemeinschaft, die neben den praktischen Bedürfnissen auch das psychische Wohlbefinden der Familienmitglieder zum Inhalt hat:

- Haushaltsarbeit für gemeinsame Belange. Hier steht das Kind aktiv in Interdependenz mit allen Familienmitgliedern.
- Sorgearbeit für andere. Hier leistet das Kind Arbeit in reziproken Sorgebeziehungen.

Soweit der Familienhaushalt Eltern-Kind-Versorgungsgemeinschaft ist, ist er Teil des Schon- und Vorbereitungsraums Kindheit, in dem elterliche Sorgearbeit unter dem Einfluß einer Vielzahl von rechtlichen, pädagogischen und entwicklungspsychologischen Normen geschieht. Häusliche Arbeit auf der Ebene der Wirtschaftsgemeinschaft ist dagegen in bezug auf Kinder nicht in solcher Weise bestimmt, wie ich weiter unten ausführen werde.

Im folgenden werde ich kurze Zusammenfassungen von drei Fallstudien zur Position von Kindern in der häuslichen Arbeitsteilung vorstellen. Diese sind einer Untersuchung an Tagesläufen zehnjähriger Kinder entnommen, in der es um die alltägliche Lebensführung geht. Die drei hier vorgestellten Kinder leben im westlichen Teil von Berlin[1].

2. Drei Fallstudien

Thomas

Thomas ist Einzelkind. Sein Vater, Herr T., hat einen kleinen Handwerksbetrieb. Frau T. war in Thomas' ersten acht Lebensjahren Hausfrau, seit zwei Jahren arbeitet sie halbtags im Betrieb mit. Nach wie vor ist sie aber allein zuständig für den Haushalt und für Thomas. Frau T. sieht ihre Aufgabe darin, Thomas gute Voraussetzungen für ein „kindgemäßes" Leben in Schule und

---

1 Das empirische Material besteht aus sieben Tagesläufen eines jeden Kindes, gegliedert in Tätigkeiten sowie in einer Vielzahl von Informationen über dessen familiale und außerfamiliale aktuelle Lebenssituation und Lebensgeschichte und über persongebundene Handlungsvoraussetzungen (vgl. Zeiher/ Zeiher, 1994). Zur hier dargestellten generationalen Teilung familialer Arbeit vgl. Zeiher (2000) sowie Zeiher (im Druck).

Freizeit zu schaffen. Der Tageslauf der Familie ist durch gemeinsame Mahlzeiten strukturiert, deren feste Zeiten Thomas' Schulstundenplan angepaßt sind. Das ist möglich, weil Wohnung und Betrieb im selben Haus sind. Frau T. weckt Thomas morgens, sie legt ihm die Kleidung zurecht, und sie ruft ihn zum Essen an den fertig gedeckten Tisch. In allem, was Frau T. tut, gibt sie Thomas Priorität. Wenn er Hilfe bei den Schulaufgaben braucht, ruft er sie im Betrieb an, und sie „kommt schnell raufgeflitzt". Im Haushalt hat Thomas nur zwei Pflichten, beides sind Arbeiten für seine eigenen Belange. Einmal in der Woche muß er seine Spielsachen aufräumen, damit Frau T. sein Zimmer putzen kann. Und ebenfalls einmal in der Woche reinigt er den Käfig seiner Maus. Wenn Frau T. nicht Angst vor der Maus hätte, würde sie das tun.

In dieser Familie haben die Eltern eine klare Generationentrennung etabliert, die Thomas mitvollzieht. Er ist in keiner Weise aktiv an häuslicher Arbeit in der Wirtschaftsgemeinschaft beteiligt und tut nahezu nichts zu seiner eigenen Versorgung. Innerhalb des Haushalts lebt er in einem von Arbeit befreiten Kindheitsraum, wo er von den Eltern vollständig versorgt wird und entsprechend abhängig ist. Thomas hält sich an diese generationale Arbeitsteilung, indem er die mütterlichen Dienstleistungen annimmt. Seine beiden Pflichten erledigt Thomas widerstrebend und nie von sich aus. Er läßt sich auffordern, er verschiebt – und zeigt so, daß sein Arbeiten eigentlich nicht in die von ihm akzeptierte Arbeitsteilung der Familie paßt. Darüber hinaus vollzieht und verstärkt er die Generationentrennung, indem er sich von den Eltern räumlich und in seinen Tätigkeiten separiert, wann immer das möglich ist. Abseits von seinen Eltern führt Thomas ein eigenes Leben: in seinem Zimmer mit Büchern, die er sich in der Jugendbücherei leiht, und mit Musik und Fernsehen nach seinen Vorlieben und vor allem draußen mit seinen Freunden. Thomas ist passiv in der Familienwelt und aktiv in seiner Kinderwelt.

Während Frau T. sich bemüht, Thomas in allem zu umsorgen, möchte Thomas mehr Unabhängigkeit. Das sind gegensätzliche Bestrebungen, in denen Thomas drängt und seine Mutter dagegen hält. Thomas kämpft immer aufs neue mit den Eltern darum, wie weit er sich von zu Hause entfernen und wie lange er fortbleiben darf. Beharrlich überschreitet er die gesetzten Grenzen und zwingt damit seine Eltern, ihre Regeln seinem Handeln anzupassen. Zum Beispiel hat er durchgesetzt, manchmal mittags nach der Schule mit Freunden auf einem Spielplatz zu bleiben und dann nicht am gemeinsamen Mittagessen teilzunehmen. Nach anfänglichem Widerstand pflegt Frau T. nun mittags sein Essen warm zu halten, wenn er nicht rechtzeitig erscheint.

Aus dem von den Eltern kontrollierten Versorgungsraum zu Hause flüchtet Thomas freilich nicht in die Räume der institutionellen Freizeitarrangements, die von professionell für Kinder arbeitenden Erwachsenen organisiert und kontrolliert sind. Obwohl er gern Fußball spielt, lehnt er es z.B. entschieden ab, in einen Fußballverein einzutreten. Unabhängigkeit und Möglichkeiten zu selbstbestimmter Aktivität findet Thomas hinter der Tür seines Kinderzimmers und vor allem außerhalb der Familie unter Peers. In seiner Gegenwelt gegen die von Erwachsenen hergestellte Kindheit gibt es keine Erwachsenen. Mit seinen Freunden führt er ein soziales Leben, mit dem die Kinder selbst aktiv Separierung der Generationen herstellen (vgl. Zeiher/ Zeiher, 1994).

Konstanze

Konstanzes Familie umfaßt die zehnjährige Konstanze, ihre Eltern und ihren zweijährigen Bruder. Werktags von 8 bis 16 Uhr leben weitere acht Kleinkinder in der Wohnung, denn Frau und Herr K. betreiben eine Groß-Tagespflegestelle. Sie haben damit begonnen, als Konstanze ein halbes Jahr alt war. So konnten sie das Kind selbst zu Hause betreuen und dabei erwerbstätig sein. Während Konstanze aus der Kleinkindbetreuung herauswuchs, ist diese weiterhin im Haushalt dominant geblieben, im erwerbsbezogenen Teil mit immer wieder neuen Kleinkindern, im privaten Teil wegen des kleinen Bruders. Konstanze gehört nicht mehr zum betreuten Kinderkollektiv, dieses ist aber Teil ihrer täglichen Umwelt.

Das Engagement von Frau und Herrn K., Konstanze optimale Bedingungen zu schaffen, blieb nicht auf die Betreuungssituation des Kleinkindes beschränkt. Frau und Herr K. haben ihre Sorgearbeit für Konstanze auf die außerfamilialen Lebensbereiche ausgedehnt, in die Konstanze eintrat als sie älter wurde. Frau K. war aktiv beteiligt, um die Renovierung der Spielplätze in der Nachbarschaft durchzusetzen, und sie ist Elternsprecherin in der Schule. Beide Eltern helfen bei Schulfesten und Ausflügen, beide organisieren Konstanzes Klavier- und Ballettunterricht und fahren sie mit dem Auto dorthin. Frau K. kümmert sich auch um Konstanzes Schulfreundinnen, indem sie deren Schulaufgaben kontrolliert und ihnen hilft.

Wie verhält sich Konstanze in diesen Bedingungen? Zweifellos macht die Einheit von Familienhaushalt und Tagespflegestelle viel Arbeit. Frau und Herr K. teilen die Arbeit miteinander, Konstanze ist aber fast nie beteiligt. An sieben untersuchten Tagen haben die Eltern nur einmal von Konstanze verlangt, mittags Kinder aus dem Bett zu holen, und einmal sollte sie in ihrem eigenen Zimmer saubermachen. Konstanzes einzige ständige Pflicht ist das Mülleimerleeren. Dafür bekommt sie etwas Geld.

In Konstanzes Tagesläufen erscheint die häusliche Umwelt meist als Kulisse für zielloses Tun. Es gibt keine interdependenten Bezüge zwischen Konstanze und Arbeitsabläufen im Haushalt. Konstanze ist nicht in das Geschehen integriert. Sie ist weder sorgebedürftig wie die Kleinkinder, noch hat sie Aufgaben. Sie ist akzeptiert, doch steht sie daneben. Sie läßt sich von dem treiben, was um sie herum geschieht, schließt sich mal hier, mal dort eine Weile an. Sie assoziiert sich räumlich, aber sie verbindet sich nicht durch Tun. Sie könnte sich mit eigenen Interessen unabhängig machen, sie könnte sich auch von sich aus an Tagespflege- und Haushaltsarbeit beteiligen. Aber sie tut das nicht.

Von den Gründen dafür interessieren hier nur solche, die in der besonderen Familiensituation liegen. Frau und Herrn K.s vielfältige elterliche Sorgeaktivitäten beschränken sich darauf, Konstanzes Umwelt zu verbessern, zu Hause, in der Nachbarschaft, in der Schule. Sie plazieren Konstanze in ein Umfeld von Möglichkeiten und überlassen es Konstanze, wie sie sich auf diese Möglichkeiten bezieht und darin ihr Leben führt. Das gibt Konstanze Freiheit, ihre Zeit und ihr Handeln innerhalb dieser Umwelten selbst zu gestalten. Doch trägt der Pflegestellenbetrieb, in dem sie von frühem Alter an lebt, wohl auch dazu bei, daß sie diese Freiheit nicht nutzen kann. Denn in dem vielfältigen lebhaften Geschehen finden sich immer Handlungsgelegenheiten, die Konstanze attrahieren und die es nicht notwendig erscheinen lassen, etwas Eigenes zu beginnen. Auch das Handlungsmodell, das Frau und Herr K. Konstanze vorleben, ist reaktiv und hat wenig intrinsischen Zielbezug. Denn sie müssen beim Betreuen von acht Kleinkindern ständig auf unvorhersehbare Ereignisse reagieren. Es sei zugefügt, daß Konstanze auch in ihrem außerfamilialen Leben diese Art alltäglicher Lebensführung zeigt: Sie nimmt wahllos an allen Freizeitveranstaltungen teil, die sich ihr bieten. Nicht ein einziges Zusammensein mit Freundinnen in den untersuchten sieben Tagen ist durch Konstanzes Initiative zustande gekommen. Sie „trödelt" auch draußen durch Straßen und über Spielplätze, bis aus der Umgebung eine Handlungsgelegenheit auftaucht.

Konstanzes Position im Haushalt verharrt fast ausschließlich auf der passiven Seite der Eltern-Kinder-Versorgungsgemeinschaft. Weil die elterliche Sorge alle, auch die außerhäuslichen, Alltagsbereiche umfaßt, ist sie so übermächtig, daß Konstanze weder Übergänge in die Selbständigkeit und Unabhängigkeit noch in die Interdependenz und Reziprozität der häuslichen Wirtschaftsgemeinschaft gelingen.

Silke

Silke lebt in einem Haushalt mit ihrer Mutter, die Lehrerin ist, ihrem Stiefvater und ihrer zwei Jahre älteren Schwester Nina. An Werktagen sind die Tätigkeitsabläufe der vier Familienmitglieder vom Aufstehen morgens bis zum frühen Abend weitgehend unabhängig voneinander. Silke wird morgens vom selbstgestellten Wecker geweckt, frühstückt gelegentlich mit jemandem zusammen, oft nur „nebenher“, und geht pünktlich fort. Mittags kommt sie meist als erste nach Hause, macht sich etwas zu essen oder wartet damit, bis Nina oder auch Vater oder Mutter kommen und eine gemeinsame rasche Mahlzeit bereitet wird. Am Nachmittag verfolgt jeder seine eigenen Dinge zu Hause oder außer Haus, nur gelegentlich gibt es gemeinsame Aktivitäten, etwa wenn Silke mit ihrer Mutter einkaufen geht. Wenn die Eltern an ihren Schreibtischen arbeiten, wollen sie nicht gestört sein. Trotz offener Türen sind sie nur für sehr kurze Interaktionen zugänglich. Sie greifen aber auch nicht in Silkes Tätigkeiten ein. Dieses für Kinder und Erwachsene gleiche Sich-selbst-überlassen-Sein während des Tages findet ein Gegengewicht am Abend. Dann ist Silke das Kind, das intensive mütterliche Zuwendung erfährt. Denn ebenso wie Frau S. tagsüber auf den Beruf ungeteilte Aufmerksamkeit richtet, wendet sie sich am Abend ganz den Töchtern zu. Während sie das Abendessen bereitet und beim Essen werden die Tagesereignisse besprochen; danach kümmert sich Frau S. um die Schulaufgaben, und sie lehrt Silke Flöte spielen. Manchmal werden Spiele gespielt, und jeden Tag liest Frau S. den Töchtern aus einem Buch vor. Die Wochenenden sind in der Regel von gemeinsamen Aktivitäten bestimmt. Samstags putzen alle gemeinsam die Wohnung.

Silke hat im Haushalt einige Aufgaben gemeinsam mit Nina. Beide haben die Verantwortung für das gemeinsame Zimmer und für das beiden gehörende Meerschweinchen sowie zwei Pflichten im allgemeinen Haushalt: das Ausräumen des Geschirrspülers und das Leeren des Mülleimers. Die Schwestern tun diese Arbeiten im zeitlichen Wechsel, der auf dem Plan am Pinnbrett eingetragen ist, sind aber auch verantwortlich, daß die Arbeitsteilung funktioniert. Wenn Nina den Geschirrspüler ausräumen sollte, aber fortgegangen ist, ohne das zu tun, ist Silke verantwortlich. Im Rahmen des wöchentlichen Hausputzes, sind die beiden Schwestern für ihr gemeinsames Zimmer zuständig und leisten insofern Selbstversorgungsarbeit. Doch lösen sich die Grenzen zwischen eigenen Belangen und Belangen der ganzen Familie immer wieder auf, weil Eltern und Kinder zugleich putzen.

Wie verhält sich Silke in der so von den Eltern organisierten Haushaltsgemeinschaft? In dieser Familie gibt es eine Tages- und Wochenrhythmik von Trennung und Zusammensein, an die der Wechsel von Selbstversorgung und Versorgtwerden der Kinder gebunden ist. Silke fügt ihre Aktivitäten in diese Rhythmik ein. Sie versorgt sich auf kompetente Weise selbst, und sie langweilt sich nie. Sie hat eigene Tätigkeitsinteressen und pflegt Kontakte zu Freundinnen. Sie koordiniert ihre persönlichen Bedürfnisse und die Möglichkeiten in ihrer Umwelt in einem persönlichen Rhythmus, den sie in den Tagesrhythmus der Familie ausgebildet hat. Z.B. pflegt sie nach der Schule rasch nach Hause zu gehen, um nach dem Schulvormittag Ruhe, Alleinsein und Selbstbestimmung in ihrem Zimmer beim Malen, Fotos Sortieren oder Spielen mit dem Puppenhaus zu finden. Erst nach etwa einer Stunde mag sie sich mit Schulaufgaben befassen, und noch etwas länger braucht sie, bis sie wieder andere Kinder treffen möchte und nach draußen geht.

Silke bewältigt ihre Eigenständigkeit mit Hilfe dieser komplexen Rhythmik. Vor allem wirken die Zeitbegrenzung der Unabhängigkeit und die Sicherheit, daß eine Periode intensiver mütterlicher Zuwendung folgen wird, wie eine schützende Hülle, in der Silkes Selbständigkeit nicht überfordert wird. Hier geschieht eine Art elterlicher Sorgearbeit für Silke, mit der nicht Abhängigkeit erzeugt wird, sondern Möglichkeiten unterstützt werden, die die kindliche Abhängigkeit schrittweise abbauen. Selbstversorgen löst die elterliche Sorgearbeit nicht einfach ab. Beides bleibt vielmehr aufeinander bezogen in einem rhythmischen Zusammenhang von Geborgenheit und Freiheit.

Die Abhängigkeit in der Eltern-Kind-Versorgungsgemeinschaft verläßt Silke nicht nur, indem sie tagsüber sich selbst versorgt. Sie ist mit einigen wenigen Aufgaben in der häuslichen Wirtschaftsgemeinschaft beteiligt, wobei die Interdependenz der Familienmitglieder deutlich hervortritt, etwa wenn Silke das Geschirrausräumen nicht als Pflicht begründet, sondern damit, ihre Mutter habe so wenig Zeit oder sei müde. Die Sorgegemeinschaft wird auf diese Weise reziprok; das Kind übernimmt Sorge für die Mutter. Auch die gemeinsame Zuständigkeit der Schwestern für die Haushaltsaufgaben erzeugt Integration in die „Wirtschaftsgemeinschaft“. Dieser Bereich kann als ein gemeinsamer Subhaushalt betrachtet werden, innerhalb dessen Interdependenz und reziproke Verantwortung bestehen.

Was für ein Generationenverhältnis erscheint im Alltag dieser Familie? Das Grundprinzip der Teilung von Zeit und Arbeit ist die Gleichheit zwischen den Geschlechtern und zwischen den Generationen. Silke, Nina, Herr S. und Frau S. haben werktags je ihre eigene Arbeit und ihre eigenen außerhäuslichen Engagements, und diese werden in der Familie als gleichwertig behandelt. Im Prinzip haben alle gleiche Verantwortung in bezug auf die Disposition der eigenen Belange und im gemeinsamen Haushalt. Solange die Kinder noch nicht ausreichend erwachsen sind, bleibt ihre Verantwortlichkeit auf begrenzte kleine Bereiche beschränkt. Silke entwickelt innerhalb eines Freiräume lassenden Schonraums zugleich Unabhängigkeit und Verantwortlichkeit und weitet diese, ihren Kräften und Bedürfnissen entsprechend, gleichsam von innen heraus aus.

3. Kulturelle Muster häuslicher Arbeitsteilung zwischen den Generationen

Drei Kinder können nicht die Vielfalt der Realität gesellschaftlicher „Kindheit“ repräsentieren. Jede der hier vorgestellten Weisen generationaler Teilung häuslicher Arbeit ist an einer anderen Stelle im Feld real möglicher Verschränkungen zwischen Abhängigkeit von elterlicher Sorge, Unabhängigkeit des Selbstversorgens und familialer Interdependenz in der Alltagspraxis Zehnjähriger lokalisiert. In diesem Feld sind historisch entstandene Vorstellungen vom Kind und Alltagsmuster familialer Arbeitsteilung ebenso präsent wie praktische Notwendigkeiten, die aus je besonderen Haushaltsressourcen und Zeitmustern von Familien hervorgehen. In Thomas', Konstanzes und Silkes Familienalltagen sind gesellschaftliche Muster erkennbar, die sich, obwohl gleichzeitig wirksam, ungleichzeitigen Phasen historischer Entwicklungen zuordnen lassen. Früher entstandene und dominant gewesene kulturelle Muster – wie etwa das der umfassenden mütterlichen Sorge der nicht erwerbstätigen Hausfrau – stehen neben aktuell entstandenen. Im Leben einzelner Kinder fügen sich „alte“ und „neue“ Momente auf je besondere Weise zusammen. Die drei individuellen in Familienalltagen konstruierten Kindheiten, die ich vorgestellt habe, möchte ich im folgenden in einen solchen historischen Zusammenhang stellen (zu diesem ausführlicher: Zeiher, 2000), sowohl um das empirisch Vorgefundene zu „erklären“ als auch um Anhaltspunkte zu gewinnen für Überlegungen zu aktuellen und künftigen Entwicklungen von Familienalltag und Kindheit.

Sofern im vormodernen Haushalt die Eltern von ihrer Hände Arbeit lebten, war es selbstverständlich, daß Kinder von frühem Alter an mitarbeiteten. Die Transformationen in die Moderne im Zusammenhang der Industrialisierung brachten zwei strikte Trennungen von Arbeit mit sich. Erstens wurde von der Erwerbsarbeit die Lernarbeit der Kinder abgetrennt, und es entstand moderne Kindheit als ein eigenes Konstrukt der Gesellschaft. Zweitens wurden Erwerbsarbeit und Hausarbeit zwischen Männern und Frauen geteilt, und es entstand das Muster der Ernährer-Hausfrau-Familie. Während die Lernarbeit der Kinder im öffentlichen Raum durch Arbeitsverbot und Schulpflicht geregelt wurde, ist es in der privaten häuslichen Arbeitswelt innerfamilialen Prozessen überlassen geblieben, ob und wie Kinder an der Arbeit beteiligt wurden. Das vormoderne Prinzip, daß Hausarbeit der Kinder erstens selbstverständlich und zweitens von den Eltern zu regeln sei, galt weiter. Es hat bis vor kurzem auch die Wahrnehmung dessen, was tatsächlich in den Familien geschieht, verhindert; in den Sozialwissenschaften ist die Beteiligung der Kinder an Hausarbeit in Deutschland[2] nie ein eigenes Thema gewesen. Es gibt m.W. hier keine empirische Untersuchung, die auf die häusliche Arbeit von Kindern gerichtet ist.

Biographische Berichte, Alltagsbeobachtungen und einige wenige Informationen zur Hausarbeitsbeteiligung von Kindern, die am Rande von nicht hierauf ausgerichteten empirischen Forschungen gesammelt wurden (Becker-Schmidt/ Knapp, 1985; Büchner/ Fuhs, 1996; Deutsches Jugendinstitut, 1992; Lang, 1985; Zinnecker/ Silbereisen, 1996), weisen auf eine Tendenz, Kinder kaum noch an Hausarbeit zu beteiligen und auch den Haushalt als Schonraum gegen Arbeit einzurichten, soweit diese nicht Lernarbeit ist. Wenn Thomas und Konstanze nahezu keine häusliche Arbeit leisten, haben sie das mit einem großen Teil der westdeutschen Schulkinder gemeinsam.

Die Gründe sind darin zu suchen, wie die beiden genannten Arbeitsteilungen der Moderne in ihrer historischen Entwicklung bis heute aufeinander bezogen waren: das Lernen im Leben der Kinder und die Hausarbeit im Leben der Mütter. Ende der 60er, Anfang der 70er Jahre kulminierte der Wandel auf beiden Seiten. Das pädagogische Kindheitsprojekt der Moderne erreichte durch konzeptuelle und institutionelle Reformen einen Höhepunkt; sein Zugriff auf Kinder wurde sehr viel intensiver und wurde über die Schule hinaus ausgeweitet in das Spielen, in Freizeitveranstaltungen und auch in die Familie hinein. Alles was Kinder im täglichen Leben tun, wurde nun als lern- und entwicklungsbezogen betrachtet und gesteuert. Das Arbeitsteilungsmodell, das die Moderne zwischen den Geschlechtern hervorgebracht hatte – das Ernährer-Hausfrau-Familienmodell – hatte dagegen den historischen Höhepunkt seiner Realisierung bereits überschritten und wurde jetzt von der Frauenbewegung in Frage gestellt; Haushaltsarbeit wurde gegenüber Berufsarbeit unattraktiv (Pross, 1975). Mutterarbeit wurde dagegen aufgewertet (Rerrich, 1983). Im Rahmen individualistischer Lebensplanung wurden Kinder für viele Frauen zu Projekten der Selbstverwirklichung, und im Zusammenhang der Expansion von Pädagogisierung und Scholarisierung der Kindheit wurde Mutterarbeit mit Aufgaben angereichert und bekam – vor allem in der Mittelschicht – quasi-professionellen Charakter (Pasquale, 1998). Der Schwerpunkt der mütterlichen – und zunehmend auch väterlichen – Sorgearbeit verlagerte sich von haushaltspraktischen Diensten und physischer Versorgung zu psychischer, kognitiver und sozialer Förderung des Kindes sowie zum Management des Alltagslebens, zur Unterstützung von schulischen und Freizeitkarrieren und von Freundschaften mit Peers.

2 Im englischsprachigen Raum ist auf die Arbeiten der australischen Psychologin Jacqueline Goodnow zu verweisen, insbesondere auf ihre ausführliche Literaturübersicht (1988), sowie u.a. auf Studien von Brannen (1995), Morrow (1999), Shamgar-Handelmann/ Belkin (1986) und Solberg (1990).

Thomas' Mutter handelt in einer Weise, die teils noch in einer frühen Phase dieser Entwicklung verwurzelt ist. Obwohl erwerbstätig, ist sie von der Frauenbewegung kaum berührt. Sie repräsentiert den Typus der Hausfrau, der in der Mitte des 20. Jahrhunderts dominierte: die Frau als Dienende für Mann und Kind. Im Muster der Ernährer-Hausfrau-Familie unterlag Hausarbeit einer klaren Geschlechterteilung zwischen den Eltern, die in abgeschwächtem Maß bei den Kindern reproduziert wurde. Mädchen und Jungen hatten ungleich in Umfang und Art der Arbeiten der Mutter zu helfen. Zweifellos erhält Thomas die Dienstleistungen seiner Mutter darüber hinaus auch, weil er ein Junge ist. Doch entsprechen die umfassenden Unterstützungen, die sie ihm zukommen läßt, auch dem gewandelten Kindheitskonzept; „alte" und „neue" Mutteraufgaben kommen hier zusammen.

Auch von Konstanze wird fast keine Hausarbeit verlangt. Der Hintergrund ist hier eine andere Konstellation von Arbeitsteilungen zwischen den Geschlechtern und zwischen den Generationen als in Familie T. Das „alte" Familienmuster gilt hier nicht mehr; beide Eltern verrichten gemeinsam die ineinandergreifenden Arbeiten in der erwerbsmäßigen Kinderpflege und im Haushalt. Die elterliche Entwicklungsförderung für das Kind ist zentral in dieser Familie. Frau und Herr K. haben die hohe Verantwortung für die Entwicklung des Kindes, die das in den 70er und 80er Jahren popularisierte Sozialisationskonzept Eltern zuschreibt, bewußt angenommen. Beide haben wenig formale Bildung, und das ist vielleicht der Grund, warum sie weniger die personbezogenen Erziehungs- und Entwicklungstheorien rezipiert haben. Wohl aber haben sie ihr Leben ganz auf das Ziel hin orientiert, Konstanze so gut als möglich mit allem auszustatten, was die gesellschaftlichen Kindheitsstrukturen für das Lernen und für die Freizeit von Kindern bieten.

Silkes Mutter hat sich die gewandelte Auffassung von elterlicher Sorgearbeit in anderer Weise zu eigen gemacht als Konstanzes Eltern. Sie richtet diese nicht so sehr darauf, die Umwelt günstig für das Kind zu gestalten, sondern eher direkt auf die Unterstützung persönlicher Kompetenzen. Als Lehrerin hat sie sich mit aktuellen pädagogischen und psychologischen Konzepten auseinandergesetzt. Praktische Dienste (wie Thomas' Mutter) und organisatorische Dienste (wie Konstanzes Eltern) leistet Frau S. kaum für Silke. Ihre Sorgearbeit ist nicht zuletzt psychische Unterstützung zu selbständigem Handeln. Hierin kommt ein weiterer Aspekt der „Modernisierung" der Kindheit seit Ende der 60er Jahre zum Ausdruck. Neben der Sorge- und Erziehungsbedürftigkeit des Kindes wurde die Autonomie des Kindes stark betont, und beides zusammen ließ in den 70er und 80er Jahren das Erziehungsziel „Selbständigkeit" dominant werden (Preuss-Lausitz et al., 1990). Dem entspricht die in jener Zeit bei Eltern verbreitete Tendenz, Kindern häusliche Arbeit – wenn überhaupt – in erzieherischer Absicht und nicht des praktischen Nutzens wegen zu übertragen (Lang, 1985; Meyer/ Schulze, 1994). Nicht das Kind hilft der Mutter beim Hausarbeiten, sondern die Mutter hilft dem Kind, indem sie ihm Aufgaben stellt, die Selbständigkeit und Verantwortlichkeit fördern sollen. Viviane Zelizer (1985) hat diesen historischen Wandel der Kinder-Hausarbeit zur Lernarbeit analysiert.

In der Arbeitsteilung der Familie S. kündigt sich zugleich auch eine „postmoderne" Überwindung solcher Beschränkung des Kindes auf die – zur umfassenden Entwicklungs- und Lernförderung ausgeweitete – Eltern-Kind-Versorgungsgemeinschaft an. Der weitere Fortschritt beider Emanzipationen, der der Kinder und der der Frauen, verbinden sich seit Ende der achtziger Jahre auf eine Weise, die gewandelte Formen der familialen Alltagsorganisation hervorbringt. Der Autonomieanspruch des Kindes wird von den Erwachsenen heute nicht mehr auf den pädagogischen Bereich beschränkt, sondern wird darüber hinaus als Anspruch der Kinder auf gesellschaftliche Partizipation artikuliert. Kinder werden heute weniger ausschließlich als auf dem Höhepunkt „moderner" Kindheit als zu Versorgende und zu Erziehende wahrgenommen, sondern zunehmend auch als Partner. Wenn „eigenes Leben" mit der Sorge für Kinder zu verbinden ist, schaffen auf der Seite der Eltern mütterliche Erwerbstätigkeit sowie eine pragmatischere, weniger ideologische Haltung (wieder) Notwendigkeit und Bereitschaft für die Mitarbeit von Kindern in der „Wirtschaftsgemeinschaft" des Haushalts.

4. Die Kindheiten der Kinder

In welcher Weise werden die Arten und Weisen, wie die drei Kinder ihre „Kindheiten" leben, durch die Positionen bestimmt, die die Eltern ihnen im Familienhaushalt zuweisen? Die Verhältnisse zwischen den Generationen, die wir an den Tagesläufen der Zehnjährigen ablesen können, sind in vielen Jahren des Zusammenspiels von Eltern und Kindern in ihrer Alltagspraxis entstanden. Deshalb finden sich die Kinder in den Zeit- und Aufgabenverteilungen des Familienalltags nicht nur dem gegenüber, was mächtige Eltern in der Gegenwart als Alltagsbedingungen setzen, sondern auch Resultaten ihres eigenen Lebens.

Thomas teilt sein Alltagsleben in zwei Teile. Der eine Teil ist der Schonraum Kindheit, den seine Eltern herstellen. Dort läßt er sich gern bedienen, und dort nimmt er es hin, daß die Eltern bestimmen und er abhängig ist. Diesen Teil sucht er freilich räumlich und zeitlich in seinem Leben zurückzudrängen, um den Platz für den anderen Teil auszudehnen. Der andere Teil ist seine selbst hergestellte Kinderwelt, die er ganz vom Leben der Erwachsenen abtrennt.

Diese besteht in der virtuellen Welt des Spielens und der Medien, die Thomas zu Hause für sich allein eingerichtet hat, und in der sozialen Welt der Gleichaltrigen draußen. Er und seine Freunde finden in dem sozialen Leben, das sie in der außerschulischen Zeit nachmittags miteinander führen, Unabhängigkeit von Erwachsenen. Dort und nicht im Familienleben, ist Thomas durch aktives Handeln in soziale Beziehungen integriert, hier kann er sich entfalten, denn hier herrscht Gleichheit und Interdependenz unter den Beteiligten.

Konstanze ist ein solcher Weg in die Unabhängigkeit durch die umfassende Sorge ihrer Eltern versperrt. Denn wo immer sie jenseits des Familienhaushalts teilnimmt, sind ihre Eltern gleichzeitig da und aktiv, um die Umstände und die Menschen dort günstig für ihr Kind zu beeinflussen. So bleibt Konstanze überall abhängig. Diese Abhängigkeit reicht auf eine subtile, keineswegs offen autoritäre Weise weit in ihr Handeln hinein, wie oben dargestellt ist. Es gibt hier weder Konfrontation noch aktive Separierung noch Integration der Generationen. Konstanzes Kinderwelt ist so stark von der Aktivität Erwachsener durchdrungen, daß sie keinen eigenen sozialen Ort hat. Sie steht überall passiv und fast wie eine Fremde daneben.

Silke braucht ihre Unabhängigkeit weder draußen zu suchen noch innerhalb der Familie zu erkämpfen. Sie findet zu Hause zwei Welten vor, verteilt auf Tag und Abend. Am Abend ist sie das Kind, das Sorgearbeit empfängt. Tagsüber bewegt sie sich eigenständig in einem Handlungsraum innerhalb des Familienhaushalts, der sich von den Handlungsräumen, die die Erwachsenen dort haben, nicht prinzipiell unterscheidet. Wie die anderen Familienmitglieder versorgt sie sich hier in vielem selbst und gestaltet sie ihre Zeit selbst. Und wie die Erwachsenen, nur im Umfang geringer, hat sie Aufgabenbereiche für gemeinsame Belange, die sie selbständig verwaltet. Nicht einzelne Aktivitäten werden von oben nach unten delegiert, sondern die häusliche Arbeit ist in ein Nebeneinander von Bereichen zerlegt, die in eigener Verantwortung von einzelnen Familienmitgliedern oder von mehreren kooperativ bearbeitet werden (Zeiher, 2000). Über diese horizontale, im Prinzip egalitäre Arbeitsteilung ist sie zugleich selbständig und in den Familienhaushalt integriert.

Auch diese drei Kindheiten der Kinder können als ungleichzeitige im Gleichzeitigen betrachtet und in einer historischen Sequenz geordnet werden. Dann deutet sich eine Entwicklungslinie an: An deren Anfang steht das Sich-Separieren der Kinder in autonomen Spielwelten, in Kindern ausdrücklich zugestandenen „Eigenwelten" neben den von Erwachsenen autoritär kontrollierten Räumen der Familien und der Schule. Ende der 60er Jahre setzte eine andere Phase ein: Kinder wurden bis in alle Winkel ihres Lebens hinein von Erwachsenen „unautoritär" beobachtet, Kindheit wurde pädagogisch reflektiert und inszeniert. Kinder wurden auf subtile Weise umfassend abhängig von Erwachsenen, trotz der Selbständigkeit, die ihnen in pädagogischer Absicht abverlangt und zugestanden wurde. Danach deutet sich nun eine neue Entwicklung des familialen Generationenverhältnisses an. Die zuvor, auf dem Höhepunkt des Erziehungsprojekts der Moderne, sehr stark verlängerte und das Leben von Kindern sehr umfassend durchdringende Abhängigkeit in der Eltern-Kind-Versorgungsgemeinschaft erodiert und wird partiell zurückgenommen; das „soziale Alter" der Kinder wird durch eine veränderte Alltagspraxis neu definiert (vgl. Solberg, 1990). Das kann Desintegration der Generationen im Familienhaushalt zur Folge haben, wenn jeder sich vor allem um seine Belange kümmert, kann aber auch zu mehr Einbeziehung von Kindern in die Interdependenz und Reziprozität der Arbeiten in der häuslichen „Wirtschaftsgemeinschaft" führen, und das bedeutet, zu Solidarität zwischen den Generationen in der familialen Alltagspraxis.

Literatur

Becker-Schmidt, R. & Knapp, G.-A., 1985: Arbeiterkinder gestern – Arbeiterkinder heute. Erziehungsansprüche von Arbeiterinnen im intergenerativen Vergleich, Bonn: Neue Gesellschaft.

Brannen, J., 1995: Young People and their Contribution to Household Work, *Sociology*, 29, 2, S. 317-338.

Büchner, P., & Fuhs, B., 1996: Der Lebensort Familie. Alltagsprobleme und Beziehungsmuster, in: Büchner, P., Fuhs, B. & Krüger, H.-H., (Hrsg.), Vom Teddybär zum ersten Kuß, Opladen: Leske+Budrich, S. 159-200.

Deutsches Jugendinstitut, (Hrsg.), 1992: Was tun Kinder am Nachmittag? Ergebnisse einer empirischen Studie zur mittleren Kindheit, München: Deutsches Jugendinstitut.

Goodnow, J., 1988: Children's Household Work: Its Nature and Functions, *Psychological Bulletin*, H. 1, S. 5-26.

Lang, S., 1985: Lebensbedingungen und Lebensqualität von Kindern, Frankfurt /M. & New York: Campus.

Meyer, S. & Schulze, E., (Hrsg.), 1993: Technisiertes Familienleben. Blick zurück und nach vorn, Berlin: edition sigma.

Morrow, V., 2000: Warum englische Kinder neben der Schule arbeiten, in: Hengst, H. & Zeiher, H., (Hrsg.), Die Arbeit der Kinder. Kindheitskonzept und Arbeitsteilung zwischen den Generationen, Weinheim & München: Juventa.

Oakley, A., 1974: The Sociology of Housework, London: Robertson.

Ostner, I., 1978: Beruf und Hausarbeit. Die Arbeit der Frau in unserer Gesellschaft, Frankfurt /M. & New York: Campus.

Pasquale, J., 1998: Die Arbeit der Mütter. Verberuflichung und Professionalisierung moderner Mutterarbeit, Weinheim & München: Juventa.

Preuss-Lausitz, U., Rülcker, T. & Zeiher, H., (Hrsg.), 1990: Selbständigkeit für Kinder – die große Freiheit? Kindheit zwischen pädagogischen Zugeständnissen und gesellschaftlichen Zumutungen, Weinheim & Basel: Beltz.

Pross, H., 1975: Die Wirklichkeit der Hausfrau, Reinbek: Rowohlt.

Rerrich, M. S., 1983: Veränderte Elternschaft. Entwicklungen in der familialen Arbeit mit Kindern seit 1950, *Soziale Welt*, 34, S. 420-449.

Shamgar-Handelmann, L., Belkin, R., 1986: The Place of Children in Household Division of Labor, *Israel Social Science Research*, 4, 1, S. 65-83.

Solberg, A., 1990: Negotiating Childhood: Changing Constructions of Age for Norwegian Children, in: James, A. & Prout, A., (Eds.), Constructing and Reconstructing Childhood. Contemporary Issues in the Sociological Study of Childhood, Basingstoke,: The Falmer Press, S. 118-137.

Weber, M., 1956: Wirtschaft und Gesellschaft. Grundriß der verstehenden Soziologie, Köln & Berlin: Kiepenheuer u. Witsch.

Zeiher, H. J. & Zeiher, H., 1994: Orte und Zeiten der Kinder. Soziales Leben im Alltag von Großstadtkindern, Weinheim & München: Juventa.

Zeiher, H., 2000: Hausarbeit. Zur Integration der Kinder in die häusliche Arbeitsteilung, in: Hengst, H. & Zeiher, H., (Hrsg.), Die Arbeit der Kinder. Kindheitskonzept und Arbeitsteilung zwischen den Generationen, Weinheim, München: Juventa.

Zeiher, H., im Druck: Dependent, Independent and Interdependent Relations. Children as Members of the Family Household, in: Alanen, L. & Mayall, B., (Hrsg.), Conceptualizing Child-Adult-Relations (working title), London: Falmer Press.

Zelizer, V., 1985: Pricing the Priceless Child, New York: Basic Books.

Zinnecker, J. & Silbereisen, R. K., 1996: Kindheit in Deutschland. Aktueller Survey über Kinder und ihre Eltern, Weinheim & München: Juventa.

Die Bedeutung familialer Beziehungen und Kommunikationsmuster für die Persönlichkeitsentwicklung von Kindern

Kurt Kreppner

1. Kommunikation und Beziehung in der Familie

Die Charakterisierung von Familien als besondere soziale Einheiten hat eine lange Tradition. Durch den Lauf der Geschichte hat die Bedeutung des Begriffs „Familie“ manche Veränderung der Betrachtung erfahren. Zunächst verband man mit dem Begriff Familie eine gesellschaftliche oder ökonomische Einheit, unter der man alles subsumierte, was in einem Haus oder einer Wohnung zusammenlebte (Haushalt). Lange Zeit setzte die Familienforschung ihre Schwerpunkte für eine Differenzierung von Familien durch ökonomische und makrosoziologische Merkmale. In den letzten 60 Jahren hat gegenüber dieser Schwerpunktsetzung jedoch eine markante Veränderung bei der Typisierung von Familien stattgefunden. Man kann sie als Wende hin zu einer Differenzierung nach mikrosozialen oder dynamischen Merkmalen bezeichnen. Damit wurde die Tür geöffnet für eine Sichtweise, die Familie nicht nur als eine Hintergrundvariable für die Vermittlung von Normen und Werten, sondern als denjenigen Kontext zu begreifen, in dem die Konstruktion der tatsächlichen Lebenswelt erfolgt und der die Entwicklung des Kindes maßgeblich prägt. Wesentlich zu dieser neuen Sicht hat auch eine *längsschnittliche Betrachtung* der Familie in ihrem Lebenszyklus beigetragen.

Burgess (1926) begann, Familien als „Superpersönlichkeiten“ zu betrachten, und hob damit die Bedeutung der inneren Dynamik, der Interaktion und der Kommunikation innerhalb der Familie als wesentliche Kriterien für die Charakterisierung von Familien hervor. Parsons u. Bales (1956) entwarfen eine Szenerie des Handelns im Inneren der Familie, die weitgehend von den in der jeweiligen Gesellschaft verankerten rollenspezifischen Vorstellungen geprägt erschien, Kantor u. Lehr (1975) versuchten, diese Rollenkonzeption in ein mehr handlungstheoretisch und systemtheoretisches Balance-Modell umzustrukturieren, und Reiss (1981) entwickelte zur Unterscheidung von Familien ein komplexes Modell, das an verschiedenen Problemlösungsstrategien zur Bewältigung von Krisen orientiert ist.

Diese Differenzierungen brachten es schließlich mit sich, daß die *Beziehungs- und Kommunikationskultur* in einer Familie sowie ihr *Umgang mit den notwendigen Veränderungen* während der verschiedenen Entwicklungsstadien der Kinder als ein einflußreicher Bestandteil von 'Umwelt' für die Individualgenese erkannt und gewürdigt wurde.

Gleichsam im Zuge einer Spiegelung der vorgefundenen problemlösungs- und entwicklungskrisentypischen Formen des Miteinander-Umgehens in den Augen des Kindes ersteht der Kontext Familie als derjenige Rahmen, in dem das Kind die Bausteine für die Konstruktion seiner eigenen Lebenswelt einschließlich Strategien für den Umgang mit Krisen und Veränderungen vorfindet. Jede Familie besitzt danach nicht nur eine eigene, von ihr selbst entwickelte und gepflegte Kultur der Kommunikation und Interaktion, in der das alltägliche Zusammenleben geregelt wird, sondern auch spezifische Eigenarten, mit denen notwendige Anpassungen an veränderte Bedingungen bewerkstelligt werden. Das Erleben von Krisen im Rahmen der etablierten Beziehungen in der Familie verdichtet sich beim Kind im Laufe der Zeit zu einer Lernerfahrung über das Gestalten von Beziehungen in ungewöhnlichen Situationen im allgemeinen und zum Variieren von Handlungsstrategien in etablierten Beziehungen beim Überwinden von Krisen im besonderen.

Schon in der frühen Eltern-Kind-Beziehung beeinflussen sich beide Partner gegenseitig (Bell, 1968). Die Gegenseitigkeit bei der Regulation einer Beziehung wird zum Beispiel sichtbar, wenn man den Austausch emotionaler Signale zwischen Mutter und Kind genauer betrachtet (Tronick, 1989; Tronick/ Cohn, 1989). Im Laufe seiner Entwicklung verändern sich die Bedeutungen der verschiedenen Kontexte für das Kind. Während sicherlich die Qualität der Beziehung in der Mutter-Kind- und Vater-Kind-Dyade innerhalb der Familie im Kleinkindalter grundlegend für die weitere Entwicklung ist, wird das Kind bei Schuleintritt und später in der Pubertät Personen außerhalb der Familie, Freunde und Lehrer etwa, als Orientierung seiner eigenen Entwicklungsziele benutzen.

Wenn Eltern-Kind-Beziehungen mit anderen Beziehungen wie Freundes- oder Partnerbeziehungen verglichen werden, sind es diese Aspekte der biologischen Verbundenheit, der hohen Emotionalität und der Unauflöslichkeit der Beziehung in der gesamten Lebensspanne, die Eltern-Kind-Beziehungen einen anderen Status verleihen. Die Überlegung der Bedeutsamkeit der Eltern-Kind-Beziehung führt hin zu einer erweiterten Betrachtung des Kindes im Gesamt seiner Familie. Denn es sind nicht nur die direkten Erfahrungen in den Zweierbeziehungen mit Mutter und Vater, sondern es ist das Heranwachsen in einer Familie, d.h. in einer Gruppe mit anderen Familienmitgliedern aus mehreren Generationen (Geschwister, Eltern, Großeltern), in der das Kind die Möglichkeit hat, *andere Zweierbeziehungen* gleichsam von außen zu betrachten. In diesem Sinne ist die Familie eine Arena von Zweierbeziehungen und das Kind kann diese Interaktionen gleichsam als Zuschauer verfolgen.

2. Familienentwicklung

Im Rahmen einer neuen, auf die Erfüllung von bestimmten Aufgaben ausgerichteten Sichtweise von Entwicklung (Havighurst, 1953) übertrug Duvall (1957) die Vorstellung von 'Entwicklungsaufgaben' auf die Beschreibung des Funktionierens von Familien in verschiedenen Phasen des Lebenszyklus und eröffnete damit eine längsschnittliche Perspektive und damit neue Möglichkeiten einer Klassifizierung. Neben dem von Burgess (1926) vollzogenen Schritt von einem ökonomisch und sozialstrukturell vorgeprägten Gebilde Familie zu einer „Superpersönlichkeit" mit spezifischen Interaktions- und Kommunikationsformen geschah hier eine weitere Spezifizierung. Durch das Zusammenfügen der beiden Konzeptionen Krisenbewältigung und Entwicklungsaufgaben zur Charakterisierung des Geschehens in einer Familie wurde diese zu einem Kontext, der für die Entwicklung des Kindes in zweifacher Hinsicht von hohem Interesse ist: Zum einen durch die *besonderen Beziehungsformen*, die den Alltag für das heranwachsende Kind gestalten und die zum Verhandeln und Lösen von Problemen zur Verfügung stehen, zum anderen durch die *entwicklungsabhängigen Anpassungsmanöver*, die im Rahmen der familialen Kommunikation Veränderungen in den Beziehungen zwischen den Familienmitgliedern in den verschiedenen Phasen der Familienentwicklung ermöglichen.

Unter Familienentwicklung wird hierbei der Prozeß der Anpassung an die unterschiedlichen Stadien verstanden, die im Zuge des *normativen* Verlaufs des Zusammenlebens während der Lebensspanne von Paaren sowie von Eltern mit ihren Kindern auftreten. Die Konstitution einer Familie und das Bewältigen der fortlaufenden Aufgaben während der Entwicklung des Kindes in der Familie bedeuten nicht nur, daß die Eltern auf die sich verändernden Fähigkeiten und Bedürfnisse der Kinder adäquat eingehen müssen, sondern auch, daß in der gesamten Familie während der unterschiedlichen Phasen der Entwicklung der Kinder ein kontinuierliches Aufgeben, Suchen und Finden von Beziehungsformen stattfindet, die allen in der Familie gerecht werden sollen.[1]

---

1 Als Beispiel für ein derartiges Stufenmodell sei das Modell von Duvall (1957, 13, u. 1971, 179) angeführt, das acht Stufen aufweist:

1. Familiengründung/Verheiratetes Paar (ohne Kinder),
2. Schwangerschaften und Versorgung der Kleinkinder (0-2 1/2 Jahre),
3. Familien mit Vorschulkindern (2 1/2 - 6 Jahre),
4. Familien mit Schulkindern (6-13 Jahre),
5. Familien mit Teenagern (13-20),
6. Familien mit Kindern, die das Haus verlassen (18-),
7. Eltern nach Auszug der Kinder (nachelterliche Zeit, empty nest),
8. Elternteil nach Verlust des Partners, Auflösung des Familienhaushalts

Die eigentliche Innovation des Konzepts von Familienentwicklung besteht also darin, daß neben einer familialen Typik beim Gestalten des Zusammenlebens und beim Lösen von Problemen eine zeitliche Dimension mit möglicher Brisanz beim Bewältigen normativer Entwicklungsveränderungen ins Licht gerückt wurde (Cowan, 1991). Zwar verwischen oft die in Familien gleichbleibenden, sich wiederholenden Interaktions- und Kommunikationsmuster die Besonderheiten verschiedener Entwicklungsphasen, es besteht aber ebenso die Gefahr, daß bei Nichtbeachtung der phasenspezifischen Aufgabenstellungen auftretende Probleme und deren Lösungsmodalitäten zu sehr auf idiosynkratische Beziehungsformen reduziert werden und die mögliche allgemeine Transitionsproblematik verkannt wird. Im folgenden werden einige markante Übergangssituationen, wie sie in jeder Familie auftreten, unter den beschriebenen allgemeinen Aspekten der Familienentwicklung thematisiert.

3. Kommunikations- und Beziehungsgestaltung in verschiedenen Phasen der Familienentwicklung

Die Einbeziehung des familialen Kontexts als ganzen und die Betrachtung der Kontinuität und Veränderung in Perioden des Übergangs von einer Familienentwicklungsphase in eine andere helfen uns, differentielle Muster der Interaktion in verschiedenen Zeitabschnitten der Entwicklung zu erkennen. Es bleibt jedoch nach wie vor die Frage offen, wie die Kinder in den unterschiedlichen Szenarien, in denen sie heranwachsen, ihre Vorstellungen von der Qualität ihrer Eltern-Kind-Beziehung aufbauen und nach welchen Kriterien sie in neuen Situationen ihr eigenes Sozialverhalten steuern.

3.1 Familiengründung

Zunächst bedeutet die Ankunft eines Kindes das Verlassen von eingespielten Formen des Zusammenseins. Die Geburt eines ersten Kindes bedeutet nicht nur eine Veränderung der Paarbeziehung und „Erweiterung" der Zweierbeziehung, sondern eine grundlegende Veränderung der bisherigen Beziehungsform. Aus den Ehepartnern in ihrer Beziehungsidylle mit wohltemperierten, weil hochselegierten Umgangsformen und Austauschritualen werden *Eltern*. Unter strukturellem Blickwinkel vergrößert sich nun die Zahl der Beziehungen, die es innerhalb der Familie gibt. Nach der Geburt des ersten Kindes existieren in der jungen Familie statt einer einzigen nun drei Dyaden, neben der Dyade der beiden Ehepartner zwei neue Dyaden, eine zwischen Mutter und Kind und eine zwischen Vater und Kind; außerdem gibt es die Triade Mutter-Vater-Kind. In ihr wird es möglich, die neuen Zweierbeziehungen Mutter-Kind und Vater-Kind mitzuerleben, den eigenen Partner in seiner neuen Rolle zu sehen und zu interpretieren, ihn auch in der neuen Beziehung zu kontrollieren.

Cowan u. Cowan (1987 u. 1992) haben in einer gut kontrollierten Längsschnittstudie an jungen Paaren die Ankunft des ersten Kindes systematisch von der Schwangerschaft bis zum ersten Lebensjahr nach der Geburt verfolgt. Eindringlich schildern sie die Schwierigkeiten, in die die Partner *im Regelfall* geraten. Der Streß der Versorgung des Säuglings und der Verarbeitung der neuen Situation läßt in allen jungen Familien die Zufriedenheit der Ehepartner sinken. Es ist eine Frage der Qualität der Paarbeziehung während der Schwangerschaft, wieweit die Zufriedenheit in der Zeit nach der Geburt absinkt und wie schnell sie sich im Laufe der Zeit wieder erholen kann. Zwischen der jungen Mutter, die auf der einen Seite ihr Kind kompetent und effizient versorgen will, aber auf der anderen Seite unter dem Streß der neuen Aufgaben leidet, und dem Vater, der sich an der Kinderversorgung beteiligen will, jedoch diese Versorgung zaghaft beginnt, entwickelt sich gleichsam ein Tanz, den Cowan u. Cowan die „elterliche Gavotte" genannt haben: ein ständiges sich Anziehen und Abstoßen im wiederkehrenden Rhythmus. Immer dann, wenn der Vater einspringen will, gibt ihm die Mutter zu verstehen, daß er inkompetent und ineffizient mit dem Kind umgehe. Zieht sich der Vater dann zurück, bekommt er Vorwürfe, daß er die Mutter alles allein machen lasse. In dieser schwierigen Zeit entdecken nun die Partner aber noch andere grundlegende Unterschiede zwischen sich, etwa die allgemein geringere Kommunikationsbereitschaft von Männern im Vergleich zu Frauen, ein differentielles Merkmal, das in dieser Krisenzeit leicht individuumbezogen interpretiert wird und bei der Gestaltung des Zusammenlebens zu vermehrten Mißverständnissen führen kann.

Auch die Qualität der Beziehung *zwischen den Eltern* ist für die Entwicklung des Kindes außerordentlich relevant.[2] Die Veränderung der Sichtweise in der Forschung vom Individuum weg hin zu den Beziehungen, in denen das Kind aufwächst, hat nach der schon vor einiger Zeit stattgefundenen Erweiterung der Sicht von der Mutter-Kind-Beziehung auf die Vater-Kind-Beziehung schließlich zu einer Berücksichtigung der Beziehungen zwischen allen Familienmitgliedern geführt (Belsky, 1981). Das Kind wächst danach nicht in einer Serie von – voneinander getrennt zu denkenden – Zweierbeziehungen auf, sondern in der

2 Daß nicht nur die Qualität der Beziehung zwischen Eltern und Kind, sondern auch die zwischen den Eltern für die Entwicklung des Kindes von großer Bedeutung ist, hat sich in den letzten fünf bis zehn Jahren in zahlreichen Studien niedergeschlagen (Gottman/ Fainsilber-Katz 1989, Fainsilber-Katz/ Gottman, 1993; Cummings/ Davies, 1994; Harold/ Conger, 1997; Harold et al., 1997; Feldman et al., 1997).

Dynamik des Beziehungsnetzes, wie es in der Familie je nach Anzahl und Status der Familienmitglieder konstituiert wird.

Die Konstitution der Familie ist jedoch mit der Gestaltung der Beziehung nach der Geburt des ersten Kindes nicht abgeschlossen. Es beginnt ein permanenter Prozeß, der als „Entwicklung der Familie" bezeichnet wird. Der Erwerb neuer Fähigkeiten wie Krabbeln, Laufen, Sprache sowie der Zuwachs an kognitiver und sozialer Kompetenz stellt die Eltern oft vor Probleme, da gerade eingespielte Formen der Versorgung und Betreuung des Kindes immer wieder aufgegeben werden und neue gesucht werden müssen. Das 'Einsozialisieren' des Kindes in *den von dem jungen Paar gebildeten Rahmen*, in die von ihm konstituierte „*Kommunikationskultur*", steht im Mittelpunkt der gemeinsamen Aktivitäten. Dabei spielt die Aktivität des Kindes und der von ihm beanspruchte und von den Eltern gewährte Spielraum für den Verlauf der Familienentwicklung eine herausragende Rolle. Beispielsweise gestaltet das Kind ab dem achten Monat die Beziehung mit den Eltern dank seiner Entwicklung mit mehr Eigenaktivität neu; es ist dies ein Entwicklungsschritt, den Colwyn Trevarthen (Trevarthen/ Hubley, 1978) als das Erreichen der „sekundären Intersubjektivität" bezeichnet hat. In dieser Entwicklungsphase orientiert sich das Kind beim Manipulieren mit Objekten nicht mehr nur an den Eigenheiten der Objekte, sondern an der *Reaktion der Eltern*. Die Eltern bemerken, daß das Kind einen wichtigen Schritt in der sozialen Gestaltung seiner Beziehung getan hat, und es setzt nun gegen Ende des ersten und im Verlauf des zweiten Lebensjahres eine bewußte Regulierung des sozialen Zusammenseins in der Familie in Form von elterlichen Regelvorgaben, Sanktionen und Erklärungen für Wohl- und Fehlverhalten ein, die entsprechend von den Eltern intensiviert wird, wenn das Sprachverständnis des Kindes soweit fortgeschritten ist, daß die Reaktionen auf sprachlich formulierte Aufforderungen oder Befehle im Sinne der Eltern eindeutig sind. Natürlich ist genau diese Zeit auch eine Periode vermehrter möglicher gegenseitiger Mißverständnisse und daher ein Scheideweg für gelingende oder mißlingende Sozialisation.

3.2 Ablösung im Jugendalter: Entwicklung in der Familie

Beim Vergleich von Ablöseprozessen, wie sie typischerweise im Jugendalter im Zusammenhang mit der Forderung nach mehr Autonomie auftreten, werden Unterschiede in der Art und Weise, wie Familien ihr Zusammenleben in Phasen des Übergangs neu organisieren und regeln, besonders deutlich sichtbar.

In der Jugend ist die Neugestaltung der Beziehung zwischen Eltern und Kindern ein wesentliches Thema, das sich jedoch nicht an den sogenannten „großen" Themen wie Religion, Moral, Politik in den Konflikten zwischen Kindern und Eltern äußert, sondern in ganz trivialen Alltagsroutinen, die zwischen den Generationen zu Kontroversen führen (Hill, 1980 u. 1987; Broderick/ Smith, 1979). Dabei geht es um das Sauberhalten des Zimmers, den zu häufigen Gebrauch des Telefons, die zu eigenwillige Frisur oder die vernachlässigte Kleidung. Das Aushandeln von Selbstverantwortung für immer mehr Bereiche und das Thema Lösung von und Bindung an die Eltern, die Neugestaltung von Nähe und Distanz zwischen Eltern und Kind sind die eigentlichen Themen, die den trivialen Alltagsreibereien zugrunde liegen. Es ist daher anzunehmen, daß die erlebte Qualität der Beziehung mit den Eltern, in deren Rahmen die Alltagskonflikte ausgefochten werden, Indikatoren für das Gelingen oder Mißlingen einer Lösung dieser Konflikte darstellen.

Die Art und Weise, wie *generell* innerhalb der Familie Beziehungen gestaltet werden, ist von herausragender Bedeutung (Erel/ Burman, 1995). So ist die Qualität der Beziehung zwischen den Eltern, also die *Kultur ihres Zusammenlebens*, als Vorbild wirksam für das Regulieren von unterschiedlichen Ansichten und die Weise der Kompromißsuche bei Konflikten. Zahlreiche Untersuchungen im Kindesalter belegen den großen Einfluß, den die Qualität der elterlichen Beziehung auf die Entwicklung des Kindes besitzt. So zeigt sich die Qualität der elterlichen Beziehung einflußreich für die Entwicklung asozialen Verhaltens (Emery, 1982 u. 1988), für Internalisierungsprobleme und für die gesamte Skala von emotionalen Reaktionen auf elterlichen Konflikt.

4. Empirische Ergebnisse aus einer Längsschnittstudie zum Übergang ins Jugendalter

4.1 Generelle Veränderungstrends

Zunächst zu den generellen Trends von Veränderungen im Kommunikationsverhalten während der untersuchten Zeitspanne (vgl. Kreppner, 1995 u. 1996): Zwischen Eltern und Kindern verändert sich die allgemeine Form des kommunikativen Austausches dramatisch. Von einer mehr kindorientierten Weise elterlicher Ansprache, wie etwa den Kindern stets aufmerksam zuzuhören, wenn sie etwas sagen, oder ihnen Sachverhalte erst zu erklären, bevor sie sich dazu äußern sollen, wechselt das elterliche Redeverhalten hin zu einer Form des Erwachsenenaustauschs, der seine Schwerpunkte mehr beim tatsächlichen ernsthaften Verhandeln unterschiedlicher Ansichten setzt und häufig das Äußern von unterschiedlichen, zwischen den Partnern nicht versöhnbaren Meinungen beinhaltet (vgl. hierzu Abb. 1 u. 2).

Abb. 1: Kommunikationsstil über die Zeit – Mütter mit ihren Kindern

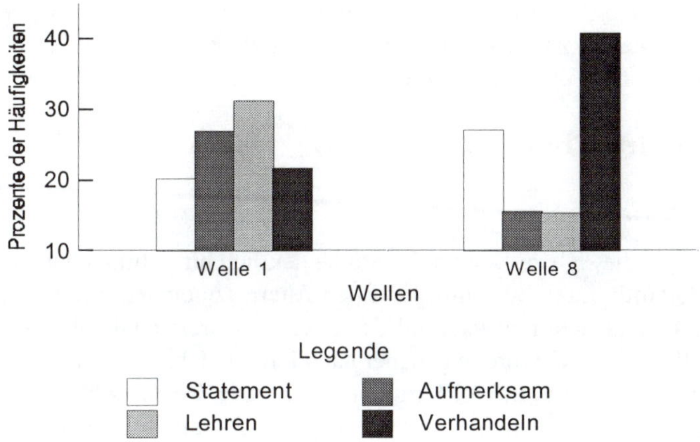

Abb. 2: Kommunikationsstil über die Zeit – Väter mit ihren Kindern

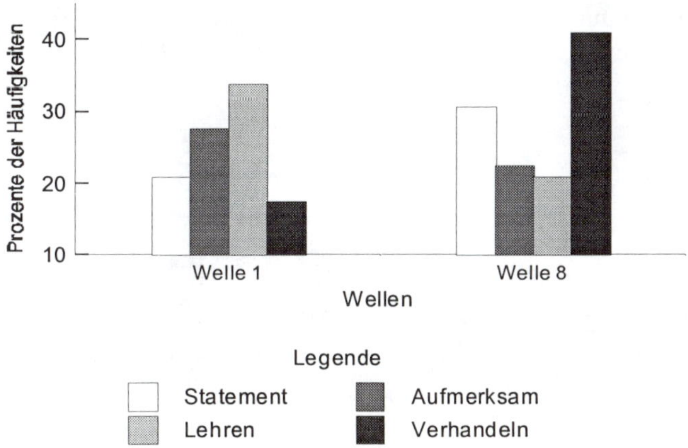

Auch die emotionale Nähe beim Diskutieren zwischen Eltern und Kind verändert sich. Über den Zeitraum von 11 bis 15 Jahren nimmt das Ausmaß an großer emotionaler Nähe in der Diskussion zwischen Eltern und Kindern generell ab. Aber auch in den Diskussionen zwischen den Eltern, in denen das Kind gar nicht anwesend ist, zeigt sich ein Absinken der Qualität der Nähe bei der

Diskussion genau zu dem Zeitpunkt, an dem das Kind das Alter von 13 Jahren erreicht. In dieser Phase häufen sich auch zwischen den Eltern kritische Auseinandersetzungen, bei denen ein Interessenausgleich nicht erreicht wird. Diese Art der Kommunikation zwischen den Eltern nimmt wieder ab, wenn das Kind das Alter von 13 Jahren überschritten hat.

4.2 Differentielle Ergebnisse

a) Konstante Gruppen

Drei Gruppen, die sich zu Beginn der Studie deutlich hinsichtlich der Einschätzung der Qualität ihrer Beziehung mit den Eltern voneinander unterschieden und diese Unterscheidung während der gesamten dreieinhalbjährigen Erhebungszeit beibehielten, wurden genauer nach ihren Erfahrungen in der konkreten Kommunikation mit ihren Eltern untersucht. Die drei Gruppen wurden als '*habituell*' (d.h. durchschnittlich verläßlich und emotional verbunden, aber ohne große Diskussionskultur), als '*ambivalent*' (d.h. als unsicher in der emotionalen Verbindung mit den Eltern, jedoch mit durchschnittlicher Alltagsverläßlichkeit) und als '*sicher*' (d.h. als hochgradig verläßlich, emotional eng verbunden und mit hoher Diskussionskultur) bezeichnet (Details s. Kreppner, 1996).

Abb. 3: Behauptungen in der Diskussion – Väter gegenüber Kindern (konst. Gruppen)

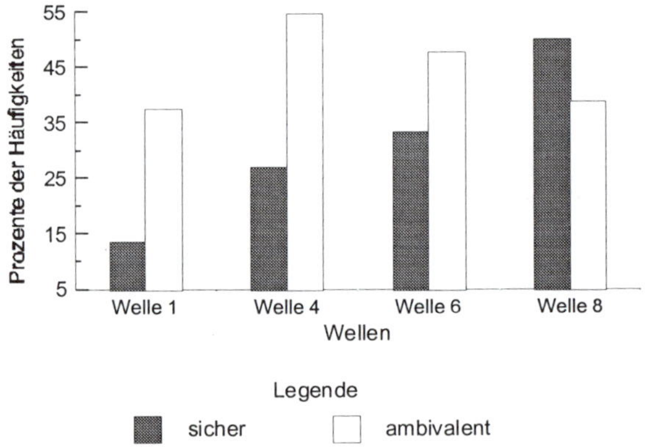

Interessant erscheint bei diesen Ergebnissen, daß die Eltern der Kinder aus der sicheren Gruppe in ihrer Beziehungsgestaltung einen großen Variationsgrad zeigten, die Eltern aus der ambivalenten Gruppe dagegen nicht (vgl. Abb. 3). So erfahren Kinder aus der sicheren Gruppe bei der Diskussion mit ihren Vätern ein sensibles und entwicklungsbewußtes Heranführen an erwachsene Austauschformen. Dies äußert sich beispielsweise darin, daß Väter der Kinder aus der sicheren Gruppe die Anwendung einer Diskussionsform, wie sie unter Erwachsenen geführt wird, also Austausch von Behauptungen, über die man sich nicht einigen kann, in dieser Entwicklungsphase beim Gespräch mit ihren Kindern langsam und behutsam einführen, während bei den Vätern der Kinder aus der ambivalenten Gruppe ein derartig sensibles Heranführen nicht festzustellen ist.

Die Mütter der Kinder aus der sicheren Gruppe zeigen vom Zeitpunkt an, an denen ihre Kinder das Alter von 13 Jahren erreichen – den Höhepunkt des pubertären Übergangs mit kritischen Auseinandersetzungen gegenüber den Eltern – ein viel höheres Maß an Bekräftigungen einer dem Kind widersprechenden Ansicht als dies bei Müttern der Fall ist, deren Kinder aus der ambivalenten Gruppe stammen. Hier ergibt sich zunächst ein paradoxes Bild: Die Kinder aus der sicheren Gruppe erfahren ein höheres Maß an *Herausforderungen* im Kommunikationsverhalten ihrer Eltern und schätzen gleichwohl ihre Beziehungsqualität mit den Eltern als *konstant sicher* ein. Auch entgegnen sie selbst ihren Vätern mit mehr herausfordernden Äußerungen als dies bei den *ambivalenten* Jugendlichen der Fall ist. Im Zusammenhang mit der *Selbst*entwicklung der Kinder traten gruppenspezifische Unterschiede auf (Details s. Kreppner, 1995 u. 1996). Sie lassen sich dahingehend zusammenfassen, daß diejenigen Kinder, die ihre Beziehung als sicher einschätzen, einen höheren Grad an Wohlbefinden in ihrer Familie angeben und weniger Zweifel an ihrer Leistungsfähigkeit und der Attraktivität ihrer äußeren Erscheinung hegen als Kinder, die ihre Beziehung als ambivalent oder habituell beschreiben.

b) Wechsler-Gruppen

Ein anderer Aspekt, der in dieser Phase der Familienentwicklung erwähnenswert erscheint, sind die systematischen Unterschiede, die zwischen Familien bei der Bewältigung dieses Übergangs angetroffen werden. Hierbei ist der Vergleich von Familien besonders interessant, in denen sich die Jugendlichen bei ihrer Einschätzung des Wohlfühlens in der Familie über die Zeit hinweg in unterschiedliche Richtungen bewegen (Kreppner, 1998). Zwei derartige Untergruppen hatten sich in einer längsschnittlichen Analyse der Einschätzungen der Jugendlichen ergeben, die neben anderen Untergruppen mit konstanten Einschätzungen als „Konsolidierer“ und „Verabschieder“ bezeichnet wurden. Im ersten Fall bewegen sich die Jugendlichen auf eine immer positivere Einschätzung ihrer Zufriedenheit in der Familie zu, im zweiten auf eine immer negativere (vgl. Abb. 4).

Abb. 4: Selbsteinschätzung der Jugendlichen – Wohlbefinden in der Familie

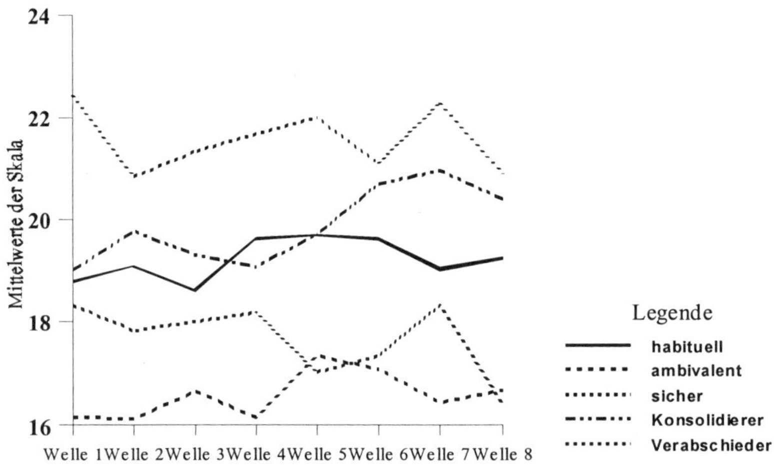

Betrachtet man die Kommunikationsformen in den verschiedenen familialen Dyaden in diesen beiden Untergruppen, so zeigen sich ebenfalls massive Unterschiede nicht nur bei den Kommunikationen zwischen Eltern und Kind, sondern auch zwischen den Eltern (s. Abb. 5). So sind beispielsweise nicht nur die Kinder in der Gruppe, die ihre Einschätzung zum Positiven verändern, die 'Konsolidierer', nachgiebiger beim Diskutieren mit ihren Vätern und lenken ein, sondern es zeigen auch die Väter ihren Ehefrauen gegenüber dieses eher nachgebende Muster im Vergleich mit dem Verhalten der Kinder und der Väter in der Gruppe, in denen sich die Einschätzung des Wohlfühlens in der Familie zum Negativen wendet.

Auch in mehreren anderen Merkmalen zeigten sich markante Unterschiede zwischen diesen beiden Gruppen, etwa bei der in den Diskussionen gezeigten Nähe zwischen den Partnern. In der Gruppe der sich zur ambivalenten Seite hin entwickelnden Jugendlichen ist diese gezeigte Nähe über die Zeit hinweg deutlich geringer als in der Vergleichsgruppe. Dieser Unterschied äußert sich aber auch in den Diskussionen zwischen den Eltern, auch wenn das Kind nicht dabei ist.

Abb. 5: Unterschiede im Kommunikationsverhalten – Einlenken in der Diskussion (Wechsler)

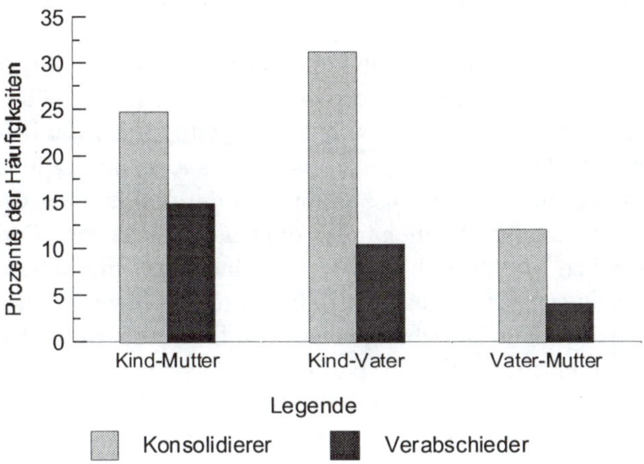

4.3 Der Übergang zur Jugend in geschiedenen und ungeschiedenen Familien

Wurden bei einer normativen Betrachtung von Familienentwicklung in der Regel zunächst allein die markanten Entwicklungsschritte der Kinder als Einteilungsprinzip genutzt, so hat sich im Zuge steigender Scheidungsziffern vor allem in den USA bei der Beschreibung von Prozessen der Familienentwicklung die Ansicht durchgesetzt, die Trennung der Ehepartner als ein Ereignis zu betrachten, das den Status einer 'regelhaften' Erscheinung zugesprochen bekommen sollte (McGoldrick/ Carter, 1982). In zahlreichen empirischen Untersuchungen wurden Auswirkungen der Trennung der Eltern auf die Entwicklung der Kinder in verschiedenen Stadien ihrer Entwicklung untersucht. Dabei waren das Alter der Kinder, ihr Geschlecht, die soziale Lage und die Aufteilung des Sorgerechts bevorzugte Schwerpunkte von Vergleichsuntersuchungen (Hetherington, 1979 u. 1989; Hetherington et al., 1992 u. 1998; Furstenberg/ Cherlin, 1991; Maccoby/ Mnookin, 1992; Amato/ Keith 1991). Deutlich zeigte sich, daß sowohl Alter als auch Geschlecht der Kinder einen Einfluß darauf besitzen, in welchem Ausmaß eine Scheidung die Persönlichkeitsentwicklung der Kinder beeinträchtigt. Insbesondere gibt es alters- und geschlechtsspezifische Ausprägungen von Verhaltensproblemen und sozialer Inkompetenz. Hierunter fallen auch schwächere Schulleistungen und depressive (bei Mädchen) oder aggressive (bei Jungen) Verhaltensweisen, die Kinder aus

Scheidungs- oder Stieffamilien gegenüber Kindern aus ungeschiedenen Familien vermehrt aufweisen (Zill, 1994). Ganz besonders im Zeitraum der Frühpubertät sind der Rückzug aus der Familie und eine vermehrte Orientierung an Peers ein Hauptmerkmal für Kinder aus Scheidungsfamilien (Forehand et al., 1988).

In einer unserer eigenen Datenanalysen (Kreppner/ Ullrich, 1999) zeigte sich, daß die Mütter in den geschiedenen Familien ihren Kindern gegenüber eher eine egalitäre Beziehung pflegen und einen Interaktionsstil zeigen, der bereits in der frühen Adoleszenz durch ein eher geschwisterliches Kommunikationsverhalten im Sinne von Wettstreit in der Diskussion und durch Betonung der eigenen Person auffällt. Besonders deutlich traten die Unterschiede beim Diskussionsverhalten zwischen Mutter und Kind aus geschiedenen und ungeschiedenen Familien hervor, wenn das Ausmaß betrachtet wurde, mit dem die eigene Person in dieser intergenerativen Beziehung betont wurde (s. Abb. 6). In den geschiedenen Familien erscheint die in partnerschaftlichen Beziehungen häufig anzutreffende Betonung der eigenen Bedürfnisse oder der Erwartung, daß der Partner auf personenbezogene Argumente eher einzugehen gewillt sei als auf sachbezogene, sehr viel größer zu sein als in den ungeschiedenen Familien.

Abb. 6: Kommunikationsverhalten Mutter und Kind – Einbringen der eigenen Person (ohne Zeit)

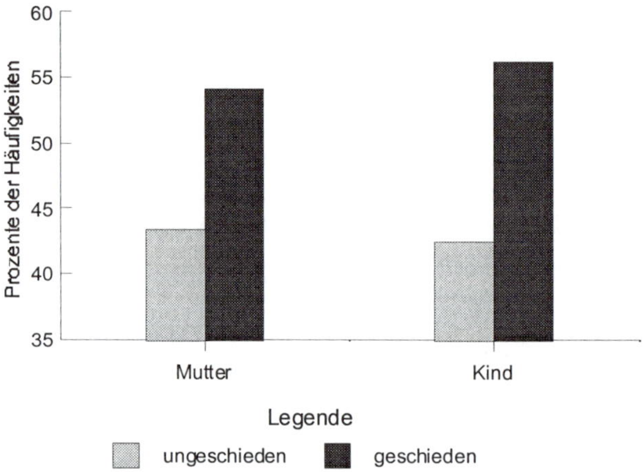

Für das Kind in geschiedenen Familien unterstützt diese Erfahrung den Eindruck, als gleichwertiger Partner akzeptiert zu sein, und mag vor allem in der frühen Phase des Übergangs von der Kindheit zur Jugend das Gefühl hervorrufen, gut in der Familie aufgehoben zu sein. Dagegen zeichnen sich Mütter aus ungeschiedenen Familien dadurch aus, daß sie viel früher, also schon zu Beginn der Übergangsperiode, ihre Kinder in Diskussionen immer genau dann in hohem Grade zu korrektem Verhalten und zur Übernahme von Regeln auffordern, wenn diese den Wunsch nach mehr Autonomie und größerer Distanz besonders intensiv äußern.[3]

5. Ausblick: Zur Rolle der Familie als Kontext für Sozialisation im Lichte von gesellschaftlichen Trends zur Individualisierung und Auflösung der Familie als Institution.

5.1 Familie, Individualismus und Modernität: Überlegungen zur lebenslangen Entwicklung

Die angeführten Überlegungen zur Bedeutung des Kontexts für die individuelle Entwicklung und die vorgestellten Ergebnisse aus Untersuchungen, die die

---

3 Eine zusammenfassende Sicht der Unterschiede im Kommunikationsverhalten der Kinder aus geschiedenen und ungeschiedenen Familien ergibt ein erstaunlich komplementäres Bild, das der von Smetana et al. (1991) thematisierten „Harmonie" in den geschiedenen Familien und höherer Konflikthäufigkeit in den vollständigen Familien voll zu entsprechen scheint. Kinder und Mütter aus vollständigen Familien sind aber nicht nur allgemein weniger integrativ zueinander, reden weniger von ihren persönlichen Gefühlen und Bedürfnissen in den Diskussionen, sondern es geht ihnen in ihren Diskussionen um Autonomie und Distanz, weniger um Persönliches als vielmehr um das Prinzip. Anhand der Betrachtung einzelner Fälle ließe sich in aller Deutlichkeit belegen, was sich in der Analyse der formaleren Aspekte nur angedeutet hatte. (Entsprechende Transkripte als Beleg können in diesem Beitrag mangels Raum nicht angeführt werden. Statt dessen sei auf die detailliertere Darstellung und Analyse in Kreppner/ Ullrich, 1999, verwiesen.) Während in der vollständigen Familie die Mutter in der Diskussion mit dem Sohn viele Register der prinzipiellen Überlegenheit zieht und durch den Verweis auf die noch unfertige Persönlichkeit und das inadäquate Verhalten des Kindes konkret die Distanz zwischen den Generationen unterstreicht, scheint die geschiedene Mutter in der Diskussion mit ihrem Sohn völlig andere Ziele zu verfolgen. In der geschiedenen Familie wird die Beziehung selbst zum Thema; die Mutter fordert vom Kind eine partnerschaftliche Beziehung, die die Möglichkeit zu egalitärem Austausch bietet. Dies aber führt zu Abgrenzungsbemühungen des Sohnes mit der Formulierung von Vorwürfen an die Mutter wegen der Vernachlässigung ihrer intergenerativen Aufgabe. Die Mutter appelliert hingegen nicht nur an die Bereitschaft des Sohnes, ihr zuzuhören, sondern fordert ihn auch auf, sich ernsthaft mit ihren Problemen auseinanderzusetzen. Während in der vollständigen Familie die Beziehung zwischen den Generationen nie thematisiert und vom Kind im Rahmen dieser Beziehung die Erweiterung seiner Autonomie und die Anerkennung seines Rechts auf eigenständige Interpretation kämpferisch gefordert wird, scheint der Versuch der geschiedenen Mutter, die Beziehung zum Kind grundlegend neu zu definieren, beim Kind eine ganz andersartige Autonomiebestrebung hervorzurufen, die sich darin äußert, diese Veränderung abzulehnen und eine Vereinnahmung als Partner zu verweigern.

Qualität der Beziehungen innerhalb der Familie und ihren Einfluß auf das Wohlergehen des Kindes zeigten, lassen die Familie und die darin aufgehobenen Beziehungen in ihrer Rolle als immer noch weitverbreitete Sozialisationsinstitution sowie die Veränderungstrends der letzten vierzig Jahre vielleicht in einem etwas anderen Licht erscheinen, als dies von manchem Analytiker der Gesellschaft im Blick auf unsere zukünftigen Formen des Zusammenlebens derzeit gesehen werden mag.

Auch wenn sich traditionelle Rollenmuster (wie das des männlichen Brotverdieners und der aus dem Verdienstleben herausgehaltenen Hausfrau und Mutter) in den letzten 40 Jahren verändert und die Zahl der Scheidungen seither stark erhöht haben mögen, so können doch vermutlich aus dieser Tatsache allein keine hinreichenden Schlüsse über allgemeine Tendenzen zur Veränderung von Beziehungsgestaltung in Eltern-Kind-Beziehungen oder innerhalb der Familien gezogen werden. Vielmehr kann eine erhöhte Spannung konstatiert werden beim Versuch, gleichzeitig zum einen den neuen Anforderungen an eine Selbstverwirklichung im Sinne des Individualitäts- und Lösungstrends genügen und zum anderen aber die intergenerative Mission kompetent erfüllen zu wollen (s. hierzu Beck-Gernsheim, 1988 u. 1989).

Es ist davon auszugehen, daß sich letztlich die *tatsächliche Gestaltung der Beziehungsformen* zwischen Eltern und Kindern, also die konkret vom Kind erfahrene Qualität des Miteinander-Umgehens in der Familie sich nicht schon allein in der Struktur der Familie spiegelt, also etwa in der Zahl der zur Verfügung stehenden Elternteile. Vielmehr ist es natürlich der erlebte Austausch, das emotionale Klima bei der Kommunikation und die Klarheit der vermittelten Informationen, die die Lebenswelt des Kindes prägen. Die Beziehung zwischen Mutter und Kind, um ein Beispiel zu geben (Smetana et al., 1991), mag in einer Einelternfamilie ruhiger und vielleicht harmonischer erscheinen als in einer Zweielternfamilie. Allerdings mag dabei im Blick auf die Individuation des Kindes gefragt werden, ob nicht im Rahmen eines Ablöseprozesses bestimmte 'Reibereien' zwischen Mutter und Kind eine die Selbständigkeit doch fördernde und damit notwendige Durchgangserfahrung dieser Entwicklungsphase darstellen im Vergleich zu einer von der alleinerziehenden Mutter induzierten 'kameradschaftlichen' Beziehung, in der Ablösebestrebungen vom Kind einen ganz anderen Charakter bekämen und daher weniger oft anzutreffen sind.

Das Übermitteln von Verhaltensformen des permanent nach Autonomie ringenden Paars, in dem jeder Partner seine Identität vor dem anderen unter Beweis stellen muß, wird ein weniger Vertrauen stiftendes Muster abgeben als von Verhaltensformen, in denen das sich gegenseitige emotionale Stützen (Hooven et al., 1995) im Vordergund steht. Die mögliche verfügbare Energie zur Selbstverwirklichung ohne Aufgehobensein in einer sicheren Beziehung kann verglichen werden mit dem Totalanspruch auf Autonomie im Jugendalter, wie ihn Judith Smetana (1995, 1993 u. 1988) als Abhängigkeitsparadoxon beschrieben hat.

Neuere Untersuchungen zu Scheidungs- und Stieffamilien zeigen beispielsweise deutliche Benachteiligung der Kinder aus alleinerziehenden Familien oder Stieffamilien hinsichtlich ihrer Schulleistungen oder sozialen Auffälligkeiten, wenn man sie mit Kindern aus vollständigen Familien vergleicht (Popenoe, 1994). Wenn man Entwicklungstrends von Kindern in unterschiedlichen Familienformen (traditionell, alleinerziehend, wiederverheiratet) betrachtet, so fanden sich in neueren Langzeitstudien relativ klare Ergebnisse, die darauf hindeuten, daß in Stieffamilien Auffälligkeiten der Kinder und Schulschwierigkeiten häufiger vertreten sind als in vergleichbaren traditionellen Familien. Das hat jedoch in der Regel nichts mit der Familienform als solcher zu tun, sondern mit den Beziehungsqualitäten, in deren Rahmen die Kinder in den verschiedenen Familienformen aufzuwachsen pflegen (Hetherington/ Arasteh, 1988; Hetherington et al., 1992; Hetherington/ Jodl, 1994; Schmidt-Denter/ Beelmann, 1997).

5.2 Ich-Entwicklung und lebenslange Bindungsbereitschaft: ein Gegensatz?

Im Rahmen der den gesamten Lebenszyklus umspannenden Aufgaben zur Ich-Entwicklung gehören nach Erikson ja neben der Gewinnung von Identität auch die Stufe der Gewinnung von *Intimität* und schließlich der *Generativität* und *Ich-Integrität*, um nach den Aufgaben der Adoleszenz in einem erfüllten Erwachsenenalter anzukommen. Die offensichtlichen Schwierigkeiten beim Fortschreiten von der Stufe der Identitätsgewinnung ist unter entwicklungspsychologischen Gesichtspunkten nun keineswegs als Modernität und Progression einzustufen. Der Wahn der Suche nach ewiger Jugend und ebenso das permanente Infragestellen eingegangener Beziehungen unter dem Vorzeichen möglicher Identitätseinbußen ist unter diesen Gesichtspunkten schwerlich als Ausdruck einer „Moderne" mit aufgelösten Bindungen nachzuvollziehen. Vielmehr liegt es näher, das Verharren auf einer Durchgangsstufe der Ich-Entwicklung und damit das Nichterreichen der für die Sicherung intergenerativer Traditionen notwendigen Entwicklungsstufen eher als einen Rückfall in einen Zustand der intergenerationellen Antihaltung und eigenen Unsicherheit zu sehen. Es ist dies ein Muster, das keineswegs neu, sondern üblich in Zeiten des Umbruchs ist. Das Abtrennen der individualistischen Vision vom Dauerglück – realisiert in einer permanenten Entfaltung des Selbst in wechselnden Beziehungen – von der

Gesamtbetrachtung des menschlichen Lebenslaufs und den in ihm aufgehobenen Aufgaben auch zum intergenerativen Weitergeben von Lebenserfahrung in permanenten Beziehungen (mit den eigenen Kindern) schafft ein vom einzelnen nur schwer zu tragendes Spannungsgefüge, das derzeit zu viel Verwirrung, Depression und allgemeiner Lustlosigkeit geführt hat.

Die Betrachtung der Familie auf der Mikroebene, d.h. die Betrachtung der inneren Dynamik der Familie und der Beziehungsqualität zwischen den Familienmitgliedern, eröffnet eine reichhaltigere Perspektive auf mögliche Einflüsse von Familie auf die Entwicklung des Kindes als eine Sicht, die allein von makrosozialen Gegebenheiten derartiger familialer Einflüsse ausgeht. Gerade bei der Untersuchung von Kommunikationsformen in Zeiten der Neuverhandlung von Beziehung erscheint die Vorstellung einer nichtlinearen Relation zwischen dem Auftreten von konkreten Einzelmerkmalen bei der Gestaltung einer Beziehung zu bestimmten Entwicklungszeitpunkten und der wahrgenommenen Qualität einer Beziehung hilfreich.

Literatur

Amato, P. R. & Keith, B., 1991: Parental divorce and the well-being of children: A meta-analysis, *Psychological Bulletin*, 110, S. 26-46.

Beck-Gernsheim, E., 1989: Mutterwerden – der Sprung in ein anderes Leben, Frankfurt: Fischer.

Beck-Gernsheim, E., 1988: Die Kinderfrage: Frauen zwischen Kinderwunsch und Unabhängigkeit, München: Beck.

Bell, R. Q., 1968: A reinterpretation of the direction of effects in studies of socialization, *Psychological Review,* 75, S. 81-95.

Belsky, J., 1981: Early human experience: A family perspective, *Development Psychology*, 17, S. 3-23.

Broderick, C. & Smith, J., 1979: The general systems approach to the family, in: Burr, W., Hill, R., Nye, F. & Reiss, I., (Eds.), Contemporary theories about the family, New York: The Free Press. S. 112-129.

Burgess, E., 1926: The family as a unity of interacting personalities, *Family*, 7, S. 3-9.

Cowan, P. A., 1991: Individual and family life transitions: A proposal for a new definition, in: Cowan, P. A. & Hetherington, M., (Eds.), Family transitions,. Hillsdale, NJ: Lawrence Erlbaum, S. 3-30.

Cowan, C. P. & Cowan, P. A., 1992: When partners become parents: The big life change for couples. New York: Basic Books.

Cowan, C. P., & Cowan, P. A., 1987: Men's involvement in parenthood: Identifying the antecedents and understanding the barriers, in: Berman, P. W. & Pedersen, F. A., (Eds.), Men's transition to parenthood,. Hillsdale, NJ: Lawrence Erlbaum, S. 145-174.

Cummings, E. M. & Davies, P., 1994: Children and marital conflict: The impact of family dispute and resolution, New York: Guilford.

Duvall, E., 1971: Family development, 4th ed. Philadelphia: J.B. Lippincott Company.

Duvall, E., 1957: Family development, Philadelphia: J.B. Lippincott Company.

Emery, R. E., (Ed.), 1988: Marriage, divorce, and children's adjustment. Newbury Park, CA: Sage.

Emery, R. E., 1982: Interparental conflict and the children of discord and divorce, *Psychological Bulletin*, 92, S. 310-330.

Erel, O. & Burman, B., 1995: Interrelatedness of marital and parent-child relations: A meta-analytic review, *Psychological Bulletin*, 118, S. 108-132.

Fainsilber-Katz, L. & Gottman, J. M., 1993: Patterns of marital conflict predict children's internalizing and externalizing behaviors, *Developmental Psychology*, 29, S. 940-950.

Forehand, R., Long, N., & Brody, G., 1988: Divorce and marital conflict: Relationship to adolescent compentence and adjustment in early adolescence, in: Hetherington, E. M. & Arasteh, J. D., (Eds.), Impact of divorce, single parenting, and stepparenting on children, Hillsdale, NJ: Erlbaum, S. 155-167.

Furstenberg, F. F. & Cherlin, A. J., (Eds.),1991: Divided families, Cambridge, MA: Harvard University Press.

Gottman, J. M. & Fainsilber-Katz, L., 1989: Effect of marital discord on young children's peer interaction and health, *Developmental Psychology*, 25, S. 373-381.

Harold, G. T. & Conger, R. D., 1997: Marital conflict and adolescent distress: The role of adolescent awareness, *Child Development*, 68, S. 333-350.

Harold, G. T., Fincham, F. D., Osborne, L. N. & Conger, R. D., 1997: Mom and dad are at it again: Adolescent perceptions of marital conflict and adolescent psychological distress, *Developmental Psychology*, 33, S. 333-350.

Havighurst, R. J., 1953: Human development and education, New York: David McKay.

Hetherington, E. M., 1989: Coping with family transitions: Winners, losers, and survivors, *Child Development*, 60, S. 1-14.

Hetherington, E. M., 1979: Divorce: A child's perspective, *American Psychologist*, 34, S. 851-858.

Hetherington, E. M., Bridges, M. & Insabella, G. M., 1998: What matters? What does not? Five perspectives on the association between marital transitions and children's adjustment, *American Psychologist*, 53, S. 167-184.

Hetherington, E. M. & Jodl, K. M., 1994: Stepfamilies as settings for child development, in: Booth, A. & Dunn, J., (Eds.), Stepfamilies. Who benefits? Who does not? Hillsdale, NJ: Erlbaum, S. 55-79.

Hetherington, E. M., Clingempeel, W. G., Anderson, E. R., Deal, J. E., Hagan, M. S., Hollier, E. A. & Lindner, M. S., 1992: Coping with marital transitions: A family systems perspective, *Monographs of the Society for Research in Child Development*, 57, (2-3, Serial No. 227).

Hetherington, E. M. & Arasteh, J. D., (Eds.), 1988: Impact of divorce, single parenting, and stepparenting on children, Hillsdale, NJ: Erlbaum.

Hill, J. P., 1987: Research on adolescents and their families: Past and prospect, in: Damon, W., (Ed.), New directions for child development: Adolescent health and social behavior (Vol 37), San Francisco: Jossey Bass, S.13-32.

Hill, J. P, 1980: The early adolescent and the family, in: Johnson, M., (Ed.), Toward adolescence: The middle school years, Seventy-ninth Yearbook of the National Society for the Study of Education, Chicago: University of Chicago Press, S. 32-55.

Hooven, C., Gottman, J. M. & Fainsilber Katz, L., 1995: Parental meta-emotion structure predicts family and child outcomes, *Cognition and Emotion*, 9, S. 229-264.

Kantor, D. & Lehr, W., 1975: Inside the family, San Francisco: Jossey Bass. Publication.

Kreppner, K., 1998: Variations in children's perceived relationship quality and changes in communication behaviors within the family during the child's transition to adolescence: A differential approach, in: Gerris, J. R. M., (Ed.), Dynamics of Parenting, Hillsdale, N.J.: Erlbaum(in press).

Kreppner, K., 1996: Kommunikationsverhalten zwischen Eltern und ihren jugendlichen Kindern und der Zusammenhang mit Indikatoren des Selbstwertgefühls, *Praxis der Kinderpsychologie und Kinderpsychiatrie*, 45, S. 130-147.

Kreppner, K., 1995: Differential experiences within the family during adolescence: Consistencies of relationship assessments and concrete communication behaviors over time, in: Hox, J. J., Meulen, B. F. van der, Janssens, J. M. A. M., Laak, J. J. F. ter & Tavecchio, L. W. C., (Eds.), Advances in family research, Amsterdam: Thesis Publishers, S. 103-122.

Kreppner, K. & Ullrich, M., 1999: Ablöseprozesse in Trennungs- und Nicht-Trennungsfamilien: Eine Betrachtung von konkretem Kommunikationsverhalten in Familien mit Kindern im frühen bis mittleren Jugendalter, in: Walper, S. &Schwarz, B., (Hrsg.), Kinder und Jugendliche in Trennungs- und Stieffamilien, München: Juventa Verlag.

Maccoby, E. E. & Mnookin, R. H., 1992: Dividing the child, Cambridge: Harvard University Press.

McGoldrick, M. & Carter, E. A., 1982: The family life cycle, in: Walsh, F., (Ed.), Normal family processes, New York: The Guilford Press, S. 167-195.

Parsons, T., & Bales, R., 1956: Family, socialization and interaction process, Glencoe: Free Press.

Popenoe, D., 1994: The evolution of marriage and the problemof stepfamilies: A biosocial perspective, in: Booth, A. &Dunn, J., (Eds.), Stepfamilies. Who benefits? Who does not? Hillsdale, NJ: Erlbaum, S. 3-27.

Reiss, D., 1981: The family's construction of reality, Cambridge Mass.: Harvard University Press.

Schmidt-Denter, U. & Beelmann, W., 1997: Kindliche Symptombelastungen in der Zeit nach einer ehelichen Trennung – eine differentielle und längsschnittliche Betrachtung, *Zeitschrift für Entwicklungspsychologie und Pädagogische Psychologie*, 29, S. 26-42.

Smetana, J. G., 1995: Parenting styles and conceptions of parental authority during adolescence, *Child Development*, 66, S. 299-316.

Smetana, J. G., 1993: Conceptions of parental authority in divorced and married mothers and their adolescents, *Journal of Research on Adolescence*, 3, S. 19-39.

Smetana, J. G., 1988: Adolescents' and parents' conceptions of parental authority *Child Development,* 59, S. 321-335.

Smetana, J. G., Yau, J., Restrepo, A. & Braeges, J. L., 1991: Adolescent-parent conflict in married and divorced families, *Developmental Psychology*, 27, S. 1000-1010.

Trevarthen, C. & Hubley, P., 1978: Secondary intersubjectivity: Confidence, confinding and acts of meaning in the first year, in: Lock, A., (Ed.), Action, gesture and symbol, London: Academic Press, S. 183-229.

Tronick, E. Z., 1989: Emotions and emotional communication in infants, *American Psychologist*, 44, S. 112-119.

Tronick, E. Z. & Cohn, J., 1989: Infant-mother face-to-face interaction: Age and gender differences in coordination and the occurrence of miscoordination, *Child Development*, 60, S. 85-91.

Zill, N., 1994: Understanding why children in stepfamilies have more learning and behavior problems than children in nuclear families in: Booth, A. & Dunn, J., (Eds.), Stepfamilies. Who benefits? Who does not? Hillsdale, NJ: Erlbaum, S. 97-106.

Gute-Nacht-Rituale in Familien

– Erosion einer emotionalen Balance?

Dieter Kirchhöfer

Dieser Beitrag berichtet aus einem Projekt der *Tageslaufforschung*, in dem Ostberliner Kinder in einem Längsschnitt zwischen dem 10. und 14. Lebensjahr begleitet wurden. Die Untersuchung begann 1990 mit 10 zehnjährigen Kindern, mit denen 1992 und 1994 erneut zusammengearbeitet wurde. 1992 und 1994 wurden wiederum 8 zehnjährige Kinder in die Untersuchung einbezogen und in den Folgejahren begleitet. Tabelle 1 gibt einen Überblick über die Anzahl der Erhebungstage. Die Untersuchung, über die verschiedentlich schon berichtet wurde (vgl. Kirchhöfer, 1998 u. 1999), setzte an den *Tagesläufen* und den darin enthaltenen *Tätigkeitswechseln* der Kinder an. In jeder Erhebung protokollierten die Kinder an sieben Tagen ihre Tätigkeiten, die Zeiten, Orte und Bezugspersonen. An den jeweils darauffolgenden Tagen werteten die Projektbearbeiter mit ihnen den vorangegangenen Tag aus, suchten Orte auf, gingen Wege ab und sprachen mit den Eltern. Einige Kinder wurden durch die Bearbeiter an einem Tag vom Aufstehen bis zum Schlafengehen begleitet (mit Ausnahme der Schulzeit) und direkt beobachtet.

Tab.1: Erhebungstage während der Untersuchung 1990-1996 (N=476)

	1990	1992	1994	1996	Gesamt/ Jahrgang
10-jährig	70	70	56	-	196
12-jährig	-	56	56	56	168
14-jährig	-	-	56	56	112
Gesamt/EZP	70	126	168	112	x

In den bisherigen Auswertungen standen vor allem die Morgenstunden und die nachmittäglichen Tätigkeitssequenzen im Mittelpunkt, weil wir der Auffassung folgten, daß es gerade die frei verfügbaren, kontrollarmen Zeiten sind, die den Kindern Entscheidungsleistungen abfordern, aber auch ermöglichen. Die Perspektive auf die Interaktionen zwischen Eltern und Kindern führte nun folgerichtig zum Ausklang des Tages, in dem sich die Kontakte der Kinder zu ihren Eltern intensivierten.

1. Das Verhältnis von räumlicher und sozialer Distanz und Nähe in den familialen Beziehungen

In den Tagesbahnen der Kinder zeigten sich bei aller Differenzierung der individuellen Tagesbahnen wiederkehrende Zeiträume der räumlichen Nähe von Müttern und Kindern: die Morgenzeit mit Einschränkungen, die Heimkehrzeit aus der Schule oder dem Hort mit einer ersten – zeitlich oft verschobenen – Begegnung mit der gleichfalls zurückkehrenden Mutter, die Zeit vor dem Abendbrot und die Zeit des abendlichen Zubettgehens. Nun sagt die räumliche Nähe noch nichts über die soziale oder emotionale Nähe aus, Kinder saßen oft abends mit ihren Eltern in einem Zimmer vor dem TV-Gerät, ohne soziale Nähe zu empfinden, was nicht ausschließt, daß auch dabei unbewußte Momente der Zugehörigkeit und der Zusammengehörigkeit wirkten. Kinder berichteten gerade von diesen Zeiten, daß sie sich in ihnen wohlfühlten, weil die Familie zusammen war. Anderseits fühlten sich Kinder ihren Eltern auch sozial sehr nahe, wenn sie räumlich von ihnen getrennt waren. In den Abendstunden fielen soziale und räumliche Nähe zusammen, entstanden vielfache Möglichkeiten der Interaktion und wurden emotionale Nähe und Bindung sichtbar. Kriterien der sozialen Bindung waren für den Beobachter:

- die Kommunikationsdichte, d.h. die Häufigkeit und Intensität der geführten Gespräche;
- die Zuwendungsintensität, d.h. die Bereitschaft der Partner, sich ausschließlich einander zuzuwenden, einander zuzuhören und zueinander zu sprechen;
- das Vorhandensein von Körperkontakten;
- die Nutzung von sozialen Ritualen, deren Zeichenvorrat nur den beteiligten Familienmitgliedern verständlich war.

Zwischen dem Aufbruch – *das Zubettgehen* – das selbstbestimmt oder fremdbestimmt erfolgte (mit unterschiedlichen Aufforderungsmodi der Eltern: stumm die Uhr zeigen, die Uhrzeit nennen, sich Räuspern, Bemerkungen zum morgigen Tag/dem morgigen Aufstehen, direkte verbale Aufforderung) bis zum Lichtlöschen im Kinderzimmer lag eine Zeitspanne zwischen 3 und 75 Minuten mit besonders intensiven Interaktionen. Eine genauere Analyse dieses Zeitraums ließ eine differenzierte Interaktionsstruktur erkennen: das Aushandeln über einen möglichen Verbleib, die Verabschiedung, der Rückzug ins Kinderzimmer, die Beschäftigung im Bett (s. Tab. 2).

Tab. 2: Interaktionsstruktur der Gute-Nacht-Phase

Auftakt	verbale/ nonverbale Aufforderung selbständige Entscheidung
möglicheVerlängerung	Aushandeln
Verabschiedung von Familienmitgliedern	verbale/ nonverbale Grußformeln
Auskleiden/hygienische Verrichtungen	
mögliche Rückkehr zur Familie	Argumentationen
Ins-Bett-Legen/individuelle Beschäftigungen	
Mutter-Kind-Interaktion am Bett	Körperkontakt, verbale/nonverbale Kommunikation
mögliche Tätigkeiten	mediale Kommunikation
Lichtlöschen	

Die Interaktionen während des Zubettgehens schlossen meist damit ab, daß die Eltern die Kinder am Bett noch einmal aufsuchten und sich ausschließlich dem Kinde zuwendeten (das Gute-Nacht-Ritual). Auch diese Gemeinsamkeit wurde wiederum durch verschiedene regelmäßig wiederkehrende Interaktionen konstituiert: das Vorlesen oder Erzählen, das Singen oder Vorsingen oder in Einzelfällen das Beten, das Mithinlegen und/oder das gemeinsame Gespräch. In jedem Fall endeten sie mit einer nonverbalen Form der körperlichen Berührung (das Zudecken, Streicheln, Drücken oder Küssen) und einer Wunschformel für die Nacht. Wir wählen aus den von uns 1992 direkt beobachteten Handlungsabläufen folgende Szenen mit zehnjährigen Kindern aus:

- *Szene 1*: Die Mutter hat sich schon längere Zeit im Kinderzimmer aufgehalten, in dem die Geschwister im Bett liegen. Sie hat noch aufgeräumt und sich dabei mit den beiden Jungen unterhalten. Sie tritt an das Bett des jüngeren Kindes, zieht die Bettdecke hoch, streichelt es über Stirn und Wangen, küßt es und sagt ihm: „Schlaf Gut." In gleicher Weise verabschiedet sie sich vom zweiten Kind und verläßt mit den Worten „ich lösche jetzt das Licht" das Zimmer.
- *Szene 2*: Die Mutter hat den Jungen ins Bett begleitet, ihn dabei beobachtet, wie er sich ins Bett legt. Sie wartet eine kurze Zeit, gibt ihm einen Kuß und kuschelt ihr Gesicht noch einmal an das des Kindes. Sie nimmt den Teddy, legt ihn neben das Kind und spricht zum Teddy: „Paß gut auf, daß T. gut schläft." Danach kuschelt sie den Teddy noch einmal an das Kind.
- *Szene 3*: Das Mädchen hat sich schon vor einigen Minuten ins Bett gelegt und auf die Mutter gewartet, die ihr Kommen angekündigt hatte. Die Mutter kommt, setzt sich auf den Bettrand, nimmt die Hand der Tochter und streichelt sie mit ihren Händen. Sie nimmt noch einmal Bezug auf ein Gespräch, das beide vor dem Ins-Bett-Gehen geführt hatten und stellt fest: „Es war doch ein schöner Tag, Du hast so viel Schönes erlebt, und alle haben Dich doch gern. Du wirst sehen, wie gut Du schläfst." Sie streichelt jetzt die Haare und die Stirn des Mädchen und küßt es.

- *Szene 4*: Die Mutter kommt in das Zimmer, die Tochter hat sich schon hingelegt. Sie setzt sich zu dem Mädchen und streicht ihm mehrfach über das Haar. Der Vater tritt ins Zimmer und schaut zu. Die Mutter summt leise eine Melodie, das Haar weiter streichend. Mit den Worten „mach die Augen zu und denk an was Schönes" drückt sie noch einmal das Kind. Der Vater tritt ans Bett und streichelt das Kind gleichfalls. Die Mutter hat in der Zwischenzeit eine Spieluhr aufgezogen und die Lichtstärke im Zimmer verringert, beide verlassen das Zimmer, lassen aber das Licht brennen und die Tür offen stehen.
- *Szene 5*: Der ältere Bruder beschäftigt sich noch im Kinderzimmer, das Mädchen liegt schon im Bett und schaut sich ein Heft an. Die Mutter schickt den Jungen ins Bett und setzt sich an das Bett der Tochter. Diese fordert die Mutter auf, ihr noch eine Geschichte aus dem Heft vorzulesen, was auch geschieht. Danach kuschelt sich die Mutter noch einmal an das Mädchen und küßt es. Das Mädchen erwidert die Zärtlichkeit und umarmt die Mutter. Diese geht zum Bruder, küßt ihn gleichfalls und verabschiedet sich mit „tschüs, bis morgen". Das Licht bleibt brennen, die Kinder haben noch die Möglichkeit sich im Bett zu beschäftigen. Das Mädchen schaut weiter in das Heft, der Bruder hört über Walkman Musik. Nach ca. 10 Minuten löscht der Bruder ohne weitere Aufforderung das Licht.

Abb. 1: Häufigkeit der körperlichen Interaktionen zwischen Eltern und Kind während des Gute-Nacht-Rituals nach Alter (386 Erhebungstage)

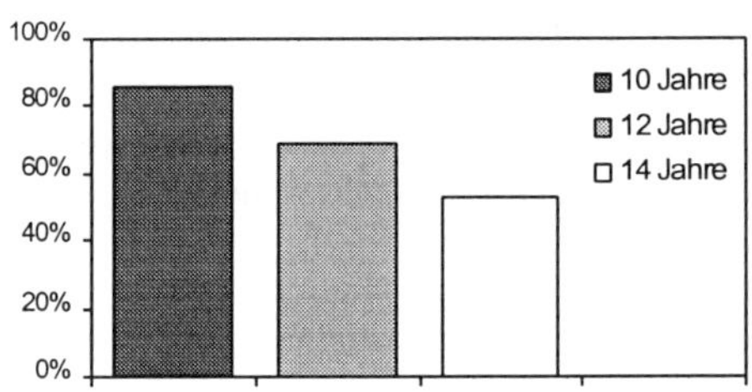

Von den 476 Untersuchungstagen in 32 Familien suchten an 310 Tagen die Mutter, an 12 Tagen der Vater (bei Abwesenheit der Mutter), an 64 Tagen beide Eltern gemeinsam oder in Folge noch einmal das Kind/die Kinder am Bett auf und verabschiedeten sich durch eine körperliche Berührung (s. Abb. 1). An 90 Erhebungstagen kam es zu keinem Kontakt mehr bzw. war ein solcher nicht mehr rekonstruierbar. Die Mutter erwies sich dabei als zentrale Bindungsperson. Geschlechtereffekte waren nicht nachweisbar, die Eltern praktizierten das Gute-Nacht-Ritual geschlechtsneutral, und es war ersichtlich, daß die Jungen des emotionalen Kontaktes in gleicher Weise wie Mädchen bedurften. Der Alterseffekt einer geringeren Kontakthäufigkeit war voraussehbar, trotzdem praktizierten auch die älteren Kinder mit 14 oder 15 Jahren unerwartet häufig noch das

Ritual und fanden irgendeine Form der körperlichen Berührung. Die Befunde, die ausschließlich in einer Ostberliner Stichprobe gewonnen wurden, lassen zudem erkennen, daß zumindest in bezug auf die Abendphase keine Interaktions- oder Emotionsdefizite bestanden.

3. Die Forschungsperspektive auf Gute-Nacht-Rituale

Die im Übergang zur Nachtruhe liegenden Gute-Nacht-Rituale haben in den Wissenschaften bisher wenig Reflexion erfahren, wenn auch die sozial-emotionale Beziehung zwischen Eltern und Kind vielfache Bearbeitung gefunden hat. Vor allem die psychologisch orientierten Forschungen zur Bindungsqualität und zur Bindungssicherheit in den Mutter-Kind-Beziehungen (Ainsworth et al., 1971 u. 1974; Keller/ Chasiotis, 1993) verweisen auf den Zusammenhang zwischen der Art der Bindungsqualität und dem alltäglichen mütterlichen Verhalten und lassen die Vermutung aufkommen, daß Gute-Nacht-Rituale die Herausbildung des sog. B-Typs (Ainsworth) des bindungssicheren Kindes stützen. Trommsdorff et al. (1998, 128) stellen den Zusammenhang zwischen Ritual und Bindungssicherheit explizit her, indem sie eine modifizierte Fassung des „Separation Anxiety Test“ (SAT) einsetzen. Den Kindern werden Bilder vorgelegt, auf denen vertraute, alltägliche und weniger vertraute, seltene Ereignisse dargestellt sind. Indikatoren für die Bindungsqualität waren u.a. die Akzeptanz der Situation, der Tonfall, die Sprechflüssigkeit. Das Kind hat das Bild einer Mutter zu kommentieren, die ihr Kind gerade ins Bett gebracht hat. Die Antwort: „Meine Mutter liest noch eine Gute-Nacht-Geschichte vor, und ich schlafe dann“, wird z.B. als Aussage eines bindungssicheren Kindes gewertet, die Antwort „nicht gut, traurig (flüsternd), ich lege mich ins Bett“ als die eines unsicher gebundenen Kindes. Dieter Ulich beschreibt in seinem Modell der *emotionalen Sozialisation* (1993, 272) emotionsauslösende Situationen und verweist auf die tatsächlichen Interaktionen, die ein intuitives „Parenting“ konstituieren, zu denen auch die praktizierten Gute-Nacht-Rituale gehören. Büchner und Fuhs (1996) reflektieren über die *emotionalen Erfahrungen,* die Kinder durch die ungeteilte elterliche Aufmerksamkeit erwerben und stabilisieren. Keller (1993) oder Rauh (1993) verweisen auf die Spannungsregulation, die durch die elterliche Zuwendung in solchen Interaktionen erreicht wird.

Die eigene *kindheitssoziologische* Perspektive ist durch das Streben bestimmt, Veränderungen in den abendlichen Beziehungen zwischen Eltern und Kindern (das binnenfamiliale Kommunikationsgefüge) zu identifizieren und von dort her auf mögliche Veränderungen in den familialen Lebensformen – des Übergangs von der modernen zur postmodernen Familie – zu schließen. Dabei bin ich mir der Schwierigkeit bewußt, von einigen wenigen Minuten des Tages und deren historischer Konstanz oder Dynamik auf die Qualität des familialen Zusammenlebens und dessen Wandel zu schließen („eine Soziologie der Gelegenheiten", Goffmann, 1971). Andererseits bin ich aber immer häufiger geneigt anzunehmen, daß sich auch anhand einer Momentaufnahme des familialen Zusammenseins die Totalität der familialen Beziehungen entschlüsseln läßt, und vielleicht könnten es gerade die letzten Minuten des Tages sein, die – dem Finale einer Sinfonie gleichend – noch einmal dessen Thema aufgreifen und expressiv ausdrücken. Die sog. „kleinen Verhaltensmomente" sind „Anhaltspunkte für Orientierung und Engagement, Ausdrucksweisen der geistigen und körperlichen Verfassung" (Goffman, 1971, 7) und lassen auch die soziale Organisation der Familie und deren Wandel erkennen.

4. Der Ritualcharakter der abendlichen Verabschiedung

Die abendliche Begegnung am Bett trug alle Merkmale eines Rituals (Bichler, 1989). Für Malinowski (1973) bezeichnen Rituale eine „zur Regelform gewordene, häufig gesellschaftlich tradierte Handlungsfolge (institutionalisiert, nichtinstitutionalisiert) in religiösen und alltäglichen Lebenszusammenhängen" (zitiert nach Lenzen, 1989, 1311), für Werlen (1984) „meist traditionsbestimmte soziale Verhaltensweisen, die mit Regelmäßigkeit zu bestimmten Anlässen in immer gleicher Form spontan hervorgebracht werden" (zitiert nach Lenzen, 1989, 1312).

In den oben wiedergegebenen Szenen finden sich wiederkehrend die gegenseitige körperliche Berührung, eine symbolische Geste des Schutzes (z.B. das Zudecken), eine verbale Gute-Nacht-Formel, die in der Wunschform nahezu Beschwörungscharakter trug.

Die Gute-Nacht-Rituale (vgl. auch Bichler, 1989) erwiesen sich *erstens* als individuell tradierte Interaktionsmuster (Stereotype) mit hoher emotionaler Ladung (innere Anteilnahme). Sie drückten *zweitens* ein Wiederkehrendes, Dauerndes, Stabiles und Stabilisierendes, Konsistentes aus, das von den Kindern und den Eltern auch *erwartet* wurde und bei einem Ausbleiben zu einem Defizitempfinden auf beiden Seiten führte. *Drittens* trugen die Handlungen einen symbolischen Charakter und verwiesen auf einen übergeordneten, über den einzelnen hinausführenden Zusammenhang (intentionale Komponente). In der ostdeutschen säkularisierten Gemeinschaft war dieser Zusammenhang nicht mehr die Bindung an eine Transzendentalität, sondern Eltern und Kinder signalisierten mit der hochgradig symbolischen Interaktion ihre Zusammengehörigkeit und bekräftigten ihre Gemeinschaft. Eine solche Funktionsdeutung wird durch die Begründungen der Eltern gestützt: Die Eltern begründeten ihre Handlungen damit, daß das Kind „ohne Belastungen in den Schlaf kommen" oder „noch einmal Zärtlichkeit empfangen (noch einmal schmusen)" solle, daß damit dem Kind „Sicherheit" oder das „Gefühl der Geborgenheit" gegeben würde, es noch einmal „Gelegenheit zum Gespräch" hätte, den „Streß des Tages abschütteln" könne. Andere argumentierten weniger rational, aber vielleicht deshalb auch zutreffender: „Ich brauche das einfach", „das gehört zur Familie dazu", „wenn das nicht ist, bricht alles weg". Aus ihrer Sicht sollten Gute-Nacht-Rituale

- durch das Signal der Zugehörigkeit Bindungssicherheit erzeugen,
- existentielle und situative Ängste und Bedrohungen abbauen,
- einen bestimmten Ordnungszustand, eine Berechenbarkeit (Anomiereduzierung) herstellen und
- die Identität des Kindes stärken und sein Selbst stützen.

Insofern fungierten Gute-Nacht-Rituale in den Familien als Momente einer „emotional hochaufgeladenen irrationalen Gefühlsbindung zu einem anderen Menschen" (Bronfenbrenner, 1993, 75). In den Reaktionen der Kinder fand sich dagegen eine bemerkenswerte Zurückhaltung, fast Verlegenheit. Auf die Frage, ob und wie sie sich von ihren Eltern abends verabschieden bzw. die Eltern von ihnen, antworteten die Kinder unbestimmt („na so", „ Mutti kommt noch mal", „sie ist noch mal lieb"), als gäbe es eine Scheu, über die körperliche Berührung oder die Zärtlichkeit zu sprechen. Diese Tatsache kann unterschiedlich gedeutet werden und evtl. auf ein lang nachwirkendes protestantisches Muster verweisen, die Körperbeziehungen nicht zu thematisieren und zu tabuisieren. Erst auf die wiederholte Bitte, die Begegnung zu beschreiben, gaben dann die Kinder an: „ein Küßchen", „noch mal drücken", „sie streichelt mich".

Kulturhistorisch liegt es nahe, die Gute-Nacht-Rituale aus dem gemeinsamen Abendgebet von Mutter und Kind herzuleiten, in dem sich beide einem höheren Wesen anvertrauten und eine Art Urvertrauen herstellten. Die Herkunft liegt vielleicht noch weiter zurück und wurzelt möglicherweise in Naturritualen. In Schweizer Alpentälern habe ich ein Ritual des Gute-Nacht-Rufes kennengelernt, bei dem mit der Abenddämmerung von den Berghütten aus in den Berg ein Gebet hineingerufen wird. Auch bei Naturvölkern existieren Verhaltensweisen, mit denen die heraufziehende Nacht begrüßt bzw. der verschwindende Tag verabschiedet wird Die Tageswende erhält mit dem Ritual eine bestimmte Weihe und drückt den beschwörenden Wunsch aus, daß man den nächsten Tag erleben möchte. Vielleicht mischt sich in den Ritualen auch Sakrales und Profanes, wie z.B. in den Schweizer Berghütten, in denen die Rufe auch signalisierten, daß die betreffende Hütte noch besetzt ist. Ich bin weit entfernt davon, dem Gute-Nacht-Ritual einen archaischen Inhalt geben zu wollen, einem Atavismus gleichend, der in der Moderne stört und auch in der Postmoderne fremd bleibt. Ich meine vielmehr, daß tagtäglich von den Individuen – meist unbewußt – Verhaltensweisen praktiziert werden, die heutige soziale Bedürfnisse ausdrücken und doch in die Vor- und Frühgeschichte zurückweisen und anthropologisch begründbar sind.

5. Die Veränderungen des Gute-Nacht-Rituals

Die Längsschnittuntersuchung gab die Möglichkeit zu prüfen, ob sich diese Rituale als tradierte soziale Muster mit einem sozialen Wandel gleichfalls wandeln würden. In der Analyse fanden sich zwei Dimensionen des Wandels:

- Veränderungen, die über einen längeren historischen Zeitraum wirkten, nur durch einen Generationsvergleich zu identifizieren waren und als *Modernisierungseffekt* charakterisiert werden könnten. Interviewpartner waren in diesem Fall die Eltern, die über die Gute-Nacht-Rituale ihrer Kindheit berichteten und dabei auch unsystematisch Kindheitserfahrungen ihrer Eltern einbrachten und damit auf den Anfang dieses Jahrhundert verwiesen.
- Veränderungen, die während der Untersuchung feststellbar waren und auf einen aktuell sich vollziehenden Wandel deuten lassen, wobei ich anfänglich geneigt war, hier von einem Transformationseffekt zu sprechen, was aber durch den fehlenden Vergleich mit westdeutschen Kindern nicht nachweisbar ist. Beobachtungs- und Interviewpartner waren in diesem Fall die Eltern und Kinder.

5.1 Längerfristige Veränderungen im Zusammenhang mit der Modernisierung von Kindheit

Der eingangs getroffenen Feststellung, daß in der überwiegenden Mehrheit der Familien beständig und kontinuierlich über die gesamte Kindheitsphase hinweg Gute-Nacht-Rituale existierten und gepflegt wurden, stand die aus den Interviews gewonnene Erkenntnis gegenüber, daß sich über einen längeren historischen Zeitraum hinweg seit Anfang dieses Jahrhunderts – verstärkt aber nach dem Zweiten Weltkrieg – Veränderungen vollzogen haben. Mütter und Väter der von uns untersuchten Kinder berichteten auf unsere Fragen hin von abendlichen Verabschiedungsformen, die sich wesentlich von den heutigen unterschieden.

Als Tendenz einer allgemeinen Säkularisierung vollzog sich eine *Entsakralisierung* der abendlichen Begegnungen zwischen Eltern und Kindern. Während noch die Elterngeneration von einem zur Regel gewordenen abendlichen Gebet – allein oder mit der Mutter – berichtete, beteten nur wenige Kinder unserer Stichprobe abends. Der Kindersurvey von Silbereisen und Zinnecker bestätigt diese Beobachtung, und zwar für ostdeutsche Kinder mit 18%, für die westdeutschen Kinder mit 48% (Zinnecker/ Silbereisen, 1996). Eine solche Feststellung schließt ein bestimmtes sakrales Gefühl gegenüber der Tageswende, der hereinbrechenden ungewissen Nacht, der „unsicheren Reise" des Schlafes nicht aus (Ebertz, 1988, 403). Mütter gestanden, daß sie ihre Kinder auch deshalb nicht mit Streit oder Zwistigkeit in den Schlaf entließen, weil vielleicht etwas Ungewöhnliches passieren könne.

Eltern erzählten weiterhin von Formen, die auch für die abendlichen Beziehungen eindeutige Hierarchisierungen ausdrückten. Die Kinder hatten zum Vater zu gehen, sich von ihm zu verabschieden, der ihnen gegebenenfalls die Hand reichte oder eine Zärtlichkeit zuließ. Das Gute-Nacht-Ritual trug Merkmale einer Ehrerbietung. Die gegenwärtigen Beziehungen deuten auf eine *Entdomestizierung* hin. Die emotionale Beziehung wies eine bestimmte Symmetrie auf, in der nicht nur beide Seiten auf die Einhaltung achteten, sondern offensichtlich darin ein emotionales Bedürfnis ausdrückten. Diese Entdomestizierung ging mit einer Entregelung einher. In den Elternberichten fanden sich immer wieder Erzählungen, wie die eigenen Eltern früher überlistet wurden, um noch lesen zu können (das legendäre „Unter-der-Bettdecke-Lesen"), und welche Sanktionen zu erwarten waren, wenn man beim Lesen erwischt wurde. Für die Kinder unserer Stichprobe dagegen war es zur Selbstverständlichkeit geworden, daß sie im Bett noch spielten, lasen, Musik hörten. Damit ging offensichtlich auch eine *sexuelle Entkrampfung* einher, die Kinder z.B. nicht mehr daran band, die Hände auf die Bettdecke zu legen, oder die Eltern nicht mehr zwang, sexuelle Äußerungsformen des Kindes, wenn schon nicht zu verhindern, so doch zu tabuisieren. Körperpflege und Körperlust erhielten zumindest in den abendlichen Badefreuden einen auch von den Eltern akzeptierten Stellenwert (Honig, 1993). Völlig neu waren Hinweise von Eltern, vor allem von Vätern, daß sie unter dem Eindruck der Diskussionen zu Kindesmißbrauch und Inzesttragödien, Hemmungen hätten, ihre Kinder ab einem bestimmten Alter körperlich zu berühren. Zumindest Väter begannen, sich der Grenzen körperlicher Intimität bewußt zu werden.

Während wir in bezug auf die langfristigen Veränderungen auf die Erzählungen der Eltern angewiesen waren, ließen sich die Veränderungen zwischen den Erhebungszeitpunkten systematisch rekonstruieren.

5.2.Veränderungen zwischen den Erhebungszeitpunkten 1990-1996

Die Erhebungen von 1990 auf 1996 zeigten eine bemerkenswerte Konstanz des Rituals und der durch die Eltern aufgewendeten Zeit am Bett oder im Kinderzimmer (vgl. Abb. 2). Koexistierend mit diesen konsistenten Momenten zeigen sich jedoch auffällige Veränderungen im Gesamtablauf des Zubettgehens.

Abb. 2: Häufigkeiten körperlicher Interaktionen zehnjähriger Kinder 1990-96 in Prozent (196 Erhebungstage)

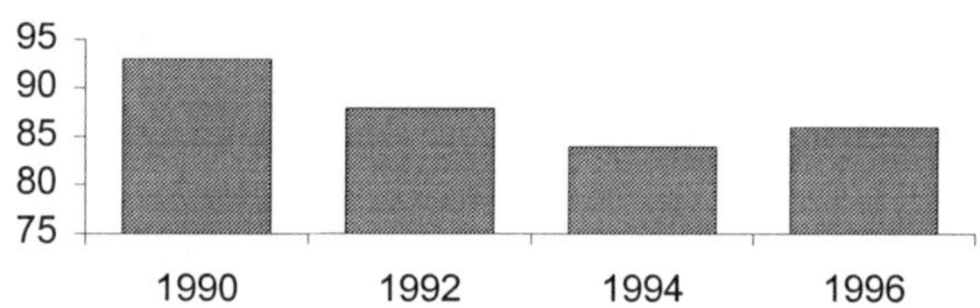

In der Struktur des abendlichen Zubettgehens fand sich in allen Altersgruppen eine Phase gesonderter Tätigkeiten – von uns im weiteren als *Einschlafphase* bezeichnet (vgl. Tab. 3). Nach der Verabschiedung von den Eltern schalteten die Kinder – von den Eltern geduldet und z.T. auch unterstützt – *im Bett liegend* eine Phase ein, die zum Einschlafen überleitete und die sie selbst beendeten, was nicht ausschloß, daß die Eltern noch einmal nachschauten und gegebenenfalls auch ein Ende setzten, wenn das Kind die Phase zeitlich überzog. In dieser Zeit hörten die Kinder Musik, lasen, blätterten in Heften und Journalen, sahen fern. Eine solche selbständig gestaltete und zeitlich auch selbstbestimmte Phase wäre noch vor 50 Jahren undenkbar gewesen und ließ auch den generationalen Unterschied in der internen Systemlogik der familialen Lebensführungen erkennen.

Diese Einschlafphase war in hohem Maße an Medien gebunden, z.T. sogar von ihnen dominiert. Die *Medienorientierung bzw. -dominanz* in Form des TV-Gerätes mit oder ohne Video, des Walkmans, des Recorders war durch die Kinder in ihre Abendgestaltung eingeplant und auch räumlich vorbereitet (z.B. durch Kassettenfächer oder Fernsehzeitungen am Bett). Fernbedienungen und Kopfhörer erleichterten den Zugriff bzw. auch die Nutzung in Zimmern mit mehreren Geschwistern.

Tab. 3: Häufigkeit und Zeitdauer von Tätigkeiten zehn- bis vierzehnjähriger Kinder während der Einschlafphase bis zum Lichtlöschen (196 Erhebungstage)

	1990	1992	1994
Häufigkeit in %	21	24	36
Zeitdauer in min	8	12	25

Die Medienbindung ging mit einer Tendenz zur *Vergegenständlichung* einher, in der sich Gegenstände in die nächtliche Kinderwelt drängten. Eine solche Beobachtung war schon in den Kinderzimmern auch sehr kleiner Kinder erkennbar, die von der Kuschelwindel bis zum Teddybären über vielfältige vergegenständlichte „Ansprechpartner" verfügten. Eine solche Tendenz, das Lieblingsspielzeug mit ins Bett nehmen zu wollen oder mit dem Teddy oder der Puppe noch zu sprechen, war nicht neu – verändert erschienen jedoch Intensität und Funktion dieser Vergegenständlichung. Die Eltern ordneten den Gegenständen eine *emotionale Verstärker*funktion zu, was wiederum für den Wunsch sprach, die durch den persönlichen Kontakt erreichte emotionale Stabilisierung durch eine entpersönlichte Beziehung zu verstärken, was wiederum dazu führte, daß auch diese Gegenstände emotional geladen waren. Wir beobachteten akustische (Spieluhr, Walkman, Klingeltiere), optische (Lichtspiel, Lampe, Unruhe bzw. Mobile) und gegenständliche Verstärker (Kuschelwindel, Teddy, Puppe), die in der Gegenwart ihre Kulmination in „Tamagotschis" oder „Furbies" finden. Besonders letztere scheinen das Moment der Entpersönlichung wieder rückgängig zu machen und Zärtlichkeit, Versorgungsanspruch und kommunikative Interaktion zu vereinen.

Diese empirischen Befunde lassen in einer ersten Interpretation auf eine Verlagerung der persönlich-sozialen auf vergegenständlichte Beziehungen schließen, die zudem nach vorgefertigten Aneignungsmustern agieren. Eine solche Erkenntnis könnte wiederum auf den Verlust an emotionaler Bindungsintensität und den Übergang zu anonymen Interaktionsstrukturen hindeuten und normativ vor Störungen der emotionalen Balance in den Familien warnen. Solche Gefährdungen sind nicht auszuschließen. Es ist jedoch zu beachten, daß diese Aktivitäten zusätzlich zu den persönlichen Kontakten auftraten und diese nicht kompensierten. Zudem waren diese Aktivitäten in ihren Vergegenständlichungen emotional hoch geladen und setzten die durch den Elternkontakt eingeleitete emotionale Stabilisierung fort. Insofern wirkten verschiedene Formen – traditionell und modern – koexistierend und ließen die familiale Beziehungswelt vielfältiger und emotional intensiver werden. Es sei dabei bewußt offengelassen, ob damit ein Muster der Postmoderne bedient wird.

Literatur

Ainsworth, M. D. S., Bell, S. M. & Stayton, D. J.,1971: Individual differences in strange-situation behavior of one-year-olds, in: Schaffer, H. R., (Ed.), The origins of human relations, London: Academie Press, S.17-57.
Ainsworth, M. D. S., Bell, S. M. & Stayton, D. J.,1974: Infant-mother attachment and social development, in: Richards, M. P., (Ed.), The introduction of the child into the social world, London: Cambridge University Press, S. 99-135.
Bichler, T., 1989: Ritual, in: Lenzen, D., (Hrsg.), Pädagogische Grundbegriffe, Reinbek: Rowohlt, S.1310-1313.
Bronfenbrenner, U., 1993: Universalien der Kindheit. in: DJI, (Hrsg.), Was für Kinder? Aufwachsen in Deutschland. Ein Handbuch, München: Kösel, S.74-78.
Büchner, P. & Fuhs, B., 1996: Der Lebensort Familie. Alltagsprobleme und Beziehungsmuster, in: Büchner, P., Fuhs, B. & Krüger, H.-H., (Hrsg.), Vom Teddybär zum ersten Kuß, Opladen: Leske+Budrich, S.159-200.
Ebertz, M. N., 1988: Heilige Familie? Die Herausbildung einer anderen Familienreligiosität, in: DJI, (Hrsg.), Wie geht's der Familie? Ein Handbuch zur Situation der Familien heute, München: Kösel, S. 403-422
Goffman, E., 1971: Interaktionsrituale. Über Verhalten in direkter Kommunikation, Frankfurt: Suhrkamp.
Honig, M.-S., 1993: Über die Sexualität von Kindern, in: DJI, (Hrsg.), Was für Kinder? Aufwachsen in Deutschland. Ein Handbuch, München: Kösel, S.182-194.
Keller, H., 1993: Psychologische Entwicklungstheorien der Kindheit, in: Markefka, M. & Nauck,B., (Hrsg.), Handbuch der Kindheitsforschung, Neuwied: Luchterhand, S.31-44.
Keller, H., & Chasiotis, A. 1993: Frühkindliche Pflegepraktiken, in: Markefka, M. & Nauck, B., (Hrsg.), Handbuch der Kindheitsforschung, Neuwied: Luchterhand, S.319-336.
Kirchhöfer, D., 1998: Soziale Differenzwahrnehmungen ostdeutscher Kinder, in: Mansel, J. & Neubauer, G., (Hrsg.), Armut und soziale Ungleichheit bei Kindern, Opladen Leske+Budrich, S. 54-66.
Kirchhöfer, D., 1999: Kinder zwischen selbst- und fremdbestimmter Zeitorganisation, in: Fromme, J., Kommer, S., Mansel, J. & Treumann, K. P., (Hrsg.), Selbstsozialisation, Kinderkultur und Mediennutzung, Opladen: Leske+Budrich, S.100-112.
Lenzen, D., (Hrsg.), 1989: Pädagogische Grundbegriffe, Reinbek: Rowohlt.
Malinowski, B., 1973: Magie, Wissenschaft, Religion und andere Schriften, Frankfurt: Fischer.
Rauh, H., 1993: Frühkindliche Bedingungen der Entwicklung, in: Markefka, M. & Nauck, B., (Hrsg.), Handbuch der Kindheitsforschung, Neuwied: Luchterhand, S.221-238.
Trommsdorff, G., Kornradt, H.-J. & Hessel-Scherf, M., 1998: Soziale Motivation ost- und westdeutscher Kinder, in: Oswald, H., (Hrsg), Sozialisation und Entwicklung in den neuen Bundesländern, Zeitschrift für Soziologie der Erziehung und Sozialisation, 2.Beiheft, S.121-136.
Ulich, D., 1993: Emotionale Entwicklung, in: Markefka, M. & Nauck, B., (Hrsg.), Handbuch der Kindheitsforschung, Neuwied: Luchterhand, S.263-274.
Werlen, I., 1984: Ritual und Sprache: zum Verhältnis von Sprechen und Handeln in Ritualen, Tübingen: Narr.
Zinnecker, J., Silbereisen, R. K., 1996: Kindheit in Deutschland. Aktueller Survey über Kinder und ihre Eltern, Weinheim & München: Juventa.

Partner- und Konfliktfamilien

Catarina Eickhoff

Die Familienforschung hat sich in den letzten Jahren verstärkt mit der Frage nach Modernisierungsprozessen im Rahmen des Familienlebens beschäftigt. Besondere Aufmerksamkeit fanden dabei die Interaktions- und Kommunikationsprozesse in der Familie. Es ist unumstritten, daß die Kernfamilie im Hinblick auf die Vermittlung von Normen, Werten und Verhaltensmustern eine wichtige Rolle spielt. Die Atmosphäre und der Kommunikationsstil in der Familie prägen die Weltsicht des Kindes, sowie das Bild, das das Kind von sich selber entwikkelt (vgl. Kreppner, 1997). Auch bei der Entstehung von psychischen Störungen ist das Familienklima und die Familienkommunikation ein nicht zu vernachlässigender Faktor (vgl. Doane, 1978; Hehl/ Eisenriegler, 1986; Kröger, 1994). Die Auftretenswahrscheinlichkeit von Verweigerungsverhalten und die Entwicklung von unangepaßtem, antisozialen Verhalten auf seiten des Kindes stehen in engem Zusammenhang mit dem Verhalten der Eltern (vgl. Schuster, 1998). Aber auch das Wohlbefinden und die Kompetenzen der Kinder werden durch das elterliche Verhalten und Wohlbefinden beeinflußt (vgl. Herlth et al., 1995). Folglich ist es für die Präventionsarbeit sowie für die therapeutische Arbeit unerläßlich, Informationen darüber zu haben, wie sich ein ungünstiges, aber auch ein günstiges Familienklima auszeichnet und welche Konsequenzen es haben kann.

Mit der Studie, die hier vorgestellt wird, soll ein Beitrag dazu geleistet werden eben diesen Wissensfundus zu erweitern und teilweise zu replizieren. Zu diesem Zweck wurden anhand der Daten von 840 Kindern zwischen 12 und 16 Jahren unterschiedliche Familientypen gebildet, die unterschiedliche „Familienatmosphären" repräsentieren. Wie sich diese Familienumwelten unterscheiden soll genauer beleuchtet werden.

1. Ausgangspunkt der Untersuchung

Die Familie ist für die einzelnen Familienmitglieder eine der Hauptquellen für Streß, aber auch häufig eine wichtige Quelle für Ressourcen, um belastende Situationen zu bewältigen. Dabei haben die Eltern, trotz der zunehmenden Bedeutung der Peergruppe, auch im Jugendalter i.d.R. noch einen starken Einfluß auf ihr(e) Kind(er) (vgl. Oerter, 1987). Den Zusammenhang zwischen der Art, wie Kinder ihre Eltern bzw. ihre Familie wahrnehmen, und unterschiedlichen Merkmalen des Kindes bzw. der Familie stellt auch Zinnecker (1997) in seinem Aufsatz über die Glücks- und die Streßkinder dar. Auf der

Basis von 700 im Jahre 1993 befragten „Mutter-Vater-Kind-Triaden" (als erste Welle einer repräsentativen Längsschnittstudie, die an der Universität Siegen durchgeführt wurde), wurden seinerzeit anhand verschiedener Fragenreihen – hier aus der Perspektive 10-13jähriger Kinder – Informationen über die Beziehung des jeweiligen Kindes zu beiden Elternteilen gewonnen. Auf dieser Grundlage ließen sich mittels einer personenbezogenen Clusteranalyse vier Familienumwelten unterscheiden:

- Zunächst ließen sich die „*Partner-Eltern*" identifizieren, die von den Kindern als empathisch erlebt werden, die an den Schulangelegenheiten des Kindes interessiert sind, deren Ratschläge von dem jeweiligen Kind akzeptiert werden und die in ihrer Freizeit viel mit dem Kind gemeinsam unternehmen. Zudem wird das allgemeine Familienklima von dem befragten Kind als harmonisch eingeschätzt, und Diskussionen über Themen, wie „zu Bett gehen" oder mit welchen Freunden das Kind seine Freizeit verbringt, finden gar nicht oder in einer sehr ruhigen Form statt.
- „*Konflikt-Eltern*" werden hingegen als wenig empathisch und als desinteressiert an Schulangelegenheiten des Kindes wahrgenommen. Das Familienklima ist wenig harmonisch, es finden heftige Diskussionen statt, und die Familie unternimmt eher selten etwas gemeinsam.
- Die „*Kontroll-Eltern*" zeichnen sich dadurch aus, daß sie zwar als empathisch wahrgenommen werden, aber eine starke Kontrolle, vor allem in Schulangelegenheiten, ausüben. Der Erziehungsstil wird als konsequent beschrieben. Die Beziehung zwischen Kind und Vater scheint schwierig zu sein.
- Die „*lockeren Eltern*" üben wenig Kontrolle aus, unternehmen viel mit ihren Kindern (vor allem die Väter) und zeichnen sich durch einen inkonsequenten Erziehungsstil aus.

Zinnecker (1997) stellt in seinem Artikel heraus, daß diese Familientypen unterschiedliche Risiken bzw. Ressourcen des Aufwachsens für die jeweiligen Kinder darstellen. Vor allem die Partner- und Konfliktfamilien stellen kontrastive Familienumwelten dar, die es sich lohnt, näher zu betrachten. Zu diesem Zweck haben wir diese Familientypen in einer weiteren Studie mit etwas älteren Kindern repliziert.

2. Methode und Stichprobe

Die Replikation der beschriebenen Familientypen basiert auf den Fragebogendaten von 840 Kindern zischen 12 und 16 Jahren. Diese Daten wurden im Sommer 1998 an 16 weiterführenden Schulen in Köln und Siegen (Haupt-, Real- und Gesamtschulen, so wie 6 Gymnasien) jeweils im Klassenverband erhoben. In Übereinstimmung mit Zinnecker (1997) gingen folgende Skalen in die Befragung mit ein:

- Empathische/r Mutter/Vater (z.B.: „Meine Mutter/mein Vater merkt mir sofort an, wenn ich vor etwas Angst habe".)
- Akzeptanz elterlicher Ratschläge (z.B.: Wie gut kann die Mutter/der Vater einen Ratschlag geben, wenn es um die Frage geht, warum es Krieg und Ungerechtigkeit in der Welt gibt.)
- Heftige Diskussionen mit Mutter/Vater (z.B. über Bettgehzeiten, Freunde usw.)
- Schulkontrolle durch Mutter/Vater (z.B.: „Meine Mutter/mein Vater fragt mich regelmäßig, wie es in der Schule gewesen ist, ... fragt nach meinen Hausaufgaben usw.)
- Gemeinsame kulturelle und sportive Aktivitäten mit der Mutter/dem Vater (z.B.: „Wir treiben gemeinsam Sport.")
- Harmonisches Familienklima (z.B.: „In unserer Familie geht es harmonisch und friedlich zu.")

Die Fragen zum Erziehungsstil (konsequent und inkonsequent) gingen nicht mit in die Befragung ein, da sie vor allem für die beiden Familientypen charakteristisch waren, die wir nicht näher betrachten wollten (die „*Kontroll-Eltern*" und die „*lockeren Eltern*"). Insgesamt haben 423 Mädchen und 417 Jungen den Fragebogen ausgefüllt, wobei 81,5% von ihnen Deutsche und 18,5% AusländerInnen sind.

3. Ergebnisse

3.1 Clusteranalyse

Mit den erhobenen Daten ließen sich der Partner- und der Konfliktfamilientyp replizieren. Nur die *Heftigkeit der Diskussionen* hat nicht mehr den starken Einfluß, der ihr ursprünglich zukam. Die beiden weiteren Familientypen gestalten sich etwas anders, da die Erziehungsvariablen nicht berücksichtigt wurden. Man könnte diese beiden Typen als „Durchschnittscluster" (keine herausragenden Merkmale im Hinblick auf die von uns untersuchten Variablen) und als „Diskussionscluster" (dieser Typ zeichnet sich vor allem durch heftige Diskussionen in der Familie aus) bezeichnen. Tabelle 1 veranschaulicht die Ergebnisse der Clusteranalyse, wobei jeweils die Abweichung vom Gesamtmittelwert in Standardabweichungen angegeben ist.

In unserer Stichprobe ließen sich 262 (31,2%) Kinder dem *Partner-Cluster*, 100 (11,9%) dem *Konflikt-Cluster*, 285 (33,9%) dem *Durchschnittscluster* und193 (23,1%) dem *Diskussionscluster* zuordnen. Interessanterweise dreht sich das Verhältnis von Partner- und Konfliktfamilien im Vergleich mit der ursprünglichen Studie um. Dort waren 198 „Konflikt-Eltern" versus 123 „Partner-Eltern" zu finden.

Tab. 1: Familientypen aus der Kinderperspektive

	Partner-Cluster	Durchschnitts-Cluster	Diskussions-Cluster	Konflikt-Cluster
empathische Mutter	++			--
empathischer Vater	++			--
Akzeptanz mütterl.. Ratschläge	++			---
Akzeptanz väterlicher Ratschläge	++			---
heftige Diskussionen mit Mutter	+	+	---	-
heftige Diskussionen mit Vater		+	--	-
Schulkontrolle durch Mutter	+			---
Schulkontrolle durch Vater	+			---
gemeinsame. kulturelle und sportive Aktivitäten mit der Mutter	+	-		--
gemeinsame kulturelle Aktivitäten mit dem Vater	+	-		-
gemeinsame Hobbys und Sport mit Vater	+			--
harmonisches Familienklima	++			---

Abweichung vom Gesamtmittelwert in Standardabweichungen :
+++ = mehr als eine Standardabweichung über dem Gesamtmittelwert,
++ = mehr als zwei Drittel Standardabweichung über dem Gesamtmittelwert;
+ = mehr als ein Drittel Standardabweichung über dem Gesamtmittelwert;
--- = mehr als eine Standardabweichung unter dem Gesamtmittelwert;
-- = mehr als zwei Drittel Standardabweichung unter dem Gesamtmittelwert;
- = mehr als ein Drittel Standardabweichung unter dem Gesamtmittelwert.
Eine leere Zelle bedeutet, daß die Abweichung weniger als ein Drittel Standardabweichung vom Gesamtmittelwert beträgt.

3.2 Weitere Charakteristika der Familientypen

3.2.1 Merkmale des Kindes

Der Wohnort (Siegen oder Köln), das Alter, das Geschlecht, die Anzahl der Geschwister und die Nationalität (deutsch vs. nicht deutsch) des Kindes unterscheiden sich im Hinblick auf die Familientypen nicht signifikant.

3.2.2 Familienstruktur

Tabelle 2 gibt einen Überblick über die Verteilung der Familienkonstellationen im Hinblick auf die Familientypen. Dabei werden nur Konstellationen berücksichtigt, die in beiden Clustern vorhanden sind. (Die Konstellation Vater,

Stiefmutter und mindestens ein Großelternteil ist z.B. weder bei den Partner- noch bei den Konfliktfamilien zu finden.)

Tab. 2: Verteilung der Familienstruktur in Partner- und Konfliktfamilien (in Prozent)

Familienstruktur	Partnerfamilie	Konfliktfamilie
alleinerziehende Mutter	6,7	20,0
alleinerziehender Vater	2,0	2,1
beide leiblichen Elternteile	73,7	60,0
beide leibl. Elternteile und mind. ein Großelternteil	11,0	3,2
Mutter und Stiefvater	2,7	4,2
Mutter und Großeltern(teil)	0,4	1,1
Vater und Großeltern(teil)	0,8	3,2
Mutter und Partner	2,0	1,7

Pearson Chi-Quadrat: p<.01

Der Tabelle ist zu entnehmen, daß in Partnerfamilien eindeutig häufiger beide leiblichen Elternteile (mit oder ohne Großeltern) mit dem Kind zusammenleben, während in Konfliktfamilien die alleinerziehenden Mütter dominieren. Alle anderen Konstellationen scheinen sich nicht in Abhängigkeit vom Familientyp zu unterscheiden, wobei zu berücksichtigen ist, daß die jeweiligen Fallzahlen sehr gering sind (zwischen 1 und 7 pro Zelle). Die beiden anderen Familientypen (Diskussions- und Durchschnittscluster) liegen, unter Berücksichtigung der Familienkonstellation, i.d.R. im Mittelfeld, d.h. zwischen Partner- und Konflikt-Cluster.

3.2.3 Rauchen, Alkohol, Drogen

Abb. 1: Alkohol- und Zigarettenkonsum (in Prozent) der Kinder aus Partner- und Konfliktfamilien

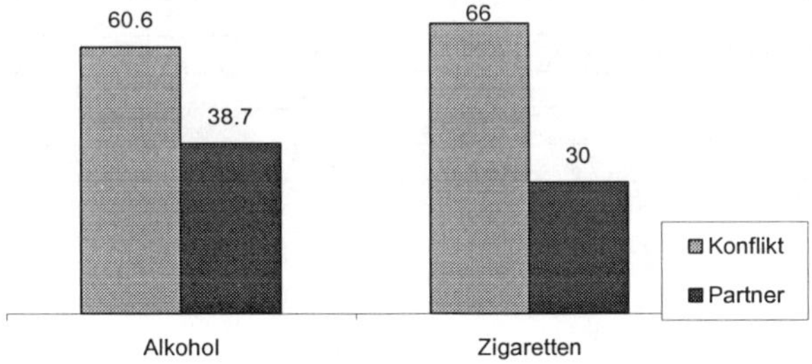

Pearson Chi-Quadrat: p<.01

Während 60,6% der Kinder in Konfliktfamilien angeben, schon mal Alkohol getrunken zu haben (mehr als nur genippt), sind es in den Partnerfamilien nur 38,7%. Beim Rauchen findet sich eine ähnliche Verteilung (30% bei Partnerfamilien, 66% bei Konfliktfamilien). Dies verdeutlicht Abbildung 1. Die Unterschiede erweisen sich jeweils als hochsignifikant (Pearson Chi-Quadrat, $p<.01$). Die beiden übrigen Cluster liegen im Hinblick auf den Konsum von Alkohol und Zigaretten zwischen dem Konflikt- und dem Partner-Cluster.

Bei der Anzahl der Kinder, die Marihuana bzw. Haschisch konsumieren, zeigen sich ebenfalls signifikante Unterschiede zwischen den Familientypen (Pearson Chi Quadrat: $p<.05$). Nur 5% der „Partner-Kinder" geben an Haschisch zu konsumieren, während die „Konflikt-Kinder" dies zu 13% tun. Zudem ist es so, daß wenn die Kinder angeben, daß sie Haschisch bzw. Marihuana nehmen oder genommen haben, dann konsumieren die Kinder aus Konfliktfamilien signifikant mehr von dieser Droge als Kinder aus Partnerfamilien (Pearson Chi-Quadrat: $p<.05$).

Bei harten Drogen, wie Heroin, Kokain, Ecstasy etc. zeigen sich hingegen keine signifikanten Unterschiede mehr zwischen den Familienclustern. 3% der Kinder aus Partnerfamilien geben an, schon härtere Drogen probiert zu haben, im Gegensatz zu 8% der Kinder aus Konfliktfamilien.

3.3.4 Bildung und Schule (Kind)

Der Schultyp, den das Kind besucht, spielt keine Rolle bei der Charakterisierung von Partner- und Konfliktfamilien – wohl aber der angestrebte Schulabschluß des Kindes. Kinder aus Partnerfamilien streben einen höheren Schulabschluß an als Kinder aus Konfliktfamilien (Pearson Chi-Quadrat: $p <.05$). Zudem schätzen „Partner-Kinder" im Vergleich zu „Konflikt-Kindern" ihre Leistungen in der Schule als besser ein (s. Tab. 3).

Tab. 3: Leistungseinschätzung der Kinder im Vergleich zu den MitschülerInnen (in Prozent) bezogen auf Partner- und Konfliktfamilien.

Leistungseinschätzung des Kindes	Partnerfamilie	Konfliktfamilie
unteres Drittel	5,0	19,4
mittleres Drittel	65,5	67,9
oberes Drittel	29,5	20,5

Pearson Chi-Quadrat: $p <.001$

3.3.5 Bildung der Eltern

Der Schulabschluß der Mutter hat bei der Unterscheidung von Partner- und Konfliktfamilien keinen signifikanten Einfluß. Dagegen erweist sich der Schulabschluß des Vaters als hochsignifikant (Pearson Chi-Quadrat: $p < .01$).

Tab. 4: Schulabschluß der Väter in Partner- und Konfliktfamilien in Prozent (Angaben der Kinder)

Schulabschluß des Vaters	Partnerfamilie	Konfliktfamilie
keinen	7,0	14,5
Hauptschule	25,6	44,7
Realschule	23,6	18,4
Fachhochschulreife	7,9	3,9
Abitur	36,0	18,4

Pearson Chi-Quadrat: $p < .01$

4. Diskussion und Ausblick

Die Ergebnisse zeigen, daß sich eindeutige Unterschiede zwischen den Familientypen aufzeigen lassen. Kinder aus Konfliktfamilien rauchen mehr, trinken mehr Alkohol, nehmen mehr Drogen, schätzen sich schlechter in der Schule ein und streben einen weniger hohen Schulabschluß an als Kinder aus Partnerfamilien. Zudem wohnen „Partner-Kinder" häufiger mit ihren biologischen Eltern zusammen als „Konflikt-Kinder". Letztere leben überdurchschnittlich häufig bei nur einem Elternteil (i.d.R. der Mutter). Alter, Geschlecht, Nationalität, der besuchte Schultyp, die Anzahl der Geschwister, der Wohnort (Siegen oder Köln) und der Bildungsstand der Mutter spielen keine Rolle bei der Differenzierung der beiden Familientypen. Nur der Bildungsabschluß des Vaters ist in Partnerfamilien im Durchschnitt höher als der Bildungsabschluß von „Konfliktvätern".

Zusammenfassend läßt sich folglich festhalten, daß bei „Partner-Kindern" eher wünschenswerte Erziehungs- und Sozialisationsmerkmale auftreten als bei „Konflikt-Kindern". Auf der Basis der vorliegenden Daten können diese Ergebnisse allerdings nicht in einen kausalen Zusammenhang gestellt werden. Es bleibt nur zu vermuten, daß die aus Kinderperspektive erlebte streßhafte Atmosphäre als ursächlich im Sinne der Streßforschung (vgl. Lazarus/ Folkman, 1987; Schneewind, 1991) einzuordnen ist. Denn gerade bei der Bewältigung der vielen Veränderungen und Aufgaben, die sich den Jugendlichen in der Pubertät stellen, spielen die Familienbeziehungen eine wesentliche Rolle (vgl. Noller, 1995). Helmersen (1983) betont beispielsweise, daß Drogenmißbrauch von Kindern häufig dazu dient, von anderen Problemen in der Familie abzulenken.

Rauchen, Alkohol trinken und Drogenkonsum können als eine Form der Auseinandersetzung mit Lebensanforderungen, Entwicklungsaufgaben sowie psychischen und sozialen Belastungssituationen angesehen werden, denen die Jugendlichen – auch in der Familie – ausgesetzt sind (vgl. Nordlohne, 1992). Die Trennung der Eltern (die bei Konfliktfamilien häufiger stattfindet), die möglicherweise angespannte finanzielle Lage (aufgrund eines niedrigeren Bildungsabschlusses der Väter in Konfliktfamilien) und die weniger guten Leistungen von „Konflikt-Kindern" in der Schule können als solche Belastungssituationen eingestuft werden. Umgekehrt ist anzunehmen, daß die als ungünstig einzustufenden Streßbewältigungsstrategien der Kinder wiederum als Streßauslöser in der Familie fungieren, so daß vermutlich eine Wechselwirkung zwischen den beiden Faktoren (streßhaftes Familienklima und unerwünschte Bewältigungsstrategien der Kinder) vorliegt. Die Überprüfung eines möglichen Kausalzusammenhanges steht jedoch noch aus.

Hervorzuheben ist, daß es sich bei der vorliegenden Studie um eine *Replikation* handelt. Es konnte gezeigt werden, daß der streßhafte und der partnerschaftliche Familientyp auch in einer Stichprobe von älteren Kindern (12-16jährige statt 10-13jährige) und auch in größeren Städten zu finden ist. Das gleiche gilt für die aufgezeigten Zusammenhänge: Auch in der ursprünglichen Stichprobe fanden sich Unterschiede im Hinblick auf das Rauch- und Trinkverhalten der Kinder aus Partner- und Konfliktfamilien sowie eine höhere Bildung der „Partnerväter" gegenüber den „Konfliktvätern" und eine günstigere Einschätzung der Schulleistung auf seiten der „Partner-Kinder". Aspekte wie die subjektive Schichtzugehörigkeit, religiöse Erziehung, Hilfeleistungen der eigenen Familienmitglieder füreinander u.a.m. wurden in der vorliegenden Stichprobe nicht erhoben. Nur der Drogenkonsum ist als neue Frage mit eingegangen und bestätigt den vermuteten Trend.

Die Idee, bei der Untersuchung von Erziehungsverhalten und Entwicklungsbedingungen die Betroffenen selber, d.h. die Kinder, zu befragen (Zinnecker, 1997), wurde auch in der vorliegenden Studie umgesetzt. Da es um die (Fehl-) Entwicklung von Kindern geht, können Daten, die direkt von den Kindern stammen, als valider eingeschätzt werden, als wenn beispielsweise nur Einschätzungen der Mütter vorliegen. Einschränkend muß jedoch gesagt werden, daß die persönliche Umwelt eines Kindes natürlich nicht allein durch Vater und Mutter bestimmt ist. Der Einfluß von Großeltern, Geschwistern und anderen engen Bezugspersonen bleibt in der vorliegenden Studie unberücksichtigt. Zudem lassen sich familiale Interaktions- und Kommunikationsprozesse durch Selbstäußerungen der Beteiligten nicht angemessen repräsentieren. Um beispielsweise die einleitend erwähnten Modernisierungsprozesse in den Familien abzubilden (hier ist an das Etikett: „vom Befehlshaushalt zum Verhandlungshaushalt" zu denken, vgl. Büchner et al., 1998), bedarf es der direkten Beobachtung entsprechender Situationen durch die ForscherInnen. Es stellt sich die Frage, wie die vermittelnden Prozesse, die zwischen Eltern und Kindern stattfinden, tatsächlich aussehen. Wie läßt sich beispielsweise die Kommunikation in Konfliktfamilien im Vergleich zur Kommunikation in Partnerfamilien beschreiben? Spiegelt sich das vom Kind als streßhaft erlebte Familienklima in der Kommunikation wider? Diese Fragen sollen im weiteren Fortgang des Projektes untersucht werden.

Literatur

Büchner, P., du Bois-Reymond, M., Ecarius, J., Fuhs, B. & Krüger, H.-H., 1998: Teenie-Welten. Aufwachsen in drei europäischen Regionen, Opladen: Leske+Budrich.

Doane, J. A., 1978: Family Interaction and Communication Deviance in Disturbed and Normal Families: A Review of Research, *Family Process*, 17, S. 357-376.

Kreppner, K. & Ullrich, M., 1997: Talk to Mom and Dad and Listen to what is in Between, in: Hofer, M.; Youniss, J. & Noack, P., (Hrsg.), Verbal Interaction and Development in Families with Adolescents, Norwood, NJ: Ablex.

Kröger, F., 1994: Familiäre Interaktion bei Suchtkranken. Eine empirische Studie zum Interaktionsverhalten in Alkoholkranken- und Eßstörungsfamilien, Frankfurt /Main: VAS.

Hehl, F.-J. & Eisenriegler, E., 1986: Eine Untersuchung zur Kommunikation von Magersucht-Familien, in: Nordmann, E. & Cierpka, M., (Hrsg.), Familienforschung in Psychiatrie und Psychotherapie, Berlin: Springer Verlag, S. 142-167.

Helmersen, P., 1983: Family Interaction and Communication in Psychopathology, *European Monographs in Social Psychology*, 34, London: Academic Press.

Herlth, A., Böcker, S. & Ossyssek, F., 1995: Ehebeziehungen und Kompetenzentwicklung von Kindern, in: Nauck, B. & Onnen-Isemann, C., (Hrsg.), Familie im Brennpunkt von Wissenschaft und Forschung, Neuwied: Luchterhand, S. 221-235.

Lazarus, R. S. & Folkman, S., 1987: Transactional Theory and Research on Emotions and Coping, *European Journal of Personalitiy*, 1, S. 141-169.

Noller, P., 1995: Parent-Adolescent Relationships, in: Fitzpatrick, M. A. & Vangelisti, A. L., (Eds.), Explaining Family Interaction, Thousand Oaks: Sage Publications, S. 83-103.

Nordlohne, E., 1992: Die Kosten jugendlicher Problembewältigung. Alkohol-, Zigaretten- und Arzneimittelkonsum, Weinheim: Juventa.

Oerter, R., 1987: Jugendalter, in: Oerter, R. & Montada, L., (Hrsg.), Entwicklungspsychologie, 2. überarb. Aufl. München & Weinheim: Psychologie Verlags Union (zuerst 1982).

Schneewind, K. A., 1991: Familienpsychologie, Stuttgart: Kohlhammer.

Schuster, B., 1998: Interaktionen zwischen Müttern und Kindern. Die Konstruktion sozialer Wirklichkeit in Autoritätsbeziehungen, Weinheim: Juventa.

Zinnecker, J., 1997: Streßkinder und Glückskinder. Eltern als soziale Umwelt von Kindern, *Zeitschrift für Pädagogik*, 43, S. 7-43.

Kinder zwischen Familie und Peers

Ergebnisse soziometrischer Zeitwandelstudien in Kindergärten, Grund- und Hauptschulen zwischen 1972 und 1996

Rainer Dollase

Seit den Anfängen der kollektiven Erziehung in Kindergärten und Schulen kann der sozialisatorischen Bedeutung der Peers eine mehr oder weniger große Bedeutung zugeschrieben werden. Kinder stehen banalerweise immer *zwischen* Familie und Peers – kausale Attributionen, zumal für Fehlverhalten, in die eine oder andere Richtung liegen verführerisch nahe. In einem populärwissenschaftlichen Werk des Jahres 1999 von Judith Rich Harris („The Nurture Assumption") wird mit Verweis auf einschlägige Studien behauptet, daß der Einfluß der Freunde und Gleichaltrigen stärker sei als jener der Eltern. Doch ist diese These nicht wirklich neu, sondern so alt wie die empirische Untersuchung der Kollektiverziehung durch Psychologie und Pädagogik. Erste historische Höhepunkte der Peer- und Gleichaltrigenforschung bzw. der Erforschung von Kinderfreundschaften sind zu Beginn des 20. Jahrhunderts zu registrieren. Sie sind z.B. mit den berühmten Namen Charlotte Bühler, Siegfried Bernfeld oder Hildegard Hetzer verbunden. Konkrete empirische Studien haben deutsche Pädagogen und Soziometriker (Delitsch, 1900) ebenso durchgeführt wie amerikanische (Wislitzky, 1928; Salusky, 1930; Dollase, 1976). Neben detaillierten Deskriptionen von Freundschaften und ihren Strukturen werden immer auch kausale Vermutungen über ihren Einfluß geäußert. Daß Gleichaltrige einen gelegentlich horrenden Einfluß auf Erlebnisse, Ängste und Biographien hatten und haben, ist schließlich ein ubiquitärer essayistischer Topos in zahlreichen deutschen Lebensromanen.

In den 70er und 80er Jahren dieses Jahrhunderts gab es im Anschluß an von Hentigs Vorwort zu Ariès' „Geschichte der Kindheit" (Fernsehkindheit, pädagogische Kindheit, Schulkindheit, Zukunftskindheit, Stadtkindheit, Kinder-Kindheit, „nicht einmal die ...Kleinfamilienkindheit", Ariès, 1975, 33ff.) eine Flut von Publikationen zum Wandel der Kindheit mit bisweilen völlig unklarem Bezugspunkt, was jeweils als „früher" und was als „heute" zu verstehen war und was sich in der Zwischenzeit warum geändert habe. Einen großen Bereich nehmen Vermutungen über die gewandelte Einfügung der heutigen Kinder in Schulklassen und Gruppen ein. Neben der Vermutung, daß diese wegen der gestiegenen Gewalt (verursacht durch TV und Videokonsum) bzw. wegen der Einzelkind – Kindheit problematischer geworden sei, finden sich tatsächlich überzeugende Belege dafür, daß die Gleichaltrigenorientierung heutiger (Kinder und) Jugendlicher größer geworden sei (Allerbeck/ Hoag, 1985; Zinnecker/ Silbereisen, 1996). Die Schule sei für „...viele Kinder der einzige Ort, wo sie in Gruppen oder überhaupt mit Kindern zusammen seien" (Herzberg, 1992, 80), „in der Kindheitsforschung" wird die These „einer zunehmenden Individualisierung der Sozialbeziehungen" vertreten (ebd., 86), Kinder heute haben „weniger oder ausgewähltere Freunde" (ebd., 87), „Kinderfreundschaften" sind insbesondere im Grundschulalter „zugleich auch Schulfreundschaften" (ebd., 110), Sozialbeziehungen werden vorwiegend „paarweise organisiert" (ebd., 119). Ehe diese Vermutungen mit eigenen Daten geprüft werden, muß auf theoretische und methodische Defizite der aktuellen Zeitwandelliteratur eingegangen werden.

1. Zeitwandel als Forschungsproblem

Die moderne Publikationsflut zum Thema „Wandel der Kindheit" hat allerdings mehrere empfindliche Schwächen: 1. Sie stützt sich nicht in ausreichendem Maße auf empirische Untersuchungen über den tatsächlichen Wandel von Kindern (nicht Kindheit). 2. Sie bezieht sich zumeist auf simple objektivistische Varianten einer Aneignungstheorie gewandelter Umwelten in Erlebens- und Verhaltensweisen von Kindern, auch wenn sie diese in ein Modell der dialektischen Mensch-Umwelt-Interaktion einbaut, die oft hinter dem Stand der entsprechenden entwicklungs- und sozialisationstheoretischen Forschung zurückbleibt. 3. Die häufig hochgradig ideologische Fundierung der Debatte, insofern mehr oder weniger gewaltsam mit den tatsächlichen Fakten umgehende Interpretationen vornehmlich funktionalisiert wurden, um Reformen des aktuellen Schul- und Vorschulwesens zu begründen. Motto: „Eine gewandelte Kindheit benötigt eine neue Pädagogik". Daß dabei eher altmodische Ideen aus der Reformpädagogik wieder aufgewärmt wurden, hat Apologeten dieses Trends nie geschreckt.

Die lückenhafte empirische Basis der behaupteten Veränderungen von Kindheit (Dollase, 1986, 1988 u. 1991) zeigt sich z.B. darin, daß über Gewaltzunahme in Kindergärten und Schulen berichtet wird, während Quellen beispielsweise eindeutig belegen, daß Schüler und Schülerinnen im 19. Jahrhundert hin und wieder deutlich gewalttätiger waren als heutige. Das Frankfurter Polizey-Amt schrieb 1816:

> „...Ihr Herumlaufen, Schreyen und Lermen, hauptsächlich auch das Werfen von Steinen, womit sie nicht selten sich und andere beschädigen, oder, wenn sie gar in ganzen Haufen gegen einander über stehen, und unter Nachäffung des Kriegs, mit Steinen und hölzernen Waffen auf einander losgehen, sind ihre gewöhnlichsten Unarten,..." (Schiffler/ Winkeler, 1985, 136).

Die Empirie-Lücke zeigt sich aber auch darin, daß andererseits gesicherte Veränderungen von Kindern, beispielsweise seit den 50er Jahren, nicht oder nur kaum thematisiert wurden. So ist etwa belegt, daß die Intelligenz von Kindern seit den 50er Jahren in nahezu allen Industriestaaten deutlich gestiegen ist, daß die Selbständigkeit heutiger Kinder größer ist als die in den 50er und 60er Jahren, daß junge Leute heute häufiger Mitglieder von Cliquen sind und sich öfter im Kreis junger Leute aufhalten, daß die Attraktivität der Schule beständig gesunken ist und daß die Anforderungen im Fach Mathematik in der Grundschule seit den 70er Jahren einen absoluten Höchststand in diesem Jahrhundert erreicht haben, d.h. z.B. daß frühere Generationen im Mathematikunterricht der Grundschule längst nicht einen solch anspruchsvollen Leistungs- und Zielkatalog zu erfüllen hatten wie heute. Kaum diskutiert werden auch gut belegte Änderungen von Erwachsenen, z.B. daß Erwachsene sich stärker in Richtung Egozentrismus und Egoismus gewandelt haben, daß sie sich durch den Umgang mit Kindern wesentlich stärker belastet fühlen als frühere Generationen und daß die Wertschätzung von Kindern ganz allgemein abgenommen hat (zu Belegen für diese Trends s. Dollase, 1986 u. 1991).

Möglicherweise gravierender noch als der Mangel und die selektive Berücksichtigung einschlägiger empirischer Untersuchungen wiegt der einseitige theoretische Blick auf Phänomene des Zeitwandels. Die relativ flach interpretierte objektivistische bzw. dialektische Aneignungstheorie folgert in etwa wie folgt: 1.) Gesellschaft, Kultur und Umwelt ändern sich in der Zeit. Diese Änderungen sind durch niemanden zu bestreiten. 2.) Der Nachwuchs eignet sich ja die gewandelte Umwelt an. 3.) Also muß er anders sein als früher. 4.) Deshalb sind alte Untersuchungen und darauf gründende Erkenntnisse ungültig und wir können unbelastet von angeblich gesicherten Erkenntnissen über Kindheit und ihre Entwicklung aus einer Analyse der Außenwelt darauf schließen, wie Kinder sich verändert haben und was heute notwendig ist.

Dieser Argumentationsgang ist problematisch und fehlerhaft. Die Annahme einer linearen Interiorisierung der Außenwelt zum Zwecke der funktional optimalen Planung von Handlungen in dieser Außenwelt übersieht, daß der Aneignungsprozeß per se nicht objektivistisch ist, sondern produktiv und prinzipiell unprognostizierbar (Dollase, 1985; Hurrelmann, 1983). Vorgefundenes wird produktiv angeeignet, so daß sich eine Ableitung aus einer veränderten Außenwelt auf eine veränderte Innenwelt der Kinder nicht nur im strengen, sondern auch im etwas gelockerten Sinne verbietet.

Bedeutsamer aber als die Annahme einer produktiven, d.h. partiell nicht prognostizierbaren, dialektischen Auseinandersetzung des sich entwickelnden Individuums mit der Außenwelt, ist die Annahme, daß bestimmte *Änderungen in der Außenwelt ohne ein psychisches Korrelat bleiben*. Es könnte ja vorkommen, daß trotz einer geänderten Umwelt die psychische Situation der Kinder stabil bleibt. Änderungen in der Umwelt können psychisch irrelevant sein (Uexküll/ Kriszat, 1956). Im Tierreich kann man beispielsweise sehr gut beobachten, daß Tiere mit modernen technischen Fortbewegungsmitteln wie Auto, Flugzeug etc. umgehen, als wären sie nicht existent, weil ihre psychische Ausstattung nicht in der Lage ist, Gefahren eines Automobils abzuschätzen. Rehe verharren zwar beim Bemerken von Spaziergängern auf mehreren hundert Metern Entfernung, laufen allerdings den für sie wesentlich gefährlicheren Automobilen blind in den Weg. Uexküll u. Kriszat haben zwischen „Wirkwelt" und „Merkwelt" unterschieden – selektive Ausschnitte der Wirklichkeit wirken und werden bemerkt. Bezogen auf den Menschen könnte das bedeuten, daß bestimmte Wandlungen der Gesellschaft vor allem technischer Art, wie z.B. das „Internet" als ein Haufen von Reklamezetteln, das Auto als bloßes Mittel zur Verkürzung von Wegezeiten, das Telefon als technisches Hilfsmittel der Kommunikation, für die psychische Entwicklung des Kindes irrelevant sind und bleiben. Auf der anderen Seite aber können allerkleinste Veränderungen in den Beziehungen zu den Bezugspersonen schon weitreichende Konsequenzen haben, weil der psychische Apparat, heute genannt das „intuitive Eltern- und Kinderprogramm" (Keller, 1989), auf stabile Beziehungen zwischen Zögling und Bezugsperson angewiesen ist. Es wäre auch denkbar, daß Änderungen in der Umwelt in einer Zone der Adaptabilität liegen, d.h. im Bereich der Möglichkeiten menschlicher Plastizität, so daß auch aus einer solchen Überlegung heraus keine wesentlichen Veränderungen in der kindlichen Psyche zu erwarten wären. Schließlich entwickelt sich der Umweltbereich Technik so, daß er dem Menschen und seinen Bedürfnissen optimal angepaßt wird. Beispiel: die Benutzeroberflächen von Computersystemen in den letzten 20 Jahren: Von der Beherrschung einer Geheimsprache hin zu einer intuitiven Benutzeroberfläche – dieser Trend zeigt eine zunehmende Konvergenz von Inside und Outside. Ergo: Gesellschaftlich-technische Entwicklungen tendieren dazu, die menschliche Psyche nicht zu überfordern. Zwar gibt es Phasen der Fehlanpassung, doch werden die in aller Regel durch weitere Entwicklung wieder korrigiert.

Ein weiteres Zentralproblem bei der empirischen Sicherung von Zeitwandeleffekten sind sicherlich auch die Methoden. Am günstigsten wäre es selbstverständlich, wenn man sogenannte sequenzanalytische Designs (Quer- und Längssequenzen) zur Differenzierung der Effekte von Kohorte, Zeit und Alter prospektiv anlegen würde (Dollase, 1986). Über längere Zeiträume ist allerdings nirgendwo ein Finanzier solcher Studien in Sicht. Deswegen müßte man sich mit Replikationsstudien behelfen, d.h. Wiederholungen von früheren Studien.

Ein großer Teil der Replikationsstudien ist allerdings nicht orts- und nicht methodenidentisch, d.h. sie werden nicht in denselben Einrichtungen, Schulen, Kindergärten wie die frühere Untersuchung durchgeführt, sondern an irgendwelchen anderen (Beispiel: Wiederholung einer Studie aus dem Jahre 1963 aus Nürnberg an einer Stichprobe in Landau 1998). Zudem variieren oft die Methoden der Erfassung von Variablen, insbesondere auch der (Fragebogen-) Kontext der zu vergleichenden Variablen. Die weichste Methode wären sogenannte „Paßuntersuchungen", d.h. Untersuchungen, die in irgendeiner Form thematisch verwandt sind und deren Schlußfolgerungen damals wie heute in etwa miteinander verglichen werden können, um den Zeitwandel zu bestimmen.

Die hier zu berichtenden Ergebnisse basieren auf einer orts- und methodenidentischen Replikation von früheren Studien des Verfassers aus den 70er und 80er Jahren – insofern sind methodische Bedenken relativierbar. Theoretisch fügt sie sich in empirisch belegte Trends zu stärkerer Gleichaltrigenorientierung ein. Das Verhältnis von Kindern zu Familien und Peers könnte partiell von funktionalen Anpassungen des Heranwachsenden an die wechselnden Situationen unterschiedlichen Einflusses von Peers bzw. Familien gekennzeichnet sein. Die Befundlage (s.o.) deutet in den 80er und 90er Jahren eher auf ein Disengagement der Eltern in Erziehungsfragen hin und zugleich auf eine stärkere Verkollektivierung von Kindern, wie es im „Recht auf einen Kindergartenplatz" indiziert wird. Damit verbunden wäre logischerweise eine etwas stärkere Selbständigkeit der heutigen Kinder, da eine eng geführte Betreuung des Kindes im Kollektiv nie so lückenlos sein kann wie in einer idealen Kleinfamilie, so daß Kinder bezüglich der Adaptabilität des Ausmaßes von Selbständigkeit stärker herausgefordert werden. Diese Zunahme an Selbständigkeit heutiger Kinder ist empirisch belegt (Dollase, 1986 u. 1988). Die stärkere Gleichaltrigenorientierung heutiger Kinder und Jugendlicher, als pauschale Bekundungen empirisch ebenfalls belegt (Herzberg, 1992; Zinnecker, 1987; Zinnecker/ Silbereisen, 1996), führte in der Debatte um das „Entwicklungsrisiko" Gruppe versus Familie zu einer Gewichtsverschiebung in Richtung Gruppe (Asher/ Coie, 1990).

Eine Zeitwandelstudie zur Bedeutung der Gleichaltrigengruppe in Kindergarten, Grund- und Hauptschule würde also von der Hypothese ausgehen, daß sich im Verhältnis zur Gruppe bei heutigen Kindern und Jugendlichen „etwas" geändert hat. Die stärkere Cliquenorientierung (s.o.) wurde ja bereits hervorgehoben. Fraglich ist nun, wie sich diese stärkere Cliquenorientierung in zentralen soziometrischen Variablen abbilden könnte, da solche Daten aus früheren Studien *hier* vorliegen - nicht aber von der bisherigen Kindheitsforschung zu Rate gezogen werden konnten. Soziometrische Fragen haben z.B. die Form

„Wen aus Deiner Klasse kannst Du gut leiden?", auf die die Kinder mit Namen oder Namenscode antworten sollen. Hier wird über die Anzahl der Genannten/Gewählten berichtet und zwar sowohl zu Sympathie- wie auch Antipathiekriterien. Eine stärkere Cliquenorientierung könnte wie folgt operationalisiert werden:

- Die Zahl der Wahlen und Ablehnungen steigt gleichzeitig (*Zerfall* der Klasse in Freundschaftsgruppen) oder:
- Es steigt nur die Zahl der Wahlen (Zunahme der *Positivität* bzw. bei alleiniger Zunahme der Ablehnungen – *Negativität*).
- Sinkt beides (oder nur Wahlen oder nur Ablehnungen), gibt es weniger gegenseitige Wahlen/Ablehnungen, d.h. es gibt weniger Struktur in den informellen Beziehungen – man würde dies deskriptiv als *Entstrukturierung* der Beziehungen bezeichnen.

Die Zahl der Freunde und die Zahl der abgelehnten anderen Gruppenmitglieder ist in der soziometrischen Forschung ein wesentlicher Indikator für das entstehende soziometrische Beziehungsgeflecht, da von deren Anzahl zumeist linear auch die Kohäsion bzw. soziometrische Integration und Desintegration abhängt (Dollase, 1976). Diese Variablen werden über die Zahl der gegenseitigen (reziproken) Beziehungen operationalisiert - reziproke Beziehungen steigen mit der Zahl der Wahlen bzw. Ablehnungen. Vergleichbare Studien wie die vorliegende gibt es national und international nicht. Die Thesen können allerdings dadurch problematisiert werden, daß man eine Verschiebung des Anspruchsniveaus für „gut leiden" oder „nicht gut leiden" annimmt, d.h. z.B. früher haben Kinder auch bei durchschnittlich guten Beziehungen schon gesagt „ich kann ihn gut leiden" und sie wären heute in der Benennung von anderen zu dieser Frage anspruchsvoller, d.h. würden nur wirklich gute FreundInnen dazu nennen. Klären kann man diesen Einwand mit den vorliegenden Daten nur indirekt.

2. Empirischer Teil

2.1 Methoden und Stichprobe

Die „Bielefelder soziometrischen Zeitwandelstudien", über die hier berichtet wird, stellen methoden- und ortsidentische Replikationen von Studien in Nordrhein-Westfalen im Zeitraum von 1971 bis 1997 dar. An der Erhebung der Daten und ihrer Auswertung haben neben dem Verfasser mitgearbeitet: Arnd Ridder, Dorothee Seeger, Kai-Christian Koch, Marianne von Bieren, Simone Heitmann, Silke Kleymann und Regine Burkhardt. Es handelt sich um die Wiederholung von fünf verschiedenen Studien:

- Eine Untersuchung an Kindergärten, die im Jahre 1972 und 1973 im Rahmen des Modellversuchs „Kindergarten - Vorklasse" durchgeführt wurde und die orts- und methodenidentisch im Jahre 1996 wiederholt wurde (N früher = 636; N heute = 257).
- Eine soziometrische Studie an Grundschulen der 3. und 4. Klassen im Raum Aachen, die 1971 erstmalig und 1996 zweitmalig untersucht wurden (N früher = 494; N heute = 708).
- Eine zwei Fragen enthaltende Studie an Grundschulen (2. Klassen), die über ganz Nordrhein-Westfalen verteilt waren, zwischen 1974 und 1996 (N früher = 2681; N heute = 1222).
- Hauptschulen 6. Klassen im nördlichen Ruhrgebiet zwischen 1993 und 1996 (N früher = 408; N heute = 531).
- Hauptschulen 6. Klassen aus dem nördlichen Ruhrgebiet, die 1993, 1995 und 1997 untersucht wurden, also an drei verschiedenen Meßzeitpunkten (N früher = 3 bzw. 2 Klassen; N heute = 2 Klassen).

Die Studien entstammen früheren Forschungskontexten des Autors. Aufgrund der Aufbewahrung der Originalfragebögen und Adressen der damaligen Institutionen konnten die Studien Ende der 90er Jahre mit Mitteln des Landes Nordrhein-Westfalen (Wissenschaftsministerium) wiederholt durchgeführt werden. Bei den Kindergärten gab es in der Zwischenzeit keine Schließungen von Einrichtungen, d.h. alle damals untersuchten Kindergärten konnten heute auch wieder in die Untersuchung einbezogen werden. Besonders hoch war die Schließungsquote bei den Hauptschulen, die vor allem im nördlichen Ruhrgebiet in Gesamtschulen übergeführt wurden.

Soziometrische Erhebungsverfahren im Kindergartenalter müssen sich der Einzeluntersuchung als Methode bedienen: Es werden Fotos von den Kindern hergestellt und die soziometrischen Wahlen werden anhand der Fotos der anderen Gruppenmitglieder im Einzeltest vorgelegt. Das Kind soll dann einzelne andere Kinder auswählen bzw. Kinder nach Sympathie („lieb") oder Antipathie („böse") beurteilen (Dollase, 1979). Bei größeren und des Lesens und Schreibens kundigen Kindern kann die soziometrische Erhebung schriftlich erfolgen, zumeist handelt es sich um einfache Fragen wie „Wen kannst Du gut leiden?" oder „Wen kannst Du nicht so gut leiden?" und die Kinder nennen eine Anzahl anderer Klassenkameraden und -kameradinnen auf diese Frage. Für die Grundschuluntersuchung der 2. Klassen in ganz Nordrhein-Westfalen stand auch ein Kinderfragebogen zur Verfügung (vgl. Dollase, 1979). Ergebnisse dieses Fragebogens werden hier vor allem hinsichtlich der Fragen zur Gruppe bzw. zum Verhältnis zu anderen Kindern präsentiert.

2.2 Ergebnisse

Bei der Ermittlung von Ergebnissen orts- und methodenidentischer Replikationen sind zwei Vergleiche möglich:

- der längsschnittliche Vergleich der Variablenausprägung früher mit jener von heute
- der querschnittliche Vergleich der Variablenausprägungen unterschiedlicher Stichproben damals oder unterschiedlicher Stichproben heute.

Beide Vergleiche müssen zusammen betrachtet werden. Es kann z.B. sein, daß Variablenmittelwerte in unterschiedlichen Stichproben, die heute identisch sind, früher unterschiedlich waren. In einem solchen Fall gab es früher regionale Unterschiede, die heute verwischt sind – bei einer rein längsschnittlichen Prüfung würde man womöglich unterschiedliche Zeitwandeltrends konstatieren (z.B. Senkung und Steigerung).

Die Auswertung der soziometrischen Daten für die Kindergartenkinder erbrachte in nahezu allen Kriterien keinerlei Unterschiede in der Expansion, d.h. in der Anzahl der genannten Freunde und Freundinnen bzw. der weniger beliebten Gruppenmitglieder etc.. Es gibt eine einzige Ausnahme, und zwar ist die Anzahl der als „lieb" bezeichneten Kinder in der ersten Studie 1972 signifikant und deutlich höher als in der Wiederholungsstudie. Da die Anzahl der als „böse" eingestuften Kinder sich nicht geändert hat und auch in den anderen soziometrischen Fragen keine Zeitwandelunterschiede gefunden werden, war es nun besonders wichtig herauszufinden, warum sich die Zahl der als „lieb" bezeichneten Kinder so dramatisch geändert hat. Zu diesem Zweck wurden die Daten der früheren Erhebung noch einmal sorgfältig je Kindergartengruppe ausgewertet und mit den damaligen Versuchsleitern bzw. -leiterinnen verglichen, die in ihren Gruppen eine besonders hohe Anzahl von Kindern bezogen auf das Kriterium „lieb" ermittelt hatten. Es zeigte sich, daß die höchsten Werte auf zwei Versuchsleiter/-leiterinnen zurückzuführen sind, die damals konstant höhere Anzahlen der Liebnennungen bei den Kindern „provoziert" hatten. Und zwar nicht nur in einer Gruppe, sondern in beiden, die sie untersucht hatten. Das begründet die Annahme eines Versuchsleitereffektes bei der ersten Messung. Würde man diese Ausreißer aus dem früheren Datenpool entfernen, ergäben sich keine signifikanten Unterschiede in der Zahl der als „lieb" genannten anderen Gruppenmitglieder. Ein etwaiger Zeitwandeleffekt - weniger „lieb"-Wahlen heute als früher - ist also vermutlich durch einen Testleitereffekt im früheren Datenmaterial zu erklären. Fazit also: Eher keine Unterschiede bei den Kindern damals im Vergleich zu heute.

Tab. 1: Wahlen (Sympathie) und Ablehnungen (Antipathie) in unterschiedlichen orts- und methodenidentischen Replikationen

Institution	Zeitraum und *N*	Zahl der Wahlen	Zahl der Ablehnungen	längs-schnittlicher Vergleich	querschnitt-licher Vergleich
Kindergärten Ruhrgebiet und Westfalen	1972 – 1996 *621 – 245*	Sinken * (8,0 - 5,4)	Ns (4,4 -4,6)	nur 1 Item signifikant, andere Items ns	Ergebnis bei Wahlen durch Testleitereffekt 1972 erklärbar
Grundschulen 2.Klassen ganz NRW	1974 – 1997 *2678 – 1216*	Ns (4,8 - 4,7)	Ns (3,4 - 3,3)	Kein Effekt	Unterschiede früher sind heute nivelliert
Grundschulen 3./4. Klassen Raum Aachen	1971 – 1996 *260 – 494*	Steigen * (3,8 - 4,9)	Steigen * (1,8 - 3,5)	Effekt: Typus Zerfall	
Hauptschulen 5./6. Klassen Raum Aachen	1971 – 1996 *189- 214*	Ns (5,2 - 6,1)	Steigen * (1,3 - 2,1)	Effekt: Typus Negativität	Region Aachen mit weniger Ausländern als Region Ruhrgebiet – senkt Expansion
Hauptschulen 6.Klassen nördliches Ruhrgebiet	1983 – 1995 *408 – 524*	Steigen * (2,2 - 2,6)	Sinken * (4,4 - 3,7)	Effekt: Typus: Positivität	
Hauptschulen 6. Klassen Duisburg	1983-1995-1997 *66 - 120 – 67*	Steigen – Sinken * (2,2 - 3,1 - 1,5)	Sinken * (6,1 - 4,5 - 2,2)	Effekt: Typus – Entstrukturierung	Schwankungen mit Tendenz zur Entstrukturierung
Hauptschulen 6. Klassen Duisburg, Münster, Wuppertal	1997 *448*	(1,5)	(2,1)	Zustand der Entstrukturierung im Vergleich zu früheren Messungen	-

* = signifikant, ns= nicht signifikant

Besonders eindrucksvoll identisch ist auch das Ergebnis einer Erzieherinnenbefragung im Kindergarten. Die Erzieherinnen damals wie heute wurden gebeten, in einem Polaritätsprofil von typischen Eigenschaftsbegriffen (selbständig - unselbständig, gesellig - ungesellig, aktiv - passiv, konzentrationsfähig - ablenkbar, folgsam - bockig, selbstbewußt - schüchtern, freundlich - unfreundlich, friedlich - streitlustig, ruhig - unruhig, unempfindlich - empfindlich, mutig - ängstlich, gleichmütig - launisch, gelöst - gehemmt) die Kinder unter drei Gesichtspunkten zu beurteilen: 1. das einzelne Kind, 2. ein „durchschnittlich" gefördertes Kind und 3. ein „optimal" gefördertes durchschnittliches Kind. Alle drei Messungen zeigen keinerlei relevante Unterschiede zwischen 1972 und 1996, d.h. die Beurteilungen der realen Kinder wie auch des durchschnittlich geförderten Kindes wie auch des optimal geförderten Kindes zeigen keinen Zeitwandeleffekt. Es gibt einige kleine Veränderungen, die zwar signifikant, aber nicht relevant sind, die zudem aber auch noch in die nicht erwartete Richtung weisen. Kinder heute werden z.B. als etwas *friedlicher* beurteilt als früher. Man muß beachten, daß die Erzieherinnen heute im Durchschnitt rund 35 bis 36 Jahre alt sind und daß sie 1972 ein Durchschnittsalter von unter 25 Jahren aufwiesen. In den ausgewählten soziometrischen Variablen und der Erzieherinnenbeurteilung gibt es also keine diskussionswürdigen Unterschiede zwischen 1972 und 1996.

Die Untersuchungen in Grundschulen (3. und 4. Klassen) erbringen in der Studie im Raum Aachen einen signifikanten Effekt sowohl für die Wahlen als auch für die Ablehnungen: In beiden werden 1996 mehr Personen genannt als 1971 (ein Effekt vom Typus Zerfall). Dieser Trend läßt sich in der größeren Stichprobe der 2. Klassen, die über ganz Nordrhein-Westfalen verteilt waren, nicht replizieren. Dort sind die Unterschiede zwischen 1974 und 1997 nicht signifikant. Interessant aber ist, daß sich in der Aachener Studie bei der letzten Messung dieselben oder ähnliche Mittelwerte sowohl für die Zahl der Wahlen als auch der Ablehnungen wie in der Studie der 2. Schuljahre ergeben. Es ist aus diesem Grunde also nicht ganz auszuschließen, daß die Stichprobe im Aachener Raum 1971 regional spezifisch war und die geringen Werte, sowohl für die Zahl der Wahlen als auch für die Zahl der Ablehnungen, im Jahre 1971 auf Spezifika der Regionalität der Stichprobe zurückzuführen sind. Auch im Grundschulbereich ist also kein eindeutiger Zeitwandeltrend erkenntlich, trotz einer methoden- und ortsidentischen Replikation. Die Vermutung ist bei den Grundschuluntersuchungen nicht auszuschließen, daß bei der früheren Erhebung in der Stichprobe nicht repräsentative Elemente enthalten waren. Es könnte auch sein, daß in der Zwischenzeit eine Entregionalisierung des Grundschullebens stattgefunden hat.

Relativ deutlich sind allerdings die Zeitwandelunterschiede, die in dem Kinderfragebogen (also nicht in den soziometrischen Daten) für Kinder des 2. Schuljahres 1974 und 1996 erhoben worden sind (vgl. Tab. 2). Man erkennt an den deutlichen und nicht nur statistisch signifikanten, sondern auch relevanten Unterschieden, daß das „Leiden" der Kinder an der Gruppe heute offenbar stärker ist als früher. Die selbstberichtete „Gewalt" nimmt nicht zu, aber Kinder heute bekunden öfter, daß viele Kinder sie nicht leiden können und sie sie auch nicht, daß es ihnen viel ausmacht, wenn andere mit ihnen streiten; die anderen fangen öfter Streit an, sie ärgern häufiger, und sie lachen einen öfter aus. Kinder heute gehen weniger gern zur Schule und haben Probleme mit dem Aufpassen. Dem Ergebnis kommt eine besondere Bedeutung zu, da die Stichprobe im Jahre 1974 nicht regionalspezifisch gezogen wurde, sondern auch damals schon über ganz Nordrhein-Westfalen verteilt war.

Tab. 2: Ergebnisse einer Kinderbefragung bei Zweitklässlern 1974 und 1997. (Dargestellt sind Prozentsätze der Ja - Antworten.)

	1974 (N=170)	1997 (N=1222)
Guckst Du gerne zu, wenn andere Kinder spielen oder spielst Du lieber mit? (zugucken)	12	14
Lachen Dich andere Kinder oft aus?	15	25
Ärgern Dich die anderen Kinder in der Klasse viel?	17	31
Fällt es Dir oft schwer, in der Schule aufzupassen?	20	32
Fangen die anderen Kinder oft Streit mit Dir an?	25	43
Tun die anderen Kinder meist das, was Du ihnen sagst?	29	22
Macht es Dir viel aus, wenn andere Kinder sich mit Dir streiten?	29	52
Wirst Du oft wütend, wenn etwas nicht klappt?	30	48
Gibt es viele Kinder, die Du nicht leiden kannst?	34	55
Gibt es viele Kinder, die Dich nicht leiden können?	38	47
Hast Du es lieber, wenn in der Schule jeder für sich arbeitet oder mehrere zusammen? (jeder für sich)	45	47
Ist es schon einmal vorgekommen, daß Du ein Kind aus Deiner Klasse geschubst, gestoßen oder geschlagen hast?	50	54
Gefällt es Dir zu Hause oder in der Schule besser? (zu Hause)	65	62
Verträgst Du Dich mit den anderen Kindern gut?	90	87
Gehst Du gerne in die Schule?	91	77
Bist Du zu den anderen Kindern in der Klasse meistens nett?	94	91

Fazit der Grundschuluntersuchungen: Es gibt einen nicht vollständig verifizierbaren Trend zu mehr Wahlen und mehr Ablehnungen in der Grundschule, der in einer der Teilstichproben aber auch auf früher bestehende regionale Unterschiede zurückgeführt werden kann. Es ändert sich ansonsten auch im Grundschulbereich an den beiden Indikatoren fast nichts. Die Kinderbefragung zeigt, daß die Kinder heute an der Gruppe und an dem Verhalten der anderen Kinder stärker „leiden" als früher. Auch hier kann aber nicht ausgeschlossen werden, daß die Verbalisierung von negativen Gefühlen heute kräftiger und bei leichteren Formen als damals ausfällt (Normverschiebung). Kinder heute wären dann anspruchsvoller, was ihr Wohlbefinden in Gruppen anbelangt.

Die Untersuchungsergebnisse für *Hauptschulen* sind ebenfalls widersprüchlich. Bezüglich der Zahl der *Wahlen* gibt es in den Hauptschulen im Raum Aachen keinen signifikanten Trend. Bezogen auf die Zeitvergleichsstudie 1983 - 1995 in den Hauptschulen des nördlichen Ruhrgebiets ist allerdings eine Steigerung feststellbar, die bei der Dreipunktmessung von einem Prozeß der Verringerung der abgegebenen Wahlen von 1995 auf 1997 fortgesetzt wird. Die *Ablehnungen* steigen in der Hauptschuluntersuchung des Raums Aachen, sie sinken bei den 6. Klassen des nördlichen Ruhrgebietes und sie sinken auch bei der Dreipunktmessung. Aus der Kombination von Steigen der positiven Wahlen und Sinken der negativen könnte man auf ein verbessertes Sozialklima schließen. Allerdings läßt sich dieses in den unterschiedlichen Stichproben nicht im gleichen Sinne feststellen. Man erkennt vor allen Dingen auch, daß die Ausgangswerte, d.h. die Werte zum früheren Zeitpunkt, schon eine erhebliche Varianz aufweisen (bei den Wahlen zwischen 2,2 und 5,2 und bei den Ablehnungen zwischen 1,3 und 6,1), so daß man auch hier von regionalspezifischen bzw. schul- oder klassenspezifischen Trends ausgehen müßte. Eine weitere Erklärung dafür, daß vor allen Dingen im Ruhrgebiet die Zahl der Wahlen früher und heute niedriger war und ist und die Zahl der Ablehnungen sinkt, wäre der zunehmende Ausländeranteil in den Schulklassen, der ja zu einer Art soziometrischer Trennung der Nationalitäten der Schulklassen in Subgruppen führt und die somit den Bereich der positiven Wahlen auf weniger Schüler und Schülerinnen der gleichen Nationalität einschränkt. Da das Prinzip „Gleich zu Gleich gesellt sich gern" nicht unbedingt mit einer Ablehnung der anderen Nationalitäten verbunden sein muß, würde sich auch erklären, warum die Zahl der Ablehnungen sinkt - es ist lediglich eine kleinere Subgruppe als früher für Wahlen und Ablehnungen möglich.

Dennoch: Bildet man eine Art Gesamtstichprobe und vergleicht sie mit einer aktuellen Studie des Verfassers, die an Hauptschulklassen des 6. Schuljahres in Duisburg, Münster und Wuppertal durchgeführt worden ist (N = 448, vgl. Tab. 1), so ist die Zahl der Wahlen und der Ablehnungen heute niedriger als früher. Ein Trend und ein Zustand der Entstrukturierung soziometrischer Beziehungen in Hauptschulklassen aufgrund multikultureller Zusammensetzung ist also nicht auszuschließen.

Auch für die Hauptschule stand ein Fragebogen mit weiteren Variablen zur Verfügung, der allerdings nicht für den Zeitwandelvergleich geeignet ist, da er früher nicht erhoben wurde, aber der zumindest zeigt, mit welcher Zufriedenheit Kinder heute auf ihre Schulklasse, auf Lehrer und Eltern reagieren. Befragt nach der Zufriedenheit mit über 20 verschiedenen Lebensbereichen geben heutige Kinder in der Hauptschule (wie auch im Gymnasium und anderen Schulformen) an, daß sie mit Eltern, Geschwistern, Familie am zufriedensten sind, daß „die Schulklasse", „die Lehrer" auf mittleren Rangplätzen folgen und daß am Ende der Notenskala „die Religion" bzw. „die Schule" steht. Die Zufriedenheitshitliste von einer aktuellen Schülerstichprobe zeigt also nichts vom Familienzerfall, nichts von der Entfernung von der Familie, sondern eher das Gegenteil: Die Familie wird von den Kindern hoch geschätzt. Dasselbe Ergebnis erhält man auch bei einer offen zu beantwortenden Frage „Mein Vorbild für mein Leben ist ...". Auch hier werden Mutter, Vater, Eltern, Bruder auf den ersten Plätzen genannt.

3. Diskussion

Wenn man die Erwartung gehegt hat, daß sich deutliche Unterschiede im gruppenbezogenen soziometrischen Wahlverhalten und den Aussagen über die Zufriedenheit der Schulklasse von 1970 auf 1997 bzw. 1996 ergeben hätten, so wird man durch diese sehr aufwendige Untersuchung arg enttäuscht. Es gibt einerseits Effekte, die man andererseits aber auch aufgrund anderer Mechanismen erwarten könnte. Regionale Unterschiede bei der früheren Messung können hier ebenso verantwortlich sein wie Versuchsleitereffekte von damals nach heute bzw. in der damaligen Zeit oder in der heutigen Zeit. Mit einer gewissen Wahrscheinlichkeit kann es sich in Hauptschulen um einen Effekt der Entstrukturierung handeln, der als Absinken sowohl der Wahlen wie der Ablehnungen definiert ist. Allerdings kann daran die multikulturelle Zusammensetzung von Schulklassen schuld sein. In den siebziger Jahren war der Ausländeranteil in Schulklassen nahezu überall sehr gering. Ende der 90er Jahre gibt es, zumal in Hauptschulen, bereits Klassen mit über 50% ausländischen SchülerInnen.

Auf der anderen Seite sind die uneinheitlichen Effekte wiederum ein Beleg für eine noch allgemeinere Gesetzmäßigkeit, nämlich daß die Verhältnisse von Schulklasse zu Schulklasse, von Lehrkraft zu Lehrkraft sehr unterschiedlich sein können. Auch Familien können eine ebenso große Varianz damals wie heute aufweisen. „Kinder zwischen Familie und Peers" heißt dann: Die Ausgestaltung des Verhältnisses ist von Familie zu Familie, von Peergroup zu Peergroup verschieden. Eindrücke von Zeitwandel in diesen Beziehungen basieren auf verzerrten Stichproben - damals *oder* heute. Die Uneinheitlichkeit der Ergebnisse, von denen hier ja nur ein Teil präsentiert werden konnte, verweist möglicherweise stärker auf die Wirkungslosigkeit globaler, gesellschaftlicher Faktoren und rückt lokale, spezifische und psychologische Variablen stärker in den Vordergrund. Wer als ErzieherIn oder LehrerIn in der Praxis den Zeitwandel von Kindern und Jugendlichen konstatiert, muß sich fragen, ob seine Erfahrungen früher oder/und heute repräsentativ sind. Denn auch früher gab es sowohl relativ friedliche Klassen, als auch relativ unruhige, gewalttätige und streitlustige Schulklassen und umgekehrt.

Die nicht-soziometrischen Daten ergeben allerdings in der Grundschule ein recht deutliches Bild. Hier konnte in einer großen Stichprobe gezeigt werden, daß die Leiden der Kinder, die Sensibilität gegenüber Frustrationen, die sich aus dem Zusammenleben mit Peers ergeben, heute deutlich stärker ausgeprägt sind als früher. Auch wenn die Familiengröße nicht kontrolliert wurde, so scheidet sie als Ursache im eigentlichen Sinne aus: Es ist seit langem bekannt, daß bspw. Einzelkinder bessere soziometrische Positionen haben und sich als geselliger darstellen als Geschwisterkinder (Falbo/ Polit, 1986). Man würde also eher vermuten, daß allgemein die Ansprüche an die korrekte Behandlung bei Kindern wie Eltern gewachsen sind. Heute fühlt man sich durch Belästigungen, Frustrierungen anderer eher beleidigt als früher.

Überrascht muß man auch feststellen, daß die Zufriedenheit heutiger Kinder mit Eltern, Schulklasse, Lehrern usw. nicht unbedingt dem Trend entspricht, den eine eher soziologisch motivierte Debatte zum Familienzerfall erzeugt. Vater, Mutter, die Familie, Eltern, Geschwister und Freunde gehören eindeutig zu den Positiva des kindlichen Soziallebens - sie sind damit stärker zufrieden als mit der Schulklasse, mit Klassenkameraden, Lehrern und der Schule insgesamt.

Bezüglich der soziometrischen Ergebnisse läßt sich ein Metabefund herausarbeiten. Im Kindergarten wie auch in der Grundschule gilt für damals wie heute, daß die Kinder dort mehr Freunde als Feinde haben, da die Zahl der Wahlen die Zahl der Ablehnungen übersteigt. Das gilt in der Hauptschule nicht mehr (Ausnahme: eine Stichprobe). Für Hauptschüler der 5./6. Klassen gilt damals wie heute, daß tendenziell die Zahl der Ablehnungen etwas größer ist als die Zahl der Wahlen. Ausnahme bildet hier nur eine kleine Stichprobe von Hauptschulen im Aachener Raum. Als Ursache für die abweichenden Ergebnisse bei Aachener Hauptschülern können regionale Unterschiede damals wie heute angenommen werden, was auf die Problematik anfallender Stichproben in der empirischen Sozialforschung verweist. Man ist sich nie ganz sicher, ob die gefundenen Unterschiede schul-, klassen- oder regionalspezifisch sind. Echte repräsentative Untersuchungen sind zur Zeit allerdings nicht bekannt, um sie als orts- und methodenidentische Replikation zu wiederholen und auszuwerten. Eine skandinavische Untersuchung aus dem Jahre 1956 findet rund 5,5 positive Wahlen und 1,5 negative (Bejerstedt, 1956), also punktuelle „Positivität“ (nicht längsschnittliche), was in unserer Stichprobe nur auf die Hauptschulklassen im Aachener Raum zutreffen würde.

Was lernt man aus den Daten für die Debatte um die gewandelte Kindheit? Die Kindheit mag sich ändern, ob sich die Kinder in einer gewandelten Kindheit ändern, ist eine Frage der Empirie und die ist für die Beantwortung der meisten Fragen zu uneinheitlich. Methodische Unsicherheiten lassen auch Ergebnisse an großen Stichproben (so wie hier) als noch nicht gesichert erscheinen. So kann es sich in einigen Fällen um Testleitereffekte, regionale Unterschiede, um kurzfristige Oszillationen von Werten und um eine starke Gruppenspezifik, d.h. Klassenspezifik, handeln, so daß man annehmen könnte, daß mikrosoziale Einflußfaktoren einen größeren Effekt als makrosoziale Faktoren haben. Grobe Trends im Familienzerfall und im Wandel von Schule und Lehrkräften müßten spezifischer auf die einzelnen Personen deduziert und dann untersucht werden.

Diese methodischen Zweifel treffen auf den einzigen hier nicht an weiteren Stichproben replizierten Befund eines größeren „Leidens“ an der Schulklasse, der in der Grundschulstichprobe, 2. Klassen, gefunden wurde, natürlich auch zu. Auch hier erhebt sich die Frage, ob nicht mehrere regionale Stichproben, anfallende Klumpenstichproben also, auch widersprüchliche Ergebnisse erbracht hätten. Dagegen würde allerdings sprechen, daß es sich bei dieser Stichprobe um die einzige handelt, die über eine enge regionale Begrenzung der Rekrutierung der Stichprobe hinausgegangen ist und –geht, also dem Ideal einer repräsentativen Stichprobe damals wie heute am nächsten kommt.

Ein methodisches Dilemma ist ebenfalls unübersehbar: Das Ziehen von Klumpenstichproben ist in der Frage der Stellung der Kinder zwischen Familie und Peers einerseits notwendig, um Aussagen über soziometrische Peer-Beziehungen zu machen, andererseits problematisch, solange nicht repräsentative Stichproben von Schulklassen als Einheiten gezogen werden können. Die Peers können sicherlich einen erheblichen Einfluß auf die Entwicklung des Kindes nehmen und den Einfluß der Familie zurückdrängen: Es ist in diesem Fall aber zu fragen, mit welchen Peers das Kind zusammenkommt, genauso wie zu fragen ist, mit *welchen* Eltern, mit *welcher* Familie ein Kind während seiner Sozialisation konfrontiert wird. Pauschal- und Globalannahmen über einen vom Individuum unabhängigen Zeitwandel gehören aus der Sicht der empirischen, psychologischen Forschung eher ins Feuilleton.

Literatur

Allerbeck, K. & Hoag, W., 1985: Jugend ohne Zukunft? München: Piper.

Ariès, P., 1975: Geschichte der Kindheit, München: Hanser.

Asher, S. R. & Coie, J. D., (Eds.), 1990: Peer rejection in childhood, Cambridge u.a.: Cambridge University Press.

Bejerstedt, A., 1956: Interpretations of sociometric choice status, Lund, Kopenhagen.

Delitsch, J., 1900: Über Schülerfreundschaften in einer Volksschulklasse, *Zeitschrift für Kinderforschung,* 5, S. 150-163.

Dollase, R., 1976: Soziometrische Techniken (2. Aufl.), Weinheim: Beltz.

Dollase, R., 1979: Sozial-emotionale Erziehung in Kindergarten und Vorklasse, Hannover: Schroedel.

Dollase, R., 1985: Entwicklung und Erziehung, Stuttgart: Klett.

Dollase, R., 1986: Sind Kinder heute anders als früher? Probleme und Ergebnisse von Zeitwandelstudien, *Bildung und Erziehung,* 39, (2), S. 133-147.

Dollase, R., 1988: Von ganz natürlich bis schön verrückt - Zur Psychologie der Jugendmode, in: Baacke, D., Volkmer, I., Dollase, R. & Dresing, U., (Hrsg.), Jugend und Mode. Kleidung als Selbstinszenierung, Opladen: Leske+Budrich, S. 93-140.

Dollase, R., 1991: Kinder und Jugendliche gestern, heute, morgen, in: Bäuerle, S., (Hrsg.), Lehrer auf die Schulbank, Stuttgart: Metzler, S. 10-31.

Falbo, T. & Polit, D. F., 1986: Quantitative review of the only child literature: research evidence and theory development, *Psychological Bulletin,* 100, S. 176-189.

Herzberg, I., 1992: Kinderfreundschaften und Spielkontakte, in: Deutsches Jugendinstitut, (Hrsg.), Was tun Kinder am Nachmittag? Ergebnisse einer empirischen Studie zur mittleren Kindheit, München: Verlag Deutsches Jugendinstitut, S. 75-126.

Hurrelmann, K., 1983: Das Modell des produktiv realitätsverarbeitenden Subjekts in der Sozialisationsforschung, *Zeitschrift für Sozialisationsforschung und Erziehungssoziologie*, 3, (1), S. 91-103.

Keller, H., (Hrsg.), 1989: Handbuch der Kleinkindforschung, Berlin u.a.: Springer.

Salusky, A. S., 1930: Collective behavior of children at a preschool age, *Journal of Social Psychology,* 1, S. 367-378.

Schiffler, H. & Winkeler, R., 1985: Tausend Jahre Schule, Stuttgart: Belser.

Uexküll, J. v. & Kriszat, G., 1956: Streifzüge durch die Umwelten von Tieren und Menschen, Hamburg: Rowohlt.

Wislitzky, S., 1928: Beobachtungen über das soziale Verhalten im Kindergarten, *Zeitschrift für Psychologie,* 107, S. 179-188.

Zinnecker, J., 1987: Jugendkultur 1940 -1985, Opladen: Leske + Budrich.

Zinnecker, J. & Silbereisen, R., 1996: Kindheit in Deutschland, Weinheim: Juventa.

Kindliche Entwicklung zwischen Selbstbestimmung und Strukturierung

Jürgen Mansel

1. Familienkindheit und Persönlichkeitsentwicklung

Es gehört zu den Errungenschaften moderner Gesellschaften, daß eine individuelle Lebensführung und die Gestaltung der eigenen Biographie im Sinne subjektiv vorherrschender Interessenlagen nicht nur für alle gesellschaftlichen und sozialen Schichten, Milieus und Gruppierungen - oder welcher Begriff zur Umschreibung der sozialen und hierarchischen Verfaßtheit unserer Gesellschaft auch immer gewählt wird - möglich, sondern dominant und darüber hinaus auch obligat wird (Lange, 1997, 7f.).

Wenn nun alle gesellschaftlichen Gruppierungen an diesem Wandel teilhaben, dann impliziert das, daß auch Kindern und Jugendlichen zunehmend die Möglichkeit gegeben wird, ihr Leben aktiv gestaltend in die Hand zu nehmen, sie also Freiräume finden bzw. haben, ihr Handeln an ihren Bedürfnissen auszurichten und ihr Umfeld so zu beeinflussen und zu gestalten, daß sie sich gemäß den eigenen Ansprüchen auch zu entwickeln vermögen.

Entsprechende empirische Studien zeigen nun zumindest in ihrer Tendenz, daß auch und gerade in Familien den Heranwachsenden der hierzu erforderliche Raum zugestanden wird, Kindern also das Recht eingeräumt wird, aktive Mitgestalter des Alltagslebens zu sein.

Im Vergleich zu den 60er Jahren haben sich zum einen die seitens der Eltern angewandten Erziehungsstile, -techniken und -strategien deutlich liberalisiert. Restriktives Erziehungsverhalten und Verbote sind heute eher Ausnahmeerscheinungen. Erziehungsziele wie Unterordnung und Gehorsam der Kinder, denen in den sechziger Jahren in Familien mit einem Arbeiter als Haushaltsvorstand noch eine hohe Bedeutung zugemessen wurde, gehören flächendeckend der Vergangenheit an - auch wenn es noch viele Familien geben mag, in denen die Einstellungsebene nur marginal mit dem Alltagsverhalten korrespondiert.

Damit zusammenhängend sind zum zweiten die Beziehungen zwischen den einzelnen Familienmitgliedern offener geworden. Familien, in denen die Beziehungen über die jeweiligen Positionen Vater, Mutter und Kind definiert werden, sind seltener geworden. Das Kind wird als eigenständige Person mit eigenen Rechten und Bedürfnissen akzeptiert. Das bringt es mit sich, daß die Beziehungen der einzelnen Familienmitglieder immer wieder neu ausgehandelt werden, also zum Gegenstand der innerfamilialen Kommunikation werden.

Beim Aushandeln der Beziehungen orientieren sich die Personen dann zum dritten an den jeweiligen Bedürfnissen der Interaktionspartner. Kinder erhalten damit nicht nur die Möglichkeit, ihre Bedürfnisse mitzuteilen, sondern sie finden auch Berücksichtigung bei der Planung familialer Aktivitäten. Der Familienalltag wird zu einem nicht unerheblichen Teil an den Wünschen und Ansprüchen der Kinder ausgerichtet (z.B. Hurrelmann, 1990).

Daß Eltern die Bedürfnisse der Kinder nicht nur berücksichtigen, sondern auch in die Handlungsentscheidungen mit einbeziehen, führt bei den Kindern auch dazu, daß anspruchsvolle Erwartungen geweckt werden. Die Freiheitsgrade der Entwicklung einer einzigartigen Persönlichkeit werden damit erweitert. Damit wachsen aber auch die Anforderungen an die Kinder, eine unverwechselbare Identität zu entwickeln. Es ist zu befürchten, daß die jungen Gesellschaftsmitglieder den damit verbundenen Anforderungen nicht immer gewachsen sind, sie die Aufgaben nicht immer von sich aus zu bewältigen vermögen. Dennoch können wir den Kindern diese Aufgabe nicht einfach abnehmen. Ihnen praktisch quasi fremdbestimmt den Weg in die Selbstentfaltung zu weisen, wäre ein paradoxes Unterfangen. Wir können lediglich die Rahmenbedingungen und Voraussetzungen für diesen Prozeß zu optimieren versuchen, daß Kinder und Jugendliche die Freiheitsgrade bei der Entwicklung einer einzigartigen Persönlichkeit zu nutzen vermögen und es den Kindern zunehmend gelingt, auf ihren Lebensalltag gestaltend einzuwirken.

2. Soziologie der Kindheit und Sozialisationsforschung

Diese aus den Individualisierungsschüben resultierenden realen Entwicklungen einerseits und der politische Wille, auch kindliche Subjekte zum Gestalter ihrer Realität werden zu lassen, haben sich nicht zuletzt auch in einem entsprechenden Perspektivenwechsel in der wissenschaftlichen Erforschung von Kindheit niedergeschlagen.

Insbesondere von Seiten der sich seit Mitte der 80er Jahre etablierenden sogenannten soziologischen Kindheitsforschung wird hervorgehoben, daß Kinder aktiv handelnde Subjekte sind, die sich einen eigenen Lebensraum schaffen. Die bis in die 80er Jahre im Rahmen der Erforschung des Prozesses des Aufwachsens dominierende Sozialisationsforschung wird von dieser Seite erheblicher Kritik ausgesetzt. Die Kritik läßt sich dabei in drei Punkten zusammenfassen.

- Die „traditionelle" Sozialisationsforschung verstehe den Prozeß des Aufwachsens je nach Disziplin ausschließlich entweder als ein Einpassen in die Gesellschaft (Soziologie) oder als einen organismischen Reifungsprozeß

(Psychologie) und lasse außer Acht, daß Kinder aktiv handelnde Subjekte sind, die sich selbst ihren Lebensraum schaffen.

- Sie betrachte das Kinderleben ausschließlich aus dem Blick der Erwachsenen und Erzieher, konzentriere sich auf deren Tun, um die Bedingungen zu erforschen, die einer optimalen Entwicklung dienlich sind.
- Sie betrachte das Kinderleben unter einer zielgerichteten Perspektive, d.h. aus der Perspektive des Erwachsenwerdens und ignoriere, daß Kinder in ihrem Tun auch Ziele verfolgen, die sich ausschließlich aus der Perspektive des Kindseins ergeben (z.B. Honig, 1996; Kelle/ Bredenstein, 1996).

Ich habe schon an anderer Stelle darauf hingewiesen (Mansel, 1999), daß ich nicht nur als Sozialisationsforscher diese Kritik überhaupt nicht zu teilen vermag. Sie ist nur insoweit richtig, wenn man bei der Rezeption der sozialisationstheoretischen Diskussion Anfang der 70er Jahre stehenbleibt (also zu einer Zeit, in der in der Soziologie Sozialisation noch gleichgesetzt wurde mit Sozialisierung) und die weitere Entwicklung eben dieser Diskussion außer Acht läßt und ignoriert.

Ich möchte nun an dieser Stelle auf diese Kritik nicht im einzelnen eingehen, sondern nur auf den ersten Vorwurf (dadurch erübrigen sich m.E. aber auch weitgehend die beiden anderen Kritikpunkte), um dann anschließend anhand zweier einfacher Sachverhalte auf Gefahren hinzuweisen, in der sich die 'neue' Kindheitsforschung befindet, wenn sie die Möglichkeiten der Einflußnahme und der Gestaltungsmöglichkeiten des Lebensalltages von und durch die Kinder selbst überbetont und/oder überschätzt.

Entgegen dem von Seiten der neuen Kindheitsforschung geäußerten Vorwurf legen neuere sozialisationstheoretische Konzeptionen ein besonderes Gewicht darauf, daß die Individuen als Informationen verarbeitende und handelnde Subjekte maßgeblich an ihrer Entwicklung beteiligt sind. Die Möglichkeiten der aktiven Einflußnahme auf den eigenen Werdegang sind sozusagen ein konstitutives Element dieser Konzeptionen (Geulen, 1977; Hurrelmann, 1983 u. 1986; Hurrelmann et al., 1986; Fuhrer/ Quaiser-Pohl, 1997). Im Sinne dieser Konzeptionen lassen sich dabei zumindest drei Grundformen der Einflußnahme unterscheiden.

Erstens: Personen nehmen die Informationsströme, die aus ihrer Umwelt auf sie einfließen, nicht nur einfach wahr, sondern die aus der Umwelt auf sie einströmenden Daten werden aktiv selektiert, sondiert und auch gezielt gesucht, mit subjektiven Deutungen und Bedeutungen versehen, auf der Grundlage des bis zu dem jeweiligen Zeitpunkt akkumulierten Wissens interpretiert und bewertet, verarbeitet und mit vorliegenden Informationen in Einklang gebracht.

Ist letzteres nicht möglich, muß gegebenenfalls das subjektiv von der Welt konstruierte Bild modelliert, umgebaut und/oder verändert werden.

Zweitens: Nehmen die Subjekte bei der Informationsaufnahme Bedingungen wahr,

- die einer aus ihrer Sicht optimalen Weiterentwicklung im Wege stehen oder
- die eine Befriedigung ihrer Bedürfnisse nicht ermöglichen etc.,

ermitteln die Personen also Diskrepanzen in der Beschaffenheit einer äußeren Situation und ihren subjektiven Ansprüchen und Interessenlagen oder zeichnet sich eine Entwicklung ab, durch die eine als angenehm empfundene Situation in Frage gestellt wird, werden sie bemüht sein, so auf die Umwelt einzuwirken, daß eine Passung von äußerer Situation und innerem Anspruch (wieder)hergestellt wird.

Personen wirken also aktiv handelnd auf ihre Umwelt ein, um ihre Situation und ihr Wohlbefinden zu optimieren, um ein den eigenen Bedürfnissen angemessenes und lebenswertes Leben führen zu können. Dies ist auch der Hintergrund, weshalb sich Subjekte immer wieder neue Kompetenzen aneignen und Fertigkeiten erwerben, vorhandene Kompetenzen und erworbenes Wissen zu immer komplexer werdenden Handlungsstrategien kombinieren. Diese Aktionen, mit denen ein Anpassungsprozeß und ein Gleichgewichtszustand von innerer und äußerer Realität auf einem jeweils höherem Niveau herzustellen versucht wird, sind letztendlich nicht nur die Grundlage für Veränderungen der materiellen Beschaffenheit der Umwelt des Menschen und in diesem Sinne auch der voranschreitenden Technisierung, sondern auch für soziale Veränderungen und gesellschaftlichen Wandel. Während die neuere Kindheitsforschung nun einfach bei der Feststellung der aktiven Einflußnahme des Subjekts auf seine Umwelt stehenbleibt, gehen die von ihr kritisierten sozialisationstheoretischen Ansätze weiter und liefern ein Erklärungsmodell. Denn diese Aktivitäten resultieren aus dem Spannungsfeld von innerer und äußerer Realität. Dieses Spannungsfeld bedingt, daß sich Menschen Kompetenzen aneignen, sprich: sich entwickeln, und schafft somit auch einen Ausgangspunkt für die Erklärung gesellschaftlicher Entwicklungen.

Kann eine Person Diskrepanzen zwischen subjektiven Ansprüchen und äußerer Situation nicht durch eine Veränderung der Lebensbedingungen herbeiführen, müssen die Veränderungsbemühungen an einer anderen Stelle ansetzen. Personen werden ihre Vorstellungen modifizieren, Ansprüche zurückstellen oder Wünsche revidieren. Auch hier leistet das Subjekt aktive Arbeit, Arbeit an sich selbst.

Drittens: Kommt eine Person im Zuge der kognitiven Prozesse der Selbstwahrnehmung, der Selbstreflexion und der Selbstbewertung zu dem Resultat, daß sie sich in ihrer eigenen Entwicklung vom Selbstideal entfernt, wird sie auch hier Anstrengungen unternehmen, um diesen Abweichungsprozess zu stoppen und die eigene Entwicklung in die gewünschte Richtung zu lenken. Personen stellen in diesem Sinne die Weichen ihrer Lebensführung auch dadurch, daß sie sich in solche sozialisationsrelevante Kontexte begeben, die ihrer Entwicklung dienlich sind. Zwar treffen sie dabei immer auf historisch und gesellschaftlich geprägte Strukturen, sie haben aber in der Regel Entscheidungsalternativen, durch welche die Entwicklung auf einen selbstbestimmten Weg festgelegt werden kann.

Die neueren sozialisationstheoretischen Konzeptionen sehen nun aber nicht nur die Personen als aktiv handelnde und ihre Umwelt gestaltende Subjekte, sondern sie sehen im Unterschied zu der neuen Kindheitsforschung durchaus auch die Grenzen der Gestaltungsmöglichkeiten. Ich möchte nun an sehr einfachen Beispielen diese Grenzen zeigen und darlegen, daß der Lebensalltag von Kindern zum Teil durch sehr banale Eigentümlichkeiten strukturiert wird.

3. Freundschaftswahlen

Im ersten Punkt beziehe ich mich dabei auf einen für einen Soziologen eher ungewöhnlichen Punkt, weil der kritische Sachverhalt im Grunde genommen aus einem Aspekt der inneren Entwicklungslogik eines Kindes resultiert; dem Umstand, daß sich bei Kindern im Alter von 6 bis 8 Jahren das Verständnis von Freunden verändert. Freunde sind nicht mehr die räumlich erreichbaren Gleichaltrigen, sondern zu Freunden werden solche Personen, die ähnliche Interessen und Vorlieben haben wie das Subjekt selbst. Grundvoraussetzung dieses veränderten Verhaltens hinsichtlich der Freundschaftswahlen ist neben dem Alter der über den Besuch von öffentlichen Erziehungseinrichtungen erweiterte Kontaktkreis. Inwiefern dieser Sachverhalt auf die Lebenswelt von Kindern und dabei nicht nur des entsprechenden 8jährigen Kindes zurückwirkt, ihn strukturiert und auch grundlegend verändert, möchte ich anhand der Geschichte der Kinder der Familien S. und K. darlegen.

Die beiden Familien wohnen am Ende einer Sackgasse in einem 7000-Seelen-Dorf, einem Vorort einer westdeutschen Großstadt. Die räumlichen Bedingungen scheinen für das Ausleben des motorischen Bewegungsbedürfnisses von Kindern sehr günstig, denn das außerhäusliche Spiel wird durch den modernen Straßenverkehr so gut wie gar nicht beeinflußt. Die Straße wird nur von den Anliegern benutzt. Die Idylle zeigt sich u.a. auch darin, daß die Kinder über Nacht unbesorgt die Fahrräder draußen stehen lassen können, weil die Gefahr des Diebstahls bisher gleich Null ist. Allerdings – und dies ist charakteristisch für die kinderarme Moderne -, leben in dieser Straße keine weiteren Kinder, zumindest nicht in einem Alter, das sie als Spielkameraden für die Kinder der Familien S. und K. in Frage kommen läßt.

Den Kindern beider Familien ist nun gemeinsam, daß das jeweilige Geschwisterkind bzw. die Geschwisterkinder als Spielpartner zwar in Frage kommen, präferiert wird aber eindeutig das Spiel mit den Nachbarskindern.

Für das weitere Verständnis ist nun das Alter und das Geschlecht der Kinder von maßgeblicher Bedeutung. Den Kindern der Familie K. habe ich die Namen Karin, Magdalena und Martin gegeben, denen der Familie S. Sylvia und Elvira.

Übersicht: Geschlecht, Geburts- und Einschulungsjahr der Kinder von Familie K. und S.

	Familie K.			Familie S.	
	Karin, ♀ geb. 1985	Magdalena, ♀ geb. 1987	Martin, ♂ geb. 1988	Sylvia, ♀ geb. 1986	Elvira, ♀ geb. 1988
1989	Kindergarten				
1990					
1991	Einschulung				
1992				Kindergarten	
1993		Kindergarten		Einschulung	
1994		Einschulung	Kindergarten		Kindergarten
1995			Einschulung		Einschulung
1996					

Familie S. zieht mit der Geburt von Elvira in das 7000-Seelen-Dorf. Familie K. wohnt dort schon seit Ende der siebziger Jahre. Martin K. erblickt zwei Tage nach Elvira S. das Licht der Welt. Elvira und Martin werden praktisch gemeinsam den Windeln entwöhnt. Aber noch vor diesem Zeitpunkt werden die beiden zu dicken Freunden und spielen, wenn die größeren Kinder sich absondern, zusammen, sowohl bei den Aktivitäten in als auch außerhalb des jeweiligen Elternhauses.

Sylvia S. orientiert sich im Spiel an der älteren Karin K. Letztere gibt auch bei den gemeinsamen Aktivitäten aller Kinder in der Regel den Ton an und bestimmt das Geschehen. Magdalena K. steht dabei etwas außerhalb der beiden Pärchen. Im Unterschied zu ihren Geschwistern hat sie keinen Partner, der in dem Maße auf sie fixiert ist. Sie kommt in keine der beiden Zweiergemeinschaften so richtig rein. Dies mag ein Grund dafür sein, weshalb sie sich zunächst auch zu einem sehr zurückhaltenden Kind entwickelt.

Durch den häufigen Kontakt von Elvira S. und Martin K. eignet sich Elvira auch eher als männlich einzustufende Spielformen an, wie z.B. das Boxen aus Spaß. Dies bringt ihr dann im Kindergarten den Vorteil ein, sich auch gegenüber den Jungen behaupten zu können.[1] Im Kindergarten von Elvira haben sich eine Jungen- und eine Mädchenbande herausgebildet. Den Mitgliedern der Jungenbande macht es besonderen Spaß, die Mädchen zu jagen und zu schubsen. Die Mädchenbande hat als Reaktion eine andere Form der Verfolgung entwickelt. Sie jagen die Jungen und küssen diese, was für die Jungen natürlich das Allerschlimmste ist. Sobald ihnen eine Mädchengruppe zu nahe kommt, nehmen sie Reißaus.

Karin K., das älteste der fünf Kinder, kommt sich bereits bei der Einschulung sehr erwachsen vor, schließlich dominiert sie ja auch das gemeinsame Spiel der fünf Kinder. Im Alter von etwa 7 bis 8 Jahren ändert Karin K. nun wie erwähnt ihr Verhalten hinsichtlich der Freundschaftswahlen. Sie sucht ihre Spielkameraden zunehmend unter den Klassenkameraden und steht für die Aktivitäten mit den Nachbarskindern nur noch in sehr begrenztem Umfang zur Verfügung.

Etwa zeitgleich lernt Elvira S. im Kindergarten, daß Jungen für Mädchen doch nicht die angemessenen Spielpartner darstellen. Sie wendet sich daher auch im nachmittäglichen Spiel zunehmend von Martin K. ab. Martin K. gerät damit ins Abseits.

Sowohl Elvira S. als auch Sylvia S. sehen nun in Magdalena K. den am besten geeigneten Spielpartner. Die zuvor eher am Rande Stehende gerät damit plötzlich in den Mittelpunkt der Aktionen. Die beiden Kinder der Familie S. beginnen zu streiten, wer mit Magdalena K. spielen darf. Regelmäßig bricht auch Streit darüber aus, wer die Freundin von Magdalena ist. Jeder versucht, sie dem anderen streitig zu machen.

Magdalena K. erkennt ihre neue, günstige bzw. verbesserte Position sehr schnell und fördert ihrerseits durch ihr Verhalten diese Streitigkeiten innerhalb

---

1 Dieser Umstand führt auch bei anderen Personen zu Irritationen. So wollte z.B. der etwa gleichaltrige Sohn einer befreundeten Familie bei einer gemeinsamen Aktivität Elvira beweisen, daß er als Junge der Stärkere sei. Bei einem von ihm provozierten Boxkampf schlägt Elvira zurück. Der Junge ist so verwirrt, daß er sich wehrlos verprügeln läßt.

der Familie S.. Sie spielt die gewonnene Macht bewußt aus und treibt Keile zwischen die beiden Geschwisterkinder der Familie S. Sie versucht, die Rolle ihrer älteren Schwester zu übernehmen und in der Spielgruppe die Führungsrolle einzunehmen, was ihr jedoch von Sylvia S., der nun Ältesten in der Vierergruppe, streitig gemacht wird. Um aber mit Magdalena K. überhaupt spielen zu können, muß sie diesem Verlangen von Magdalena K. zumindest partiell nachgeben.

Der ganze Spuk verebbt erst, als Sylvia S. in das entsprechende Alter kommt und sich zunehmend andere Spielpartner aus ihrer Klassengemeinschaft sucht und wechselseitig Besuche von Klassenkameradinnen arrangiert werden.

Mit freien Entscheidungen der Kinder hat der ganze Ablauf und der Wechsel der Freundschaften der Nachbarskinder nur wenig zu tun. Vielmehr sind es Reifungsprozesse der Kinder in Verbindung mit erhöhten Kontakten durch die Einbindung in institutionelle Erziehungseinrichtungen, die diesen Wandel im Alltagsleben der Kinder herbeiführen. Solche Determinanten zu erkennen, muß ein Ziel der Kindheitsforschung bleiben. Auch in (post)modernen Gesellschaften ist vieles, was als freie Entscheidung erscheint, durch andere Prozesse bedingt. Würde man aber freie Entscheidungen und Wahlen unterstellen, wäre das damit gleichzusetzen, den Kindern Untreue in den Freundschaftsbeziehungen und eine gewisse Gehässigkeit im Umgang mit den Gleichaltrigen vorzuwerfen.

3. Die Wahl der Schule

Das zweite von mir gewählte Beispiel, Grenzen freier Wahlen und der Gestaltbarkeit von Lebensbedingungen aufzuzeigen, ist noch banaler als das erste.

Im Zuge des wirtschaftlichen Aufschwungs („Fahrstuhleffekt"; Beck, 1986) haben sich nicht nur die Lebensbedingungen, die Lebensqualität und die Lebensstandards erheblich verbessert, sondern auch die alten Ungleichheitsstrukturen scheinen sich zunehmend aufzulösen. Ausschlaggebend für die soziale Position einer Person scheinen in modernen individualisierten Gesellschaften zunehmend die individuell erbrachten Leistungen. Entsprechend wurde in der Ungleichheitsforschung herausgearbeitet, daß infolge von Individualisierungsprozessen Personen im Rahmen ihrer Entwicklung zum Teil erhebliche Auf- und Abstiegsprozesse erfahren (Berger/ Sopp, 1995). Die Optionen, die Chancen und Möglichkeiten zu einer einzigartigen beruflichen und privaten Karriere haben sich damit bis ins Unermeßliche vervielfältigt (Beck, 1986; Heitmeyer/ Olk, 1990; Vester, 1993).

Dennoch haben parallel die alten Ungleichsheitskategorien – wenn überhaupt – nur marginal an Bedeutung verloren. Die Chancen, in attraktive berufliche Positionen zu gelangen, werden nach wie vor maßgeblich durch die Qualität des in der Jugendphase realisierten Schulabschlusses vorgegeben. Und die Chancen, ein Gymnasium zu besuchen, sind auch in den neunziger Jahren für ein Kind, das in einer Beamtenfamilie aufwächst, um etwa das Fünffache höher als für ein Arbeiterkind (Rolff et al., 1995; Mansel/ Palentien, 1998). Die Wahlen selbst wie auch die Realisierungsmöglichkeiten von Optionen sind weiterhin soziallagenspezifisch schief verteilt und werden durch die soziale Herkunft nicht unerheblich strukturiert. Entsprechend hat die Erklärungskraft der beruflichen Position des Vaters (vermittelt über das realisierte Bildungsniveau und die berufliche Erstplazierung) für den beruflichen Status einer Person im Alter von 30 Jahren bei den in der Lebensverlaufstudie des Max-Planck-Instituts verglichenen Alterskohorten in den letzten Dekaden nicht ab-, sondern zugenommen (Mayer/ Blossfeld, 1990). Wird bei dieser Frage eine absolute Gestaltbarkeit des Lebensweges durch die handelnden Subjekte postuliert, werden die Personen für etwas verantwortlich gemacht, das sie nur im begrenzten Umfang zu beeinflussen vermögen; hieße die Personen, für Mißerfolge (nicht das Gymnasium besucht zu haben) in die Pflicht zu nehmen und ihnen die Last für Prozesse aufzubürden, die unter gegebenen sozialen Bedingungen immer eine gewisse Anzahl zu durchlaufen hat. Dies zu sehen, heißt nicht, die Subjekte aus der Verantwortung für ihr Dasein zu entlassen, aber es ist wichtig, strukturelle Barrieren für eine realistische Beurteilung von Gestaltungsmöglichkeiten nicht aus dem Auge zu verlieren.

Literatur

Beck, U., 1986: Risikogesellschaft. Auf dem Weg in eine andere Moderne, Frankfurt/Main: Suhrkamp.

Berger, P. A & Sopp, P., 1995: Dynamische Sozialstrukturanalysen und Strukturerfahrungen, in: Berger, P. A. & Sopp, P., (Hrsg.), Sozialstruktur und Lebensverlauf, Opladen: Leske + Budrich, S. 9 - 26.

Fuhrer, U. & Quaiser-Pohl, C., 1997: Ökologisch-kulturbezogene Entwicklungspsychologie und neue soziologische Kindheitsforschung, *Zeitschrift für Sozialisationsforschung und Erziehungssoziologie*, 17, S. 178 - 183.

Geulen, D., 1977: Das vergesellschaftete Subjekt. Zur Grundlegung der Sozialisationstheorie, Frankfurt am Main: Suhrkamp.

Heitmeyer, W. & Olk, Th., (Hrsg.), 1990: Individualisierung von Jugend. Gesellschaftliche Prozesse, subjektive Verarbeitungsformen, jugendpolitische Konsequenzen, Weinheim & München: Juventa.

Honig, M. S., 1996: Normative Implikationen der Kindheitsforschung, *Zeitschrift für Sozialisationsforschung und Erziehungssoziologie*, 16, S. 9 - 25.

Hurrelmann, K., 1983: Das Modell des produktiv realitätsverarbeitenden Subjekts in der Sozialisationsforschung, *Zeitschrift für Sozialisationsforschung und Erziehungssoziologie*, 3, S. 91 - 103.

Hurrelmann, K., 1986: Einführung in die Sozialisationstheorie, Weinheim: Beltz.

Hurrelmann, K., 1990: Familienstreß, Schulstreß, Freizeitstreß. Gesundheitsförderung für Kinder und Jugendliche, Weinheim & Basel: Beltz.

Hurrelmann, K., Mürmann, M., & Wissinger, J., 1986: Persönlichkeitsentwicklung als produktive Realitätsverarbeitung, *Zeitschrift für Sozialisationsforschung und Erziehungssoziologie*, 6, S. 91-110.

Kelle, H. & Bredenstein, G., 1996: Kinder als Akteure: Ethnographische Ansätze in der Kindheitsforschung, *Zeitschrift für Sozialisationsforschung und Erziehungssoziologie*, 16, S. 47 - 67.

Lange, A., 1997: Konturen einer soziologischen Zeitdiagnose von Kindheit und Kindererleben heute, *Österreichische Zeitschrift für Soziologie*, 22, S. 5 - 27.

Mansel, J., 1999: Persönlichkeitsentwicklung im Spannungsfeld von Realität, Deutungen und konstruierten Bildern, in: Fromme, J., Kommer, S., Mansel, J. & Treumann, K. P., (Hrsg.), Selbstsozialisation, Kinderkultur und Mediennutzung, Opladen: Leske + Budrich, S. 43 - 57.

Mansel, J. & Palentien, Ch., 1998: Vererbung von Statuspositionen. Eine Legende aus vergangenen Zeiten, in: Berger, P. A. & Vester, H. G., (Hrsg.), Alte Ungleichheiten – Neue Spaltungen, Opladen: Leske + Budrich, S. 231 - 253.

Mayer, K. U. & Blossfeld, H.-P., 1990: Die gesellschaftliche Konstruktion sozialer Ungleichheit im Lebensverlauf, in: Berger, P. A. & Hradil, S., (Hrsg.), Lebenslagen, Lebensläufe, Lebensstile, *Soziale Welt*. Sonderband 7, Göttingen, S. 297 - 318.

Rolff, H.-G., Bauer, K.-O., Klemm, K. & Pfeiffer, H., (Hrsg.), 1995: Jahrbuch der Schulentwicklung. Daten, Beispiele und Perspektiven, Band 8, Weinheim & München: Juventa.

Vester, H. G., 1993: Soziologie der Postmoderne, München: Quintessenz.

Kinderfreizeit als Familienprojekt

Burkhard Fuhs

Die folgenden Ausführungen beschäftigen sich mit der Frage, ob die Freizeit von Kindern ein Selbständigkeitsbereich der Kinder ist oder ob auch die Aktivitäten der Kinder in ihrer freien Zeit als Teil der Familienkultur angesehen werden können und angesehen werden müssen. Ausgangspunkt meiner Überlegungen sind ausgewählte Ergebnisse der sozialwissenschaftlichen Kindheitsforschung. So sind in den letzten Jahren eine Reihe von Studien zur Freizeit von Kindern entstanden, die dieses Thema unter unterschiedlichen Blickwinkeln beleuchtet haben. Gefragt wurde etwa danach, was Kinder in ihrer freien Zeit machen, wie die Zeitstrukturen der Kinder aussehen, welche Räume durch Kinder in der freien Zeit erschlossen werden, welche geschlechtsspezifischen und statusspezifischen Unterschiede es gibt, wie die Beziehungen der Kinder in der Freizeit gestaltet werden und wie sich die Aktivitäten der Kinder mit dem Alter verändern (vgl. Kränzl-Nagl, 1998).

Charakteristisch für diese Kindheitsuntersuchungen ist, daß das Freizeitverhalten der Kinder aus der Perspektive der Kinder analysiert wurde. Die individuellen Interessen der einzelnen Kinder standen im Vordergrund, und die Freizeit der Kinder wurde als Tätigkeit des einzelnen in einer Gleichaltrigengruppe verstanden. Die Eltern kommen in diesen Studien nur am Rande zur Sprache, z.B. bei der Bestimmung des Status der Familie oder bei Fragen des Transportes zu Freizeitaktivitäten.

Es stellt sich nun die Frage, ob es zulässig ist, die kindliche Freizeit isoliert vom Generationenverhältnis zu betrachten (vgl. Fuhs, 1999). Verstellt nicht der Untersuchungsansatz, der von einem selbständigen Kind ausgeht, das außerhalb der Familie und Schule mit Freunden seinen eigenen Interessen nachgeht, den Blick auf die Bedeutung der Familie bei der Auswahl und Ausgestaltung der heutigen Kinderkultur? Unter dieser Frage der Generationenbeziehungen habe ich nun vertrautes Material der Marburger Kindheitsforschung, das Peter Büchner und ich schon an unterschiedlichen Stellen in den letzten Jahren veröffentlicht haben, neu gelesen und die Einbindung der Freizeit der Kinder in die Familienkultur herausgearbeitet. Es zeigt sich, daß der neue Blick zu neuen Lesarten des Materials führt.

Bevor aber einige ausgewählte Fälle des Marburger Materials unter der Generationsperspektive vorgestellt wird, möchte ich zunächst der Frage nachgehen, warum die Freizeitperspektive in der Kindheitsforschung bisher so eng mit der Selbständigkeit der Kinder verbunden worden ist.

1. Kindliche Freizeit als Programm der Kindheitsforschung

Für die Kindheitsforschung ist – wie Christiane Strzoda und Jürgen Zinnecker betonen – die Untersuchung der kindlichen Freizeit ein relativ junges Gebiet. Im Unterschied zur Jugendforschung, für die Freizeit schon seit längerem ein Thema ist, wurde die freie Zeit von Kindern bis vor kurzem noch als „Spielen" verbucht. Erst mit dem Wandel der Kindheit, der Partizipation der Kinder am Markt der Freizeitgüter, kann auch von kindlicher Freizeit gesprochen werden: „Es entstanden Raum- und Zeitbindungen der Jüngeren, die der gleichen Logik wie die Freizeitplanung von Jugendlichen und jungen Erwachsenen folgten" (Zinnecker/ Silbereisen, 1996, 41). Mit der Übertragung des Freizeitbegriffs auf die Kindheit sollte in der Kindheitsforschung dieser Öffnung der Kinderkultur in Richtung Erwachsenenkultur Rechnung getragen werden.

Die Verwendung des Begriffs „kindliche Freizeit" ist somit gleichzeitig Ausdruck des Wandels von Kindheit und eines gewandelten Verständnisses von Kindheit in der Forschung (vgl. Fuhs, 1997). Mit der Vorstellung einer kindlichen Freizeit, wie sie in verschiedenen Veröffentlichungen der Kindheitsforschung zu finden ist (vgl. etwa Büchner/ Krüger, 1991; Fölling-Albers/ Hopf, 1995; Wilk/ Bacher, 1994; DJI, 1992). wird tendenziell das Leben der Kinder in seiner sozialen Logik mit dem der Erwachsenen parallel gesetzt; Kindheit ist nicht mehr eine Welt, die sich durch Spielen grundsätzlich von der Welt der Erwachsenen unterscheidet; Erwachsene und Kinder machen vielmehr in vielen Bereichen ähnliches.

Für die Kindheitsforschung läßt sich feststellen, daß die Benutzung des Freizeitbegriffs für das Kinderleben einhergeht mit einem Wechsel der Forschungsperspektive. Liselotte Wilk und Helmut Wintersberger sprechen in diesem Zusammenhang von einem „neuen Paradigma der Kindheitsforschung" (Wilk/ Wintersberger, 1996, 44). Während in den 70er und beginnenden 80er Jahren Kindheit vor allem unter den Aspekten Erziehung und Entwicklung mit einem Schwerpunkt auf den Gesundheitsverhältnissen untersucht worden ist, stehen nun die Lebenswelten der Kinder als ganzes im Zentrum des Interesses. Die beiden Autoren schreiben: „In mehreren Arbeiten wird erstmals umfassend die Situation von Kindern, so wie sie sie selbst in den für sie wichtigen Bereichen erleben, erforscht. Kinder werden in diesen Studien zu Subjekten gemacht, ihre Wahrnehmung, ihr Erleben und ihr Befinden wird in den Mittelpunkt gestellt und ist Gegenstand der Analyse" (Wilk/ Wintersberger, 1996, 43). Durch die neuen Kindheitsstudien soll die gewandelte Lebenswelt der heutigen Kinder aus kindlicher Sicht erfaßt werden, wobei – historisch neu – „Freizeit" als ein wichtiger, eigenständiger Teil des Kinderalltags gesehen wird.

2. Zur Definition von kindlicher Freizeit

Es stellt sich nun die Frage, wie der Freizeitbegriff im Zusammenhang mit Kindheit verwendet wird (vgl. Lange, 1996). Dabei zeigt sich, daß sich heute sehr unterschiedliche Verständnisse von kindlicher Freizeit nebeneinander finden. So wird beispielsweise in populärwissenschaftlichen Publikationen kindliche Freizeit oftmals mit Spielen gleichgesetzt. Das Kursbuch Kinder, ein Ratgeber für Eltern, etwa versteht unter Freizeit nur die Zeit, die den Kindern zur freien Verfügung steht. Die Autoren nennen diese Zeit „echte Freizeit" und grenzen sie gegen Schule, Schulweg, Hausaufgaben, Kinderarbeit, Hausarbeit, organisierte Beschäftigungen wie Sport oder Musik, Schlafen und Essen ab. Sie kommen im Schnitt auf 60 Stunden „falsche Freizeit" in der Woche für Kinder und nicht einmal eine Stunde „echte Freizeit" (vgl. Ernst et al., 1993, 439).

Michael Ledig beispielsweise faßt in der DJI-Studie unter Freizeit der Kinder alle Aktivitäten zusammen, die die Kinder ohne ihre Eltern und außerhalb der Schule unternehmen. Darunter fallen alle Arten von Spielen, organisierte Aktivitäten wie z. B. Sport, die Nutzung von kinderkulturellen Angeboten wie Malschule oder Kindermuseum, aber auch der alltägliche Fernsehkonsum (vgl. Ledig, 1992). In anderen Untersuchungen der sozialwissenschaftlichen Kindheitsforschung wird die Freizeit der Kinder dagegen oftmals nicht mit freier Zeit und mit Spielen gleichgesetzt (vgl. aber Elskemper-Mader, 1992), sondern davon abgegrenzt (vgl. Zinnecker/ Silbereisen, 1996, 43). Freizeit bezeichnet vielfach bestimmte Formen der organisierten Aktivitäten der Kinder. Zinnecker etwa versteht, wie erwähnt, unter Freizeit der Kinder deren Partizipation am Markt der Freizeitgüter, und er unterscheidet drei Aspekte:

- Ausprägung von Interessen durch die Kinder,
- Leistungs- und „Karriere"-aspekte und
- die soziale Einbindung der Freizeit in Schule, Verein und Clique (vgl. Zinnecker/ Silbereisen, 1996, 41ff.).

Renate Nagl und Erich Kirchler dagegen doppeln den Freizeitbegriff und definieren die „eigentliche" Freizeit in einem engeren Sinne. Unter Freizeit wird die „verwaltete Freizeit" verstanden, also alle *organisierten* Tätigkeiten, denen die Kinder nachgehen. Davon abgegrenzt wird die sog. „freie Zeit", also jene Zeit, über die die Kinder frei verfügen können (vgl. Nagl/ Kirchler, 1994, 333). In unseren Marburger Untersuchungen haben wir eine ähnliche Unterteilung vorgenommen und von einer informellen Freizeit auf der einen Seite und einer formellen – d.h. institutionalisierten – Freizeit auf der anderen Seite gesprochen (vgl. Zeijl/ du Bois-Reymond, 1998, 218; Büchner/ Fuhs, 1994; Fuhs 1996).

3. Die organisierte Freizeit

Ein Grund für das Interesse an der organisierten Freizeit von Kindern, das sich in allen Studien beobachten läßt, ist die Hypothese, daß sich in diesem Lebensbereich in besonderem Maße ein neuer Typ von Kindheit untersuchen läßt. Kinder, die nicht mehr in der Kindergruppe spielend ihre Nachmittage verbringen, sondern selbstbewußt und selbständig ihr eigenes Lebens gestalten und verwalten. Nagl und Kirchler betonen, daß Kinder in der verwalteten Freizeit ihre Tätigkeiten und ihre sozialen Beziehungen „frei wählen" können bzw. „frei wählen" müssen.

„Eine der zentralen Veränderungen im Freizeitverhalten von Kindern wird im zunehmenden Angebot wie auch in der Inanspruchnahme von institutionellen Freizeitangeboten gesehen. ... Das Kind tritt nicht so sehr als Teil eines Kinderkollektives in Beziehung mit den angebotenen Tätigkeiten bzw. der Institution, sondern als einzelnes Kind" (Nagl/ Kirchler, 1994, 339).

Organisierte Terminkindheit ist also in symbolischer Weise für die Kindheitsforschung Ausdruck einer Individualisierung der Kindheit. Als solches wird sie in ihren Chancen und Risiken seit einigen Jahren diskutiert. So wird etwa die 'moderne' Freizeit der Kinder ausdrücklich mit einer neuen notwendigen Selbständigkeit der Kinder in Verbindung gebracht. Während früher die Kinder in ein Spielkollektiv eingebunden gewesen seien – so Preissing, Preuss-Lausitz u. Zeiher (1990, 16f.) – müßten sie heute individuelle Interessen entwickeln und sich unter den vielfältigen Angeboten und Anforderungen orientieren. Mit der kindlichen Freizeit – so eine Argumentation, der ich selbst an einigen Stellen gefolgt bin, – ist neben Schule und Familie ein dritter wichtiger Sozialisationsbereich entstanden, der das heutige Kinderleben entscheidend prägt.

4. Familie und Freizeit

Während also die Freizeit der Kinder bisher von der Kindheitsforschung eher als ein Bereich verstanden wurde, an dem ein neues Verständnis von Kindheit untersucht und präsentiert wurde (im Zentrum stand das aktive, selbständige Kind), stellt sich nun vor dem Hintergrund der neueren Diskussion der Generationenbeziehungen die Frage, wie selbständig die Kinder in der Freizeit sind und wie die Freizeitaktivitäten in die Familie eingebunden werden. Klaus Hurrelmann und Jürgen Mansel (1993, 80f.) etwa, die die Individualisierung in der Freizeit kritisch beleuchten, weisen darauf hin, daß den Eltern eine wichtige Rolle bei der Bewältigung der kindlichen Freizeit zukommt. Auch Strzoda und Zinnecker betonen die Bedeutung der Familie für die kindliche Freizeit, wenn sie schreiben:

„Innerhalb der Familien entfalteten sich Ansätze eines generationsübergreifenden Freizeitstils, der das Spektrum der Aktivitäten und die Vorlieben von Eltern und Kindern einander näher brachte. Kristallisationspunkte bildeten dabei das Sport- und das Mediensystem der Freizeit“ (Zinnecker/ Silbereisen, 1996, 41).

Wie dieser Einfluß der Familie auf die kindliche Freizeit aussieht, soll im folgenden am Beispiel einiger unterschiedlicher Formen des familialen Umgangs mit der organisierten Freizeit der Kinder vorgestellt werden. Es handelt sich dabei nicht um eine vollständige Typologie, sondern lediglich um eine explorative Neuinterpretation einiger der wichtigsten Fälle des Projektes „Kinderleben“ (du Bois-Reymond et al., 1994). Das Material stammt aus einem Projekt, bei dem 12jährige Kinder und ihre Eltern zur heutigen Kindheit in ausführlichen qualitativen Interviews befragt wurden. Interviewt wurden rund 30 Familien, wobei das Sample nach Geschlecht, nach Region und nach sozialem Status geschichtet war. Befragt wurden die Kinder und Eltern u.a. nach den Freizeitaktivitäten der Kinder. Für die Neuinterpretation wurden Fälle ausgesucht, bei denen eine intensive kindliche Sportfreizeit im Verein im Mittelpunkt steht. Der erste Fall, der behandelt werden soll, steht für eine Kindheit, die in der Projektliteratur als typischer Fall eines modernen, sehr aktiven und vor allem selbständigen Mädchens vorgestellt wurde.

Leonie: eine reitbegeisterte Mädchenkindheit

Die 12jährige Leonie ist eine begeisterte Reiterin. Dreimal in der Woche hat sie Reitunterricht, und auch an den übrigen Tagen der Woche verbringt sie die Nachmittage in der Regel im Reitstall. Für diese Termine wird sie von der Mutter oft mit dem Auto aus der Stadt in ein nahegelegenes Dorf gebracht. Als Tochter eines Zahnarztes und einer Diplompädagogin hat sie das Glück, – zusammen mit einer Freundin – ein eigenes Pferd zu besitzen.

Die Reitbegeisterung, die Leonie mit vielen Mädchen ihres Alters teilt, bedeutet allerdings nicht, daß sie nur ein enges Aktivitäts- und Interessenspektrum aufweisen kann. Vielmehr gehört Leonie zu denjenigen Kindern, die in ihrer Freizeit besonders aktiv sind. In der Schule und über das Telefon verabredet sie sich zu den unterschiedlichen Freizeitterminen. Einmal in der Woche nimmt sie an einer Theatergruppe teil. Sie geht, wie sie sagt, durchschnittlich zweimal in der Woche ins Kino und ins Schwimmbad. Einmal in der Woche besucht sie zudem mit Freundinnen ein Jugendcafé. Generell läßt sich sagen, daß Leonie ihre Freizeit außerhalb der festen Termine in einer Mädchenpeergroup verbringt, die sich in der Stadt trifft. Die Freundinnen bummeln durch die Stadt, gehen in Boutiquen oder ins Kaufhaus, sie „gammeln rum“, „halten ein Schwätzchen“, leihen sich ein Tretboot aus, sie essen Eis oder sitzen bei

McDonalds. Wichtig festzuhalten ist dabei, daß Leonie nicht alle Aktivitäten mit denselben Freunden unternimmt. Neben einer besten Freundin hat sie mehrere unterschiedliche Freundeskreise, mit denen sie sich zu einzelnen Terminen verabredet und bei denen sie auch regelmäßig übernachtet.

Leonies Reitbegeisterung ist – das zeigt die Analyse ihrer Freizeitaktivitäten – eingebettet in eine moderne städtische Mädchenkindheit, die aus einer Vielzahl von sozialen Kontakten, Interessen und Aktivitäten besteht. Über das Reiten definiert sich Leonie in hohem Maße. Es ist nicht nur die intensivste und häufigste Tätigkeit, die besonders hoch emotional besetzt ist, es ist auch die Tätigkeit, die Leonie am längsten in ihrem Leben bisher ausgeübt hat. Für Leonie ist die Freizeit vor allem eine Zeit unter gleichaltrigen Freundinnen. In ihren Erzählungen über die Aktivitäten am Nachmittag kommen die Eltern nicht vor. Dargestellt wird ein selbständiges Leben, das fast schon dem eines Erwachsenen gleicht.

Untersucht man nun die Interviews von Eltern und Kind genauer, wird deutlich, daß die Freizeit Leonies in einen jahrelangen Dialog mit der Mutter eingebunden ist. Dem Herzenswunsch von Leonie zu reiten, den diese nach eigenen Angaben schon in der Grundschulzeit hegte, stellten sich die Eltern zunächst entgegen. Vor allem die Mutter war vom Reiten nicht sonderlich begeistert. In langen, zähen Verhandlungen mußte Leonie darum kämpfen, daß ihr die Eltern das Reiten erlaubten. Noch mit zwölf Jahren ist sie stolz darauf, daß es ihr gelungen ist, die Eltern zu überreden und ihren Wunsch durchzusetzen:

> „Also ich habe mit sieben oder sechs Jahren angefangen, mich für Pferde zu interessieren. Ich wollte gerne reiten. Aber das wollten meine Eltern nicht so gerne, weil, die haben nicht so viel von Pferden gehalten. Sie wollten das nicht, weil es ja gefährlich ist und blah, blah, blah. Und dann mit neuneinhalb Jahren habe ich dann angefangen – immer wenn meine Eltern gefragt haben, was ich mir denn wünsche, zu Weihnachten und so – zu sagen: ‘Reitstunden!’ Und die haben gesagt: ‘Nein, wünsche Dir was anderes.’ Aber ich wollte nie was anderes. Und dann habe ich Gutscheine bekommen für Reitstunden.“

Fast drei Jahre dauert es, bis Leonie ihr Freizeitinteresse verwirklichen kann. Sie erweist sich in dieser Zeit als sehr ausdauernd und überzeugt die Eltern, daß ihr Wunsch keine vorübergehende Laune ist. Aber auch als die Eltern das Reiten gestatten, muß sich Leonie erst noch in ihrem neuen Hobby bewähren. Zunächst erhält sie einige Gutscheine für Reitstunden, dann lernt sie voltigieren und erprobt sich in der Turnier-Reiterei, bis sie ihre Form des Reitens (das Ausreiten mit Freundinnen in der Natur) findet. Schließlich mit 12 Jahren wird dann zusammen mit der Freundin ein gemeinsames Pferd gekauft.

Die Auseinandersetzungen um das Hobby Reiten zeigen, daß Leonie in einem Verhandlungshaushalt lebt. Immer wieder ist das Hobby in der Familie Gegenstand langer Gespräche. Jeder Schritt in Leonies Reitkarriere wird durch die Mutter begleitet, wobei Leonie ihre Erfahrungen und Gefühle mit dem neuen Hobby offenlegen muß. Nur durch ihre Geduld überzeugt sie die Eltern, und nur in langen Verhandlungen kann sie ihre Interessen auch gegen einen massiven Widerstand durchsetzen. Was mit einigen Gutscheinen für Reitstunden anfängt, endet mit dem Kauf eines Pferdes – für Leonie also ein Happy-End.

Der Mutter ist es in diesem Prozeß wichtig, daß ihre Tochter Verantwortung und Selbständigkeit lernt, daß sie weiß, was sie möchte, und ihre Interessen auch alleine vertreten kann. Die Versorgung des Pferdes erscheint ihr als wichtiges Übungsfeld, wobei sie Wert darauf legt, daß Leonie ihre Freizeit möglichst alleine organisiert. Lediglich bei der schlechten Verkehrsanbindung macht die Mutter Kompromisse und fährt die Tochter in den Reitstall. Zudem bietet dieser Shuttledienst die Möglichkeit, sich mit anderen Müttern, deren Töchter auch reiten, auszutauschen und die Selbständigkeitsentwicklung des Kindes aus der Distanz zu begleiten.

Für Leonie spielt diese elterliche Rahmung ihrer Freizeit keine Rolle. Sie lebt in einer imaginierten Pferdewelt, die sie nur mit ihrer Freundin teilt. Dieses Denken und Leben in einer Pferdewelt wird bei Leonie an vielen alltäglichen Details deutlich. Etwa, daß sie die Ferien auf einem Reiterhof verbringt oder daß sie vornehmlich Pferdebücher oder Pferdezeitschriften wie die „Wendy" liest. Auch ihr Zimmer hat sie ganz im Sinne einer Pferdewelt gestaltet. An den Wänden hängen zahlreiche großformatige Pferdeposter – eine Dekoration, die die Mutter nicht besonders schätzt. Die Bilder – so die Mutter – würden das Zimmer zu dunkel machen.

Insgesamt läßt sich festhalten, daß für Leonie das intensive Reiten ein Sport ist, der ihr – bezüglich ihrer Freizeitinteressen – eine beständige und sichere Identität in der Kindheit gibt. Das Reiten ist für Leonie ein Selbständigkeitsbereich, den sie den Eltern abgerungen hat und den sie als einen eigenen Bereich kinderkultureller Aktivität neben der Schule und der Familie etablieren konnte. Die Eltern akzeptieren, fördern und begleiten diesen kindlichen Selbständigkeitsbereich, da sie in ihm die Möglichkeit sehen, ihrer Tochter wichtige Werte und Normen wie Ausdauer, Verläßlichkeit, Sportlichkeit zu vermitteln und zudem frische Luft zu gewährleisten. Daß sie sich eigentlich eine andere Freizeittätigkeit für ihre Tochter gewünscht hätten, stellen sie hinter diese Ziele zurück.

Alexander: eine selbstbestimmte Leichtathletikkarriere

Auch der nächste Fall handelt von einem in der Freizeit selbständigen Kind. Alexander ist schon mit 12 Jahren ein sehr guter Mittelstreckenläufer. Seit seinem neunten Lebensjahr hat er seine Laufsportkompetenzen mit systematischem Training im Leichtathletikverein aufgebaut. Mit 14 Jahren wird er schließlich Hessenmeister über tausend Meter. Schon mit 12 Jahren dokumentiert sein Zimmer die außergewöhnliche Sportleidenschaft. Von den 27 Postern, die sein Zimmer zieren, zeigen zwanzig Motive aus der Leichtathletik. Für seine zahlreichen Medaillen hat Alexander eigens einen Vitrinenschrank im Zimmer. Alexander lebt mit seinen Eltern und drei Geschwistern in einem kleinen Dorf, in dem die Eltern ihre Arztpraxis haben. Ähnlich wie Leonie ist auch Alexander neben seinem Sport in vielfältiger Weise aktiv und interessiert. Dabei nutzt er nicht nur die Angebote im Ort, sondern fährt zu seinen Freizeitaktivitäten oft 10 bis 20 Kilometer. Alexander ist nicht nur Mitglied im Leichtathletikverein des Nachbarortes, sondern er geht auch einmal die Woche zum Judo-, Tennis- und Flötenunterricht. Außerdem ist er Mitglied im CVJM und in der Ministrantengruppe. Wie bei Leonie hat Alexander seinen Sport aus eigenem Antrieb als Teil seiner Kinderkultur neben Schule und Elternhaus etabliert. Und wie Leonie mit der besten Freundin reitet, betreibt er den Sport fast immer zusammen mit seinem besten Freund Benno.

Alexanders Eltern akzeptieren den Sport ihres Sohnes widerwillig, da aber der Sohn im Sport sehr erfolgreich ist, erkennen sie seine Leistungen an und gestatten ihm einen sehr großen Selbständigkeitsbereich. Trotzdem findet die Mutter, daß der Sport zu sehr im Mittelpunkt stehe und andere Dinge, wie die Schule, „nur eben so mitlaufen". Die elterliche Kritik an dieser forcierten Sport-Freizeit ist immer wieder Thema in familialen Gesprächen. Bei Konflikten etwa zwischen Eltern und Sohn drohen die Eltern schon mal, Alexander nicht zum Wettkampf zu fahren – eine wirksame Drohung, die sie allerdings bisher noch nicht – wie der Vater sagt – wahr gemacht hätten. Alexander selbst berichtet von einer Situation, als ihn die Eltern nicht fahren wollten:

> „Ich hatte mal wieder eine Stinkwut auf meine Eltern. Die wollten mich nicht dahin fahren. Da habe ich das Fahrrad gepackt und bin selbst dahin gefahren. Kam natürlich etwas zu spät. Aber es war toll, da habe ich über mich nachgedacht. Das war toll, daß ich das allein hingekriegt habe."

Die Eltern stehen dem Sport eher distanziert gegenüber, da sie sich andere Freizeitaktivitäten für ihren Sohn vorgestellt hatten. Der Vater interessiert sich etwa für das Fotografieren und vor allem für die Vogelzucht, die er schon von seinem Vater übernommen hat und die er seinem Sohn gerne näher bringen möchte. Trotz ihrer Vorbehalte unterstützen Alexanders Eltern letztlich den zentralen Freizeitbereich des Sohnes. Die Mutter erzählt, daß sie beispielsweise mit Alexander den „Terminplan vom Sport her“ bespricht. Ihr Mann betreue zudem den Sportverein des Sohnes auch ärztlich. „Wir kümmerten uns“ – so die Mutter – „im Hintergrund schon um alles, aber primär ist Alexander selbst für alles zuständig.“

Für Alexander ist der Sport – wie für Leonie – ein wichtiger Bereich seiner Selbständigkeit. Alexander trainiert nicht nur täglich seinen Laufsport, er lebt auch mit all seinen Gedanken und Gefühlen in einer Sportwelt. Zum Beispiel liest er gerne – wie er im Interview sagt – „vor allem Sachen über Sport“. Alexander hat den Sport und seine Regeln zu den zentralen Werten und Regeln seines Lebens gemacht. Wie er im Interview betont, sind es nicht die Eltern oder die Lehrer, die ihn unter Druck setzen. Vielmehr möchte er selbst immer gute Leistungen bringen. So macht er freiwillig und ohne große Hilfe der Eltern seine Hausaufgaben und übt auch schon mal intensiv vor einer Arbeit. „Ich will schon bestimmte Noten erreichen“, sagt er ehrgeizig im Interview. Selbständigkeit hat für den 12jährigen einen großen Stellenwert:

„Ja zum Beispiel mit meinem Geld gehe ich selbst um, kann also ungefähr machen, was ich will. Wann ich trainiere, entscheide ich auch selbst. Da habe ich selbst die Verantwortung. Und auch im Lernen, da wird mir nicht viel geholfen, da lerne ich viel selbst.“

Die Mutter bestätigt den hohen Grad an Selbständigkeit. Ihr sind allerdings die vielen Termine, die Alexander außerhalb des Hauses wahrnimmt, im Grunde zu viel. Aber sie könne sich auf ihren Sohn verlassen, und solange alles klar gehe – auch in der Schule –, werde sie nichts einwenden. Die Mutter sieht im Sport – wie sie mit Bedauern feststellt – vor allem eine Möglichkeit für ihren Sohn, sich aus der Familie zu entfernen und sich einen eigenen, anerkannten Lebensbereich zu schaffen. Bei ihren Überlegungen, welche Bedeutung der Sport haben könnte, kommt die Mutter auf psychologische Erklärungen, die das intensive Sporttraining für sie verständlich machen. Ihr Sohn sei sehr impulsiv und „hibbelig“. Im Laufen reagiere sich Alexander ab, ruhig herumsitzen sei nicht seine Sache. Außerdem sei Alexander nicht besonders sozial und fühle sich beim Laufen wohler, als mit Freunden zu spielen oder mit der Familie etwas zu unternehmen.

Der Sport ermöglicht Alexander, die Nähe und Distanz zur Familie in einer für ihn angenehmen Art und Weise auszutarieren. Gleichzeitig mit der emotionalen Zufriedenheit in der Bewegung, erfüllt der 12jährige mit dem Sport zentrale Anforderungen, Werte und Normen seiner Eltern. Würde Alexander mit Freunden in der Stadt ‘herumhängen’, wären die Eltern – wie sie sagen – „sehr beunruhigt“ und würden „intervenieren“. Der Sportverein mit seinen festen Regeln und sozialen Bezügen stellt hier einen für die Eltern akzeptablen

Rahmen kindlicher Freizeit dar. Da der Vater den Verein ärztlich betreut, sind die Eltern über den Betätigungsrahmen des Sohnes im Bilde, auch wenn sie nicht im einzelnen wissen, was ihr Sohn macht. Die zahlreichen Erfolge in Leichtathletikwettkämpfen zeigen zudem, daß Alexander sein Training ernst nimmt und nicht als Vorwand benutzt, um sich der Familie zu entziehen. Daß er zudem in der Schule problemlos ein guter Schüler ist, bestärkt die Eltern zusätzlich.

Die Norm der sinnvollen Freizeit, die in Alexanders Familie auch für die Eltern gilt (am Fernsehen „abhängen" wird vom Vater nicht gerne gesehen), verbindet sich zudem mit einer deutlichen Leistungsnorm. Die Eltern – und vor allem der Vater – betonen, daß Leistung für sie einen hohen Stellenwert hat. Alexander erfüllt diese Erwartungen nicht nur, er übertrifft sie sogar, so daß die Eltern, was den Sport angeht, eher bremsen. Aus der Sicht des 12jährigen erscheinen deshalb die Leistungsnormen nicht von außen gesetzt, sondern sind für ihn zentrale Werte seiner eigenen Welt.

Alexander und Leonie sind zwei Fälle, die jenseits von Schule und Familie als kindliche Akteure eine eigene Welt aufgebaut haben. Ihnen ist es gelungen, die Werte der Eltern mit eigenen Vorstellungen so zu verbinden, daß die Eltern überzeugt werden konnten, die intensiven Freizeitaktivitäten – auch gegen anfängliche Bedenken – zu unterstützen. Eingebunden sind die vorgestellten Selbständigkeitsprojekte in eine familiäre Gesprächskultur, in der die Kinder ihre Erfahrungen berichten können und ihre Entscheidung rechtfertigen müssen. Ohne diese emotionale und auch ohne die – nicht unerhebliche – finanzielle Unterstützung wären die vorgestellten Aktivitäten der Kinder nicht möglich. Während Leonie und Alexander zwei Beispiele sind, bei denen Kinder (als eigenständige Akteure) durch den Sport neben Schule und Familie einen dritten, kinderkulturellen Bereich in ihrem Leben etablieren, sollen nun zwei Fälle vorgestellt werden, bei denen der Sport nicht aus der Familie herausführt, sondern Teil eines gemeinsamen Familienprojektes ist.

Tina: Eine Kindheit zwischen erfolgreicher Sportkarriere und Peergroup

Der nächste Fall ist Tina, deren Vater als Vertreter oft außer Haus ist. Die Mutter arbeitet tagsüber als Köchin in einem Kinderheim. Auf den ersten Blick ähnelt Tinas Sportkarriere der von Alexander. Bereits im Alter von 12 Jahren war Tina Hessenmeisterin und Deutsche Vizemeisterin im Kickboxen.

> „Ich bin viel auf Turnieren, habe schon ein paar erste Plätze gemacht, ich habe auch schon mal den vierten Platz gemacht. Bei den Europameisterschaften war ich auch schon. Aber da bin ich nur die Siebte geworden. Das war nicht so erfreulich."

Tina ist ebenso wie Alexander sehr ehrgeizig und erfolgreich. Und wie bei den anderen vorgestellten Fällen, ist auch bei Tina der Sport zwar wichtig, aber nur eine Tätigkeit unter vielen. Tina listet im Interview folgende Interessen und Aktivitäten auf: Jugendchor, Tischtennis, Theaterspielen, Gitarre und Keyboard. Trotz ihrer Aktivitäten lebt Tina eher eine traditionelle Landkindheit. Sie betont im Interview, daß sie sich – vor und nach dem Training – mit den Nachbarskindern aus ihrer Straße trifft.

„Wir gehen dann immer rüber in den Wald. Und dann bauen wir Hütten oder Baumhäuser oder Höhlen. Und spielen mit den Jungens Spiele, so mit Heer und so. Oder wir spielen auf der Straße, Puppen, Seilhüpfen oder Badminton, was man so machen kann. Oder Fußball, oder wir machen Streiche wie Klingelmännchen [...] Hier oben ist nie Langeweile, immer voll Action, Rollschuhlaufen und alles mögliche, man kann ja hier noch alles machen auf der Straße."

Tinas Erzählung läßt eine Landkindheit deutlich werden, die schon ihre Eltern im Dorf gelebt haben. Sozialer Bezugspunkt ist eine feste Gruppe von Kindern, die sich aus der Nachbarschaft zusammensetzt. Zu ihren Eltern hat Tina ein sehr enges Verhältnis. Auch mit ihren vielen sportlichen Freizeitterminen – Tina trainiert fast täglich und ist an den Wochenenden auf Turnieren in ganz Deutschland – grenzt sie sich *nicht* von der Familie ab.

Der intensiv gelebte Sport hat damit für Tina eine ganz andere Bedeutung als für Alexander oder Leonie. Während Alexander sich mit seinem Leichtathletiksport einen von den Eltern unabhängigen Bereich geschaffen hat, in dem er seine eigene Selbständigkeit erproben und erfahren kann, stellt der Sport für Tina ein Familienprojekt dar. Es ist der Vater, der Tina zum Sport gebracht hat und der sie immer wieder in ihren sportlichen Aktivitäten unterstützt. Er ist selbst in dem Verein, in dem Tina Kickboxen trainiert, sehr aktiv, macht Judo und Bodybuilding und kümmert sich sehr um die Jugendarbeit. So sagt der Vater im Interview:

„Wir haben sehr viel Nachwuchs. Wir organisieren aber auch sehr viel. Haben auch schon mal den deutschen Meister gestellt. Oder jetzt mit Tina den Hessenmeister. Wir machen viel und versuchen das weiter zu geben. Wir fangen bei den Kindern mit Judo an, das ist gut für Kinder, diese Selbstverteidigung. Und dann wird das so aufgebaut. Da lernen sie auch mit der Psyche umzugehen, mit ihrer Aggression und ihren psychischen und physischen Problemen. Das bringt die Kinder weiter, von der Persönlichkeit. Man lernt, mit sich und seinen Grenzen umzugehen. Ich denke schon, der Sport ist sehr wichtig."

Für Tinas Entwicklung, da sind sich Vater, Mutter und auch Tina selbst einig, läßt sich eine positive Veränderung durch den Sport feststellen. Die 12jährige Tina präsentiert sich im Interview als burschikoses, abenteuerliches Mädchen, das es auch mit Jungen aufnehmen kann. Sie klettere auf die höchsten Bäume und springe auch ohne Angst von der Garage herunter. Das Kickboxen, eine Sportart, wo sie sich auch als Mädchen mit Jungen erfolgreich messen kann, gibt ihr nach eigener Meinung eine große Sicherheit. Diesen Mut hatte Tina nicht immer:

„Als ich ganz klein war, war ich ein totales Mamakind und hatte Angst vor allem Fremden. Wenn meine Mutter mal weg war, dann habe ich gleich losgeheult, so fertig war ich. Wenn ich das heute sehe, wie ich damals war. Das kann man gar nicht glauben.“

In Tinas Familie sind die Rollen zwischen den Eltern genau aufgeteilt. Der Vater, der in der Woche selten zu Hause ist, kümmert sich um den Sport. Er organisiert Tinas Training und ihre Wettkämpfe. „Wenn ich im Kickboxen gut bin“, erzählt Tina, „ dann lobt mich mein Vater, wenn ich in der Schule gut bin, dann lobt mich meine Mutter.“ Mit dem Vater teilt die 12jährige den Sport, mit der Mutter den wöchentlichen Alltag. Mit der Mutter geht sie einkaufen, übt für Klassenarbeiten oder bespricht ihre Sorgen. Der Vater begleitet sie zu Turnieren und läßt sich ihre Sportaktivitäten erzählen.

Das große Interesse des Vaters am Sport wird vor dem Hintergrund seiner eigenen Biographie verständlich. Selbst ein eher schwacher, kränkelnder Junge, wurde er – nachdem seine Familie aus dem ehemaligen Jugoslawien in die Bundesrepublik umgesiedelt war – von seinen Mitschülern und den Nachbarskindern jahrelang gehänselt. Erst als er in einen Sportverein eintrat und sportliche Erfolge aufweisen konnte, wurde er im Dorf und bei den anderen Kindern anerkannt. Die Sportbiographie von Tinas Vater ist also die soziale Erfolgsbiographie eines Migrantenkindes.

„Sport“, so Tinas Vater, „bringt die Kinder von der Straße. Sie lernen ihre Grenzen und ihre Stärken. Sie lernen sich einfügen und behaupten. Es gibt nichts soziales für Kinder als Sport.“

Die Tochter läßt sich zwar auf das Gemeinschaftsprojekt „Sport“ mit dem Vater ein. Sie ist auch sehr erfolgreich, aber sie macht den Sport nicht – im Gegensatz zu Alexander – zu ihrer wichtigsten Welt. Im Interview kommt sie zwar auf den Sport zu sprechen und ist auch stolz auf ihre Erfolge, aber in den Erzählungen sind ganz andere Dinge im Vordergrund. Sie erzählt vor allem von der Kindergruppe und den Spielen im Wald; ihr sind modische Kleidung, Musik und Fernsehfilme wichtiger als dem Vater, der nur über Tinas Sport spricht und alles andere unterschlägt.

Neben dem Sport hat Tina also eine ausgeprägte, nicht sportorientierte Kindheit. Anders als Alexander steht der Sport also nicht im Mittelpunkt ihres Denkens. Er ist ein Sonderbereich, den sie mit dem Vater teilt und den sie im Übergang zur Jugend ablegen wird, wie sich in einem späteren Interview herausstellte.

Jens: Fußball als Männersport

Auch der nächste Fall stellt eine kindliche Freizeit als Familienprojekt vor. Jens lebt mit seinen Eltern in einem kleinen Dorf im Marburger Hinterland. Der Vater arbeitet als Mechaniker, die Mutter ist Putzfrau. Mit 12 Jahren träumt Jens davon, einmal Fußballprofi in der Bundesliga zu werden. Seit seinem siebtem Lebensjahr ist er im dörflichen Sportverein aktiv. Dreimal in der Woche geht er zum Training, und auch in seiner Freizeit spielt er mit anderen Jungen Fußball. Jens lebt ganz für den Fußball und in einer Fußballwelt. Deutlich wird dies unter anderem am Kinderzimmer, das neben Tierpostern vor allem Poster von Fußballstars enthält. Mit 11 Jahren ist Jens im Fußball sehr erfolgreich. Es gibt erste Anerkennungen, eine Sportkarriere scheint in greifbarer Nähe. Zusammen mit seinem Vater, der im selben Fußballverein wie sein Sohn spielt, überlegt Jens, den Verein zu wechseln und für den Verein der 10 Kilometer entfernten Kreisstadt zu spielen. Daß die Sportkarriere von Jens ein Vater-Sohn-Projekt ist, wird an vielen Stellen des Interviews deutlich. Der Vater spielt selbst Fußball und hat seinen Sohn anfangs auch selbst trainiert. Er begleitet den Sohn nicht nur zu Turnieren, sondern beide fahren auch am Wochenende häufig nach Dortmund zu Bundesligaspielen.

Mit 15 Jahren kommt es aber zu einem Karriereknick, weitere Erfolge bleiben aus, und Jens hat – laut Aussage seines Vaters – trotz intensiver Bemühungen, trotz hartem Training und einer großen Leistungsbereitschaft, das Ende seiner Leistungskurve erreicht. Der Vater ist sehr enttäuscht, die früheren Investitionen scheinen verloren, und in der Familie kommt es zu Spannung und zu einer Ernüchterung. „Er ist nicht schlecht“, sagt der Vater, „aber im Endeffekt zum Geldverdienen mit dem Fußball reicht es eben nicht“. Trotzdem spielt Jens weiterhin Fußball, aber nach dem Ende der Profiträume, nun mit einer anderen Motivation. Der Fußball – so der Vater – ermögliche dem Sohn, Kontakte im Dorf und in der Region zu knüpfen, und vielleicht – so die Hoffnungen der beiden – „ergibt sich ja in naher Zukunft daraus mal eine Lehrstelle“. Der Sport im Verein, das zeigt das Beispiel Jens, kann also sehr unterschiedlich motiviert sein. Neben der biographischen Erprobung einer möglichen Profikarriere, gibt der lokale Sportverein, in dem sich jemand aktiv engagiert, die Möglichkeit, soziales Kapital auszubauen und Kontakte herzustellen, die vielleicht für das gesamte weitere Leben in der Region von privater und beruflicher Bedeutung sein können. Für den Vater – das ist noch wichtig – ist der Sohn auch mit 16 Jahren noch nicht selbständig. Er brauche vielmehr – so der Vater – den sicheren Rahmen des Elternhauses und des Vereines, da er noch nicht wüßte, was für ihn gut ist und was nicht.

5. Fazit

Als Fazit läßt sich festhalten, daß die Freizeit von Kindern keineswegs von vornherein als isolierter Lebensbereich der Kinder neben Familie und Schule gestellt werden darf. Daß die Eltern in den bisherigen Studien über die Freizeit von Kindern eine untergeordnete Rolle gespielt haben, verkennt, daß die kindlichen Aktivitäten je nach Familienkonstellation ganz unterschiedliche Bedeutungen für Kinder und Eltern haben können. Eine Kindheit mit vielen festen Terminen in der Woche kann sowohl Ausdruck von kindlicher Selbständigkeit als auch Ausdruck einer engen familiären Bindung sein. Sie kann ein Projekt der Kinder sein, sich einen eigenen Bereich zu schaffen, wobei dieser manchmal erst im Dialog mit den Eltern entsteht. Sie kann aber auch ein Projekt der Eltern sein, mit dem diese ihr Kind in die Familie einbinden wollen. Allen Fällen gemeinsam ist, daß die Eltern über die Freizeit den Kindern bestimmte Werte und Kompetenzen für deren späteres Leben vermitteln wollen. Anders als beim freien Spiel, haben die Väter und Mütter der vorgestellten Kinder ein pädagogisches Interesse an der Freizeit ihrer Kinder.

Bei einer Untersuchung der Formen des familialen Umgangs mit kindlicher Freizeit fällt auf, daß es unterschiedliche Faktoren gibt, die das Verhältnis von Familie und Freizeit der Kinder beeinflussen. Die Freizeit ist in vielfältiger Weise in die Generationenbeziehungen innerhalb der Familie eingebunden. So macht es einen Unterschied, ob eine Familie eher elternorientiert ist und die Kinder hinter den Erwachseneninteressen zurückstehen oder ob es sich um eine kindzentrierte Familie handelt, wo die Eltern großes Interesse auch an der Lebenswelt des Kindes zeigen. Eine zweite Einflußgröße ist die Art und Weise, wie die Eltern in einer Familie ihre eigene Freizeit definieren und ob Elternfreizeit und Kinderfreizeit der selben Logik folgen oder nicht.

Des weiteren spielt es eine Rolle, wie der Zusammenhang von Schule und freier Zeit für die Kinder gesehen wird. Ist die freie Zeit eine Gegenwelt zur leistungsorientierten Schule – wie einige Eltern im Interview meinten – oder sind Schule und Freizeit nur zwei unterschiedliche Bereiche, in denen Kinder heute wichtige Qualifikationen für ihr späteres Leben erwerben. Ein weiterer Punkt ist das Geschlechterdreieck aus Vater, Mutter, Sohn/Tochter. Es lassen sich typische Konstellationen und Rollenaufteilungen vermuten.

Schon diese wenigen Fälle zeigen, wie wichtig es ist, den Wandel der Kindheit und das heutige Kinderleben nicht in isolierte Lebensbereiche zu unterteilen, sondern als Verflechtungen unterschiedlicher Handlungsbereiche zu sehen. Dabei dürfte den Generationenbeziehungen ein zentraler Stellenwert für das Verständnis von Kindheit zukommen. Die vier Fälle decken nicht das gesamte Spektrum der Freizeitaktivitäten ab. Es wurden Kinder ausgewählt, die ein hohes Aktivitätsniveau bei den festen Terminen vorweisen können. Vielleicht sehen die Eltern-Kind-Beziehungen in 'weichen' Freizeitformen ganz anders aus. Die vorgestellten Beispiele zeigen aber, wie Kinder die eigenen Vorstellungen mit den Angeboten und den Werten und Normen der Familienkultur erfolgreich verbinden. Da das Generationenverhältnis offensichtlich eine größere Rolle spielt, als bisher angenommen, stellt sich die Frage, ob die kindliche Freizeit überhaupt mit der Freizeit von Jugendlichen und Erwachsenen gleichgesetzt werden kann oder ob nicht die kindliche Freizeit einer anderen Logik, die auf soziale Konstruktion der heutigen Kindheit zu beziehen wäre, folgt.

Literatur

Büchner, P. & Fuhs, B., 1994: Kinderkulturelle Praxis: Kindliche Handlungskontexte und Aktivitätsprofile im außerschulischen Lebensalltag, in: du Bois-Reymond, M., Büchner, P., Krüger, H.-H., Ecarius J., & Fuhs, B., Kinderleben. Modernisierung von Kindheit im interkulturellen Vergleich, Opladen: Leske+Budrich, S. 63-136.

Büchner, P. & Krüger, H., (Hrsg.), 1991: Aufwachsen hüben und drüben. Deutsch-deutsche Kindheit und Jugend vor und nach der Vereinigung, Opladen: Leske+Budrich.

DJI, Deutsches Jugendinstitut, (Hrsg.), 1992: Was tun Kinder am Nachmittag? Ergebnisse einer empirischen Studie zur mittleren Kindheit, München: Juventa.

du Bois-Reymond, M., Büchner, P., Krüger, H.-H., Ecarius J., & Fuhs, B., 1994: Kinderleben. Modernisierung von Kindheit im interkulturellen Vergleich, Opladen: Leske+Budrich.

Elskemper-Mader, H., 1992: Zum Verhältnis von Schule und Freizeit: 8- bis 12jährige zwischen Anforderungen und Freiräumen für die schulische und außerschulische Praxis, in: DJI, Deutsches Jugendinstitut, (Hrsg.), Was tun Kinder am Nachmittag? Ergebnisse einer empirischen Studie zur mittleren Kindheit, München: Juventa, S. 217-261.

Ernst, A., Herbst, V., Langbein, K. & Skalnik, C., 1993: Kursbuch Kinder, Köln: Kiepenheuer & Witsch.

Fölling-Albers & M., Hopf, A., 1995: Auf dem Weg vom Kleinkind zum Schulkind. Eine Langzeitstudie zum Aufwachsen in verschiedenen Lebensräumen, Opladen: Leske+Budrich.

Fuhs, B., 1996: Das außerschulische Kinderleben in Ost- und Westdeutschland. Vom kindlichen Spielen zur jugendlichen Freizeitgestaltung, in: Büchner, P., Fuhs & B., Krüger, H.-H., (Hrsg.), Vom Teddybär zum ersten Kuß. Wege aus der Kindheit in Ost- und Westdeutschland, Opladen: Leske+Budrich, S. 129-158.

Fuhs, B., 1997: Spielen oder gleich „was richtiges machen"? Zur sozialen Bedeutung des Spielens im Kindesalter, in: Renner, E., Riemann, S., Schneider, I. & Trautmann, T., (Hrsg.), Spiele der Kinder. Interdisziplinäre Annäherungen, Weinheim: Deutscher Studien Verlag, S. 17-41.

Fuhs, B., 1999: Elternsicht auf Kinderwelten, *forschung*, Magazin der DFG, 2, S. 22-25.

Hurrelmann, K. & Mansel, J., 1993.: Individualisierung in der Freizeit? in: Zentrum für Kindheits- und Jugendforschung (Hrsg.), Wandlungen der Kindheit. Theoretische Überlegungen zum Strukturwandel der Kindheit heute, Opladen: Leske+Budrich, S. 77-93.

Kränzl-Nagl, R., 1998: Freizeit im Kinderleben, in: Kränzl-Nagl, R., Riepl, B. & Wintersberger, H., (Hrsg.), Kindheit in Politik und Gesellschaft. Eine multidisziplinäre Analyse am Beispiel Österreichs, Frankfurt a.M. & New York: Campus, S. 249-266.

Lange, A., 1996: Formen der Kindheitsrhetorik, in: Zeiher, H., Büchner, P. & Zinnecker, J., (Hrsg.), Kinder als Außenseiter. Umbrüche in der gesellschaftlichen Wahrnehmung von Kindern und Kindheit, Weinheim & München: Juventa, S. 75-97.

Ledig, M., 1992: Vielfalt oder Einfalt – Das Aktivitätsspektrum von Kindern, in: DJI, Deutsches Jugendinstitut, (Hrsg.), Was tun Kinder am Nachmittag? Ergebnisse einer empirischen Studie zur mittleren Kindheit, München: Juventa, S. 31-74.

Nagl, R. & Kirchler, E., 1994: Kinderfreundschaften und Freizeitgestaltung, in: Wilk, L. & Bacher, J., (Hrsg.), Kindliche Lebenswelten. Eine sozialwissenschaftliche Annäherung, Opladen: Leske+Budrich, S. 295-348.

Preissing, C., Preuss-Lausitz, U. & Zeiher, H., 1990: Veränderte Kindheitsbedingungen, neue Zumutungen, neue Chancen? in: Preuss-Lausitz, U., Rülcker, T. & Zeiher, H., (Hrsg.), Selbständigkeit für Kinder – die große Freiheit? Kindheit zwischen pädagogischen Zugeständnissen und gesellschaftlichen Zumutungen, Weinheim & Basel: Beltz, S. 10-19.

Wilk, L. & Bacher, J., (Hrsg.), 1994: Kindliche Lebenswelten. Eine sozialwissenschaftliche Annäherung, Opladen: Leske+Budrich.

Wilk, L. & Wintersberger, H., 1996: Paradigmenwechsel in der Kindheitsforschung und -politik, in: Zeiher, H., Büchner, P. & Zinnecker, J., (Hrsg.), Kinder als Außenseiter. Umbrüche in der gesellschaftlichen Wahrnehmung von Kindern und Kindheit, Weinheim & München: Juventa, S. 29-55.

Zeijl, E. & du Bois-Reymond, M., 1998: Freizeitmuster von Kindern und Jugendlichen in den Niederlanden, in: Büchner, P., du Bois-Reymond, M., Ecarius, J., Fuhs, B., & Krüger, H.-H., Teenie-Welten. Aufwachsen in drei europäischen Regionen, Opladen: Leske+Budrich, S. 213-336.

Zinnecker, J. & Silbereisen, R., 1996: Kindheit in Deutschland. Aktueller Survey über Kinder und ihre Eltern. Weinheim & München: Juventa.

Wie sehen Eltern die Freizeit ihrer Kinder?

Yolanda te Poel, Manuela du Bois-Reymond, Elke Zeijl

1. Neue Fragen an ein altes Thema

Neuerdings erfreut sich das Thema 'Freizeit' in der Kinder- und Jugendforschung eines großen Interesses - nun aber nicht mehr nur im bekannten Bezugsrahmen einer lebensbereichsspezifischen Sozialisationsforschung. Zunehmend wird die Freizeit von Kindern und Jugendlichen als potentielle Lernzeit definiert, in der sie kulturelles, soziales und qualifikatorisches Kapital erwerben, das ihnen auch für ihre spätere Lebens- und Berufslaufbahn von Nutzen sein soll.

Dieses neue Forschungsinteresse wächst im Gleichschritt mit der Einsicht, daß komplexe Informationsgesellschaften neue und andere Anforderungen an den Sozialisationsprozeß stellen. Der Begriff von Wissen und Wissenserwerb löst sich aus seinem rein schulischen Kontext und verbreitet sich auch in andere Lebensbereiche von Kindern und Jugendlichen (und Erwachsenen) hinein. Neben formellem schulischem Lernen wird informelles Lernen in außerschulischen Kontexten relevant. Auch soll Lernen und Wissenerwerben nicht mehr an die frühen Phasen im menschlichen Lebenslauf gebunden sein, sondern idealiter das ganze Leben andauern: lebenslanges Lernen.

Eine derartige Erweiterung des Lernbegriffs wird vermutlich das Freizeitverhalten von Kindern und Jugendlichen (und Erwachsenen) in der Zukunft stark beeinflussen und gegenüber früheren Kohorten verändern. Wir wissen hierüber noch wenig. Klar ist, daß die Erziehungshaltung der Eltern hierbei eine wichtige Rolle spielt. Wie Nauck (1989) feststellt, hat in westeuropäischen Gesellschaften durch den Funktionswandel der Familie die Bedeutung von Freizeit ganz allgemein in den letzten Jahrzehnten zugenommen und spielt auch im Familienleben eine immer wichtigere Rolle. Es kann „von einer statusspezifischen Zunahme des Anregungsreichtums familiärer Freizeitaktivitäten gesprochen werden" (ebd., 333). Auch Zinnecker et al. (1998) heben in ihrer Untersuchung über die gemeinsame musikalische Praxis in Familien hervor, daß es einen „Typus moderner Freizeitfamilien" zu geben scheint, „bei dem kulturelle Produktivitäten bzw. Hobbys aller Art (Sport, Basteln, Lesen, Spielen u.ä.) generell hoch im Kurs stehen" (ebd., 245). Andererseits und gleichzeitig weisen Langzeitstudien über Zeitbudgetierungen darauf hin, daß die gemeinsam verbrachte Familienzeit aufgrund zunehmender Frauenarbeit und individueller Terminplanungen abnimmt (SCP, 1998).

In wieweit haben Eltern die Anforderungen der Wissensgesellschaft verinnerlicht und in ihr Erziehungsverhalten inkorporiert? Basteln sie bereits an

„Freizeitkarrieren“ für ihre Kinder, wie einige Kinderforscher (Büchner et al., 1996) unterstellen? Definieren sie Freizeit als ‘Zukunftsressource’ ihrer Kinder? Wie gehen sie mit der Spannung um, daß sie immer weniger Familien(frei-)zeit haben, während sie gleichzeitig vom Wert einer ‘sinnvollen’ Freizeit ihrer Kinder durchdrungen sind?

Diese Fragen interessieren uns sowohl unter dem Gesichtspunkt eines Wandels der intergenerativen Beziehungen, wie wir sie im Konzept des Verhandlungshaushaltes zur Diskussion gestellt haben, als auch unter dem Gesichtspunkt möglicher neuer Ungleichheiten und einer Verschärfung sozialer Exklusion, die nicht mehr nur über formales schulisches Lernen läuft, sondern zunehmend auch über Inklusions- und Exklusionsmechanismen in der Freizeit von Kindern und Familien. Eine Neuauflage von kompensatorischen Programmen und eine neue Jugendpolitik in den Niederlanden heben verstärkt auf generelle Fähigkeiten wie ‘lernen zu lernen’, kommunikative Kompetenz, sowie aktive Partizipation ab. Ein Schlüsselkonzept ist hierbei die „Brede school (breite Schule)“, die die Kluft zwischen inner- und außerschulischem Leben insbesondere von benachteiligten Kindern verringern soll (Schenkeveld/ Eerde, 1998), und das „aktive“ und „lernende Wohnviertel“ (Sprinkhuis et al., 1998), wobei alle vorhandenen Ressourcen eines Stadtteils aufeinander bezogen und dadurch effektiviert werden (sollen). Bei all diesen Entwicklungen geht es um eine Neuverortung der pädagogischen Beziehung, sowohl zwischen Eltern und Kindern als auch zwischen Kindern/Jugendlichen und professionellen Pädagogen unter den Bedingungen moderner Wissens- und Lerngesellschaften, die zunehmend auch die Freizeit beeinflussen. In diese Neuverortung gehört auch das Konzept des „peerlearning“, dem in der letzten Zeit viel Aufmerksamkeit geschenkt wird

Im folgenden skizzieren wir knapp einige historisch-gesellschaftlichen Entwicklungslinien im Freizeitbereich und in der Freizeitpädagogik als Hintergrund für die heutige Situation. Danach präsentieren wir Ergebnisse aus einer Reihe von Forschungsprojekten, die über elterliche Haltungen zur Freizeit ihrer Kinder informieren. Wir beschließen unseren Beitrag mit einigen Überlegungen zu einer partizipatorischen Kinder- und Jugendpolitik.

2. Historisch-gesellschaftliche Entwicklungslinien

In der Entwicklung des Freizeitbereichs im Leben von Kindern und Jugendlichen aus den letzten etwa 50 Jahren lassen sich drei Phasen unterscheiden (s. Übersicht 1).

In einer *ersten Phase* in den ersten Nachkriegsjahrzehnten wird die Jugend von erwachsenen Freizeitpädagogen begleitet. Diese wollen sie in kirchlichen und anderen Vereinigungen zu moralisch-sozialen Aktivitäten anregen (Dresen-Coenders et al., 1991). In einer *zweiten Phase* (60/70er Jahre) erobern sich die Jugendlichen einen jugendkulturellen Freiraum, in dem sie ihre Freizeit mit Gleichaltrigen verbringen. Die Jugendlichen wollen Spaß ohne die Kontrolle Erwachsener. Was sie dabei untereinander und voneinander lernen, wird weder von ihnen selbst noch von Lehrern und Erziehern als Lernkapital betrachtet. In der *dritten und letzten Phase* (etwa seit 1980) wird der autonome Jugendraum nach einer historisch-gesellschaftlichen Phase der Verselbständigung, in der die Koalition zwischen Jugendlichen und Markt sich immer enger und potenter gestaltet, erneut von Erwachsenen besetzt. Es sind nun aber weniger die traditionellen Freizeitpädagogen als vielmehr die ‘Qualifizierer’, die dies tun und Lernzeit in Freizeit hineinpumpen: Ein großer Teil der auf Jugendliche und junge Erwachsene abgestellten außerschulischen Bildungsarbeit hat seit den 80er Jahren ihr Curriculum von allgemeiner Bildung und Entwicklung auf spezielle Ausbildung und Qualifizierung für den Arbeitsmarkt verlagert. Daneben wächst ein freier Markt für Kursusangebote, die diverse Qualifikationen anbieten. Auch Eltern weisen ihre Kinder auf den Wert von Lernen – auch in der Freizeit – hin bzw. unterstützen ‘lernwertvolle’ Hobbys sowohl ideell wie materiell.

Übersicht 1

	Jugendliche	Kinder
1. Phase 1950/60	Freizeit unter Anleitung von Pädagogen	familienorientierte Freizeit
2. Phase 1960/70	Verselbständigung der Jugend in ihrer Freizeit	familienorientierte Freizeit; erste Ansätze kommerzialisierter Freizeit
3. Phase 1980/90+	Freizeitpädagogen als Qualifizierer; Jugend qualifiziert sich selbst in Freizeit	außerfamiliale Freizeitangebote; kompensatorische Programme: Verzahnung schulischer mit außerschulischen Lernwelten

Zu diesem dominanten Trend läßt sich ein Gegentrend beobachten: Die Jugendlichen erobern sich selbständige Lernräume, indem sie ihre Qualifikation in eigener Regie übernehmen; sie setzen die dort erworbenen Fähigkeiten in Berufe und Tätigkeiten um und vermarkten sie. Diese Umsetzungen finden vor allem im medialen und ästhetischen Bereich statt: im Umgang mit den neuen Medien und Kommunikationstechnologien, in der kommerziellen Musikszene, in selbständigen Kleinunternehmen u.a. In diesen Bereichen verschwimmt der

Unterschied zwischen Freizeit und Lernzeit. Konzepte und Anwendung von 'lebenslangem Lernen' beziehen sich auf diese Entwicklung (Aalheit/ Kammler, 1998). Dabei steht außer Frage, daß eine eigenbestimmte Freizeit und der Erwerb von kulturellem Netzwerk-Kapital eher Jugendlichen aus den oberen Sozialschichten offen steht. Insbesondere Jugendliche aus ethnisch-kulturellen Milieus sind demgegenüber benachteiligt.

Bei den Kindern verlief die Entwicklung im Freizeitbereich zeitverschoben zu der der Jugendlichen: sie waren lange an Mutterschürze und häuslichen Nahraum gebunden. Erst in den letzten Jahrzehnten verselbständigen Kinder sich in ihrer Freizeit. Ein zunehmend auf Kinderwünsche und -bedürfnisse abgestelltes kommerzielles Freizeitangebot befördert diese Entwicklung. Die Ideologie des lebenslangen Lernens, mit dem nicht früh genug angefangen werden kann, beginnt auch in den Kinderraum hinein zu wirken. Steigende Müttererwerbsarbeit bewirkt, daß Kinder einen Teil ihrer Freizeit in außerfamilialen Institutionen verbringen, in denen lernfördernde Angebote gemacht werden.

Die pädagogische Gemeinschaft reagiert auf diese Entwicklung ambivalent: Einerseits unterstützen Eltern und Pädagogen eine frühe kognitive Stimulierung durch vielfältige Beschäftigungsangebote. Andererseits warnen Pädagogen und Kulturkritiker vor einer verplanten Kindheit (Schilders/ Helmer, 1996; Elkind, 1991). Klar ist aber über alle Kontroversen hinweg, daß das Bewußtsein der Eltern als Ersterzieher wächst, bereits jungen Kindern eine stimulierende Umgebung bieten zu müssen. Die Einrichtung moderner Kinderzimmer (Büchner/ Fuhs, 1998) und Kinder-Terminkalender (Torrance, 1998) legen davon ein beredtes Zeugnis ab. Dabei steht auch und gerade bei den Kindern außer Frage, daß der elterliche Milieuhintergrund eine entscheidende Rolle dabei spielt, inwieweit Kinder das allgemein zugenommene Freizeit- und Freizeit-Lernangebot nutzen können. Neuere Konzepte schulischer im Verbund mit außerschulischen kompensatorischen Programmen, wie sie z.B. in den Niederlanden für die Kinder entwickelt und angewendet werden, die mit ihren Familien in Brennpunktvierteln wohnen, zeugen von der Einsicht offizieller Pädagogen in die Bedeutung der Freizeit als Lernzeit für Schüler, die von zu Hause nicht genug gefördert werden.

3. Sozialstatus und Freizeitgestaltung der Kinder

Kinder werden von ihren Eltern auf sehr verschiedene Weise in ihren Freizeitaktivitäten unterstützt bzw. beschränkt. Vergleicht man die Anzahl der Wochentermine, die Kinder haben, und die Anzahl der Vereine, die sie besuchen, so zeigt sich, daß ein niedriger Sozialstatus (gemessen an Beruf und Ausbildung von Mutter und Vater) mit keinen oder wenigen Terminen/Vereinsmitgliedschaften korreliert, ein hoher Sozialstatus hingegen mit vielen. Wir stellten fest, daß sowohl Kinder (10-12) als auch Jugendliche (14-15) ohne jeglichen festen Wochentermin überwiegend den unteren Sozialschichten angehören (vgl. Zeijl/ du Bois-Reymond, 1988). Diesen Kindern wird also bereits in frühem Alter aufgrund ihres Herkunftsmilieus eine Schranke auferlegt, sich im außerschulischen und außerfamilialen Kontext mit Gleichaltrigen in Umgebungen aufzuhalten, die informelles Lernen stimulieren. Dies betrifft nicht nur den bewußten Umgang mit Körper und Gesundheit bei sportlichen Aktivitäten, sondern auch zu lernen, Gelegenheiten zu benutzen, um soziale Netzwerke zu knüpfen und sich in unbekannten Sozialsituationen zu bewegen, z.B. bei Vereinsreisen u.ä.

Insbesondere bei den Jüngeren haben die Eltern ein großes Mitspracherecht und eine initiierende Rolle für die Freizeitgestaltung. Wo dies nicht geschieht, verstärken sich die erlittenen Nachteile im weiteren Entwicklungsverlauf. Dabei ist in den Niederlanden eine auffallende Entwicklung, daß insbesondere Eltern aus den höheren Sozialmilieus, die berufstätig sind, für ihre Kinder außerschulische Betreuungseinrichtungen wählen, die ein reichhaltiges Freizeitangebot haben; diese Kinder erweitern damit ihre Möglichkeiten für informelles Lernen in Peergruppen.

4. Einflußnahme der Eltern auf die Freizeit aus Kindersicht

Auf die Frage, ob es Freizeitaktivitäten gibt, die ihre Eltern für wichtig halten und deshalb wollen, daß die Kinder sie ausüben, antworten 10- bis 15jährige unterschiedlich, geben aber sehr wohl an, daß ihre Eltern bestimmte Meinungen und Erziehungshaltungen in dieser Angelegenheit haben. Zwar bestätigten die meisten der von uns befragten Adoleszenten, daß ihre Eltern sie gewähren lassen (s. auch Bosma et al., 1996), es zeigen sich aber sowohl alters- und geschlechtsbedingte als auch Unterschiede im familialen Sozialstatus:

- Die jüngeren Adoleszenten (10-12 J.) berichten von mehr elterlichen Eingriffen als die älteren.
- Mädchen werden von ihren Eltern in ihrem Freizeitverhalten mehr stimuliert – oder kontrolliert, je nachdem – als Jungen.
- Beinahe die Hälfte der Kinder aus Familien mit einem hohen gegenüber einem Fünftel solcher mit einem niedrigen Sozialstatus antworten auf die Frage nach elterlicher Einflußnahme mit einem Ja. Dieser schichtspezifische

Unterschied betrifft nicht nur die jüngeren Kinder, sondern hält auch für die älteren Adoleszenten an (9% vs. 25%) (Zeijl et al., im Druck).

Tab. 1: Meinung 10-12jähriger, ob ihre Eltern bestimmte Freizeitaktivitäten wichtig finden, nach Sozialstatus in Prozent

wichtige Freizeitaktivitäten	Sozialstatus			
	niedrig	mittel	mittelhoch	hoch
ja	21,0	15,2	28,6	42,0
nein	79,0	84,8	71,4	58,0
total	100,0	100,0	100,0	100,0

χ^2 (3, n = 343) = 13.32; p ≤ .005) (nach Zeijl et al., im Druck)

Mehr und direktere Kontrolle üben die Eltern auf die Freundeswahl ihrer halbwüchsigen Kinder aus. Dabei fühlen Mädchen sich stärker kontrolliert als Jungen, und diese elterliche Kontrolle nimmt mit steigendem Alter zu. Mädchen aus Familien mit niedrigem Sozialstatus erfahren von allen Kindern und Jugendlichen die stärkste elterliche Kontrolle. Demgegenüber fühlen Jungen sich nicht nur weniger kontrolliert, sondern die elterliche Kontrolle nimmt im Gegensatz zu den Mädchen nicht mit steigendem Alter zu.

Diese geschlechtsspezifischen Unterschiede in der elterlichen Kontrolle des Freizeitverhaltens ihrer halbwüchsigen Kinder spiegeln einerseits die stärkere traditionale Erziehungshaltung von Unterschichteltern wider. Andererseits kommt darin aber auch die zugenommene Bedeutung zum Ausdruck, die Eltern der schulischen Karriere ihrer Kinder beimessen. Wir haben diese Annahme geprüft, indem wir Aussagen zu elterlichen Eingriffen in die Freundeswahl mit Aussagen zu elterlichem Kontrollverhalten in schulischen Angelegenheiten korreliert haben. Dabei zeigt sich, daß zwar alle Eltern schulische Leistungen sehr wichtig finden, daß aber Mädchen aus Familien mit niedrigem Sozialstatus von allen Gruppen am meisten elterliche Kontrolle sowohl in ihren schulischen Leistungen als auch in ihrer Freundeswahl erfahren. Gleichzeitig fanden wir, daß Mädchen aus diesen Familien in ihrer Jugendphase ihre Freizeit öfter allein verbringen als Mädchen aus höheren Sozialmilieus. Daraus schließen wir, daß ihre Eltern sie aus Peergruppen fernhalten, um eine erfolgreiche Schullaufbahn zu befördern und zu frühe Sexualkontakte zu verhindern. Sie wollen auf diese Weise sicherstellen, daß ihre Töchter eine eigenständige ökonomische Position erwerben. Demgegenüber gehen Eltern aus höheren Sozialschichten davon aus, daß ihre Töchter die Schule ohne Schwierigkeiten durchlaufen und schenken außerschulischen stimulierenden Freizeitaktivitäten in gemischten Peergruppen viel mehr Aufmerksamkeit (s. Tab. 2).

Tab. 2: Elterliche Kontrolle der Freundeswahl und der Schulleistungen des Kindes aus der Sicht adoleszenter Mädchen nach Sozialstatus

	Sozialstatus											
	niedrig			mittel			mittelhoch			hoch		
	Mdn	Q1/Q3		Mdn	Q1/Q3		Mdn	Q1/Q3		Mdn	Q1/Q3	
falsche Freunde*	3.55	2.46	4.03	3.37	2.67	3.95	3.08	2.40	3.75	3.00	1.98	3.75
gute Zensuren haben**	3.81	3.40	4.16	3.77	3.27	4.14	3.70	3.12	4.10	3.30	2.74	3.89

*Kruskall Wallis ≤.05; **Kruskall Wallis ≤.000.
4-Punkte Skala: 1 stimmt gar nicht, 2 stimmt eigentlich nicht, 3 stimmt größtenteils, 4 stimmt sehr (nach Zeijl et al., im Druck)

Die Ergebnisse werfen aus Kindersicht Licht auf die elterlichen Freizeitauffassungen. Wir wollten diese Fragen nun aber auch aus der Perspektive der Eltern beantworten. Hierzu führten wir mit Eltern aus 30 Familien aller Sozialschichten (hoch – mittel – niedrig, gemessen am Ausbildungsniveau und Beruf von Vater und Mutter) Gruppendiskussionen, in denen sie nach ihrer Erziehungshaltung befragt wurden und darüber miteinander diskutierten. Wir wählten das Lebensalter von 13 Jahren, da wir dieses Alter als ein typisches *Übergangsalter* im Freizeitverhalten von Adoleszenten kennengelernt haben (Büchner et al., 1998). Bei niederländischen Kindern vollzieht sich zudem in diesem Alter der Übergang von der Grundschule in die weiterführenden Zweige der Sekundarschulen. Dieser Wechsel ist mit vielen Veränderungen in den Lebensgewohnheiten der Kinder und ihrer Familien verbunden: weitere Schulwege, neue Freunde, mehr Selbständigkeit, neue Interessen, auch mehr Hausaufgaben und Schulstreß. Auch die Eltern erfahren diesen Schulwechsel als eine Zäsur im Leben ihrer Kinder – und in ihrem eigenen Leben.

5. Elterliche Auffassungen über Selbständigkeit und Freizeit

Die Gruppengespräche mit den Eltern über die Freizeit ihrer Kinder eröffneten wir mit der Frage, was sie unter 'Selbständigkeit' verstehen, da dies in modernen Familien ein zentraler Erziehungswert ist. Sie unterschieden zwischen verschiedenen Formen von Selbständigkeit:

- Selbständigkeit im konsumptiven Bereich (Taschengeld sinnvoll ausgeben);
- Selbständigkeit im mobilen Bereich (mit eigenen Ressourcen Entfernungen überwinden);
- Selbständigkeit im Managen von Zeit (ein gutes Verhältnis finden zwischen Schularbeiten und Freizeit).

Diese verschiedenen Formen spielen im Prozeß der Verselbständigung ihrer Kinder eine Rolle; die Eltern fassen sie als Lernanreize auf, die sie fördern. So finden sie z.B., daß Kinder es lernen sollen, selbständig ihre Kleidung zu kaufen; sie sollen lernen, ihre Terminkalender zu führen, und sie sollen möglichst ohne elterliche Hilfe die öffentlichen Verkehrsmittel benutzen. Bei der Erziehung zur Selbständigkeit, der alle Eltern zustimmen, formulieren sie fast gleichlautende Randbedingungen. Zuoberst steht die Sicherheit des Kindes: ist es körperlich geschützt (z.B. Helm auf beim Skaten), und kennen die Eltern seinen Aufenthaltsort? Sie nehmen jegliche Mühe in Kauf, um ihre Tochter von wo und wann auch immer (von einem Schulfest oder einer Freundin) abzuholen. D.h. sie beschränken die Freizeitaktivitäten ihrer Kinder nicht aus eigener Bequemlichkeit, sondern sind bereit, ihren Tages- bzw. Abend(Nacht!)rhythmus an die Wünsche des Kindes anzupassen. Daß dies in Verhandlungsfamilien besser gelingt als in Befehlshaushalten, ist evident.

Obgleich Eltern 'wertvolle' Freizeitbeschäftigungen nur zu gern fördern, konfrontieren sie ihre Kinder deutlich mit geldlichen und Verhaltenskonsequenzen: ein neues Hobby muß seriös sein, keine Eintagsfliege. Ein Klavier wird erst gekauft, wenn das Kind bewiesen hat, daß es sich um mehr als eine Eintagslaune handelt.

„Dann hatten sie es plötzlich mit Reiten. Das hab ich eine Weile abgehalten, denn Reiten ist doch ein teurer Sport – und dann gleich zwei auf einmal! Aber dann haben sie auf ihren Knien gelegen: Mama, bitte! Und dann muß man es natürlich doch machen“ (Van Strien, 1998, 80).

Im Vergleich mit ihrer eigenen Jugend sind die Eltern der Meinung, daß heutige Kinder – ihre Kinder – früher selbständig werden und daß dies vor allem zwei Veränderungen im Kinder- und Jugendleben zu verdanken ist: erstens einer offenen, verhandlungsorientierten Kommunikation („Heute spricht man viel *erwachsener* mit seinem Kind, als wir das gewohnt waren“, ebd., 92). Zweitens haben Kinder im Vergleich mit früher mehr Wahlmöglichkeiten in ihrer Freizeit. Die Eltern *mußten* in ihrer Kindheit mehr und *durften* weniger – heutige Kinder dürfen viel mehr und haben weniger feste Pflichten. Das kommt einer organisierten Freizeit zugute: „Wir betrieben früher überhaupt keinen Sport, das gab es gar nicht, wir kickten mit einer alten Blechbüchse auf der Straße“ (ebd., 94).

Zugenommene und organisierte Freizeit definieren Eltern als potentielle Lernzeit:

„Meine Kinder haben es besser, die dürfen genießen, die können teilnehmen am Leben und dadurch auch eigene Erfahrungen machen. Und über die eigenen Erfahrungen lernen sie auch später die richtigen Entscheidungen zu treffen“ (ebd., 94).

Eltern sind aber nicht umstandslos einverstanden mit den gesellschaftlich-kulturellen Entwicklungen, die sich seit ihrer eigenen Kindheit und Jugend vollzogen haben und heutigen Kindern soviel mehr Freiheit und Selbständigkeit geben. Sie wägen die 'zivilisatorischen Kosten' mit. Zwar sind sie zufrieden, daß ihre Kinder mehr Wahlmöglichkeiten haben, aber sie konstatieren auch ein Zwangselement in der damit verbundenen, vergleichsweise verfrühten Verselbständigung:

„Immer wenn ich raufkomme, verschwindet das Lego unterm Bett, und das find ich eigentlich traurig, wenn ein Kind sich dafür schämt noch mit Lego zu spielen. –...und daß sie dann manchmal noch zu einem sagen: 'kannst du mich nicht ins Bett bringen?'" (ebd., 95).

Es geht den Eltern um ein *ausgewogenes Verhältnis* zwischen den beiden Hauptfunktionen der Freizeit ihrer Kinder:

- Freizeit als reines Vergnügen und
- Freizeit als Lern- und Bildungszeit.

Ein gewisses Maß an 'anspruchsloser' Freizeit, in der Kinder gammeln, sich vom Schulstreß erholen, vor der Glotze sitzen, finden die Eltern durchaus vertretbar, ja selbst nötig, und zwar *damit* nach solchen Erholungszeiten die aktive Freizeit um so bewußter und nützlicher verbracht werden kann: „Jetzt hast du lange genug vor dem Kasten gesessen, tu was!" (ebd., 72).

Zum aktiven Kind gehört, daß es mit Maßen nichts tut, aber nicht gammelt. Vorm Rumhängen und Gammeln haben alle Eltern eine ausgesprochene Abscheu, die bei Eltern aus niedrigen Sozialmilieus in die Angst übergeht, daß ihr Kind auf den schlechten Weg kommt und mit 'falschen Freunden' umgeht (s.o.).

„Wir versuchen, die Freizeit zu füllen, damit sie nicht auf der Straße rumhängt. Das ziellose Rumhängen in der Stadt...Ich geh davon aus, daß sie den Verein gut finden... dann haben sie auch keine Zeit mehr um rumzuhängen" (ebd., 75ff.).

Eltern machen also einen Unterschied zwischen unkontrolliertem Rumhängen, das sie auf keinen Fall dulden wollen, und Rumhängen in Vereinen, wo die Kinder unter loser Aufsicht erwachsener Bezugspersonen sind und vor allen Dingen unter einem Publikum, das die Eltern kennen und z.T. selbst ausgewählt haben, indem sie ihre Kinder in diesen bestimmten Verein gehen lassen (s.u.).

Diese elterlichen Meinungen über Gammeln und Rumhängen korrespondieren mit den Aussagen, die Kinder und Jugendliche selbst über elterliche Erziehungshaltungen zur Freizeit machen (Zeijl et al., im Druck). Auch aus einer (nicht repräsentativen) Untersuchung im Auftrag des Ministeriums für Volksgesundheit, Wohlfahrt und Sport der Niederlande unter Jugendlichen aus überwiegend unteren Sozialschichten geht hervor, daß die Jugendlichen eine gewisse elterliche Kontrolle ihrer Freizeit für wünschenswert halten – „sonst sitzt man den ganzen Tag bei MacDonald" (De Winter/ Kroneman, 1998, 21).

Sport und Musik spielen bei 'wertvollen' und nützlichen Freizeitbeschäftigungen eine Hauptrolle. Die Eltern thematisieren eine ganze Reihe von Funktionen, die der Verein erfüllt:

- körperlich-manuelle Fähigkeiten ausbilden,
- soziale Kompetenz erwerben,
- psychische Eigenschaften entwickeln,
- Risikoverhalten vermeiden,
- Zukunftskompetenzen antizipieren,
- Distinktionsverhalten spielerisch erlernen.

Im Sportverein oder in der Musikschule/-stunde lernen Kinder, so finden die Eltern, nicht nur Körperbeherrschung, sondern auch soziale Kompetenz: Sie knüpfen Kontakte zu anderen Kindern, sie lernen, daß sie mit jedem umgehen können müssen, der im Verein mitmacht. Sie lernen, zu gewinnen und zu verlieren und Teamgeist zu entwickeln. Sie lernen, Verabredungen einzuhalten und unter der Aufsicht von Vereinseltern und Trainern mit Genußmitteln umzugehen – „wenn sie dann mal ein Bierchen trinken, dann sind da immer Erwachsene bei" (Van Strien, 1998, 74). Sie lernen, Selbstvertrauen zu entwikkeln und Zukunftspläne zu machen, die aus intensiver Sport- oder Musikbeschäftigung erwachsen: „Er ist echt 'sport-minded', alle Sportarten, ganz egal, findet er interessant. Er hat auch schon mit dem Gedanken gespielt, Sportjournalist zu werden" (ebd., 73).

Gleichzeitig lernen sie Distinktionsverhalten, denn die Vereine schließen ein bestimmtes Publikum ein bzw. aus: „Hier kommen keine fremden Kinder, die hier nicht hingehören" (ebd., 74). Für viele Eltern ist der Verein eine erwünschte Kontrollinstanz. Hier wissen sie ihre Kinder sinnvoll beschäftigt, unter von ihnen akzeptierter Aufsicht und unter Ihresgleichen. Mit „fremden Kindern, die hier nicht hingehören", meinen die Eltern sowohl Kinder aus Milieus, die kulturell dem ihren nicht entsprechen, als auch daß sie vermutlich froh sind, daß die Kinder bestimmter Minoritätengruppen (Türken, Marokkaner) ohnehin nur in Ausnahmefällen in Vereinen sind. Eine parallele – und sichtbarere – Entwicklung zeichnet sich bei den Schulen ab: Niederländische Eltern vermeiden die sog. 'schwarzen Schulen' mit Ausländeranteilen über 50%.

Eltern und Kinder unternehmen nicht viele Freizeitaktivitäten zusammen – dazu sind die Terminkalender der einzelnen Familienmitglieder zu verschieden. Um so bereiter sind Eltern aber, aktive und in ihren Augen nützliche (gesunde)

Freizeitbeschäftigungen ihrer Kinder zu fördern. Am Samstagmorgen, oft weit vor 8 Uhr, sind viele niederländische Eltern mit dem Auto unterwegs, um ihre Kinder in die diversen Sportvereine zu transportieren, wo Wettkämpfe vorbereitet werden oder stattfinden. Eltern kompensieren die eingeschränkte gemeinsame Freizeit außerdem mit zwei Familienaktivitäten, auf die sie besonders großen Wert legen: zusammen mit den Kindern fernsehen und zusammen Mahlzeiten einnehmen. Obgleich alle Eltern das Fernsehen als eine Freizeitaktivität mit geringem Bildungsgehalt ansehen (Nachrichten- und Informationssendungen ausgenommen), würdigen sie es, wenn es gemeinsam auf dem Sofa stattfindet – „'Mam, schälst du mir'n Äpfelchen', sagen sie dann". Auch oder gerade Soaps wie „Gute Zeiten/schlechte Zeiten" sind dafür geeignet, da Teenager diese Serien ebenso lieben wie Erwachsene. Gemeinsame Mahlzeiten:

„...das ist der Augenblick vom Tag, wo wir uns alles erzählen, was der Tag gebracht hat. – Am Wochenende haben wir so ein Ritual, daß wir alle zusammen frühstücken. Dann hab ich immer besonders leckere Brötchen im Haus, mein Mann backt die dann im Ofen... das finden sie zu schön."

Die Eltern legen Wert darauf, das Zuhause so gemütlich zu gestalten, daß die Kinder gern zu Hause sind und gern ihre Freunde nach Hause einladen:

„Sie darf mitbringen, wen sie will, nur hereinspaziert. Wir haben einen großen Bodenraum, da können 10 schlafen, wenn's sein muß.. alles prima, solange sie nicht rumhängen, wo man sie nicht sieht" (ebd., 88f.; vgl. auch De Winter/ Kroneman, 1998, 22).

Die befragten Jugendlichen würdigen vor allem 'Freizeiteigenschaften' an ihren Eltern. Sie sollen 'gesellig sein, damit man mit ihnen lachen und lustig sein kann'.

Bildungsbewußte Eltern dringen bei aller Toleranz auf ein Minimum gemeinsamer Unternehmungen mit ausgesprochenem Bildungswert: ein Museumsbesuch – „man muß doch ab und zu ein Häppchen Kultur zu sich nehmen" (Van Strien, 1998, 74) –, aber auch ein Besuch beim alten Großvater im Altersheim, „damit sie lernen, wie Großeltern alt werden" (ebd., 90). Eltern zwingen zwar ihre Kinder zu keiner bestimmten Freizeitaktivität, so wie ihre Eltern dies früher mit ihnen taten, wenn sie in die kirchliche Kindergruppe oder den Jugendverein gehen mußten, in den die Eltern ihrerseits bereits gegangen waren, oder der im Dorf oder Wohnviertel üblich war. Aber indem heutige Eltern ihren Kindern wie selbstverständlich einen kulturell-finanziellen Rahmen bieten, innerhalb dessen sie ihre Wahlen treffen können, kontrollieren und stimulieren sie bestimmte Aktivitäten und entmutigen andere. Bildungsbewußte Eltern legen Wert darauf, daß sie sich und ihren Kindern Reisen ermöglichen, die neben dem Vergnügen auch Lernerfahrungen vermitteln. Sie fahren etwa mit den halbwüchsigen Kindern nach Thailand, und die Kinder lernen dort viel über Buddhismus; oder sie reisen mit dem Campingauto durch Nordamerika, um den Kindern Natur- und Bildungserlebnisse zu vermitteln. Diese kulturellen Investitionen ins Kind sind auch finanzielle: Eltern scheuen sich nicht, hierfür kurzlaufende Kredite aufzunehmen, wenn das Einkommen eine andere Finanzierung nicht zuläßt (Mitteilungen aus informellen Gesprächen mit Eltern).

Gerade weil Freizeit zu einem eigenständigen Wert avanciert ist, den es in der Erziehung zu berücksichtigen gilt, werden Kinder von Eltern, bei denen dies nicht oder weniger der Fall ist – sei es aus mentalen, sei es aus ökonomischen Gründen – um so stärker gegenüber ihren Altersgenossen benachteiligt.

6. Betreute Freizeit und eine neue Kinder- und Jugendpolitik

Da bei steigendem Bildungsniveau stets mehr Frauen und Mütter ihre Berufsarbeit ausweiten, werden außerschulische Betreuungsangebote immer bedeutsamer für die Familienorganisation, um die Kinder nach der Schule für einige Stunden aufzufangen und ihnen eine angenehme und stimulierende Umgebung zu bieten. Aus unserer Untersuchung zu außerfamilialen Betreuungsangeboten (du Bois-Reymond et al., 1999) geht hervor, daß berufstätige Eltern an Betreuungseinrichtungen und Betreuungspersonal (staatliche und private Kindertagesstätten, Gasteltern, Kindermädchen) vorrangig die Forderung stellen, daß im außerfamilialen Raum soweit wie möglich die intime, kinderfreundliche ‘Wohnzimmeratmosphäre’ herrschen soll, die die Kinder auch zu Hause gewohnt sind. Ein solches allgemeines pädagogisches Prinzip ist Eltern, wie wir ermittelten, weit wichtiger als elaborierte Erziehungsziele. Eltern aus gehobenen Bildungsschichten können sich eine solche Haltung leisten, da ihre Kinder von zu Hause genug soziale Kompetenz mitbringen, die ihnen nicht auch noch in der Betreuungseinrichtung angelernt werden muß.

Eltern und Betreuungspersonal schließen über diesem Häuslichkeitsprinzip einen impliziten oder auch expliziten Kontrakt. Die Eltern wollen, daß ihre Kinder auch in außerfamilialen Einrichtungen ihren eigenen Freizeitbedürfnissen so weit wie möglich nachgehen können und erwarten, daß die Kindertagesstätten oder andere Betreuungspersonen sich darauf einstellen.

Diese Häuslichkeitspädagogik und -ideologie inner- und außerhalb der Familie wird von den gesellschaftlichen Mittelschichten getragen. Für Kinder aus finanzschwachen und Problemfamilien, zu denen ethnisch-kulturelle Minderheiten gehören, werden staatlich finanzierte Freizeitprogramme angeboten, die dem erweiterten Freizeitbegriff – Freizeit als Lernzeit – Rechnung tragen. Damit erfährt die kompensatorische Erziehung in den späten neunziger Jahren eine Neuauflage: es geht nicht mehr nur um kognitive Stimulierung, sondern es geht um eine Verzahnung des schulischen mit dem außerschulischen Leben unterprivilegierter Kinder, wobei in beiden Kontexten eine moderne Lernhaltung aufgebaut werden soll, die sowohl schulisches Lernen wie Freizeitlernen umfaßt. Dekovic et al. (1997) fanden für Grundschulkinder eine Beziehung zwischen einem geringen Familieneinkommen, geringeren schulischen Leistungen sowie mehr externalisiertem, vor allem aber internalisiertem Problemverhalten. Derartige Zusammenhänge, die auch aus anderen Ländern bekannt sind (Mansel/ Palentien, 1998), alarmieren Schulpolitiker und stimulieren die Implementation neuer kompensatorischer Programme. Dabei werden Freizeit und Freizeitaktivitäten als eine Ressource erkannt, die aktiviert werden kann und muß, um Exklusion und Marginalisierung von bestimmten Bevölkerungsgruppen und Familien zu verhindern. Zu ihnen zählen insbesondere Ausländerfamilien.

In neueren kompensatorischen Programmen werden zwei Diskurse über das Problem der sozialen Exklusion geführt:

- ein Diskurs über soziale Kompetenz,
- ein Diskurs über die Probleme der Großstädte und wie diese wieder zu sicheren Lebensorten werden können.

Der Diskurs über soziale Kompetenz betrifft schulische und außerschulische kompensatorische Programme, in denen benachteiligte Kinder im schulischen und außerschulischen Rahmen gefördert werden sollen. Der Diskurs über Großstadtprobleme resultierte in einer breiten politischen Offensive, um auf allen Regierungsniveaus – von einem speziell eingerichteten Ministerium für Großstädte bis hinunter auf Gemeindeniveau – Programme einzurichten und Maßnahmen zu treffen, um die Lebensqualität in den Städten zu erhöhen: Bekämpfung der (Jugend-)Kriminalität, des Drogenhandels, der (Jugend-) Arbeitslosigkeit; Partizipationsangebote an Jugendliche, begleitete Freizeit etc.

7. Schluß

Wir haben anhand von empirischen Daten gezeigt, wie in modernen Familien mit der 'Ressource Freizeit' umgegangen wird. Aus unserem Material geht hervor, daß sowohl Kinder wie Eltern ein hohes Maß an Flexibilität entwickeln, um diese Ressource zur wechselseitigen Zufriedenheit zu gebrauchen. Auch haben wir dargelegt, daß die Eltern den Wert von Freizeit als potentielle Lernzeit würdigen und ihre Kinder in dieser Richtung stimulieren. Wenn sie so heftig gegen 'Rumhängen' sind, so nicht mehr in erster Linie aus moralischen Gründen, aus Angst, daß ihre Kinder auf die schiefe Bahn kommen könnten, obgleich dieses Motiv insbesondere bei Eltern aus den unteren Sozialschichten gegenüber ihren Töchtern eine Rolle spielt. Zunehmend erkennen sie, wieviel es auch in der Freizeit zu lernen gibt und welche Vorteile dies ihren Kindern verschaffen kann. Dabei ist eine untersuchungswürdige Frage, inwieweit es den Eltern (und Kindern) auch darum geht, sich von bestimmten Bevölkerungsgruppen zu distanzieren. Ein solches Distinktionsverhalten läßt sich an Vereinswahl und Schulwahl exemplifizieren. Wohin Kinder geschickt oder gerade nicht geschickt werden, bzw. wohin sie selbst gehen oder gerade nicht gehen wollen in ihrer Freizeit, spiegelt die andere, die problematische Seite einer zugenommenen Wertschätzung von Freizeit als Lern- und Entwicklungszeit wider. Wieweit eine aktive stadtteilnahe Partizipationspolitik hierfür kompensieren kann, bleibt abzuwarten.

Literatur

Aalheit, P. & Kammler, E., (Eds.), 1998: Lifelong learning and its impact on social and regional development, Bremen: Doudt Verlag.

Bosma, H., Jackson, S., Zijling, D., Zani, B., Cicignani, E., Xerri, M., Honess, T. & Charman, L., 1996: Who has the final say? Decisions on adolescent behavior within the family, *Journal of Adolescence*, 19, S. 277-291.

Büchner-Fuhs, J., 1998: Das Kinderzimmer. Historische und aktuelle Annäherungen an kindliches Wohnen, in: Büchner, P., du Bois-Reymond, M., Ecarius, J., Fuhs, B. & Krüger, H.-H., 1998: Teenie-Welten. Aufwachsen in drei europäischen Regionen, Opladen: Leske + Budrich., S. 147-178.

Büchner, P., du Bois-Reymond, M., Ecarius, J., Fuhs, B. & Krüger, H.-H., 1998: Teenie-Welten. Aufwachsen in drei europäischen Regionen, Opladen: Leske + Budrich.

Dekovic, M., Snel, E. & Groenendal, J. H. A., 1997: Kinderen van de rekening: Over de effecten van armoede op kinderen (Kinder bezahlen die Rechnung. Über die Auswirkungen von Armut auf Kinder), in: Engbersen, G., Vrooman, J. C. & Snel, E., (Hrsg.), De kwetsbaren. Het tweede jaarrapport armoede en sociale uitsluiting, Amsterdam: University Press.

De Winter, M. & Kroneman, M., 1998: Jeugdig gezinsbeleid (Jugend- und Familienpolitik), Rijswijk: Ministerie voor Volksgezondheid, Welzijn en Sport.

Dresen-Coenders, L., Hazekamp, J. L. & Van Hessen, J., 1991: Het eeuwige rondhangen (Das ewige Rumhängen), *Jeugd en samenleving,* 2/3, S. 119-133.

du Bois-Reymond, M., Te Poel, Y. & Ravesloot, J., 1999: Moderne Kindheit zwischen familialer und außerfamilialer Häuslichkeitspädagogik. Diskurs und Praxis in den Niederlanden, *Zeitschrift für Soziologie der Erziehung und Sozialisation*.

Elkind, D., 1991: Das gehetzte Kind. Werden unsere Kleinen zu schnell groß? Hamburg: Rowohlt.

Mansel, J. & Palentien, C., 1998: Vererbung von Statuspositionen. Eine Legende aus vergangenen Zeiten? in: Berger, P. A. & Vester, M., (Hrsg.), Alte Ungleichheiten. Neue Spaltungen, Opladen: Leske + Budrich, S. 231-253.

Nauck, B., 1989: Familiales Freizeitverhalten, in:Nave-Herz, R. & Markefka, M., (Hrsg.), Handbuch der Familien- und Jugendforschung, Bd. 1: Familienforschung, Neuwied: Luchterhand, S. 325-344.

Schenkeveld, C. J. M. & Eerde, H. A. A. van, 1998: Brede scholen buurten: over samenwerking in Rotterdam (Nachbarschaftliche breite Schulen), Rotterdam: RISBO Contractresearch BV.

Schilders, H. & Helmer, J., 1996: De agenda generatie (Terminkalender-Generation), *Nieuwe Revue,* 33, S. 24-29.

SCP, 1998: Sociaal en Cultureel Rapport 1998. 25 jaar sociale verandering (Sozial-kultureller Bericht 1998. 25 Jahre im Wandel), Rijskwijk: Sociaal Cultureel Planbureau.

Sprinkhuis, A., Vlaar, P., Engbersen, R. & De Wild, J., 1998: In de ban van de buurt. Over lokaal sociaal beleid in de buurt (Im Bann des Wohnviertels. Lokale Sozialpolitik im Wohnviertel, Utrecht: NIZW.

Van Strien, M., 1998: Over vrijheid en vrije tijd. In gesprek met ouders van dertienjarige Kinderen (Über Freiheit und Freizeit. Im Gespräch mit Eltern dreizehnjähriger Kinder), Diplomarbeit, Universiteit Leiden, sectie jeugdstudies.

Torrance, K., 1998: Modern childhood: parent-child relationships and child culture, Leiden: DSWO Press.

Zeijl, E. & du Bois-Reymond, M., 1998: Freizeitmuster von Kindern und Jugendlichen in den Niederlanden, in: Büchner, P., du Bois-Reymond, M., Ecarius, J., Fuhs, B. & Krüger, H. H., Teenie-Welten. Aufwachsen in drei europäischen Regionen, Opladen: Leske + Budrich, S. 213-233.

Zeijl, E., Te Poel, Y., du Bois-Reymond, M. & Ravesloot, J. (im Druck): The role of peers and parents in the leisure activities of young adolescents.

Zinnecker, J., Hasenberg, R. & Eickhoff, C., 1998: Die Familie als Vermittlerin kultureller Kompetenz zwischen den Generationen. *Zeitschrift für Soziologie der Erziehung und Sozialisation,* 2. Beiheft, S. 228-247.

Vertraulichkeit in Freundschafts- und Liebesbeziehungen von Jungen und Mädchen

Suus M.J. van Hekken, Hans-Joachim Schulze, Langha de Mey

Das Ziel des Beitrages ist es, geschlechtsspezifische Kommunikationsmuster von Jungen und Mädchen mit Hilfe der Theorie von Tannen (1990) zu untersuchen. Dieser theoretische Ansatz will erklären, wie Frauen und Männer und auch Jugendliche miteinander kommunizieren. Unterschiede in der Kommunikation zwischen Männern und Frauen sind durch die Forschungsergebnisse der letzten vierzig Jahre gut dokumentiert. Wenn Frauen mit Frauen sprechen, dann tun sie das vor allem über Leute, über Gefühle, über persönliche Probleme, über Beziehungen zwischen Menschen, über das Aussehen und über Haushaltsangelegenheiten. Männer sprechen untereinander meistens über Arbeit, Sport, Wettkampf, Geld, körperliche Gewalt, Politik und soziale Probleme (Aries, 1976; Bischoping, 1993; Brouwer et al., 1978). In einer Mann-Frau-Dyade sind es die Männer, die mehr sprechen (Swacker, 1976), und sie sind es auch, die mehr Interaktionen initiieren (Aries, 1976; Lockheed/ Hall, 1976; Strodtbeck/ Mann, 1956; Willis/ Williams, 1976). Im Mittelpunkt der Geschichten, die Männer erzählen, sind oft Personen, die alleine handeln und auf diese Weise Erfolg erringen. In Geschichten von Frauen hat die Zusammenarbeit einen hervorgehobenen Platz, und wenn eine Person allein handelt, ist das Ergebnis oft negativ (Johnstone, 1989).

Tannen (1990) erklärt den Unterschied im Inhalt der Kommunikation und im Stil zwischen Männern und Frauen dadurch, daß sie feststellt, daß Männer und Frauen in verschiedenen Welten leben, in welchen Kommunikation verschiedenen Funktionen dient. Inhalt und Stil der Kommunikation sind miteinander verschränkt und gekoppelt an die jeweilige geschlechtsspezifische Zusammensetzung der kommunizierenden Dyade oder Gruppe. Tannens Theorie bezieht sich überdies auf geschlechtsspezifische Kommunikationsmerkmale, die den gesamten Lebenszyklus betreffen. Geschlechtsspezifische Kommunikation gilt dabei als unabhängig vom Alter und sie wird durch Sozialisation von Generation zu Generation übertragen. Ausgangspunkt der Theorie Tannens ist die unterschiedliche Sicht, die Frauen und Männer auf ihre Position im Rahmen ihres sozialen Umfeldes einnehmen. Frauen sehen sich ihr zufolge als Individuen in einem Netzwerk von Beziehungen. Kommunikation dient dazu, dieses Netzwerk zu stärken und die Unterschiede zwischen den Menschen zu vermindern (bspw. zeigen Studentinnen in Deutschland eine Tendenz, als Ehenamen einen gemeinsamen zu wählen, vgl. Masche, 1995). Wenn Frauen über persönliche Dinge sprechen, kreieren sie Intimität. Männer andererseits sehen sich selbst als unabhängige Personen im Wettbewerb mit anderen im Rahmen hierarchischer Organisationen. Sie kommunizieren, um Status zu gewinnen und um ihr Selbstbewußtsein zu steigern. Mit anderen Worten: Frauen kommunizieren, um Symmetrie zu vergrößern, Männer streben nach Asymmetrie (s. auch Rich Harris, 1998, Kap. 10). Um den Unterschied in der Kommunikation der Geschlechter zu illustrieren, ist es günstig, wenn man die Reaktionen herausgreift, die dann folgen, wenn ein persönliches Problem angesprochen wird. Ein Mann wird in aller Regel das Beste tun, um einen guten Rat zu geben, und indem er das tut, unterstreicht er seinen überlegenen Status oder er spielt das Problem herunter, um das Gesicht des anderen zu wahren. Eine Frau drückt ihr Verständnis für die Schwierigkeiten des Gesprächspartners aus und wird sehr oft dadurch reagieren, daß sie über ein ähnliches Problem, das sie selbst hatte, spricht, um Gleichheit zwischen den Gesprächspartnern zu erzeugen. Diese Unterschiede im Kommunikationsstil zwischen Männern und Frauen können Mißverständnisse und Enttäuschungen in einer Beziehung hervorrufen.

Es gibt Belege dafür, daß Geschlechtsunterschiede in den Kommunikationsstilen schon in einem frühen Alter vorhanden sind und in der Jugendzeit fortgesetzt werden. Wenn man die Literatur überblickt, die sich auf die Gespräche unter Kindern richtet, so stellt man mit Maccoby (1990) fest, daß Mädchen in ihrer Kommunikation danach streben, gute Beziehungen aufrechtzuerhalten, während sie ihre Ziele zu erreichen suchen. Jungen peilen ihre Ziele in einer sehr selbstbewußten Weise an. Dieses Muster ist bereits im Alter von 3 ½ Jahren zu finden. In den darauffolgenden Jahren vergrößert sich der Kommunikationsunterschied zwischen Jungen und Mädchen, möglicherweise weil Kinder im Schulalter dazu tendieren, unter gleichgeschlechtlichen Kindern zu spielen (Maccoby, 1990) und weil Eltern (Hekken/ Schulze, 1994) und Lehrer (Stipek, 1992) einen geschlechtsstereotypen Sprechstil bei Kindern fördern. So sprechen Eltern mit Töchtern z.B. eher über den Themenbereich soziale Welt und weniger über die physische Umgebung als mit ihren Söhnen.

1. Vertraulichkeit in Paarbeziehungen Jugendlicher

In der frühen Jugend nimmt das Interesse am anderen Geschlecht zu und das Verabreden unter Mädchen und Jungen nimmt einen ziemlich prominenten Platz ein im Leben der Jugendlichen. Nach Tannen sind die Unterschiede im Kommunikationsstil in einer Beziehung noch nach Jahren sichtbar. Man könnte einwenden, daß Jugendliche heute in einer etwas anderen Welt aufwachsen, in welcher nicht so viel Nachdruck gelegt zu werden scheint auf die Einhaltung eines traditionellen Stereotyps, sondern ein mehr androgynes Persönlichkeitsbild zumindest akzeptabel erscheint. Es könnte deswegen vorgeschlagen werden, daß ein Junge und ein gleichaltriges Mädchen, die ineinander verliebt sind, sich in der Weise, wie sie kommunizieren, aufeinander einstellen und sich aneinander anpassen, statt einen geschlechtsspezifischen Stil beizubehalten.

Wenn wir von geschlechtsspezifischen Kommunikationsmustern von Mädchen und Jungen ausgehen, so stellt sich die Frage, wie die Kommunikationsstile sich innerhalb ihrer Paarbeziehung ausnehmen. In einer Liebespartnerschaft muß insbesondere eine Balance gefunden werden zwischen Vertraulichkeit und Unabhängigkeit. Vertraulichkeit ist notwendig, um Intimität zu erreichen. Konflikte und die Art und Weise, wie sie gelöst werden, können zeigen, wo Partner in Bezug auf ihre Unabhängigkeit stehen. Wenn wir uns an Tannens Theorie halten, erwarten wir, daß männliche Jugendliche ihre Unabhängigkeit betonen und weibliche Jugendliche die sozialen Ziele in ihrer Kommunikation betonen und damit die Gemeinsamkeit der Partner. Die Frage, die sich dann stellt, ist wieviel Unabhängigkeit und wieviel Gemeinsamkeit vorhanden sein müssen, um für beide Partner die Partnerschaft attraktiv zu gestalten. Wir werden die Thematik an speziellen Aspekten der Kommunikation Jugendlicher weiter ausarbeiten.

Frauen teilen mehr über persönliche Themen mit als Männer (Aucket et al., 1988; Blier/ Blier-Wilson, 1989; Reis et al., 1985; Reisman, 1990). Dindia u. Allen (1992) führten eine Meta-Analyse aus bezüglich der Resultate von 205 Studien über vertrauliche Mitteilungen, die in den Jahren zwischen 1958 und 1989 publiziert wurden. Die Personen in diesen Studien variierten im Alter vom Kind bis zum Erwachsenen, aber das Alter selbst wurde nicht als Variable berücksichtigt. Die Meta-Analyse zeigt, daß in gleichgeschlechtlichen Interaktionen Frauen mehr über sich mitteilen als Männer und daß in gegengeschlechtlichen Situationen dasselbe Muster, d.h. ein geringes Maß an Vertraulichkeit gefunden wird, wenngleich in einer geringer ausgeprägten Form. Dies Resultat paßt sehr gut in Tannens Theorie, weil man sich durch vertrauliche Mitteilungen in eine sehr verletzbare Position begibt. Wenn eine Frau Vertraulichkeiten gegenüber einer anderen Frau oder mehreren Frauen äußert, so ist ihr Ziel damit, die Solidarität anderer anzusprechen. Ein Mann, der dasselbe tut, würde seinen Status erniedrigen und deswegen würde er nicht oft in Gesellschaft von Männern über persönliche Dinge sprechen. Bei gegengeschlechtlichen Begegnungen müssen Männer nicht so sehr um ihren Status besorgt sein und werden Frauen weniger ermutigt, vertrauliche Mitteilungen über sich zu machen.

Gibt es einen geschlechtsspezifischen Unterschied in der Mitteilung von Vertraulichkeiten während der Kindheit und der Jugend? Wenn man die

Literatur über die Mitteilung von Vertraulichkeiten zum gleichgeschlechtlichen Freund über die letzten 20 Jahre anschaut, so findet man mit Buhrmester u. Prager (1995) folgende Trends: weibliche Personen teilen mehr über sich mit als männliche, und diese Differenz wird immer größer im Laufe des Alters. In den jüngeren Gruppen (6 bis 8 Jahre) fanden die Forscher keine geschlechtsspezifischen Unterschiede, während mehr als die Hälfte der Studien mit 9- bis 11jährigen Kindern und nahezu 90% der Studien mit 12- bis 20jährigen Jugendlichen zeigten, daß eine Mitteilung über Vertraulichkeiten mehr bei Mädchen als bei Jungen vorkommt. Vor dem Hintergrund ihrer Resultate erwarten wir eine gemäßigte Zunahme der Mitteilung von Vertraulichkeiten innerhalb der von uns ausgewählten Gruppe der Jugendlichen mit steigendem Alter.

Während der Kindheit sind gegengeschlechtliche Freundschaften eher selten. Buhrmester u. Prager beschränken sich daher auf Studien von Jugendlichen, und selbst in dieser Altersgruppe ist die Anzahl der Studien nicht gerade groß. Es gibt eine deutliche Zunahme in der Mitteilung von Vertraulichkeiten im Laufe der Jugend in jenen Konversationen, an denen beide Geschlechter teilnehmen. In der Hälfte der Studien wird eine geschlechtsspezifische Differenz gefunden, wobei Mädchen mehr über sich selbst mitteilen als Jungen. Vertraulichkeiten gegenüber Freunden des anderen Geschlechts finden weit weniger statt als gegenüber Freunden des gleichen Geschlechts. Der gegengeschlechtliche Freund ist in den meisten Fällen so wie der Freund desselben Geschlechtes oft gekennzeichnet als guter oder bester Freund und es wird kein Unterschied gemacht zwischen gegengeschlechtlichen Freunden bzw. Freund oder Freundin. Wenn man diese Unterscheidung einführt, so wie Buhrmester u. Furman (1987), so wird offensichtlich, daß es sehr wichtig ist, diese zwei Typen von Beziehungen in Studien zum Thema Vertraulichkeit auseinanderzuhalten. In ihrer Studie fanden sie, daß sowohl Mädchen als auch Jungen mehr über sich selbst mitteilten gegenüber einem Liebespartner (des anderen Geschlechts) als einem guten Freund des anderen Geschlechts. Mädchen teilten mehr über sich selbst mit, wenn sie mit einer Freundin sprachen als mit ihrem Freund. Dagegen war für Jungen kein Unterschied im Grad der vertraulichen Mitteilungen feststellbar, wenn man die Freundin und den Freund miteinander verglich. Daraus lassen sich zwei Schlußfolgerungen ziehen. Die erste ist, daß Jugendliche, die eine Liebespartnerschaft haben, große Diskrepanzen im Maße ihrer vertraulichen Mitteilungen innerhalb der Dyade zu vermeiden trachten und insofern ähnlich sind wie verheiratete Partner, die mit ihrer Ehe glücklich sind (Berger/ Kellner, 1964; Noller/ Fitzpatrick, 1990). Der zweite Punkt ist, daß in einer Liebesbeziehung ein Mädchen sich mehr dem Ausmaß der vertraulichen Mitteilung anpaßt, das der Liebespartner mitbringt als der männliche Partner. Die gegenseitige Anpassung, die man bei älteren Paaren finden kann und die wir dort erwarten können, wo weniger stereotype Ansichten über Geschlechtsdifferenzen überwiegen, ist kein Merkmal von Jugendlichen, die einen Liebespartner haben. Eine Erklärung dafür könnte sein, daß Mädchen genug Unterstützung von ihren Freundinnen und von ihren Familien erhalten und deswegen nicht alles daransetzen, um ihren männlichen Liebespartner in dieser Hinsicht zu verändern. Heranwachsende Jungen dürften im Gegensatz zu jungen erwachsenen Männern kein Bedürfnis haben, in ihrer Liebesbeziehung ein höheres Maß an persönlichen Mitteilungen zu verwirklichen als jenes, das sie von ihren männlichen Freunden gewohnt sind. Intimität bedarf der gemeinsam verbrachten Zeit und einer Vielzahl an Interaktionen, um sich zu entwickeln. Wir erwarten deswegen, daß mit der Dauer der Liebesbeziehung die Bereitschaft, über sich selbst zu kommunizieren, zunimmt.

Insgesamt beruht unsere Arbeit auf der Theorie von Tannen (1990), die man etikettieren kann als geschlechtsspezifische Kommunikationstheorie. Gemäß diesem Konzept entwickeln wir zwei Hypothesen: 1.) Wenn man die Bereitschaft zur vertraulichen Mitteilung innerhalb von gleichgeschlechtlichen Freundschaftsdyaden als Bezugspunkt nimmt, so vermuten wir, daß Mädchen in jugendlichen Liebesbeziehungen ihr Niveau der Mitteilung über sich selbst an das Niveau der Jungen anpassen und d.h. absenken. 2.) Wir erwarten eine mäßige Zunahme des Ausmaßes an vertraulichen Mitteilungen mit einer Zunahme des Lebensalters der Jugendlichen und der Dauer der bestehenden Liebesbeziehung.

2. Methode

98 weibliche und 91 männliche Jugendliche im Alter zwischen 12 und 17 Jahren nahmen an der Studie über Kommunikation teil. Diese Jugendlichen besuchten die Klassen 1 bis 4 der Sekundarstufe des niederländischen Schulsystems. Es wurden allein diejenigen in die Untersuchung mit einbezogen, die drei Kommunikationspartner hatten: Einen Freund des gleichen Geschlechts, einen befreundeten Jugendlichen des anderen Geschlechts und einen Liebespartner des anderen Geschlechts. Das durchschnittliche Alter der Mädchen in dieser Studie ist 14,89 Jahre und das der Jungen ist 14,26 Jahre.

Die Dauer der Liebesbeziehung zwischen den Interviewten und ihren Liebespartnern wurde durch eine Frage gemessen, die folgende Kategorien hatte: a) weniger als einen Monat (22%), b) zwischen einem Monat und drei Monaten (29%), c) bis zu 6 Monaten (20%), d) bis zu einem Jahr (17%) und e) mehr als ein Jahr (10%). Alle nachfolgenden Analysen beruhen auf dem hier dargestellten Sample.

Für die Studie wurde ein Fragebogen eingesetzt. Das Maß für die vertrauliche Mitteilung wurde so aufgebaut, daß es die Kommunikation von Jugendlichen mit folgenden fünf Personen messen sollte: der Mutter, dem Vater, dem Freund des gleichen Geschlechts, dem befreundeten Jugendlichen des anderen Geschlechts und dem Liebespartner. Derselbe Satz an 12 Fragen wurde für alle Kommunikationspartner gestellt. Drei vergleichbare Skalen wurden mit den zwölf äquivalenten Items erstellt. Eine Prozedur zur Punktevergabe machte es möglich, daß ein Score auf 24 Punkte kam als Maximum und 0 Punkten als Minimum. Die Konsistenz der Skalen wurde berechnet auf der Basis dieser 12 Items (N=189) und die entsprechenden Werte waren a) für die vertrauliche Mitteilung gegenüber dem Liebespartner: Cronbachs alpha .81, b) was die vertrauliche Mitteilung gegenüber dem Freund betrifft: Cronbachs alpha .72 und c) die vertrauliche Mitteilung gegenüber der Freundin: Cronbachs alpha .88.

3. Ergebnisse

Wir möchten die Ergebnisse in der Folge der Hypothesen präsentieren. Wir machen dabei Gebrauch vom Chi-Quadrat-Test, dem Wilcoxon Signed-Ranks Test und der logistischen Regression, da mehrere zentrale Variablen nicht annähernd normalverteilt sind. Das gewählte Signifikanzniveau ist 5%. Da unser Hauptziel darin besteht, die Geschlechtsrelevanz der Kommunikation von Jugendlichen zu untersuchen, betonen wir diesen Aspekt in allen Analysen. Außerdem werden wir uns auf das Alter der Jugendlichen und die Dauer der Liebesbeziehung konzentrieren, da die Altersstreuung unseres Samples groß ist und die Dynamik der Liebesbeziehung sich über die Zeit verändert, je nachdem, wie die Dyade sich entwickelt und nach dem Lebensalter des Jugendlichen.

3.1 Vertraulichkeit in verschiedenen Dyaden

Zuerst möchten wir einen Überblick geben über die Median-Werte aller drei genannten Vertraulichkeitsskalen (Tab. 1). Obwohl es unwahrscheinlich ist, den höchsten Wert auf der Skala der Vertraulichkeit zu erhalten, müssen wir feststellen, daß alle Median-Werte relativ niedrig sind. Dennoch sind beträchtliche Differenzen zwischen den hier dargestellten Werten festzustellen, nämlich der höchste Wert ist mit 6,5 deutlich höher als der niedrigste Wert (in der Spalte 2 und 5).

Um unsere erste Hypothese zu testen, haben wir die entsprechenden Werte der Vertraulichkeitsskalen miteinander verglichen. Der erste Vergleich bezieht sich auf die Spalten 1 und 4 in Tabelle 1. Der bivariate Chi-Quadrat Test zeigt, daß die Mädchen in unserem Sample signifikant mehr als die Jungen im Rahmen ihrer jeweiligen gleichgeschlechtlichen Freundschaftsbeziehungen mitteilen.

Tab. 1: Median-Werte für das Maß an vertraulichen Mitteilungen weiblicher und männlicher Jugendlicher in Bezug auf drei Kommunikationspartner (N=189)

persönliche Mitteilung weiblicher Jugendlicher			persönliche Mitteilung männlicher Jugendlicher		
1 Freundin (GG)	2 Freund (UG)	3 Liebespartner (UG)	4 Freund (GG)	5 Freundin (UG)	6 Liebespartner (UG)
M=6,5	M=0	M=2	M=2	M=0	M=2

Anmerkung: M=Median (Minimum 0 Punkte, Maximum 24 Punkte; siehe Erläuterung im Abschnitt 2); GG = Gesprächspartner mit gleichem Geschlecht; UG = Gesprächspartner mit ungleichem Geschlecht.

Nach einem Vergleich der Werte auf der Skala zur Messung der Vertraulichkeit, die sich auf den gegengeschlechtlichen Freund bezieht (Spalte 2 und 5 in Tab. 1), entdeckten wir keinen Unterschied, was den Grad der Vertraulichkeit der interviewten Mädchen und Jungen betrifft. Außerdem fanden wir keinen Unterschied zwischen den Werten auf der Vertraulichkeitsskala, die sich auf den jeweiligen Liebespartner der Interviewten bezog (Spalte 3 und 4 in Tab. 1).

Um zu testen, ob die Scores für Vertraulichkeit gegenüber dem gleichgeschlechtlichen Freund im Vergleich zur Vertraulichkeit gegenüber dem Liebespartner deckungsgleich sind, haben wir das Sample am Median in zwei Teilgruppen gespalten und schließlich den Wilcoxon Matched Pairs Signed-Ranks Test angewandt (Norusis, 1992, 365). Zunächst überprüften wir die Diskrepanzen zwischen den Werten für die Vertraulichkeit gegenüber dem gleichgeschlechtlichen Freund und den entsprechenden Werten für den Liebespartner bei den Mädchen (das entspricht den Spalten 1 und 3 in Tab. 1). Danach haben wir den gleichartigen Test vorgenommen für die Jungen in unserem Sample (das entspricht den Spalten 4 und 6 in Tab. 1). Die Ergebnisse dieser Tests werden in Tabelle 2 präsentiert.

Die Ergebnisse zeigen ganz deutlich, daß die Werte für die Vertraulichkeit für Mädchen gegenüber ihrer Freundin in ihrer großen Mehrheit (N=68) die Werte übersteigen, die für die Liebespartner angegeben werden; demgegenüber sehen wir bei den Jungen beinahe dieselbe Menge an Fällen, in denen einer der beiden Vertraulichkeitswerte den anderen übersteigt und umgekehrt.

Tab. 2: Test auf die Unterschiedlichkeit der Vertraulichkeitsmaße für gleichgeschlechtliche Freundschaftsdyaden und (gegengeschlechtliche) Liebesbeziehungen für Mädchen und Jungen

Wilcoxon Signed-Ranks Test *			
Mädchen		Jungen	
Mean Rank: 33,36 49,43	Cases: 22 GGF<LP 68 GGF>LP 8 Ties 98 Total	Mean Rank: 37,32 35,68	Cases: 36 GGF<LP 35 GGF>LP 19 Ties 91 Total
Z= -5,29 2-Tailed p=.000		Z= -,17 2-Tailed p=.868	

* Der Wilcoxon Signed-Ranks Test wurde benutzt, weil die benötigtenVariablen ordinales Niveau haben.
GGF=Gleichgeschlechtliche Freundschaftsdyade; LP=Liebespartner;

Wenn wir nun auf das Gesamtsample zurückkommen und unsere erste Hypothese in den Blick nehmen, können wir zusammenfassend feststellen: Wenn man das Maß der Vertraulichkeit in der gleichgeschlechtlichen Freundschaftsdyade als Bezugsrahmen nimmt, sehen wir in Tabelle 1, daß Mädchen in ihrer Liebesbeziehung gewissermaßen die Bereitschaft zur Mitteilung vertraulicher Dinge auf ein Maß reduzieren, das genau dem Maß entspricht, das wir bei den Jungen und ihrem Freund beobachten. In Tabelle 2 werden wir darüber informiert, daß Mädchen in signifikanter Weise mehr über sich gegenüber ihrer Freundin mitteilen als gegenüber ihrem Liebespartner. Bei den Jungen sehen wir keine derartige Diskrepanz. Unsere in der Hypothese 1 formulierte Erwartung wird also durch die Daten unterstützt.

3.2 Alter, Geschlecht und Vertraulichkeit

Tab. 3: Alter und das Maß an vertraulichen Mitteilungen (Disclosure) gegenüber dem Liebespartner, der weiblichen und der männlichen Freundesfigur.

Alter und Disclosure gegenüber ...	Chi-square (DF=1)	phi	P
Liebespartner	16.17	.30	.001
weiblicher Freundesfigur	9.06	.23	.003
männlicher Freundesfigur	.64	-.06	.426

Wir wenden uns nun der Beziehung zwischen der Vertraulichkeit und dem Lebensalter des Jugendlichen zu. Wir beginnen mit bivariaten Resultaten. Die

Mitteilung von Vertraulichem ist – wie Tabelle 3 zeigt – in zwei Fällen positiv und signifikant verknüpft mit dem Alter, nämlich beim Liebespartner und der Freundin. Die Vertraulichkeit in Bezug auf den männlichen Freund ist altersungebunden. Drückt man diese Ergebnisse aus in Cluster von Dyaden, dann ergibt sich folgende Tabelle 4.

Tab. 4: Persönliche Mitteilungen in sechs Dyaden

Dyaden 1 und 2: Mädchen und Junge – weibliche Freundesfigur	Dyaden 3 und 4: Mädchen und Junge – Liebespartner	Dyaden 5 und 6: Mädchen und Junge – männliche Freundesfigur
positiv und signifikant	positiv und signifikant	negativ und nicht signifikant

Während Dyaden, zu denen ein Mädchen als Freundin des Interviewten gehört oder die als Liebesbeziehung definiert werden, eine Zunahme der Vertraulichkeit im Laufe des Alters zeigen, ergeben sich bei Dyaden zwischen der/m Interviewten und einem männlichen Freund keine positiven oder negativen Beziehungen in Bezug auf das Alter.

Um die Bedingungen zu untersuchen, die den Grad der Vertraulichkeit bestimmen, gebrauchen wir als Verfahren die logistische Regression (Tabachnick/ Fidell, 1996; alle nachfolgenden logistischen Regressionen wurden mit SPSS 6.1, Methode „Enter“ gerechnet). Gemäß unserer Hypothese gebrauchen wir in erster Linie Geschlecht, Alter und Dauer der Liebesbeziehung als unabhängige Variablen. Wir beginnen mit drei Modellen, die die vertrauliche Mitteilung (disclosure) als abhängige Variable (dichotomisiert am Median) und Geschlecht und Alter als unabhängige Variable verwenden (s. Tab. 5).

Die Vertraulichkeit in Bezug auf einen weiblichen Freund als abhängige Variable und mit Geschlecht und Alter als unabhängige Variablen führt zu einem Modell (Modell 1), das signifikant ist (Chi-Quadrat=48,37, p=.000). 73% der Fälle der abhängigen Variablen werden korrekt vorhergesagt. Mädchen teilen mehr über sich mit als Jungen und ältere Jugendliche mehr als jüngere. Die Modellgüte (goodness of fit), die in Analogie zur linearen Regression im R^2 ausgedrückt ist (Menard, 1995, 18ff.), ist mit .15 beträchtlich, wenn man berücksichtigt, daß das Modell lediglich zwei unabhängige Variablen enthält.

Wenn wir das Modell beibehalten und lediglich die unabhängige Variable ändern und an diese Stelle die Vertraulichkeit gegenüber männlichen Freunden einsetzen, stellen wir fest, daß dieses Modell (Modell 2) nicht signifikant ist. Ungefähr 61% der Fälle werden korrekt vorhergesagt und auf dem Niveau der einzelnen Variable ist nur das Geschlecht signifikant (p=.007). Der positive Wert der respektiven B-Statistik zeigt, daß die Jungen sich mehr gegenüber ihrem gleichgeschlechtlichen Freund äußern als Mädchen gegenüber der Freundesfigur des anderen Geschlechts. Das Alter der Jugendlichen spielt in diesem Fall keine Rolle und der „goodness of fit" des Modells ist beinahe null.

Tab. 5: Logistische Regression von drei Beziehungen mit vertraulichen Mitteilungen (Modell 1: N=168; Modell 2: N=178; Modell 3: N=174)

Logistische Regression UV	vertraul. Mitteilung gegenüber AV	% korrekte Vorhersage	B	p	Modell	R^2
Modell 1:	weibliche					
SEX (m=1)	Freundesfi-	73,2%	-1.04	.000	sign.	
ALTER	gur		.37	.009	.000	.15
Modell 2:	männliche					
SEX (m=1)	Freundesfi-	60,7%	.43	.007	sign.	
ALTER	gur		.01	.929	.021	.02
Modell 3:						
SEX (m=1)	Liebespartner		.34	.044	sign.	
ALTER		62,6%	.45	.000	.001	.09

AV=abhängige Variable; UV=unabhängige Variable; m=männlich; SEX= Geschlecht

Nachdem wir uns nun informiert haben über die Freunde der Jugendlichen, wenden wir uns deren Liebespartner zu und dem Maß der Vertraulichkeit (Modell 3). Die logistische Regression mit den beiden Variablen Geschlecht und Alter zeigt, daß dieses Modell signifikant ist (Chi-Quadrat 14,82, p=.0006). Das Modell ist nicht stark, was die Vorhersage der Werte der abhängigen Variablen angeht und hat lediglich eine Trefferquote von 63%. Auf dem Niveau der einzelnen Variablen sehen wir, daß zum ersten Mal Alter bedeutender ist (p=.0005) als Prädiktor von Vertraulichkeit als Geschlecht (p=.0445), und wir sehen, daß Jungen mehr als Mädchen sich gegenüber ihren Liebespartnern aussprechen, also mehr Vertraulichkeit zeigen. Noch mehr als die Vertraulichkeit gegenüber dem gleichgeschlechtlichen oder dem gegengeschlechtlichen Freund ist das Maß der Vertraulichkeit gegenüber dem Liebespartner beeinflußt durch das Alter des Jugendlichen.

Da die Dauer der Liebesbeziehung und das Alter des Interviewten konsistent miteinander verbunden sind, haben wir für die weiteren Analysen vier unterschiedliche Subgruppen der Interviewten mit Bezug auf diese beiden Variablen unterschieden.

Tab. 6: Teilgruppen des Samples nach Alter und Dauer der Liebesbeziehung (N=171)

Alter der Interviewten	Dauer der Liebesbeziehung	
	bis zu drei Monaten (kurz)	mehr als drei Monate (lang)
bis zu 14,6 Jahren ('jung')	Gruppe III n=44	Gruppe I n=41
älter als 14,6 ('alt')	Gruppe II n=47	Referenzgruppe n=39

Entsprechend der Tabelle 6 können nun drei dichotome Variablen gebildet werden, die unterscheiden a) 'alte' Jugendliche mit langen Liebesbeziehungen (Referenzgruppe); b) 'alte' Jugendliche mit kurzen Liebesbeziehungen (Gruppe II); c) 'junge' Jugendliche mit langen Liebesbeziehungen (Gruppe I); 'junge' Jugendliche mit einer kurzen Liebesbeziehung. Die Gruppen I bis III werden in der nachfolgenden Tabelle jeweils mit der Referenzgruppe kontrastiert.

Wir haben die drei entstehenden Variablen zusammen mit Geschlecht in einem weiteren Modell zur logistischen Regression verwendet, um die Vertraulichkeit zu untersuchen (Tab. 7). Das Modell ist signifikant (Chi-Quadrat 27,38, p=.0000). Ungefähr 67% aller Fälle wurden korrekt vorhergesagt. Alle vier einbezogenen Variablen sind signifikant. Alle drei Gruppen unterscheiden sich signifikant von der Referenzgruppe. Die Modellgüte ist mit einem R^2 von .16 beträchtlich. Dies zeigt noch einmal, daß Alter, Dauer der Liebespartnerschaft und das Geschlecht der Jugendlichen starke Prädiktoren sind für das Ausmaß der Vertraulichkeit innerhalb von Liebesbeziehungen.

Tab. 7: Logistische Regression bezüglich der Vertraulichkeit (Disclosure) gegenüber dem Liebespartner (N=167)

logistische Regression Modell 4	AV:	% korrekt vorhergesagt = 66,9	Modell p=.0000	goodness of fit
UV	Vertraulichkeit gegenüber Liebespartner	p	Df	R^2
SEX (m=1)		.0425	1	
Gruppe III		.0000	1	.16
Gruppe II		.0094	1	
Gruppe I		.0004	1	

AV=abhängige Variable; UV=unabhängige Variable; m=männlich; die Gruppeneinteilung folgt der in Tabelle 6 demonstrierten.

4. Diskussion

Wenn wir die Ergebnisse zusammenfassen, können wir feststellen, daß Tannens Theorie mit unseren Daten bestätigt wird, was unsere beiden Hypothesen betrifft. Mädchen zeigen ein höheres Maß an Vertraulichkeit gegenüber ihrer Freundin und obwohl ihr Liebespartner ein „signifikanter Anderer" in der Gruppe der männlichen Jugendlichen ist, zeigen die Mädchen ihnen gegenüber ein geringeres Maß an Vertraulichkeit als gegenüber ihrer Freundin. Außerdem ist Intimität eine Frage von Zeit, und zwar in zweifacher Hinsicht, nämlich in bezug auf das Alter der Jugendlichen und in Bezug auf die Dauer der bestehenden Liebesbeziehung. Wir können mit unseren Resultaten die Ergebnisse der Meta-Analyse von Buhrmester u. Prager bestätigen und sie als robuste Kommunikationsstrukturen begreifen. Im hier betrachteten Ausschnitt der Jugendphase wird deutlich, daß Mädchen in Beziehungen zu anderen Mädchen deutlich mehr vertrauliche Botschaften austauschen als Mädchen mit ihren Liebespartnern (und Jungen untereinander). Außerdem können wir feststellen, daß sich die Theorie von Tannen mit Blick auf unsere Fragen eindeutig bewährt hat. Es zeigt sich noch immer ein großer Unterschied im Maß der Intimität bei Gesprächen, die Mädchen bzw. Jungen führen, und es zeigt sich weiterhin, daß Mädchen sich in gegengeschlechtlichen Situationen anpassen und Jungen nicht.

Der relative Erfolg des theoretischen Ansatzes von Tannen kann jedoch auch anderen Gründen zugeschrieben werden. Wir müssen uns nämlich der Frage stellen, ob die zentralen abhängigen Variablen, die Maße der Vertraulichkeit, in gewisser Weise ‘schief’ sind und die weiblichen Kommunikationsinhalte und -strategien stärker berücksichtigen. Ohne den Versuch zu machen, spekulativ Antworten zu geben, wollen wir lediglich die Möglichkeit erwähnen, in einer zukünftigen Skala der Vertraulichkeit Items aufzunehmen, die sich auf die vertrauliche Mitteilung z.B. von Träumen bzw. Erwartungen beziehen, die mit dem zukünftigen Erfolg bzw. dem Scheitern im Leben eines Jugendlichen zu tun haben. Dieses Thema könnte die Jungen mehr ansprechen als die Mädchen.

Literatur

Aries, E., 1976: Interaction patterns and themes of male, female and mixed groups, *Small Group Behavior*, 7, S. 7-18.

Aucket, R., Ritchie, J.& Mill, K., 1988: Gender differences in friendship patterns, *Sex Roles*, 19, S. 57-66.

Berger, P. & Kellner, H., 1964: Marriage and the construction of reality, *Diogenes: a quarterly publication of the International Council for Philosophy and Humanistic Studies*, 14, S. 1-24.

Bischoping, K., 1993: Gender differences in conversation topics, *Sex Roles*, 28, S. 1-18.

Blier, M. J. & Blier-Wilson, L. A., 1989: Gender differences in self-rated emotional expressiveness, *Sex Roles*, 21, S. 287-295.

Brouwer, D., Gerritsen, M., Haan, D. de & Post, A. van der, 1978: Vrouwentaal en mannenpraat (women's language and men's talking), Amsterdam: Van Gennip.

Buhrmester, D. & Furman, W., 1987: The development of companionship and intimacy. *Child Development*, 58, S. 1101-1113.

Buhrmester, D. & Prager, K., 1995: Patterns and functions of self-disclosure during childhood and adolescence, in: Rotenberg, K. J., (Ed.), Disclosure processes in children and adolescents, Cambridge: Cambridge University Press, S. 10-56.

Dindia, K. & Allen, M., 1992: Sex differences in selfdisclosure: A meta-analysis, *Psychological Bulletin*, 112, S. 106-124.

Hekken, S. M. J. van & Schulze, H.-J., 1994: Do parents make their 7 year old children talk sex-specific? *Zeitschrift für Sozialisationsforschung und Erziehungssoziologie*, 14, S. 245-261.

Johnstone, B., 1989: Community and contest: How women and men construct their worlds in conversational narrative, paper presented at Women in America: Legacies of race and ethnicity. Georgetown University, Washington DC.

Lockheed, M. E. & Hall, K. P., 1976: Conceptualizing sex as a status characteristic: applications to leadership training strategies, *Journal of Social Issues*, 32, S. 111-124.

Maccoby, E. E., 1990: Gender and relationships, a developmental account, *American Psychologist*, 45, S. 513-520.

Masche, G., 1995: Geschlechts- und geschlechtsrollenspezifische Präferenzen zur Wahl des Ehenamens (Sex and sex role specific preferences for the choice of the married name), *Zeitschrift für Differentielle und Diagnostische Psychologie*, 16, S. 113-124.

Menard, S., 1995: Applied logistic regression analysis. Series: Quantitative Applications in the Social Sciences, 106, Thousand Oaks: Sage.

Noller, P. & Fitzpatrick, M. A., 1990: Marital communication in the eighties, *Journal of Marriage & the Family*, 52, S. 832-843.

Norusis, M. J., 1992: SPSS/PC+ Base System User's Guide Version 5.0, Chicago: SPSS Inc.

Reis, H. T., Senchak, M. & Solomon, B., 1985: Sex differences in the intimacy of social interaction: Further examination of potential explanations, *Journal of Personality and Social Psychology*, 48, S. 1204-1217.

Rich Harris, J., 1998: The Nurture Assumption. Why children turn out the way they do, New York, London, Toronto, Sydney, Singapore: The Free Press.

Reisman, J. M., 1990: Intimacy in same-sex friendships, *Sex Roles*, 23, S. 65-82.

Stipek, D., 1992: The child at school, in: Bornstein, M. H. & Lamb M. E., (Eds.), Developmental psychology: An advanced textbook, Bornstein, Hillsdale N.J., Hove and London: Lawrence Erlbaum, S. 579-625.

Strodtbeck, F. L. & Mann, R. D., 1956: Sex role differentiation in jury deliberations, *Sociometry*, 19, S. 3-11.

Swacker, M., 1976: Women's verbal behavior at learned and professional conferences, in: Dubois, B.L. & Crouch, J., (Hrsg.), The sociology of the languages of American women, San Antonio: Trinity University, S. 155-160.

Tabachnick, B. & Fidell, L. S., 1996: Using Multivariate Statistics, third edition, New York: Harper Collins College Publishers.

Tannen, D., 1990: You just don't understand. Women and men in conversation, New York: Ballantine.

Willis, F. N. & Williams, S. T., 1976: Simultaneous talking in conversations and sex of speakers, *Perceptual and Motor Skills*, 43, S. 1067-1070.

Familiale Polarisierungsprozesse

Eine vernachlässigte Strukturkategorie in der soziologischen Main-stream-Diskussion um Pluralisierung und Individualisierung

Hartmut M. Griese

1. Einstimmung in die Thematik

Das neue familienbezogene Verfassungsgerichtsurteil vom Januar 1999 zur Beseitigung der steuerlichen Nachteile der Paare mit Kindern, das eine drastische Erhöhung der Kinderfreibeträge vorsieht, und der zweite Paukenschlag aus Karlsruhe zur steuerlichen Besserstellung kinderreicher Beamtenfamilien waren weder neu noch unerwartet, höchstens überraschend – das ungerechte Auseinanderdriften von unterschiedlichen Bevölkerungsgruppen, z.B. mit und ohne Kinder, und damit die *neuen Ungleichheitsstrukturen* in unserer Gesellschaft sind lange bekannt. „Inzwischen liegt das verfügbare Einkommen eines durchschnittlich verdienenden Singles fast dreimal so hoch wie das verfügbare Pro-Kopf-Einkommen einer Durchschnittsfamilie mit zwei Kindern“ (Lambrecht, in: Die Woche vom 29. Jan. 1999, 11). Unser Staat brauchte etwa 50 Jahre, um sein Steuerrecht ansatzweise familien- und kindgerecht zu modifizieren.

„Tatsächlich aber würden damit noch immer nicht die Verhältnisse der 60er Jahre wieder hergestellt: Damals gewährte das Finanzamt einen jährlichen Steuerfreibetrag von 1500 Mark pro Kind, den Gegenwert von 500 Arbeitsstunden, nach heutigen Maßstäben rund 14 000 Mark“ (ebd.).

Aktuelle Pressemeldungen verstärken den Eindruck einer zunehmenden sozialen *Spaltung* und strukturellen gesellschaftlichen *Polarisierung*, z.B.:

- „2,6 Millionen Haushalte sind *überschuldet*“ (Süddeutsche Nachrichten (SN) vom 19. November 1998); „Zwischen 1994 und 1997 sei die Zahl der *überschuldeten* Bürger um 30% gestiegen. Mittlerweile seien 7% der Haushalte ‘finanziell nicht mehr in der Lage, ihre laufenden Verpflichtungen aus ihren eigenen Einkünften zu bestreiten’“ (Schuldenreport des DRK – Frankfurter Rundschau (FR) vom 14.1.1999). „Rund 2% der deutschen Haushalte mußten im selben Zeitraum einen *Offenbarungseid* leisten. Dabei war der Zuwachs in Ostdeutschland mit rund 72% besonders hoch“ (Erziehung und Wissenschaft, 2/99, 4).
- Andererseits: „Bürger haben 5,5 Billionen auf der *hohen Kante*“, das sind 5500 Milliarden bei einem Zuwachs von 250 Milliarden im Jahr 1998 (SN vom 26. Oktober 1998); „jeder *dritte* Deutsche hatte Ende vergangenen Jahres im Schnitt 60 300 DM ‘auf der hohen Kante’ ... dies entspricht einem jährlichen Zuwachs von 4%“ (SN vom 15. Februar 1999).

- Die FR vom 13. Januar 1999 berichtet: „*Ausfuhrüberschuß* so hoch wie nie zuvor. 1998 auch Exporte auf *Rekordhöhe* ... kletterte der Überschuß (im Monat November 1998, H.G.) auf 16,7 (Vorjahr: 11,4) Milliarden DM. Das ist der *höchste Exportüberschuß*, der in der deutschen Handelsbilanz bisher in einem Monat erzielt worden ist“.
- Aber: „Eine halbe Million Menschen hat *keine Wohnung*“ (FR vom 12. Dez. 1998) – davon „160 000 *Frauen* sowie 170 000 *Kinder und Jugendliche*. Hinzu kommen 150 000 *Aussiedler* ... 1997 waren es 270 000“ (ebd.).
- „Die greise Gesellschaft. Der *Generationen-Vertrag* gerät zusehends ins Wanken ... Die *Alterspyramide* vergangener Zeiten ... wandelt sich ... kaum vorstellbar, wie der schlanke Stamm – die *Jugend* – die mächtige (*Alters*)Krone zu tragen vermag“ (FR vom 13. Januar 1999).

2. Die Gesellschaft spaltet sich – die Soziologie spricht von Pluralisierung

Solche und ähnliche Pressemeldungen über empirische Studien und Daten im Kontext von Gesellschaft, speziell Familie, Kinder, Jugend – nur diese Bereiche sollen hier erwähnt werden – belegen häufig und immer mehr ein *Auseinanderdriften* in der Bevölkerung – und damit in der Gesellschaftsstruktur – eine Art neue Aufspaltung in polarisierende Gruppen mit dem Merkmal „entweder – oder“.

Während es also m.E. genügend empirische Belege und Beispiele für eine These zunehmender Polarisierung bzw. struktureller Aufspaltung unserer Gesellschaft gibt, gefällt sich die Soziologie (und auch ihre Nachbardisziplinen), vor allem in ihrer allgemeinen Theoriediskussion um Gesellschaft sowie in ihren Bindestrich-Soziologien Familie/Kindheit/Jugend, in ständigen Wiederholungen und einem einseitigen Beharren am Theorem der *Pluralisierung*, welches, gekoppelt und verbunden mit dem *Individualisierungstheorem*, gleichsam das soziologische All-Erklärungsmittel seit Becks „Risikogesellschaft“ (1986) darstellt, so daß man durchaus – nicht nur polemisch – von (post)modernistischen „Catch-all-Termini“ sprechen kann, die alles erfassen, scheinbar alles, d.h. letztlich nichts, erklären – und wenig (ideologie)kritisch hinterfragt werden. Uta Meier (FR vom 9. Mai 1994) konstatiert dazu:

> „Zwei Begriffe haben in den letzten Jahren hierzulande eine bemerkenswerte Karriere durchlaufen, wenn es darum ging, gesellschaftliche Veränderungen und Entwicklungstrends zu benennen. Es sind die inzwischen gängigen, beinahe inflationär gebräuchlichen Termini '*Individualisierung*' und '*Pluralisierung*', die allerdings beträchtlich, so ihr Fazit, „*bildungs-, schicht- und geschlechtsspezifisch*“ variieren.

Ich bezweifle hier keinesfalls die *heuristische Funktion* der beiden Theoreme, die zu neuen Erkenntnissen und fruchtbaren theoretischen Überlegungen geführt haben. Zu fragen ist nur: Warum hat sich dieses Begriffspaar dermaßen die

Theoriediskussion *dominierend* durchgesetzt? Was wird damit *nicht* erklärt, d.h. dadurch verschleiert? Welche Perspektiven in der Betrachtung von Gesellschaft und Familie/Kindheit/Jugend werden durch diese Theoriekonstrukte (!) quasi *ausgeklammert*? Steht hinter dem Doppelbegriffspaar eine Art *Paradigmenwechsel* in der Soziologie – weg von einer eher sozialstrukturellen und gesellschaftskritischen Perspektive hin zu kultur- und milieutheoretischen Lebensstil-Analysen?

Mittlerweile hat das Begriffspaar auch die *pädagogische* und *medial-politische* Diskussion um Familie/Kindheit/Jugend fest im Griff. Auch die aktuelle konstruktivistische (Erkenntnis)Theorie hat nicht verhindert oder in Zweifel gezogen, daß es sich hierbei, bei Pluralisierung und Individualisierung, um theoretische *Konstrukte* zu Erkenntniszwecken, nicht um Realität, handelt. Diese Konstrukte dienen primär dazu (vgl. „Idealtypus" bei Max Weber), die empirische Wirklichkeit daran *vergleichend* zu messen, um diese dadurch besser *erkennen* und beschreiben zu können. Nach wie vor scheint mir aber, daß die beiden Konstrukte mit der Wirklichkeit verwechselt werden, also *reifiziert* werden. Dieses Schicksal hatte schon der „Homo Sociologicus" (Dahrendorf, 1965) erfahren müssen.

Der wissenschaftliche und auch medial-politische Erfolg der „Risikogesellschaft" (Beck, 1986) mit seiner kulturtheoretisch-postmodernen Terminologie (Pluralisierung, Individualisierung, sekundäre Moderne, reflexive Modernisierung, „jenseits von Klasse und Schicht", Entstandardisierung usw.) hat – gemäß den Kriterien des Marktes und auch der Scientific Community – zu einer Flut von nachfolgenden Studien mit ähnlichem erfolgversprechenden Zuschnitt geführt: „Erlebnisgesellschaft", „Multioptionsgesellschaft", „Sinngesellschaft" etc., so daß – eingedenk der Tatsache, daß wir auch noch in einer Informations-, Wissens-, Kognitions- und Mediengesellschaft leben, uns in einer postkapitalistischen, postmaterialistischen, nachindustriellen, postmodernen, multikulturellen, posttraditionalen Bürger-, Freizeit-, Arbeits- und Dienstleistungsgesellschaft tummeln, die natürlich durch Globalisierung und Internationalisierung charakterisiert ist und „grenzenlos" (vgl. Soziologiekongreß 1998) wird und sich dann scheinbar letztlich in einer „Weltgesellschaft" auflöst – also zu Recht gefragt werden muß:„In welcher Gesellschaft leben wir eigentlich?"

Genug der Einstimmung, der theoriekritischen Vorrede. Worum soll es gehen? Ich behaupte nichts weiter, als daß das theoriedominante Theorem der *Pluralisierung*, in Verbindung mit dem *Individualisierungstheorem*, welches gegenwärtig die Diskussion um Gesellschaft und auch Familie/Kindheit/Jugend determiniert, nur *eine* (objektive) *Perspektive* (vgl. Mead, 1969), ein *Konstrukt* darstellt, das auf Grund seiner Einseitigkeit und damit *Reduktion* der Komplexität, durch weitere Perspektiven bzw. Konstrukte *ergänzt* werden muß. Und ich schlage dafür den diametral entgegengesetzten Begriff „*Polarisierung*" vor und spreche statt von „*Individualisierungsschüben*" eher von „*Entsolidarisierungstendenzen*"; und ich werde die wissenschaftliche und vor allem *moralische* Berechtigung dieser Konstrukte empirisch beispielhaft unterfüttern.

Vor allem in bezug auf „Familie" und „Jugend" (vgl. z.B. Fünfter Familienbericht, 1994, 62ff.) wird immer wieder „an die gängige These über die Pluralität familialer Lebensformen angeknüpft" und eigens bekräftigt (ebd., 70): „Es ist sowohl in den Massenmedien als auch in fachwissenschaftlichen Abhandlungen üblich geworden, von der heutigen Pluralität familialer Lebensformen zu sprechen" – das klingt harmonisch, anti-antagonistisch und befindet sich „jenseits von Klasse und Schicht". Was kann empirisch diesem familiensoziologischen, postmodernen (m.E. unter Ideologieverdacht stehenden) Harmonie- und Nebeneinandergerede entgegengesetzt werden?

2. Ausgewählte empirische Daten und Fakten zu Sozialstruktur und Familie

Unter „*Polarisierung*" verstehe ich im folgenden Prozesse und Phänomene, die darauf hindeuten, daß sich in unserer Gesellschaft Tendenzen zur *Aufspaltung*, zu *Widersprüchen*, zu *Ungerechtigkeiten* und *Ungleichheiten* (zu struktureller Gewalt), zu neuen (alten?) Konflikten und Spannungen in der Sozialstruktur, bei der Interessenvertretung und im Alltag der Menschen beobachten lassen. Welche Tatsachen deuten darauf hin, belegen diese Tendenzen?

2.1 Sozialstrukturelle Polarisierungstendenzen

- Die Fälle der „alten Armut" (alte Menschen, vor allem Frauen, Arbeitslosigkeit, Unterbezahlung) und der „neuen Armut" (vgl. Feminisierung, Infantilisierung und Familialisierung der Armut), der hochverschuldeten jungen Familien und der Alleinerziehenden, der Sozialhilfeempfänger, vor allem im Kindes- und Jugendalter, auf der einen (Schatten)Seite nimmt ebenso zu wie die Anzahl der neuen Reichen, der Millionäre und Milliardäre auf der anderen (Sonne)Seite der Gesellschaft. Aber jede 4. junge Familie ist hochgradig verschuldet. Der deutsche Vereinigungsprozeß hat die Entwicklung zu einer „Zwei- oder Drei-Drittel-Gesellschaft" eher noch beschleunigt, so daß zu den Modernisierungsgewinnern und –verlierern noch die Einheitsgewinner und Einheitsverlierer hinzukommen.
- Deutschland ist nach wie vor – vielleicht gar mehr denn je ? – durch eine „innere Mauer" in Ost und West getrennt; beide Landesteile entwickeln sich nicht gleichmäßig (vgl. Bruttosozialprodukt, Geburtenziffern, Einkommen, Arbeitslosigkeit, Wahlverhalten) und driften sozialstrukturell und mental (!) auseinander.

- Unsere Gesellschaft ist aufgespalten in erwachsene Besitzer und Nichtbesitzer von Arbeit bzw. Arbeitsplätzen und in junge Leute mit und ohne Ausbildung bzw. Ausbildungsplatz. Daneben zeichnet sich eine „mögliche neue Klassengesellschaft" durch eine „Aufteilung in Info-rich und Info-poor" ab (merz 1/99).
- Unsere Bevölkerung ist juristisch und politisch zweigeteilt in *Besitzer und Nicht-Besitzer* eines deutschen Passes mit all den dazugehörenden (demokratisch – politischen) Rechten und Sicherheiten. Über die Aktualität, Brisanz und Instrumentalisierung dieser Spaltung brauche ich hier sicher nichts weiter zu sagen, nur: Die primäre gesetzmäßige *juristisch-politische Spaltung* in zwei Bevölkerungsteile hat nunmehr – durch die wahlkampftaktische CDU/CSU-Unterschriften-Kampagne – zu einer sekundären weiteren, eher *geistig-mentalen Spaltung* in der Bevölkerung beigetragen.

Überhaupt lassen sich im *geistig-ideologisch-politischen* Bereich hinsichtlich nahezu aller aktuellen und relevanten *globalen wie nationalen* Themen und Probleme Polarisierungstendenzen in der Bevölkerung ausmachen. Deutschland ist *zweigeteilt*, mehr denn je, wie die Wochen nach dem Machtwechsel in Bonn gezeigt haben – ich nenne nur Stichworte: Einwanderungsland, Asylrecht, Atomenergie, Gentechnologie, Biochemie, Bundeswehreinsatz im Kosovo und die Rolle in der NATO, Großer Lauschangriff, Doppelpaß, Osterweiterung von EU und NATO, das Verhältnis von Ökonomie zu Ökologie, die Bekämpfung von Armut und Arbeitslosigkeit, die Verbetriebswirtschaftlichung von Bildung und Kultur, schöne neue Medienwelt, Computer an die Schulen, Privatisierungstendenzen usw. – alles aktuelle relevante politische Themen, welche die Bevölkerung in *zwei mental-ideologische Lager* – nicht unbedingt entlang der klassischen Parteigrenzen – spalten und zunehmende *Ost-West-Differenzen* offenbaren.

Es gibt eindeutige Tendenzen hin zu wachsender *Chancenlosigkeit* und *Ausgrenzung* bestimmter Menschengruppen („Ausländer", Behinderte, ältere Menschen, junge Frauen mit Kindern, schlecht oder nicht Ausgebildete) sowie andererseits neue *Chancen* und *Möglichkeiten* – Globalisierung, Individualisierung und sekundäre Modernisierung sind hochgradig *ambivalent*.

Vester (1994, in: FR vom 5.5.1994) kommt in seiner Studie über „Soziale Milieus im gesellschaftlichen Strukturwandel" (1993) zu dem Ergebnis, daß man im Blick auf die Gegenwartsgesellschaft von einer „*Pluralisierung der Klassen-Mentalitäten*" sprechen kann, daß „hier trotz Tendenzen der Individualisierung, Pluralisierung usw. *keine Auflösung der Klassengesellschaft* festzustellen ist, wie häufig, etwa von Ulrich Beck, behauptet" und spricht von einer „vertikal *dreigeteilten* Gesellschaft" mit einer „differenzierten Mitte" (etwa 60%) mit „stark kohäsiven Kräften ... Wir nennen diese Konstellation *'pluralisierte Klassengesellschaft'*" (20 : 60 : 20). Neben dieser Unterscheidung gemäß der „Lebensführung" gelangt er zu einer *Vierteilung* der Gesellschaft in „Modernisierungsgewinner“ (24%), „deklassierte Modernisierungsverlierer“ (ca. 27%) – „in der Mitte sind es die ‘skeptischen’ modernen Arbeitnehmer (ca. 25%) und die ‘zufriedene’ konservativ-ständische Mitte (24%)“. Wie zuvor zitiert – hier als bewußt polemische Zusammenfassung:

- „*Deutschland ist* (sozialpolitisch, moralisch und demographisch) *krank*“;
- ein „*Riß*“ geht durch die „*doppelt gespaltene Gesellschaft*“, die mehrfach in
- „*Gewinner und Verlierer*“ (der Rationalisierung und Einheit) zweigeteilt ist, so daß von einer
- „schichtspezifischen Polarisierung“ gesprochen werden kann.

Dies hat dramatische polarisierende Folgen für das Leben und den Alltag in den Familien und das Aufwachsen der Kinder und Jugendlichen in Deutschland.

2.2 Die Polarisierung familialer Lebenswelten

Ein Blick auf den Alltag der Erwachsenen zeigt, daß sich trotz aller familialen Pluralisierungsformen in unserer Gesellschaft grundsätzlich zuerst einmal ein *Leben mit und ohne Kinder* beobachten läßt. Die gegenwärtige Hauptthese der Familiensoziologie, die These von der Pluralisierung der Familienformen ist sicher zutreffend, vernachlässigt aber die Tatsache, daß unsere Gesellschaft strukturell in einen *kindorientierten* und einen *erwachsenenorientierten* Bereich zerfällt, wobei das Leben ohne Kinder quantitativ zunimmt. So sind z.B. in Hannover nur noch 18% der städtischen Haushalte auch Haushalte mit Kindern; in der City von München nur noch 8%. Etwa jede dritte Frau wird gegenwärtig zeitlebens keine Kinder bekommen.

Während um die Jahrhundertwende fast die Hälfte der Paare „vier und mehr Kinder“ hatten, sind dies am Ende des Jahrhunderts nur noch etwa 5%. Aber fast die *Hälfte* der Paare hat heute kein oder nur ein Kind, während nur noch etwa 5% vier und mehr Kinder haben. Die Kinderzahlen haben sich also umgekehrt. Heute ist der Anteil der Personen, die lebenslang für kein Kind zu sorgen haben, auf rund 30% gestiegen.

Im Leben einer Norm(al)familie mit zwei Kindern und einem Verdiener ist die „Summe aus finanziellen Belastungen und immatriellen Mühen: über eine Million Mark“ höher als bei einem Ehepaar ohne Kinder und mit zwei Verdienern (Focus, 1/94). Die Folge davon und von den horrenden Mietpreisen in Stadtwohnungen ist, daß unsere Großstädte, vor allem die Cities, quasi kinderlos sind.

Trotz aller Pluralisierung der Familienformen kann man, wenn man die Perspektive verändert, konstatieren, daß sich Familienformen zuerst einmal grundsätzlich in *2 Typen* aufteilen lassen, die bürgerlich-traditionelle

Norm(al)familie (also Ehepaar und Kind/er) und davon *abweichende* Familienformen, wobei immer noch etwa 80% der Kinder in der Normfamilie aufwachsen. Etwa jedes achte Kind wächst in einer Ein-Eltern-Familie auf.

- Der „Sozialhilfe-Atlas" (laut FR vom 17.6.1994) dokumentiert recht eindeutig, daß sich „ein breites Band der *Armut* wie eine Schärpe über den Norden (West-) Deutschlands legt" – das Auseinanderdriften in arm und reich hat neben seinen bisher aufgezeigten Linien auch noch eine *regionale* Ausprägung.
- Wenn man die *Einkommensklassen* in *Ost und West* betrachtet, so gelangt man zu dem Ergebnis, daß etwa 50% der Haushalte im Westen ein monatliches Nettoeinkommen unter *3500* DM zur Verfügung haben – im Osten sind dies nahezu 75% der Haushalte. Mit 3500 DM netto ist es aber einer 4-köpfigen Familie fast unmöglich, in einer deutschen Großstadt schuldenfrei zu leben.
- Gemäß der „*EU-Armutsgrenze*" („957 DM pro Kopf der Bevölkerung") waren z.B. „rd. 1 Million Niedersachsen" 1995 arm. In anderen Worten: 1995 galten 13,7% der Bevölkerung als arm und 5,2% als reich. „Die Zahl der Empfängerinnen und Empfänger von *Sozialhilfe* ist insgesamt ... um 62,66% gestiegen" – in knapp 10 Jahren von 340 000 auf 556 000. Im wesentlichen davon betroffen waren „Langzeitarbeitslose, Alleinerziehende, Kinder und Jugendliche, Ausländerinnen und Ausländer" („Landesbericht zur Entwicklung von Armut und Reichtum" vom 8. September 1998).

Fazit: Von gesellschaftlicher oder familialer *Pluralisierung* – als theoretische Perspektive – kann bestenfalls *innerhalb* (!) einer Annahme einer gesellschaftlichen (Tendenz zur) *Polarisierung* gesprochen werden, wobei Polarisierungsprozesse das gesellschaftliche *Primat* darstellen und strukturell *vorrangig* gegenüber Pluralisierungsprozessen sind. In anderen Worten: Es ist einseitig, reduktionistisch und moralisch (es gibt einen „*Ethik-Codex*"!) unverantwortlich, von gesellschaftlicher und familialer Pluralisierung zu sprechen, ohne deren Einbettung in und Abhängigkeit von gesellschaftlichen Polarisierungsprozessen und Strukturen der Ungleichheit und Ungerechtigkeit explizit zu betonen. Dies ist nicht nur eine *moralische* Position, sondern eine Frage und Folge des Erkenntnisinteresses.

3. Zusammenfassung – Folgen für die soziologische Theorie

Ich glaube, an Hand der unterschiedlichen Daten und Fakten aufgezeigt zu haben, daß ein *Perspektivenwandel* mit Blick auf die *strukturellen* Ungleichheiten in der Gesellschaft und ihre wachsenden Tendenzen ein *Polarisierungstheorem* ebenso gerechtfertigt erscheinen lassen wie das sich mittlerweile undiskutiert durchsetzende Pluralisierungstheorem. Beide Theoreme sind, das sollte nicht vergessen werden, *Konstrukte*, Perspektiven (Mead), die theoretische

Fassung von bestimmten Sichtweisen auf und Wahrnehmungen von Gesellschaft und Familie. Die Realität wäre daran erst vergleichend empirisch zu untersuchen.

Uta Meier (Vorsitzende von Pro-Familia und ehemalige DDR-Professorin) kommt gar zu dem Ergebnis, daß die gängigen theoretischen Annahmen über Pluralisierung und Individualisierung, also die Lieblingstheoreme der Familien- und Kinder-/Jugendsoziologie, „allenfalls für eine kleine Gruppe *junger*, *gut verdienender* und *kinderloser* Menschen (gilt). Ansonsten bietet die Familie der 90er Jahre ein ganz anderes Bild" (1994). Von einer „Pluralisierung der Lebensformen" und einem „Zugewinn an Optionsspielräumen" kann nur die Rede sein, „wo auf Kinder verzichtet wird. Und das ist vorzugsweise bei jüngeren Angehörigen der gebildeten Mittelschichten der Fall" – oder, ich ergänze: Bei den wenigen wirklich gut verdienenden Bildungsbürgern, die es sich erlauben können, nach dem „Modell der Zweiverdiener-Familie mit institutioneller Kinderbetreuung" (Bertram, 1998) zu leben und sich professionelle Gedanken über eine Erlebnis- oder Multioptionsgesellschaft zu machen. Ich vermute, der größte Teil der (Familien-, Kindheits- und Jugend-) Soziologinnen und Soziologen lebt in diesem soziokulturellen *Milieu* und blickt durch die kinderlose oder wohlsituierte Milieubrille auf Gesellschaft und Familien. Laut Meier (1994) handelt es sich hierbei um „teils völlig gegensätzliche *Wahrnehmungen* der bisherigen bundesrepublikanischen Entwicklung, die größtenteils *unverbunden* nebeneinanderstehen, was schon einigermaßen befremdet anmutet". Auch Strohmeier (1993) kommt zu einem ähnlichen Ergebnis und stellt fest, daß die vielzitierte

> „...Vielfalt der Lebensformen in der Gesellschaft steigernde Auswirkungen nur in dem Teil der Bevölkerung gehabt (hat), der auf Kinder verzichtet. Diese *Privilegierung* der nicht-familialen und die entsprechende *Benachteiligung* der familialen Lebensformen haben ihrerseits *polarisierenden* Charakter ..." (1993, 11) „Die Existenz bildungs- und schichtabhängiger Lebenspläne und Lebensformen würde allerdings praktisch auf noch tiefer gehende (weil sozialstrukturell verankerte) *Polarisierungstendenzen* in unserer Gesellschaft verweisen. Danach wären sozialstrukturelle Differenzierungen nach wie vor gewissermaßen der (von der Forschung zuletzt etwas vernachlässigte) *'Unterbau'* der vielfach erwiesenen Pluralität von Lebensplänen und Lebensformen in der Moderne ..." (ebd., 22).

Die Faszination des Begriffspaares „*Pluralisierung – Individualisierung*" ist aber in der (Allgemeinen, Familien-, Kindheits- und Jugend-)Soziologie und auch in ihren Nachbarwissenschaften ungebrochen, so daß weiterhin – trotz aller empirischen Relativierungen in jüngster Zeit – verzückt davon gesprochen und so diese Perspektive gleichsam reifiziert wird.

Erster Kompromißvorschlag:

Der soziologische *Makro*-Blick auf das prozeßhafte Ganze, auf die Totalität der Gesellschaft (auch der Weltgesellschaft!) präferiert m.E. das Polarisierungstheorem, der *Mikro*-Blick ins Detail der Familien und des Alltags eher die Pluralisierungsvariante. Die soziologische Mikroperspektive ist aber immer in eine Makroperspektive eingebettet und von dort her determiniert.

Als *ein* oder gar *das* zentrale Problem einer pluralisierten und individualisierten Gesellschaft – wenn ich mal bei dieser Perspektive bleibe – werden „schleichende *Entsolidarisierungstendenzen* in unserer Gesellschaft" gesehen (Süssmuth, 1991, 166ff.), und es gilt, „nach Wegen zu suchen, die sicherstellen, daß Individualität und Solidarität immer *gemeinsam* gedacht werden" (ebd. – vgl. auch das „Lernziel Solidarität" bei H.-E. Richter). Kaufmann fordert gar, die „Solidaritätspotentiale in einer individualistischen Gesellschaft weiter zu erschließen" (zitiert nach Süssmuth, ebd., die dabei an Selbsthilfegruppen und soziales Engagement denkt). Ich denke, daß neben dem eher normativen Interesse an Solidaritätspotentialen in unserer Kultur auch die Wahrnehmung und Beschreibung von *Ent-Solidarisierungstendenzen* – gerade in der soziologischen Analyse – gefragt ist.

Innerhalb der Diskussion um „Individualisierung und Solidarität" (so das Thema des DJI-Jahres-Symposiums 1991) bzw. – wie ich es nennen würde – „Polarisierung und Ent-Solidarisierung", gelangt Krüger (1991, 199ff.) zu folgenden interessanten Überlegungen. Für sie sind – rückblickend –„Individualisierung und Solidarität. Zwei Paradigmen der Moderne: Je eins für Mann und Frau". Ihre Hauptthese dazu lautet:

> „Mit der Herausbildung des modernen Wirtschaftssystems, das auf *Ungleichheit*, aber auch *Gewinnmaximierung* basiert, hat sich das herrschende Wirtschaftsprinzip, das *Konkurrenz* in den Mittelpunkt rückt, im Öffentlichkeitssektor durchgesetzt. Es erzwingt *Individualisierung* ... Aber es rechnet mit der *Solidargemeinschaft Familie* als Ort von Mitmenschlichkeit, Hilfsbereitschaft und zwischenmenschlicher Unterstützungsform, dem zwischenmenschlichen Nahbereich des *Privaten.*"

Der primären, ökonomisch erzwungenen Individualisierung, vor allem des *Mannes* im produktiven und öffentlichen Bereich, entspricht die sekundäre, eher privat-reproduktive Verhäuslichung der *Frau*. Es handelt sich bei den Individualisierungsschüben um durchaus *ambivalente* Prozesse, da Individualisierung in der Regel mit Prozessen der Ent-Solidarisierung einhergeht.

Nun ist auch deutlich, warum gesellschaftliche Interessengruppen, die *einerseits* auf den weiteren Ausbau des globalisierten Turbo-Konkurrenz-Kapitalismus (mit den Leitlinien der Gewinnmaximierung, der individualistischen Leistungsideologie und des Ungleichheitsprinzips) drängen, *andererseits* auf die Solidargemeinschaft Familie und die private Arbeitskraft der Frauen setzen und hoffen, dadurch gleichsam kompensierend die psychischen Folgeprobleme dieses polarisierenden Wirtschaftssystems aufzufangen. Unsere Medaille *Modernisierung hat zwei Seiten*, die zunehmende Individualisierung – des Mannes – und die Hoffnung auf Solidarität – der verhäuslichten Frauen.

Die „nachgeholte Individualisierung", von der so häufig die Rede ist, z.B. bei westdeutschen Frauen oder der ostdeutschen Jugend, baut dann aber Solidaritätspotentiale ab – daher auch die erwähnten Sorgen bei FamilienpolitikerInnen oder auch -soziologInnen. Ein *Aufbau* der Solidaritätspotentiale wäre entsprechend nur durch den *Abbau* von Individualisierungstendenzen zu erreichen, d.h. mit dem Abbau der Markt-, Konkurrenz- und auch Privat- und Profitwirtschaft. Der Kapitalismus führt automatisch zur Individualisierung – auch wenn die Apologeten des Individualisierungstheorems dies nicht explizit benennen – denn der Kampf um und die Suche nach neuen Märkten und Absatzchancen, die wechselnden Moden und die jeweilige Werbung für potentielle Käufer produzieren *Life-Style-Individualitäten*. Erst der Wandel dieses Wirtschaftssystems hätte dann auch die Entkopplung von Geschlechtscharakter und Individualisierung bzw. Solidarität zur Folge. Ob sich die geforderte und gewünschte Solidarität pädagogisch produzieren läßt (vgl. „Lernziel Solidarität") wage ich auf Grund der gegebenen Analyse zu bezweifeln.

Wenn also zutrifft, was auch Dettling gegen Ende des DJI-Symposiums festhält (1991, 211), daß nämlich der „Trend zu Pluralisierung und Differenzierung" und der „Trend zur Individualisierung" eine „Entwicklung Solidarität in der Gesellschaft eher unwahrscheinlich macht", so bleibt nur noch die theoretische Chance, daß man mit Blick auf die *Polarisierungen* auf neue mögliche *Solidarisierungseffekte als Reaktionen* darauf in der Gesellschaft hoffen kann.

Zweiter Kompromißvorschlag:

Insgesamt erscheint es mir sowohl erkenntnis- und gesellschaftstheoretisch wie auch familiensoziologisch und -politisch sinnvoll und angebracht, sowohl von Tendenzen zunehmender *Pluralisierung und Individualisierung* als auch von wachsender *Polarisierung und Ent-Solidarisierung* in der Gesellschaft zu sprechen; wobei Pluralisierungen strukturell eingebettet sind in polarisierende Prozesse der Ungleichheit und Ungerechtigkeit und *Individualisierungsschübe Ent-Solidarisierungstendenzen* zur Folge haben

Ferner handelt es sich in dieser Diskussion um theoretische *Konstrukte*, d.h. *Perspektiven*, wie Gesellschaft und das Alltagsleben der Menschen wahrgenommen und theoretisch analysiert werden (können). Eine Perspektive oder ein Konstrukt sind weder wahr noch falsch, aber sie sind objektiv real, d.h. empirisch vorfindbar – hier: in den Köpfen der SoziologInnen. George H. Mead nannte dies „die objektive Realität von Perspektiven“.

Dritter Kompromißvorschlag:

Gesellschaftliche Wirklichkeit wäre dann die Summe aller Perspektiven – und wohl noch ein bißchen mehr, was aber empirisch nicht erfaßbar, bestenfalls wesensphilosophisch zu bestimmen wäre!? Und hierbei täten sich in der soziologischen Diskussion *alte* klassische und immer wieder *neue Polarisierungen* auf, nämlich:

- Kann und soll die Soziologie *Werturteile* und *moralische* Prinzipien in ihre Analysen mitaufnehmen?
- Inwieweit sollen ihre empirischen Erkenntnisse und theoretischen Analysen politisch folgenreich bzw. *praxiswirksam* sein bzw. werden?
- Schließen sich *Wissenschaft und Politik* aus (vgl. Max Weber: „Wissenschaft als Beruf“ und „Politik als Beruf“)?
- Ist Soziologie eher *Krisen*-(management), Wissenschaft oder *kritische* Wissenschaft (schon im Sinne der Klassiker bzw. Begründer Comte und Marx)?
- Soll Soziologie eher auf das *„Sein“* oder eher auf das *„Sollende“* achten?
- Was hält die Gesellschaft zusammen, schafft *Ordnung und Integration*, und was treibt die Gesellschaft auseinander, beruht auf *Konflikten und Widersprüchen*?
- Und wohl auch: Wem nutzt (*cui bono*?) der Blick auf *Pluralisierungen* und Individualisierungschübe in der Gesellschaft und wem die Wahrnehmung und der Diskurs der *Polarisierungen* und Ent-Solidarisierungen?

Fazit:

Die Soziologie trägt also in sich, implizit und explizit, von ihrem traditionellen aufklärerischen Selbstverständnis her, immer auch ein stellungnehmend-moralisches und damit ein eher *polarisierendes* Element (Antagonismus zwischen Sein und Sollen), zuerst historisch-entstehungsbedingt („Über den Ursprung der sozialen Ungleichheit“, „Emanzipation der Gattung“), gegenwärtig eher latent bzw. postmodern geglättet als „Pluralisierung und Individualisierung“ – zukünftig eventuell wieder erkennbarer und manifest(er) (vgl. oben)? Die Soziologie war von Anfang an eine die Gemüter der Politik polarisierende und selbst in (idealtypischen) Polarisierungen denkende Wissenschaft (Ordnung versus Konflikt; Integration versus Widerspruch; Gesetze versus Kritik; Erkenntnis versus Veränderung; werturteilsfreie versus wertende Wissenschaft usw.).

Wenn die Soziologie sich eingestehen muß, daß sie gegenwärtig als *Gesellschaftstheorie* ihren Gegenstand tendenziell (aus den Augen) verliert oder gar schon verloren hat, wenn Gesellschaft überkomplex und nur auf Theoreme bzw. Perspektiven reduziert theoretisch analysiert und nur noch als Teilbereiche empirisch erfaßt werden kann, dann könnte sich Soziologie zumindest darauf besinnen, daß ihr immer noch die Funktion einer – im Sinne Pierre Bourdieus – „vierten Gewalt" als „Gesellschaftskritik", als moralische Instanz der unmoralischen Gesellschaft, zukommen könnte. Denn, so Bourdieu: „Nur die Sozialwissenschaft ist heute imstande, jene kritische Gewalt voll und ganz auszuüben, ohne die es keine wirkliche Demokratie mehr gibt".

Zygmunt Baumann, polnischer Exilsoziologe und Adorno-Preisträger 1998, geht davon aus, daß moderne Gesellschaften *unmoralische* Gesellschaften geworden sind, daß daher ein „ethisches Gebot" (!) besteht, „den Geist empfänglich für die Vernunft der Selbstkritik zu machen" (Rede, in: FR vom 14.9.1998). Es geht also um die „Selbstprüfung der Moderne" – in der Postmoderne. Es geht aber auch um die Selbstkritik, d.h. *Selbstprüfung der Soziologie* und ihrer herrschenden Theoreme. Postmoderne bedeutet nach Baumann „Hoffnung": Hoffnung auf das *moralische und solidarische* Individuum; Hoffnung auf *Demokratie und Humanität*, Hoffnung auf *Gerechtigkeit und kollektive Verantwortung*, Hoffnung auf Rückgewinnung der *moralischen Verantwortung* – auch der Wissenschaft?!

Literatur

Baumann, Z., 1998: Ein Mensch, der denkt, zwischen Scylla und Charybdis. Rede zur Verleihung des Adorno-Preises 1998, *FR* vom 14.9.1998.

Beck, U., 1986: Risikogesellschaft. Auf dem Weg in eine andere Moderne, Frankfurt: Suhrkamp.

Bertram, H., 1998: Familie, Ökonomie und Fürsorge, *Aus Politik und Zeitgeschichte. Beilage zur Wochenzeitung Das Parlament,* B 53 / 1998, S. 27-35.

Dahrendorf, R., 1965: Homo sociologicus. Ein Versuch zur Geschichte, Bedeutung und Kritik der Kategorie der sozialen Rolle, 5.Aufl., Köln: Westdeutscher Verlag.

Dettling, W., 1991: Beitrag zur Podiumsdiskussion „Individualisierung und Solidarität" in: Deutsches Jugendinstitut, (Hrsg.), Jahresbericht 1990 mit einem Anhang zum Symposium 'Individualisierung und Solidarität', München: Deutsches Jugendinstitut, S. 211-213.

DJI, Deutsches Jugendinstitut, (Hrsg.), 1991: Jahresbericht 1990 mit einem Anhang zum Symposium 'Individualisierung und Solidarität', München: Deutsches Jugendinstitut.

Fünfter Familienbericht der Bundesregierung, 1994: Familien und Familienpolitik im geeinten Deutschland – Zukunft des Humanvermögens, Bonn: Bundesministerium für Familie und Senioren.

Krüger, H., 1991: Weder Individualisierung noch Solidarität, in: DJI, (Hrsg.), 1991: Jahresbericht 1990 mit einem Anhang zum Symposium 'Individualisierung und Solidarität'. München: Deutsches Jugendinstitut, S. 199-210.

Landesbericht zur Entwicklung von Armut und Reichtum, Nds. Landtag, Drucksache 14 / 220, Hannover, den 8. September 1998.

Mead, G. H., 1969: Die objektive Realität von Perspektiven, in: Ders., Philosophie der Sozialität. Aufsätze zur Erkenntnisanthropologie, hrsgg. von H. Kellner, Frankfurt/M.: Suhrkamp.

Meier, U., 1994: Die Herkunft bestimmt noch immer die Lebenschancen, *Frankfurter Rundschau* vom 9.5.1994.

Strohmeier, K. P., 1993: Pluralisierung oder Polarisierung der Lebensformen in Deutschland, *Aus Politik und Zeitgeschehen.* Beilage zur Wochenzeitung *Das Parlament,* B 17, S. 11-22.

Süssmuth, R., 1991: Thema: Individualisierung und Solidarität, in: Deutsches Jugendinstitut, (Hrsg.), Jahresbericht 1990 mit einem Anhang zum Symposium 'Individualisierung und Solidarität'. München: Deutsches Jugendinstitut, S. 166-175.

Vester, M. u.a., 1993: Soziale Milieus im gesellschaftlichen Strukturwandel. Zwischen Integration und Ausgrenzung. Köln: Bund Verlag.

„Postmoderne“ Familienkindheiten und die Trägheit politischer Steuerung

oder: zur wachsenden Armut von Kindern im Wohlfahrtsstaat

Ralf Bohrhardt

Fragt man nach den Bedingungen von Kindheit am Übergang ins 21. Jahrhundert, so läßt sich schnell erkennen, daß diese auch in Deutschland vor allem durch eines geprägt bleiben wird: die Kontinuität des gesellschaftlichen Wandels. Veränderungen in den Strukturmustern familialen Zusammenlebens, so wie wir sie schon zum Ende des 20. Jahrhunderts deutlich beobachten konnten, werden auch weiterhin das Aufwachsen von Kindern in unserer Gesellschaft prägen. Auf der anderen Seite wachsen diese Kinder in einem Staat heran, der es sich zur expliziten Aufgabe gemacht hat, das Wohl aller zu mehren und der hierzu insbesondere das Zusammenleben von Eltern mit ihren Kindern unter seinen besonderen Schutz gestellt hat. Dieser Selbstauftrag führt den so konstituierten Wohlfahrtsstaat in eine Regulationspflicht in den Bereichen von Familien-, Jugend- und Sozial- sowie von Bildungs- und Wirtschaftspolitik.

Kernpunkt der folgenden Ausführungen wird es sein, auf eine *Diskrepanz* eben dieser Strukturveränderungen der Familie auf der einen und den wohlfahrtsstaatlichen Rahmensetzungen für die Gestaltungsoptionen von Familienkindheiten auf der anderen Seite hinzuweisen, wie sie für den Übergang unserer Gesellschaft in eine „Nach-“ oder „Post-Moderne“ (Lüscher, 1988) bzw. eine „Zweite“ oder „Reflexive Moderne“ (Beck, 1991) typisch ist.

Wohlfahrtspolitische Leitvorstellungen sind immer auf eine gesellschaftliche Normalität bezogen, die jedoch eher in der Vergangenheit als in der Gegenwart auszumachen ist (vgl. Bohrhardt, 1999, 22ff.; s. auch unten). Folglich bleiben solche Leitvorstellungen oft zeitlich hinter dem aktuellen Entwicklungsstand einer Gesellschaft zurück. Ein solches, wenn auch zumeist nur temporäres Auseinanderfallen von gesellschaftlicher Wirklichkeit und wohlfahrtsstaatlichen Grundorientierungen führt jedoch im Bereich der Familie zu einem ernsten Anpassungsproblem des Wohlfahrtsstaates an die sich ändernden Strukturen familialer Lebensarrangements: Folge dieser Diskrepanz ist eine zunehmende Verarmung von Familien und damit insbesondere von Kindern. Dieser Zusammenhang rechtfertigt es, am Übergang ins 21. Jahrhundert von einem *wohlfahrtsstaatlich produzierten Armutsrisiko* für Kinder zu sprechen.

Die folgenden Ausführungen werden dieses Risiko näher beschreiben und begründen. Zu diesem Zweck werde ich zunächst den Wandel familialer Lebensarrangements umreißen, so wie er sich uns zum Ende des 20. Jahrhunderts darstellt. Sodann werde ich den Wandel in der Armutsbetroffenheit von Kindern nachzeichnen, um in einem dritten Schritt beide Veränderungen auf die mangelhaften Anpassungsleistungen bisheriger Familien- und Sozialpolitik zu beziehen. In einem abschließenden Teil möchte ich als Ergebnis dieser Überlegungen sieben Optionen sozialpolitischer Steuerung benennen, mit denen die genannte Diskrepanz geschlossen werden könnte. Die neue Bundesregierung hat die ersten Schritte in diese Richtung unternommen. Damit eröffnet sich die Chance, daß künftig auch „postmoderne" Familienkindheiten die gleiche staatliche Unterstützung erfahren, wie sie für die „Normalfamilie" des 20. Jahrhunderts selbstverständlich war.[1]

1. Familienstrukturen im Wandel

Ein Blick auf die Haushalts- und Familienstatistik läßt erkennen, daß sich in den letzten Dekaden ein deutlicher Wandel in den Strukturen privater Haushalte und familialer Lebensformen vollzogen hat. Dieser Wandel ist keineswegs ein neues Phänomen. Ferdinand Tönnies beschrieb einen solchen schon 1931, René König 1946 sowie Helmut Schelsky 1954 mit allem Nachdruck auch für die erste Hälfte des 20. Jahrhunderts. Am Anfang des 21. Jahrhunderts dürfte nun allerdings eine Entwicklung feststehen, nämlich die, welche Max Wingen (1989) als die Auflösung der „Normalfamilie, i.S. des kernfamilialen Haushalts eines Ehepaares mit seinen leiblichen Kindern" bezeichnete (vgl. auch Erler, 1996; Peuckert, 1996).

Für die (alte) Bundesrepublik geht diese Einschätzung auf verschiedene Beobachtungen zurück (s. Tab. 1). Zunächst: Der Anteil von Familien mit Kindern ist rückläufig. Ihr Anteil verkleinert sich um so deutlicher, je mehr Kinder zur Familie zählen, auch wenn Mehrkindfamilien zwischen 1989 und 1995 wieder leicht zugelegt haben. Diese Entwicklung geht mit einem Fertilitätsrückgang in der einheimisch-deutschen Bevölkerung einher. Die Nettoreproduktionsrate bezogen auf die 15- bis 45jährigen Frauen hat sich in den letzten 30 Jahren nahezu halbiert. Der Rückgang der Geburtenrate führte dabei allerdings nicht zu einer einheitlichen Verkleinerung der Kernfamilie, sondern ging vielmehr mit einer Polarisierung individueller Lebensoptionen einher. Einer immer größeren Anzahl zeitlebens kinderloser (Ehe)Frauen stehen vornehmlich (Ehe)Frauen mit zwei oder mehreren Kindern gegenüber (Huinink, 1989; Klein, 1989).

1 Zu den Äußerungsformen sowie insbesondere den Folgen kindlicher Armutserfahrungen vgl. die Beiträge in Mansel/ Neubauer (1998) sowie Otto (1997).

Der Anteil von Alleinerziehenden ohne Lebenspartner im Haushalt an der Gesamtzahl von Haushalten mit Kindern erhöhte sich von 1972 bis 1995 um das Eineinhalbfache, wobei der Anteil der Väter unter allen Alleinerziehenden von etwa 12% auf knapp 16% stieg (Engstler, 1997). – Für Alleinerziehende in Folge von Scheidung spricht dies weiterhin für eine Beobachtung von Diana Pearce (1982, 12): „The typical outcome of a marital breakup in a family with children is that the man becomes single, while the woman becomes a single parent".

Tab. 1: Zusammensetzung der bundesdeutschen Privathaushalte in ausgewählten Jahren in Prozent

Haushaltstyp	Beobachtungsjahr					
	1971	1975	1980	1985	1989	1995*
Ein-Pers.-Haushalt männl.	7,1	7,9	9,3	11,8	13,0	14,4 (11,1)
Ein-Pers.-Haushalt weibl.	19,5	19,7	20,9	21,8	22,3	21,5 (19,3)
Alleinerz.-Haushalt 1 Kind	1,9	2,0	2,3	2,6	2,5	2,6 (5,2)
Alleinerz. Haush. >1 Kind	1,0	1,1	1,2	1,0	0,9	0,5 (2,5)
2-Personen-Haush. 0 Kinder	23,8	24,5	23,7	23,3	23,0	27,4 (27,6)
Ehepaar-Haushalt 1 Kind	15,1	14,9	14,5	12,8	10,8	9,5 (11,5)
Ehepaar-Haushalt 2 Kinder	12,0	12,2	11,3	8,8	8,1	8,4 (9,5)
Ehepaar-Haushalt >2 Kinder	7,4	6,7	4,6	2,7	2,2	3,0 (1,8)
sonstige Haushalte	12,2	11,0	12,2	15,2	17,2	12,7 (11,5)

Als Kinder gelten nach der Definition des Statistischen Bundesamtes (1990, 58) ledige Personen unter 18 Jahren; Personen in nichtehelichen Lebensgemeinschaften werden dort als alleinstehend bzw. alleinerziehend gezählt; * = altes Bundesgebiet (neue Länder in Klammern).
Quelle: Statistisches Bundesamt (1971ff.); Engstler (1997), eigene Berechnungen.

2. Steigende Armutsbetroffenheit von Kindern

Um Aussagen über die Armutsbetroffenheit von Kindern machen zu können, ist zunächst ein geeigneter Armutsindikator zu definieren. Als einen solchen wähle ich hier die Abhängigkeit der Familiengemeinschaft eines Kindes von Sozialhilfe. Dies ist insofern sinnvoll, als es mir in diesem Beitrag um das Zusammenspiel von familialen Veränderungen und den Prinzipien wohlfahrtsstaatlicher Steuerung geht: Allein das Kriterium der Sozialhilfebedürftigkeit stellt eine auch sozialstaatlich anerkannte Form von Armut dar.[2]

Sozialhilfebedürftig ist ein Haushalt, dessen Einkommen ohne staatliche Transferleistungen ein menschenwürdiges Leben in unserer Gesellschaft nicht mehr möglich sein läßt. Bewußt bleiben muß bei der Wahl dieses Indikators allerdings zweierlei: Zum einen wird sich die administrative Festlegung eines

---

2 Die relative Einkommensarmut von Kindern untersuchen z.B. Joos/ Meyer (1998), Weick (1998) sowie Zimmermann (1998).

solchen Standards wohl kaum einer gewissen politischen Willkür entziehen können. Zum anderen wird mit diesem Indikator das tatsächliche Ausmaß so verstandener Armut unterschätzt. So beziehen nach Schätzungen auf der Basis des Sozio-ökonomischen Panels nur etwa die Hälfte all derjenigen Personen Sozialhilfe, denen sie aufgrund ihres Einkommens dem Anspruch nach zusteht (Neumann, 1999): die Quoten müßten also theoretisch verdoppelt werden, um das tatsächliche Ausmaß an Sozialhilfebedürftigkeit zu erfassen.

Sozialhilfebedürftigkeit (hier – wie im weiteren – im engeren Sinne verstanden als Anspruch auf laufende Hilfe zum Lebensunterhalt außerhalb von Einrichtungen, HLu) bedeutete 1998 in konkreten Zahlen, daß eine alleinstehende Person einen Monatsbedarf inklusive Miete, Heizkosten und einmaligen Anschaffungen von durchschnittlich 1.157 DM im Westen bzw. 978 DM im Osten nicht aus eigenem Einkommen decken konnte. Für einen Zwei-Elternhaushalt mit zwei minderjährigen Kindern lag dieser Bedarf bei 2.881 DM im Westen bzw. 2.591 DM im Osten.[3]

Betrachten wir zunächst die allgemeine Entwicklung von Sozialhilfebedürftigkeit in der Bundesrepublik, so sehen wir, daß sich diese in den letzten dreieinhalb Dekaden kontinuierlich und durchaus dramatisch erhöht hat. Aus gut einer halben Million Menschen aus den alten Bundesländern, die in den 60er Jahren auf Sozialhilfe angewiesen waren, sind zum Jahresende 1997 in der gesamten Bundesrepublik 2,9 Millionen Personen geworden. Das sind statt damals einem nunmehr 3,5% der Bevölkerung.

Bei genauerer Betrachtung der sozialstrukturellen Zusammensetzung dieser Personengruppe fallen bezogen auf Familien und Kinder zwei Tendenzen ins Auge, die bisweilen auch als *Familialisierung* und *Infantilisierung* von Sozialhilfebedürftigkeit bezeichnet werden. So sind es zum einen vor allem familiale Lebensformen, deren Anteil an allen Sozialhilfe beziehenden Haushalten über die letzten 30 Jahre überdurchschnittlich zugenommen hat. Lag dieser Anteil Ende 1975 noch bei gut einem Zehntel (12%), so umfaßte er Ende 1997 schon über ein Drittel (35%) aller unterstützten Haushalte. Die Sozialhilfequote für Familien verdreifachte sich im gleichen Zeitraum von 1,8% Ende 1975 auf 5,7% im Dezember 1997.[4]

---

3 Soweit nicht anders gekennzeichnet, beruhen hier wie im weiteren alle Angaben auf der Sozialhilfe- sowie der Haushalts- und Familienstatistik des Statistischen Bundesamtes.

4 Bei der Berechnung haushaltsspezifischer Kennwerte ergibt sich aus der Praxis der Sozialhilfestatistik insofern ein Problem, als hier, anders als in der Haushalts- und Familienstatistik, Bedarfsgemeinschaften und keine faktischen Haushaltsstrukturen erhoben werden. Zur Bedarfsgemeinschaft zählen nur die Personen im Haushalt, für die ein gemeinsamer Bedarf errechnet wird. Kinder werden ab ihrem 18. Geburtstag als eigene Bedarfsgemeinschaften gezählt und fallen in die Kategorie "allein, mit anderem Haushaltsvorstand".

Einhergehend und bedingt durch diese zunehmende Sozialhilfeabhängigkeit von Familien nimmt auf Personenbasis entsprechend der Anteil vor allem von Kindern in der Sozialhilfe zu, derjenige alter Personen dagegen ab. Ende 1997 waren in Deutschland mehr als eine Million Kinder und Jugendliche unter 18 Jahren auf laufende Hilfe zum Lebensunterhalt angewiesen (vgl. Tab. 2), das sind fast zwei Fünftel aller auf Sozialhilfe angewiesenen Personen. Nahezu die Hälfte (45%) dieser Gruppe sind Kinder unter 7 Jahren. Sie stellen etwa ein Sechstel aller HLu-Beziehenden.

Tab. 2: Kinder in der Sozialhilfe (HLu) am Jahresende 1997 in Deutschland nach dem Alter der Kinder

Alter	West		Ost		Gesamt	
	Anteil	Quote	Anteil	Quote	Anteil	Quote
0-6	16,2	8,1	19,1	11,2	16,6	8,5
7-10	8,8	7,3	7,3	3,6	8,6	6,5
11-14	7,3	6,6	7,2	3,2	7,3	5,8
15-17	4,8	5,6	4,8	2,8	4,8	4,9
Unter 18	37,0	7,2	38,4	5,0	37,2	6,8

Erläuterung: Anteil = Anteil an allen Sozialhilfebeziehenden in Prozent; Quote = Anteil der Sozialhilfe beziehenden Kinder von allen Kindern gleichen Alters in Prozent
Quelle: Statistisches Bundesamt 1999

Ein noch deutlicheres Bild ergibt sich, wenn wir uns die Quoten ansehen, also den Anteil von Hilfebeziehenden am Gesamtbestand einer bestimmten Bevölkerungsgruppe in Prozent. Die Sozialhilfequote für Kinder lag mit 6,8% Ende 1997 mehr als doppelt so hoch wie die für Personen im erwerbsfähigen Alter (3,2%) und mehr als vier mal so hoch wie die Quote der über 60jährigen (1,5%). Am höchsten liegt mit 9,3% die Quote der unter 3jährigen. Für Kinder und Jugendliche in den alten Bundesländern hat sich die Sozialhilfequote von Ende 1980 (2,1%) bis Ende 1997 (7,2%) mehr als verdreifacht, in den neuen Bundesländern hat sich die Quote von Ende 1991 (2,6%) bis Ende 1997 (5,0%) nahezu verdoppelt. Insgesamt ist also festzustellen, daß die Sozialhilfequote für Kinder deutlich über dem Durchschnitt der Gesamtbevölkerung liegt, um so höher ausfällt, je jünger die Kinder sind, und im Zeitverlauf zugenommen hat.

Richten wir nun nochmals den Blick auf die Familien dieser Kinder im Sozialhilfebezug, so beobachten wir eine *Heterogenisierung von Armutslagen,* und zwar sowohl was das Zugangsrisiko als auch was das Verbleibsrisiko, also die Dauer des in Anspruch genommenen Bezuges, angeht.

Ende 1997 waren mehr als die Hälfte aller Kinder im HLu-Bezug Kinder von Alleinerziehenden und nur gut ein Drittel von ihnen lebte im Haushaltstyp „Ehepaar mit Kind(ern)“ (vgl. Tab. 3). Dies folgt aus dem Umstand, daß

Alleinerziehende ein deutlich höheres Sozialhilferisiko als Ehepaare bzw. nichteheliche Lebensgemeinschaften mit Kindern aufweisen.

Tab. 3: Sozialhilfequoten (HLu) für ausgewählte Familienformen in Deutschland am Jahresende 1997 in Prozent

Familienform	Kinder-anteil	Sozialhilfequote		
		West	Ost	Gesamt
Ehepaare mit Kindern	35,2	2,6	1,6	2,4
...mit einem Kind		2,1	1,2	1,9
...mit zwei Kindern		2,2	1,2	1,9
...mit drei und mehr Kindern		5,2	4,7	51
nichtehel. Lebensgemeinsch. mit Kindern	3,0	5,8	3,7	4,9
...mit einem Kind		5,1	3,2	4,2
...mit zwei Kindern		6,0	4,0	5,1
...mit drei und mehr Kindern		11,1	8,4	10,1
Alleinerziehende	50,6	28,2	14,2	24,6
...mit einem Kind		23,9	11,5	20,6
...mit zwei Kindern		33,1	18,0	29,5
...mit drei und mehr Kindern		49,7	32,8	46,1

Kinderanteil = Anteil der Sozialhilfe beziehenden Kinder in dieser Familienform an allen Sozialhilfe beziehenden Kindern in Prozent; Sozialhilfequote = Anteil der Sozialhilfe beziehenden Familien der jeweiligen Form an allen Familienhaushalten gleicher Zusammensetzung
Quelle: Statistisches Bundesamt (1999)

Das Sozialhilferisiko für Ehepaare mit Kindern hat sich seit Mitte der 70er Jahre vervierfacht (von 0,6 auf 2,4%). Auch die Quoten der Alleinerziehenden sind gestiegen, wenngleich auch weniger stark. Dafür hat sich die Häufigkeit des Auftretens dieser Lebensform seit Anfang der 70er Jahre verdoppelt, so daß sich die Sozialhilfebetroffenheit von Alleinerziehenden in absoluten Zahlen nahezu verdreifacht hat. Mehr als ein Viertel aller alleinerziehenden Frauen (28,3%) war Ende 1997 auf Sozialhilfe angewiesen. Dagegen traf dies nur für 2,4% aller Ehepaare mit Kindern zu. Das Sozialhilferisiko von alleinerziehenden Müttern mit ihren Kindern liegt damit um mehr als das Zehnfache über dem von Ehepaaren mit Kindern.[5]

Unterschiede zwischen diesen Lebensformen zeigen sich auch in der *Dauer* der Sozialhilfebetroffenheit. Die durchschnittliche Dauer des Hilfebezugs liegt bei Alleinerziehenden um etwa ein Drittel (5 Monate) über der von Ehepaaren mit Kindern. Der Anteil von Langzeitbeziehenden (mehr als 5 Jahre im Bezug)

5 Die Quoten lagen bei 4,9% für alleinerziehende Väter, die jedoch nur 3,1% aller Alleinerziehenden im Sozialhilfebezug ausmachten, und bei 5,8% für nichteheliche Lebensgemeinschaften mit Kindern, die 6,8% aller Sozialhilfe beziehenden Paargemeinschaften mit Kindern stellten.

ist bei Alleinerziehenden mit ungefähr 6% doppelt so hoch wie bei Ehepaaren mit Kindern.

Unabhängig von der Familienform steigt das Sozialhilferisiko in Abhängigkeit von der Kinderzahl (vgl. Tab. 3): Je mehr Kinder in einem Haushalt, je höher das Risiko, auf Sozialhilfe angewiesen zu sein. Dies gilt für Paarfamilien wie Alleinerziehenden-Haushalte gleichermaßen. Bei Ehepaaren steigt die Quote mit zunehmender Kinderzahl und lag Ende 1997 bei 3 und mehr Kindern mit 5,1% mehr als doppelt so hoch wie der Durchschnitt für diese Lebensform. Auch bei den Alleinerziehenden steigen die Quoten mit zunehmender Kinderzahl. Bei zwei Kindern lag sie Ende 1997 bereits bei 30%, bei 3 und mehr Kindern bei mehr als 46%. Wir sprechen also nicht nur von einer überdurchschnittlichen Sozialhilfebetroffenheit *von* Kindern, sondern auch von einer zunehmenden Verarmung *durch* Kinder.

Bei der Geburt eines Kindes verschlechtert sich die Wohlfahrtsposition einer Familie zunächst durch ihren nunmehr zusätzlichen Einkommensbedarf – Andreß u. Lipsmeier (1998) beziffern diesen auf ca. 500 bis 700 DM pro Monat und Kind –, was zu einer entsprechenden Verringerung des durchschnittlichen Pro-Kopf-Einkommens der bisherigen Haushaltsmitglieder führt. Gleichzeitig geht mit diesem erhöhten Bedarf eine – zumindest zeitweilige – Einschränkung der Erwerbsmöglichkeiten der Mütter einher. Befindet sich eine Familie ohnehin im unteren Einkommensbereich und ist damit weithin auf das Einkommen aus weiblicher Erwerbsarbeit angewiesen, drückt der erhöhte Bedarf bei gleichzeitigem Einkommensausfall die Familie schnell unter die Armutsgrenze. In diesem Fall stellen Kinder also ein direktes Armutsrisiko dar.

Nicht weniger gewichtig sind allerdings Armutsrisiken, die sich indirekt mit Kindern verbinden (vgl. Buhr, 1998a). Sie lassen sich überall dort ausmachen, wo Familien nur deshalb durch bestimmte Lebensereignisse unter die Armutsgrenze fallen, weil Kinder zu versorgen sind. Ein häufiges Beispiel hierfür ist die Arbeitslosigkeit eines Elternteils ohne oder mit zu geringen Ansprüchen auf Arbeitslosengeld bzw. -hilfe. Zwar gehört die Arbeitslosenversicherung zu jenen Leistungssystemen, die das Vorhandensein von Kindern bei der Leistungsberechnung positiv berücksichtigen. Häufig bestehen jedoch gar keine Ansprüche auf Arbeitslosengeld oder -hilfe, so z.B. nach einem Studium oder längeren Erwerbsunterbrechungen.

„Aber auch dann, wenn Leistungen erfolgen, sind sie in ihrer Höhe bei den Arbeitnehmern, die im unteren Einkommensbereich beschäftigt sind, in aller Regel unzureichend. Da es keine bedarfsorientierten Mindestleistungen im Arbeitsförderungsgesetz gibt, führt eine Einkommenseinbuße von bis zu 50% von einem Arbeitseinkommen, das zuvor zwar niedrig, aber gerade noch auskömmlich ist, sehr schnell unter die am Sozialhilfeniveau bemessene Armutsgrenze. Familien mit Kindern, bei denen ein vordem durchschnittlich bezahlter Alleinverdiener arbeitslos wird, unterschreiten in ihrem Einkommen fast immer das sozialhilferechtliche Existenzminimum und sind auf ergänzende Sozialhilfe angewiesen" (Bäcker, 1994, 363).

So hätte ein ehemals alleinverdienender und nunmehr arbeitsloser Ehemann mit zwei Kindern im mittleren Alter 1998 in Westdeutschland ein verfügbares Einkommen (Arbeitslosengeld zuzüglich Wohngeld und Kindergeld) von etwa 2.900 DM (bzw. 2.600 DM im Osten) erzielen müssen, um oberhalb der Sozialhilfeschwelle zu liegen. Das allerdings setzt ein Bruttomonatseinkommen vor Arbeitslosigkeit von etwa 5.800 DM (bzw. 5.200 DM) voraus.

Schließlich beeinflußt die Anwesenheit von Kindern auch die *Dauer* der Sozialhilfeabhängigkeit: Haushalte ohne Kinder verlassen die Sozialhilfe deutlich schneller als solche mit Kindern. Die mittlere (Brutto)Bezugsdauer liegt mit 29 Monaten bei Familien mit Kindern mehr als doppelt so hoch wie bei Beziehenden ohne Kinder (14 Monate). Am längsten stehen mit durchschnittlich 33 Monaten die Alleinerziehenden im Bezug.[6] Insgesamt zeigt sich, daß der Sozialhilfebezug von Kindern durchschnittlich länger andauert als derjenige von erwachsenen Personen (vgl. Buhr, 1998b). Wie lassen sich diese Befunde nun interpretieren? Mit dieser Frage komme ich zum dritten Teil.

3. Kinderarmut als Folge des Veraltens wohlfahrtsstaatlicher Arrangements

Sozialhilfe ist gedacht als das letzte wohlfahrtsstaatliche Instrument zur Vermeidung von Armut. Häufen sich hier die Bedürftigkeiten, so ist von einem Versagen der Wohlfahrtspolitik in Deutschland auszugehen. Der Umstand, daß – wie im vorangegangenen Abschnitt dargestellt – dieses Versagen insbesondere die Familien und mit ihnen vor allem die jüngsten Mitglieder unserer Gesellschaft trifft, verwundert um so mehr, als manche Sozialpolitikforscher meinen, schon seit längerem einen grundlegenden Wandel unserer wohlfahrtsstaatlichen Sicherungsprinzipien beobachten zu können: die parlamentarische Rhetorik wie auch das Bündel letztlich beschlossener Maßnahmen entwickele sich weg von ihrer ehemals typischen Lohnarbeitszentrierung und hin zu einer Unterstützung familialer Gemeinschaften (Bleses/ Seeleib-Kaiser, 1999).[7] Worin besteht nun

---

6 Datenbasis: Bremer Längsschnittstudie von Sozialhilfeakten, Antragskohorte 1989; eigene Berechnungen (vgl. Buhr, 1998a, 76ff.).

7 Die hier ausgemachten Indizien für einen solchen Wandel ließen sich allerdings auch als Anzeichen eines politisch nicht ganz aufrichtigen Revitalisierungsversuches familialer Solidaritäten zur Verringerung des immer weniger finanzierbaren sozialstaatlichen Sicherungsbedarfs in der Bundesrepublik verstehen (vgl. Bohrhardt, 1999, 33f.).

aber dieses Versagen? Ich sehe die Antwort auf diese Frage in einer internen Logik unseres sozialpolitischen Steuerungssystems.

Jede Form von Sozial- und Wohlfahrtspolitik bedarf eines normativen Maßstabes, an dem sich ein möglicher Interventionsbedarf entscheiden und in seiner Zielrichtung orientieren kann. Für den modernen Wohlfahrtsstaat findet sich dieser im Bezugspunkt der Normalität, ganz gleich in welcher Variante sich diese konstituiert. Sie kann dies in einer normativ-ideellen, einer normativ-funktionalen oder einer normativ-statistischen Variante tun. In der normativ-ideellen Spielart wird wertgebunden, in der normativ-funktionalen funktionsbezogen, d.h. zunächst unabhängig von bestimmten Inhalten und allein am Maß der Wirksamkeit ausgerichtet, ein Soll-Zustand konstatiert, dessen Erreichung entsprechend zur sozialen oder funktionalen Norm erhoben wird. Die normativ-statistische Variante orientiert sich nicht an Wertsetzungen oder Funktionalitäten, sondern einzig am Ist-Zustand einer Gesellschaft, dessen verbindlicher Orientierungswert allerdings nicht minder als normativ gesetzt angesehen werden muß.

Die Bedingungen für die allgemeine Verwirklichung einer solchen Normalität zu schaffen, ist wohlfahrtspolitisches Ziel, für zu groß gehaltene Abweichungen aufzufangen, sozialpolitische Aufgabe. Auf die Durchsetzung dieser Normalität abzielend, führen sozialstaatliche Regelungen zu Normalisierungen, indem sie die Erfüllung bestimmter Existenzsicherungsbedingungen unumgänglich machen, wie etwa im erwerbsarbeitszentrierten Sozialleistungssystem (Offe, 1984), oder Übergänge zwischen Lebensphasen und -bereichen festschreiben und als klare Zäsuren institutionalisieren (Levy, 1996). Zu den klassischen Konstrukten solcher sozialstaatlichen Normalisierungsleistungen lassen sich das sog. Normalarbeitsverhältnis, die Normalbiographie – und mit ihr: die Normalfamilie zählen (vgl. Mückenberger, 1990; Osterland, 1990).

Im Definitionsprozeß sozialpolitisch zu stützender Normalität werden allerdings Annahmen getroffen, die vom empirisch auszumachenden Zustand bisweilen erkennbar abweichen. Dieses kann sowohl strukturell im politischen Entscheidungsprozeß begründet sein als auch inhaltlich in einem bestimmten strategischen Verhandlungskalkül der Entscheidungsträgerinnen und -träger. Aus Normalitätsannahmen werden damit Normalitätsunterstellungen, an denen sich sozialstaatliche Normalisierungsbemühungen orientieren. Solche Unterstellungen sind damit aber weder an die faktische Verbreitung noch an die normative Geltung bestimmter Lebensformen gebunden.

Die gegenwärtig immer noch dominante wohlfahrtsstaatliche Normalitätsunterstellung im Bereich von Familienpolitik bzw. familienorientierter Sozialpolitik findet sich in der wertgebundenen Tradition der bürgerlichen Familie des ausgehenden 19. Jahrhunderts, und zwar im zu späterer Zeit auch normativfunktional den gesellschaftlichen Verhältnissen als angemessen gedachten Ideal der kernfamilialen Lebens-, Wohn- und Wirtschaftsgemeinschaft eines verheirateten „Versorgerehemann und Hausfrau-und-Mutter Paares" mit ihren gemeinsamen leiblichen Kindern. Normativ-statistisch gründet sich die wohlfahrtsstaatliche Konstruktion einer so beschaffenen Normalfamilie in der ungeteilten empirischen Dominanz dieser Haushalts- und Familienform in den bundesrepublikanischen Verhältnissen der 50er und 60er Jahre des 20. Jahrhunderts.

Entsprechend dieser Normalitätsunterstellung wird die so definierte Normalfamilie unter wohlfahrtspolitischen Gesichtspunkten präferiert bzw. über die Maßnahmen sozial- und familienpolitischer Intervention prämiert. Bezeichnende Beispiele hierfür sind die steuerrechtliche Begünstigung des kinderlosen Ehepaares mit nur einem, aber dafür vollzeit und ununterbrochen erwerbstätigen Mitglied (vgl. Allmendinger, 1994) sowie die strukturelle Begünstigung dieser Lebensform in der Ausgestaltung des deutschen Sozialversicherungssystems (vgl. Bundesinstitut für Bevölkerungsforschung, 1996).[8] Selbst nicht familienpolitisch zu interpretierende Leistungen des Sozialstaates wie u.a. auch die Regelsatzbildung der Hilfe zum Lebensunterhalt orientieren sich an dieser Vorstellung einer Normalfamilie (Klein, 1994). Diese wohlfahrtsstaatliche Prämierung der Normalfamilie bedeutet aber zugleich eine Diskriminierung aller anderen Familienformen.

Der im ersten Teil meines Beitrages angedeutete Übergang von „modernen" zu „nachmodernen" oder „reflexiv modernen" Rahmenbedingungen für Familienkindheit in unserer Gesellschaft erscheint nun deshalb so prekär, weil sich das System unserer sozialstaatlichen Sicherungsleistungen in weiten Teilen immer noch an einer vermeintlichen Normalität oder wohlfahrtspolitischen Grundannahme orientiert, die längst ihren Bezug zu unseren „nachmodernen" gesellschaftlichen Gegebenheiten verloren hat, nämlich der Unterstellung, daß die Mehrheit unserer Bevölkerung über den Familienverband durch die dauerhafte Erwerbstätigkeit des Haushaltsvorstandes abgesichert sei. Diese Annahme ist jedoch in zweierlei Hinsicht nicht mehr aufrecht zu erhalten:

- Zur Versorgung einer Familie reicht vor allem in unteren Einkommensschichten die Erwerbstätigkeit allein eines Elternteils in aller Regel nicht mehr aus. Das Modell „Ernährer-Ehemann und Hausfrau-und-Mutter Paar" trägt nicht mehr. Schon Mitte der 80er Jahre hat jede vierte Familie mit ei-

---

8 Die geschlechtstypische Differenzierung im wohlfahrtspolitischen Modell der Normalfamilie führt damit auch zu einer strukturellen Ungleichbehandlung der Geschlechter. Durch konkrete Maßnahmen wie auch durch unterlassene Hilfe weist Sozialpolitik Frauen und Männern unterschiedliche Aufgaben und Lebenswege zu (vgl. auch Orloff/ Monson, 1996; Ostner, 1993).

nem Kind und jede fünfte mit zwei Kindern das Existenzminimum nur aufgrund des Einkommens der Mutter erreicht (vgl. Buhr et al., 1987, 28f.).

- Neben den sog. Normalfamilien im Sinne eines dauerhaften Zusammenlebens eines Ehepaares mit seinen leiblichen Kindern nimmt, wie der erste Teil meiner Ausführungen gezeigt hat, der Anteil anderer Familienformen zu. Hier ist insbesondere die steigende Zahl der Alleinerziehenden zu nennen. Das Modell des dauerhaften Kernfamilienverbandes ist damit ebenso veraltet.[9]

Sowenig die Grundannahmen unseres Sozialstaates damit noch haltbar sind, so sehr orientiert er weiterhin seine eigene Staatstätigkeit an ihnen. Dieses hat hochproblematische Konsequenzen:

- Unsere Steuer- und Familienpolitik fördert angesichts neuer Lebensverhältnisse völlig kontraproduktiv eher die Ehe als die Geburt und das Aufziehen von Kindern. So gehören Ehepaare ohne Kinder zu der am wenigsten von Sozialhilfe abhängigen Gruppe, ganz im Gegensatz zu den zunehmend in Armut geratenden Familien.
- Die Leistungsfähigkeit unseres Sozialversicherungssystems scheitert in seinem konservativen Charakter an zunehmend diskontinuierlichen Erwerbsbiographien sowie der ebenfalls zunehmenden Ungleichverteilung von Erwerbsarbeit in unserer Gesellschaft. Die fiskalpolitische Verschärfung der Anspruchsvoraussetzungen für Sozialversicherungsleistungen tut ein übriges, um diese Sicherungssysteme immer weniger „armutsfest" zu machen.
- In einem weiterhin am Ernährer-Ehemann orientierten Modell wird der zunehmend notwendigen Erwerbsfunktion der Mütter zuwenig Rechnung getragen. So wird ihre Chance auf eine eigene Einkommenserzielung eher behindert als verbessert.

Es läßt sich also feststellen, daß Familien, die sich aufgrund äußerer und nicht immer frei gewählter gesellschaftlicher Rahmenbedingungen nicht mehr in das überkommene Modell einer sog. Normalfamilie pressen lassen, aufgrund überholter sozialstaatlicher Handlungsorientierungen ein erhöhtes Risiko aufweisen, in Sozialhilfeabhängigkeit zu geraten und dort zu verbleiben.

---

9 Für eine breitere Problematisierung des Veraltens sozialpolitischer Leitvorstellungen und Leistungsarrangements vgl. Jessop (1994) sowie Kaufmann (1997).

4. Sozialpolitische Konsequenzen

Aus den soeben dargestellten wohlfahrtsstaatlich induzierten Risiken des Übergangs in „nachmoderne" Familienwelten lassen sich bestimmte Anforderungen vor allem an die Flexibilität unseres sozialstaatlichen Sicherungssystems ableiten. Ich möchte diese abschließend und als eine Art praxisorientierte Zusammenfassung meiner Ausführungen in sieben Kurzpostulaten benennen. Was wir angesichts sich wandelnder Familienstrukturen und kindlicher Lebens- und Erfahrungswelten familien- wie sozialpolitisch brauchen ist:

- eine „Entnormalisierung" gesellschaftspolitischer Leitvorstellungen. Zur Effektivierung sozialpolitischer Steuerung ist ein plurales Familienleitbild anzustreben, das der gesamten Bandbreite familialer Lebensformen Rechnung trägt und damit jede dieser Formen in ihrer Leistungsfähigkeit für das Zusammenleben von Eltern mit ihren Kindern optimal unterstützt.
- eine Radikalisierung der Familienpolitik im Sinne einer Deprivilegierung der Ehe zugunsten von Kindern. So könnte z.B. die Aufhebung der steuerlichen Vorteile für kinderlose Ehepaare den Weg frei machen für die Erhöhung einkommensbezogener Kinderfreibeträge.
- einen Einbau von Mindestsicherungselementen in die der Sozialhilfe vorgelagerten Systeme der sozialen Sicherung, insbesondere der Arbeitslosenversicherung. Würden diese Systeme „armutsfest" gemacht, wären vor allem die Kinder arbeitsloser Eltern nicht auch noch dem Stigma der Sozialhilfebedürftigkeit ausgesetzt, wenn schon das Familieneinkommen an die Armutsgrenze rutscht.
- eine weitere finanzielle Entlastung vor allem kinderreicher Familien im unteren Einkommensbereich. Hier wäre etwa an bedarfsabhängige, aufstockende Kindergeldleistungen in prekären Einkommenslagen zu denken, die das sozioökonomische Existenzminimum von Kindern außerhalb der Sozialhilfe absichern.
- eine kreative und tabulose Diskussion über die Schaffung neuer sozialer Sicherungssysteme, z.B. für Alleinerziehende oder Kinder. Hier wäre etwa an die Einrichtung eines Grundeinkommens für Kinder zu denken, das die Armut von Kindern und damit nicht zuletzt die Armut bestimmter Familienformen erheblich verringern könnte. Über die Umlagefinanzierung eines solchen Grundeinkommens wären zudem auch diejenigen Mitglieder der Gesellschaft angemessen an den Kinderkosten beteiligt, die selbst keine Kinder haben, spätestens aber zum Zeitpunkt ihrer Verrentung von diesen profitieren. Ganz im Sinne von Wilfried Schreiber (1955), einem der Väter der Großen Rentenreform von 1957, wäre also nicht weiterhin auf einen mehr als

unzureichenden Familienlastenausgleich zu setzen, sondern auf das explizite Einbeziehen der Kinder in unseren derzeitigen „(Zwei-)Generationenvertrag" (vgl. auch Olk/ Mierendorf, 1998).

- ein endlich ernst gemeintes Engagement für die Vereinbarkeit von Beruf und Familie, und dabei schließe ich explizit die Schaffung äquivalenter Möglichkeiten für Väter mit ein. Zu einem solchen Engagement gehört zunächst die weitere Schaffung von zugänglichen und auch von unteren Einkommensgruppen finanzierbaren Kinderbetreuungseinrichtungen. Trotz staatlicher Garantien ist hier der Bedarf immer noch nicht ausreichend gedeckt. Dort, wo er es ist, gibt es zudem immer noch viel zu häufig unnötige Passungsprobleme zwischen den Arbeitszeiten der Eltern und den Öffnungszeiten der Einrichtungen. Hier tut Flexibilisierung auf beiden Seiten not.
- ein politisch unabhängiges und institutionalisiertes Berichtssystem über die Armut von Kindern in Deutschland, das nicht von den politisch Verantwortlichen beeinflußt werden kann, sondern diese in die Pflicht zu nehmen vermag.

Mit der Erhöhung des Kindergeldes sowie der steuerlichen Entlastung von Familien durch das Steuerentlastungsgesetz 1999/2000/2002 der neuen Bundesregierung sind die ersten Schritte in die richtige Richtung einer weiteren gesellschaftlichen Sozialisierung von Kinderkosten getan worden. Inwieweit diese Änderungen jedoch nur verfassungsrechtlich erzwungen wurden oder aber Teil einer wirklich neuen Politik sind, wird sich noch zeigen müssen. Den Kindern unserer Gesellschaft und damit letztlich uns allen wäre letzteres zu wünschen.

Literatur

Allmendinger, J., 1994: Lebensverlauf und Sozialpolitik. Die Ungleichheit von Mann und Frau und ihr öffentlicher Ertrag. Frankfurt/M. & New York: Campus.

Andreß, H.-J. & Lipsmeier, G., 1998: Kosten von Kindern – Auswirkungen auf die Einkommenspositionen und den Lebensstandard der betroffenen Haushalte, in: Klocke, A. & Hurrelmann, K., (Hrsg.), Kinder und Jugendliche in Armut. Umfang, Auswirkungen und Konsequenzen, Opladen: Westdeutscher Verlag, S. 26-50.

Bäcker, G., 1994: Sozialpolitik gegen Ausgrenzung, *Soziale Sicherheit*, 43, S. 361-371.

Beck, U., 1991: Der Konflikt der zwei Modernen, in: Zapf, W., (Hrsg.), Die Modernisierung moderner Gesellschaften. Verhandlungen des 25. Deutschen Soziologentages in Frankfurt am Main 1990, Frankfurt/M. & New York: Campus, S. 40-53.

Bleses, P. & Seeleib-Kaiser, M., 1999: Zum Wandel wohlfahrtsstaatlicher Sicherung in der Bundesrepublik Deutschland: Zwischen Lohnarbeit und Familie, *Zeitschrift für Soziologie*, 28, S. 114-135.

Bohrhardt, R., 1999: Ist wirklich die Familie schuld? Familialer Wandel und soziale Probleme im Lebensverlauf, Opladen: Leske + Budrich.

Buhr, P., 1998a: Armut durch Kinder – zur Logik der Benachteiligung von Familienarbeit im Sozialstaat, in: Netzler, A. & Opielka, M., (Hrsg.): Neubewertung der Familienarbeit in der Sozialpolitik, Opladen: Leske + Budrich, S. 71-83.

Buhr, P., 1998b: Übergangsphase oder Teufelskreis? Dauer und Folgen von Armut bei Kindern, in: Klocke, A. & Hurrelmann, K., (Hrsg.), Kinder und Jugendliche in Armut. Umfang, Auswirkungen und Konsequenzen, Opladen: Westdeutscher Verlag, S. 72-86.

Buhr, P., Strack, P. & Strohmeier, K. P., 1987: Lebenslage und Alltagsorganisation junger Familien in Nordrhein-Westfalen. Regionale Unterschiede und Veränderungen im Zeitablauf, IBS-Materialien Nr.26, Bielefeld: Institut für Bevölkerungsforschung und Sozialpolitik.

Bundesinstitut für Bevölkerungsforschung, 1996: Strukturelle Unterschiede in der Ausgestaltung sozialer Sicherungssysteme in Industrieländern im Hinblick auf ihre Bedeutung für Familien, Heft 87 der Materialien zur Bevölkerungswissenschaft, Wiesbaden.

Engstler, H., 1997: Die Familie im Spiegel der amtlichen Statistik. Lebensformen, Familienstrukturen, wirtschaftliche Situation der Familien und familiendemographische Entwicklung in Deutschland, Bonn: Bundesministerium für Familie, Senioren, Frauen und Jugend.

Erler, M., 1996: Die Dynamik der modernen Familie. Empirische Untersuchung zum Wandel der Familienformen in Deutschland, Weinheim & München: Juventa.

Huinink, J., 1989: Das zweite Kind. Sind wir auf dem Weg zur Ein-Kind-Familie? *Zeitschrift für Soziologie*, 18, S. 192-207.

Jessop, B., 1994: Veränderte Staatlichkeit, in: Grimm, D., (Hrsg.), Staatsaufgaben, Baden-Baden: Nomos, S. 43-73.

Joos, M. & Meyer, W., 1998: Die Entwicklung der relativen Einkommensarmut von Kindern in Deutschland 1990 bis 1995, in: Mansel, J. & Neubauer, G., (Hrsg.), Armut und soziale Ungleichheit bei Kindern, Opladen: Leske + Budrich, S. 19-33.

Kaufmann, F.-X., 1997: Herausforderungen des Sozialstaates, Frankfurt/M.: Suhrkamp.

Klein, P., 1994: Regelsatzentwicklung und Wandel der Lebensformen, *Nachrichtendienst des Deutschen Vereins für öffentliche und private Fürsorge*, 74, S. 88-94.

Klein, T., 1989: Divergierende Familiengrößen und „Neue Kinderlosigkeit“, *Zeitschrift für Familienforschung*, 1, ,S. 5-25.

König, R., 1946: Materialien zur Soziologie der Familie, Bern: Francke.

Levy, R., 1996: Zur Institutionalisierung von Lebensläufen, in: Behrens, J. & Voges, W., (Hrsg.), Kritische Übergänge. Statuspassagen und sozialpolitische Institutionalisierung, Frankfurt/M. & New York: Campus, S. 73-113.

Lüscher, K., 1988: Familie und Familienpolitik im Übergang zur Postmoderne, in: Ders., Schultheis, F. & Wehrspaun, M., (Hrsg.), Die „postmoderne“ Familie, Konstanz: Universitätsverlag, S. 15-36.

Mansel, J. & Neubauer, G., (Hrsg.), 1998: Armut und soziale Ungleichheit bei Kindern, Opladen: Leske + Budrich.

Mückenberger, U., 1990: Normalarbeitsverhältnis: Lohnarbeit als normativer Horizont sozialer Sicherheit? in: Sachße, C., Engelhardt, H.T., (Hrsg.), Sicherheit und Freiheit: Zur Ethik des Wohlfahrtsstaates, Frankfurt/M.: Suhrkamp, S.158-178.

Neumann, U., 1999: Verdeckte Armut in der Bundesrepublik Deutschland. Begriff und empirische Ergebnisse für die Jahre 1983 bis 1995, *Aus Politik und Zeitgeschichte*, B18/99, S. 27-32.

Offe, C., 1984: Arbeitsgesellschaft. Strukturprobleme und Zukunftsperspektiven, Frankfurt/M. & New York: Campus.

Olk, T. & Mierendorff, J., 1998: Existenzsicherung für Kinder – Zur sozialpolitischen Regulierung von Kindheit im bundesdeutschen Sozialstaat, *Zeitschrift für Soziologie der Erziehung und Sozialisation*, 18, S. 38-52.

Orloff, A. S. & Monson, R., 1996: Gender in the welfare state, *Annual Review of Sociology*, 22, S. 51-78.

Osterland, M., 1990: „Normalbiographie" und „Normalarbeitsverhältnis", in: Berger, P. A. & Hradil, S., (Hrsg.), Lebenslagen, Lebensläufe, Lebensstile, Sonderband 7 der Sozialen Welt, Göttingen: Schwarz, S. 351-326.

Ostner, I., 1993: „Immer noch wartet die Frau zu Hause ..." – Zur sozialpolitischen Regulierung weiblicher Lebenschancen in der Bundesrepublik, in: Leisering, L., Geissler, B., Mergner, U. & Rabe-Kleberg, U., (Hrsg.), Moderne Lebensläufe im Wandel, Weinheim: Deutscher Studienverlag, S. 99-115.

Otto, U., (Hrsg.), 1997: Aufwachsen in Armut. Erfahrungswelten und soziale Lagen von Kindern armer Familien, Opladen: Leske + Budrich.

Pearce, D., 1982: Women in poverty, in: Blaustein, A. I., (Hrsg.), The American promise: Equal justice and economic opportunity, New Brunswick: Transaction, S. 7-31.

Peuckert, R., 1996: Familienformen im sozialen Wandel, 2. Aufl., Opladen: Leske + Budrich.

Schelsky, H., 1954: Wandlungen der Deutschen Familie in der Gegenwart. Darstellung und Deutung einer empirisch-soziologischen Tatbestandsaufnahme, Stuttgart: Enke.

Schreiber, W., 1955: Existenzsicherheit in der industriellen Gesellschaft, Köln: Bachem.

Statistisches Bundesamt, (Hrsg.), 1971ff: Statistisches Jahrbuch für die Bundesrepublik Deutschland, Stuttgart: Kohlhammer.

Statistisches Bundesamt, (Hrsg.), 1995: Im Blickpunkt: Familien heute, Stuttgart: Metzler-Poeschel.

Statistisches Bundesamt, (Hrsg.), 1999: Kinder in der Sozialhilfestatistik, Wiesbaden, Arbeitsunterlage.

Tönnies, F., 1931: Art.: Die moderne Familie, in: Vierkandt, A., (Hrsg.), Handwörterbuch der Soziologie, Stuttgart: Enke, S. 122-131.

Weick, S., 1998: Relative Einkommensarmut bei Kindern in Deutschland, *Zeitschrift für Familienforschung*, 2, S. 75-101.

Wingen, M., 1989: Familiale Lebensformen im Wandel. Perspektiven und Herausforderungen an die Familienpolitik, in: Wagner, G., Ott, N. & Hoffmann-Nowotny, H. J., (Hrsg.), Familienbildung im demographischen Wandel, Berlin: Duncker & Humblot, S. 25-43.

Zimmermann, G.E., 1998: Formen von Armut und Unterversorgung im Kindes- und Jugendalter, in: Klocke, A. & Hurrelmann, K., (Hrsg.), Kinder und Jugendliche in Armut. Umfang, Auswirkungen und Konsequenzen, Opladen: Westdeutscher Verlag, S. 51-71.

Armut von Kindern im regionalen Kontext

Klaus Peter Strohmeier, Volker Kersting

In diesem Beitrag soll es um die regionalen Strukturen der Kinderarmut in NRW gehen.[1] Von Armut besonders betroffen sind die Kinder in den Großstädten des Ballungsraums an Rhein und Ruhr. Dieser Befund soll abschließend in seinen familien- und gesellschaftspolitischen Implikationen beleuchtet werden.

Der Einfachheit halber bestimmen wir Armut hier als „Einkommensarmut". Dabei kann auf zwei unterschiedliche Definitionen zurückgegriffen werden: als „arm" werden zum einen, im Sinne des Konzeptes der '*relativen Einkommensarmut*', diejenigen Personen bezeichnet, deren Haushaltsnettoeinkommen nicht mehr als die Hälfte des äquivalenzgewichteten durchschnittlichen Haushaltsnettoeinkommens beträgt (das ist die sog. „50%-Schwelle"). Diese Grenze liegt gegenwärtig etwa bei 930 DM monatlich netto. Streng genommen wird mit dieser Methode jedoch 'nur' das Ausmaß von Einkommensungleichheit in der Gesellschaft gemessen. Wenn Personen, deren Einkommen unter dieser Grenze liegt, als arm bezeichnet werden, so ist damit gesagt, daß das so beschriebene Maß an Ungleichheit nicht mehr für akzeptabel gehalten wird.

Eine andere weithin praktizierte Möglichkeit zur Bestimmung der Armutspopulation erfolgt anhand der „*Sozialhilfeschwelle*", die – so Hauser u. Neumann (1992) – die „quasi offizielle Armutsgrenze in der Bundesrepublik" darstellt. Diesem Ansatz liegt das Subsistenzkonzept des Bundessozialhilfegesetzes zugrunde. Sozialhilfe (i.S. laufender Hilfe zum Lebensunterhalt) soll den notwendigen Lebensunterhalt sichern und ein Leben ermöglichen, „das der Würde des Menschen entspricht" (§ 1 BSHG). Erfaßt werden so ausschließlich Personen, die Anspruch auf Sozialhilfe haben und diesen auch wahrnehmen, d.h. es gibt eine Dunkelziffer in unbekannter Höhe, schätzungsweise kommt auf jeden aktenkundigen Sozialhilfeempfänger eine weitere Person, die ihren Anspruch nicht geltend macht.

---

1 In einer Expertise für den „Sozialbericht 1998", den das Ministerium für Arbeit, Soziales und Stadtentwicklung, Kultur und Sport (MASSKS) des Landes NRW Ende 1999 veröffentlicht hat, haben wir neben dem üblicherweise in der Armutsforschung benutzten „Sozio-Oekonomischen Panel" (SOEP) erstmals faktisch anonymisierte Individualdaten der amtlichen Statistik, darunter die Individualdaten des Mikrozensus und der Sozialhilfestatistik, für die Armuts- und Sozialberichterstattung eines Bundeslandes nutzbar gemacht (Strohmeier et al., 1999). Insbesondere die Sozialhilfestatistik erlaubt aktuelle und z.B. nach Lebensformen, Geschlecht, Alter sowie weiteren Merkmalen der Lebenslage differenzierte Analysen der Armutsbevölkerung in regionaler und kleinräumiger Gliederung. Insgesamt zeigen die Ergebnisse des Sozialberichts, daß Armut in NRW heute überwiegend Kinder und Jugendliche und (junge) Frauen betrifft.

Beides sind restriktive, ausschließlich am Einkommen orientierte Armutsdefinitionen. Die damit verbundenen theoretischen und methodischen Probleme sind bekannt und sollen an dieser Stelle nicht weiter besprochen werden (s. dazu Kersting/ Langenhoff, 1997; Sozialbericht 1998). Für die ausschließlich einkommensbasierte (eindimensionale) Armutsmessung sprechen hier pragmatische Gründe, nämlich die relativ gute Datenlage (Mikrodaten des Mikrozensus und der Sozialhilfestatistik) und die damit verbundenen differenzierten Auswertungsmöglichkeiten. Das SOEP (s. hierzu Fn. 1) erlaubt wegen seiner zu geringen Fallzahl überhaupt keine tiefenscharfen regional und/oder nach Altersgruppen und Familienformen differenzierten Auswertungen.

1. Kinderarmut oder Ungleichheit?

Ein Blick auf das Ausmaß der Einkommensungleichheit in NRW[2] zeigt, daß in der armen Bevölkerung mit einem Einkommen von weniger als der Hälfte bzw. von weniger als 40% des mittleren Äquivalenzeinkommens der Anteil der Kinder und Jugendlichen unter 18 Jahren jeweils 40% beträgt. Als „relativ reich“ werden Menschen bezeichnet, die mehr als 200% des bedarfsgewichteten Äquivalenzeinkommens zur Verfügung haben. Diese Schwelle ist relativ niedrig angesetzt und wird, wie leicht auszurechnen ist, von einem kinderlosen Lehrerehepaar (besoldet nach A 13) mühelos überschritten. Oberhalb dieser Grenze sind Kinder und Jugendliche allerdings so gut wie nicht mehr vertreten.

Abbildung 1 zeigt die Anzahl der Sozialhilfeempfänger in NRW (laufende Hilfe zum Lebensunterhalt außerhalb von Einrichtungen) nach Alter und Geschlecht der Hilfeempfänger. Wir sehen, daß die meisten Bezieher von Sozialhilfe kleine Kinder (das durchschnittliche Alter der Kinder in der Sozialhilfe liegt bei acht Jahren) und junge Frauen sind.

Sind diese Zahlen wirklich ein Indiz für Kinderarmut? Die Antworten auf diese Frage sind kontrovers, und es gibt prominente Kritiker. Die Ruhr-Nachrichten zitieren den Dortmunder Statistikprofessor Walter Krämer, der in Reaktion auf diese und ähnliche Befunde feststellt, es handele sich keineswegs um Armut, sondern nur um „Ungleichheit“:

„Der hohe Prozentsatz (von Kinderarmut) komme erst durch einen hoch angesetzten Sozialhilfebedarf für Kinder zustande...Ich halte es für hochgradig pervers, in einer Zeit, in der weltweit 18 Millionen Menschen jährlich verhungern, einen deutschen *Halbstarken* nur deshalb arm zu nennen, weil er anders als seine Klassenkameraden *keine*

---

2 Genauere Angaben hierzu haben wir in einem anderen Beitrag veröffentlicht (Strohmeier et al., 1999).

Diesel-Lederjacke oder Nike-Turnschuhe besitzt" (Ruhr-Nachrichten vom 1.2.99, Hervorhebung nicht im Original) .

Abb. 1: Empfänger laufender Hilfe zum Lebensunterhalt nach Alter und Geschlecht (NRW 1997)

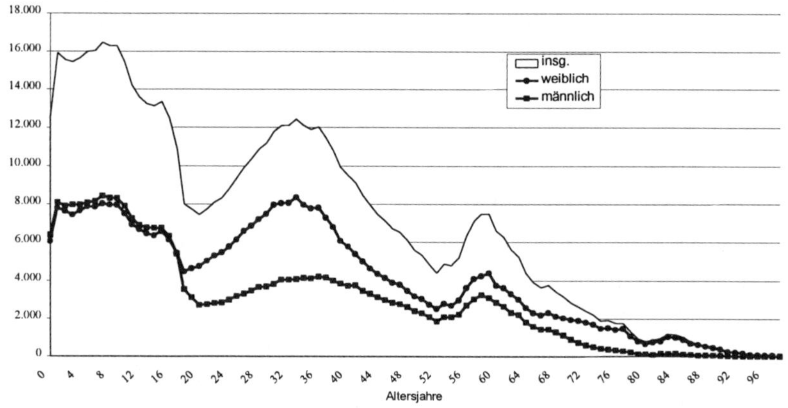

Dazu einige Fakten zur wirtschaftlichen Lage von Sozialhilfebeziehenden: Einem Haushaltsvorstand stand 1999 in NRW ein Regelsatz von 540 DM monatlich zu, einem Kind unter 8 Jahren die Hälfte, als 270 DM,[3] einem sozialhilfeabhängigen Ehepaar mit einem Kind blieben 1999 nach Abzug der Miete und der Heizkosten monatlich noch etwa 1300 DM zum Leben. Eine alleinerziehende Mutter mit einem Kind kam auf etwas mehr als 1000 DM. Das Kindergeld wird auf die Sozialhilfe angerechnet. Eine Diesel-Lederjacke dürfte nicht unter 600 DM zu haben sein, Nike Turnschuhe kosten etwa 200 DM, der Regelsatz für einen 15- bis 18jährigen, wenn wir annehmen, daß der Kollege seinen „Halbstarken" in diesem Alter lokalisiert, liegt bei 486 DM monatlich.

Krämer hat in einem Punkt recht: Armut in Wohlfahrtsstaaten westlichen Typs ist nicht absolute Armut, wie wir sie verbreitet in den Entwicklungsländern vorfinden, sondern es geht um „relative" Armut, die allein durch den Abstand vom gesellschaftlich üblichen und möglichen Durchschnitt bestimmt wird. Im Zweifelsfall ermöglicht die Sozialhilfe das Überleben bei 40-50% des durchschnittlichen Äquivalenzeinkommens. Sie ermöglicht aber nicht nur keine

3 Ferner werden bei der Bedarfsberechnung die Bruttokaltmiete und ggf. angemessene Heizkosten und Mehrbedarfszuschläge und einmalige Leistungen berücksichtigt. Einkommen wird, abgesehen von wenigen Ausnahmen, angerechnet.

Anschaffung des von Krämer genannten teuren Outfits, sondern sie ermöglicht Kindern auch ohne teure Lederjacke keine angemessene Teilhabe am gesellschaftlichen Leben ihrer Altersgruppe.

2. Die Armut der Kinder ist die Armut der Familien.

Armut von Kindern verweist auf *Familienarmut*. Die Aussage, daß mit den Kindern eben die Familien besonders von Armut betroffen sind, ist keineswegs neu, sie hat aber nach unseren Erfahrungen mit dem Presseecho auf den Sozialbericht bereits einen viel geringeren Aufmerksamkeits- und Nachrichtenwert als „Kinderarmut". Die Vorstellung, Familien seien zwar wirtschaftlich benachteiligt, aber im Prinzip auch so gut wie unbegrenzt belastbar, ist tief im öffentlichen und politischen Bewußtsein verankert. Sie ist Teil jener „strukturellen Rücksichtslosigkeit", mit der Politik und Gesellschaft in Deutschland der Lebensform Familie begegnen.

Abb. 2: Sozialhilfebeziehende in unterschiedlichen Haushaltsformen 1997, NRW, Stadt Essen und Kreis Paderborn

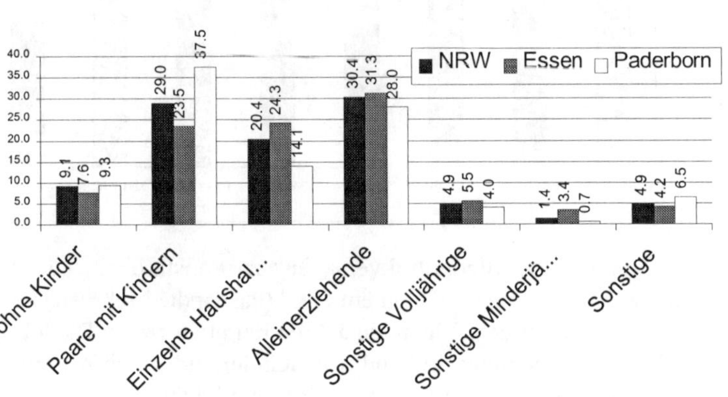

Abbildung 2 zeigt die Sozialhilfeempfänger in NRW differenziert nach Haushaltsformen. Insgesamt leben gut 60 von 100 Sozialhilfeempfängern in Familien. In den ländlichen Regionen, hier als Beispiel der Kreis Paderborn, ist der Anteil der Hilfeempfänger in (oft kinderreichen) Zwei-Eltern-Familien weitaus größer als der der alleinerziehenden Mütter und ihrer Kinder. In den Großstädten ist die Relation umgekehrt. Allerdings ist in den ländlichen Regionen die Sozialhilfedichte, d.h. der Anteil der Sozialhilfeempfänger an der Gesamtbevölkerung nur etwa halb so groß wie in den Großstädten.

Der überwiegende Teil der alleinerziehenden Elternteile sind geschiedene Frauen. Bei den alleinerziehenden Müttern haben wir besonders hohe Arbeitslosenquoten (und d.h. auch besonders hohe Quoten Arbeitssuchender) ermittelt.

Abb. 3: Armutsquoten alleinerziehender Mütter mit einem Kind nach dem Alter der Kinder

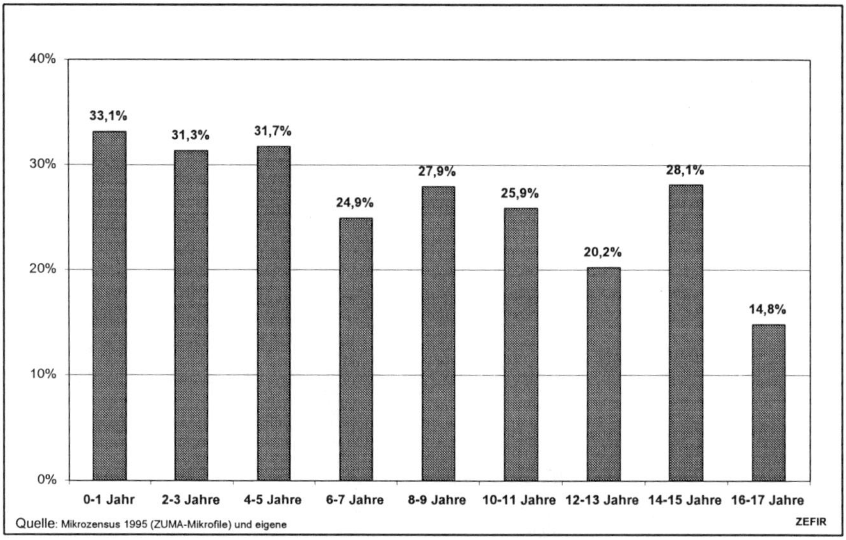

Auch hier ist „Familienpolitikversagen" zu konstatieren. Die Armutsquoten alleinerziehender Frauen mit einem Kind (das ist die Mehrheit) liegen im ersten Lebensjahr und in den folgenden Jahren bei etwa einem Drittel. Diese Armut besteht trotz Erziehungsgeld und trotz Kindergeld. Nach Auslaufen des Erziehungsgeldes (das ja eigentlich einem Elternteil, faktisch fast immer der Mutter, auf Zeit den Verzicht auf Erwerbstätigkeit zugunsten der intensiveren Betreuung des kleinen Kindes ermöglichen soll) ändert sich diese Armutsquote nicht. In einer Lebensphase, in der die Mütter (wieder) einer Erwerbstätigkeit nachgehen müßten, um ihren Lebensunterhalt zu sichern, fehlen Einrichtungen der Kleinkindbetreuung. Erst wenn die Kinder im Schulalter sind, sinken die Armutsquoten der Alleinerziehenden auf etwa ein Viertel, was aber immer noch mehr als das Doppelte des durchschnittlichen Armutsrisikos in NRW ist.

Die Armut der Familien ist ein Anzeichen einer neuen sozialen Spaltung. Sie besteht in einer zunehmenden Korrelation von Merkmalen benachteiligter Lebenslagen (hier Armut) mit solchen benachteiligender Lebensformen (der Familie). Noch in den achtziger Jahren hieß es, die Armut sei alt und weiblich. Die nach wie vor bestehenden hohen Armutsrisiken der alten Frauen, die infolge Kindererziehung nur unzureichende soziale Sicherungsansprüche erwerben können, sind seitdem überdeckt worden durch die steigende Armut der jungen Frauen und der Männer und Frauen, die aktuell Kinder erziehen.

3. Regionale Strukturen der Kinderarmut

Diese Spaltung der Gesellschaft ist auch regional und kleinräumig strukturiert. Die Suburbanisierung der 1970er und 1980er Jahre hat zu einer rapiden Schrumpfung der großen Städte geführt. Die Stadt Essen ist z.B. zwischen den beiden Volkszählungen von 1970 und 1980 von 720.000 auf 600.000 Einwohner geschrumpft, die anderen Großstädte in NRW zeigen ähnliche Entwicklungen. In den 90er Jahren wird dieser Trend durch Zuwanderungen aus dem Ausland etwas abgemildert. Die Bevölkerungsverluste der großen Städte sind zum größten Teil das Ergebnis von Umlandwanderungen von Familien der Mittelschicht. Die Umlandkreise der Großstädte in NRW weisen heute die höchsten Zuwanderungsraten und die höchsten Geburtenzahlen auf. Die Anteile der Kinder an der Bevölkerung (und damit der Familien an den Haushalten insgesamt) sind in den Umlandkreisen mittlerweile erheblich höher als in den (kreisfreien) Städten.

Im Vergleich der Städte und Kreise wird heute deutlich, daß dort, wo der Anteil der Kinder an der Bevölkerung besonders niedrig ist, das Armutsrisiko dieser Kinder (hier bestimmt durch die altersspezifische Sozialhilfedichte) und das ihrer Familien besonders hoch ist. Aus methodischen Gründen beziehen wir uns hier auf die Daten der 1993er Sozialhilfestatistik:[4] Im Landesdurchschnitt entsprach die Sozialhilfedichte der Kinder unter sieben Jahren 1993 ihrem Bevölkerungsanteil; 8% der Menschen in NRW waren Kinder im Alter von unter sieben Jahren, 8% davon waren Empfänger von Sozialhilfe. In den Kreisen, in denen der Anteil der Kinder über dem Landesdurchschnitt liegt, ist ihre Sozialhilfedichte deutlich niedriger. In den Ruhrgebietsstädten mit durchweg unterdurchschnittlichen Kinderanteilen an der Bevölkerung liegen die

4 In diesem Jahr kann wegen einer nachfolgenden Änderung der statistischen Systematik letztmals von der Vergleichbarkeit der regionalen Sozialhilfedichten ausgegangen werden.

Armutsquoten der Kinder dagegen zum Teil fast doppelt so hoch wie im Landesdurchschnitt.

Essen ist die Ruhrgebietsstadt mit dem geringsten Anteil von Kindern an der Bevölkerung. Die Stadt wird durch den Ruhrschnellweg traditionell in einen armen Norden und einen bürgerlichen, zum Teil ausgesprochen wohlhabenden Süden geteilt. Anders als im Vergleich der Städte und Kreise, wo wir die meisten Kinder in den prosperierenden Umlandkreisen gefunden haben, zeigt sich in der vergleichenden Analyse der 50 Essener Stadtteile, daß im Großstadtballungskern die meisten Kinder in den armen Vierteln im Norden leben und daß dort auch die Armutsquoten dieser Kinder die höchsten sind. Die meisten Familien und Kinder in Essen leben in den Stadtteilen im Norden, in denen Merkmale sozialer Benachteiligung z.T. kumuliert auftreten. Die Stadtteile mit den höchsten Anteilen von Kindern (und Familien) an der Bevölkerung sind zugleich jene mit besonders hohen Armutsquoten, hoher Arbeitslosigkeit, hohen Anteilen von Alleinerziehenden und besonders vielen Aussiedlern und Ausländern.

Diese Stadtteile sind zugleich jene mit der höchsten Belastung durch Gewaltkriminalität und mit (gemessen durch die Kommunalwahlbeteiligung) den niedrigsten Niveaus lokaler Integration und Identifikation der Bevölkerung. Im Zusammenhang damit steht eine relativ hohe Mobilität bzw. ein hoher „Bevölkerungsumsatz" bei schrumpfender Bevölkerungszahl. In den ärmsten Stadtteilen wird infolge von Zu- und Fortzügen rein rechnerisch die Bevölkerung alle vier Jahre einmal komplett ausgetauscht.

Einerseits ist die Familie als Lebensform in den großen Städten überall auf dem Rückzug, andererseits finden wir dort Familien (in Gestalt der alleinerziehenden Mutter mit Kindern und kinderreicher ausländischer Familien) vor allem in den armen Vierteln. *Dort, wo innerhalb der Großstadt Essen die meisten Kinder sind, sind auch die meisten armen Kinder.*

Der Anteil der geschiedenen Alleinerziehenden an allen Haushalten mit Kindern in Essen beträgt etwa ein Viertel. Das sind in der Regel Frauen. Alleinerziehende Männer gibt es kaum. Diese Frauen haben ein immens hohes Armutsrisiko. Zwei von drei *Haushalten* mit Kindern und Jugendlichen in Essen, die von Sozialhilfe leben, sind Haushalte Alleinerziehender. In der Regel haben diese alleinerziehenden Frauen *ein* Kind.

In Familien alleinerziehender Mütter lebt mehr als die Hälfte aller sozialhilfeabhängigen Kinder unter 16 Jahren. Fast jedes zweite dieser Kinder ist noch keine sieben Jahre alt und insofern auf regelmäßige und verläßliche Betreuung angewiesen – ein Problem, das bei der Suche nach 'Wegen aus der Sozialhilfe' vielfach übersehen wird. Alleinerziehende Sozialhilfeempfängerinnen mit

Klein- oder Vorschulkindern können vielfach nicht an beruflichen Qualifizierungsmaßnahmen teilnehmen, weil das Problem der Kinderbetreuung nicht gelöst ist.

Ein besonderes Problem alleinerziehender armer Frauen in den Armutsstadtteilen ist heute zusätzlich ihre soziale Isolation und das Fehlen verwandtschaftlicher und nachbarschaftlicher Unterstützung im Stadtteil. Projekte, die die berufliche Qualifizierung sozialhilfeabhängiger Mütter mit (selbstorganisierter) Kinderbetreuung verbinden, wobei alle Frauen, die eine solche Qualifizierung erhalten, aus ein- und demselben Stadtteil rekrutiert werden, führen im Ergebnis, wie die Erfahrungen solcher exemplarischen Projekte im Essener Norden zeigen, nicht nur zur Integration der Mütter in den Arbeitsmarkt, sondern auch zur Wiederentstehung sozialer Netzwerke und selbsthelfender Strukturen im Quartier.

Die Kommunen haben heute ein unmittelbares Eigeninteresse daran, Sozialhilfeaufwendungen zu reduzieren und vor allem Familien mit Kindern, die zu den besonders kostenträchtigen Langzeitbeziehern in der Sozialhilfe gehören, Wege aus der Armut zu eröffnen. In den mittlerweile achtundzwanzig Modellstadtteilen im integrierten Handlungsprogramm „Stadtteile mit besonderem Erneuerungsbedarf" in NRW gibt es z.T. sehr sinnvolle Handlungsansätze. Angesichts des Ausmaßes der Probleme (allein die Ruhrgebietsstädte haben zusammen gut einhundertfünfzig solcher Problemquartiere und Armutsstadtteile außerhalb des Landesprogramms) aber handelt es sich allenfalls um „exemplarische", vielleicht auch nur um „symbolische" Politik.

Unterschiedliche Ziele und Perspektiven zu 'integrieren' und Maßnahmen zu vernetzen, wie es modellhaft in NRW erprobt wird, ist ein erster wichtiger, allerdings noch viel zu kleiner Schritt. Politik für die Armutsviertel der Städte darf nicht länger verkürzt nur unter städtebaulichen oder arbeitsmarktpolitischen oder kriminalpräventiven Zielgesichtspunkten gesehen werden. Um integrierte Handlungskonzepte flächendeckend zu implementieren, bedarf es aber einer *Veränderung der Prioritäten auf der politischen Agenda*. Lokale Armutspolitik in den großen Städten ist „Gesellschaftspolitik" im Sinne einer neuen „Familienorientierung", wie sie der Fünfte Familienbericht 1994 zwar dringend, aber bislang vergebens, gefordert hat.

Familien- und Kinderpolitik sind in Deutschland bislang immer noch in erster Linie Objekte konservativer, seit der 1998er Bundestagswahl neuerdings auch sozialdemokratischer Wahlkampf*rhetorik*. Tatsächlich aber geht es um nicht weniger als eine gesellschaftspolitische Herausforderung ersten Ranges. Jede Gesellschaft ist darauf angewiesen, daß nachwachsende Generationen mit den wichtigsten Daseins- und Sozialkompetenzen („Humanvermögen“) ausgestattet und motiviert werden, diese Gesellschaft fortzusetzen.

In dem Maße aber, in dem in den Städten der größere Teil der nachwachsenden Generation unter Lebensbedingungen aufwächst, die die alltägliche Erfahrung der Normalität von Armut, Arbeitslosigkeit, sozialer Ausgrenzung, gescheiterten Familien und möglicherweise Gewalt und Vernachlässigung beinhalten, stellt sich die *gesellschaftspolitische* Frage nach der Zukunft des „Humanvermögens“, der neuen „Familienorientierung“ unserer Gesellschaft als eine *Herausforderung der lokalen Politik.* Nach allen Problemverschiebungen und Einschränkungen der Handlungsspielräume, die die Gemeinden in den letzten Jahren von der Bundesebene erfahren haben, liegt es heute nicht nur am vielfach mangelnden Problemverständnis sparsamer Kommunalpolitiker, daß die Kommunen allein mit der Bewältigung dieser gesellschaftspolitischen Aufgabe überfordert sind.

Literatur

Hauser, R. & Neumann U., 1992: Armut in der BRD: Die sozialwissenschaftliche Thematisierung nach dem zweiten Weltkrieg, in: Leibfried, S. & Voges, W., (Hrsg.), Armut im modernen Wohlfahrtsstaat, Opladen: Westdeutscher Verlag, S. 237-262.

Kersting, V. & Langenhoff, G., 1997: Machbarkeitsstudie für den Landesarmutsbericht des Landes Nordrhein-Westfalen, MS Bochum.

Kersting, V. & Strohmeier, K. P., 1998: Sozialhilfeabhängigkeiten in Nordrhein-Westfalen und seinen Teilräumen unter besonderer Berücksichtigung der Städte Mülheim an der Ruhr, Essen und Oberhausen (MEO), Stadt Essen (Hrsg.), Beiträge zur Regionalentwicklung, Band 15, Essen.

Sozialbericht ‘98 für das Land Nordrhein-Westfalen. Kurzfassung, Ministerium für Arbeit, Soziales und Stadtentwicklung, Kultur und Sport des Landes Nordrhein-Westfalen, (Hrsg.), Düsseldorf 2000

Strohmeier, K. P., Hank, K., Kersting, V. & Langenhoff, G., 1999:Armut in Nordrhein-Westfalen. Umfang und Struktur des Armutspotentials, Forschungsbericht für den Sozialbericht des Ministeriums für Arbeit, Soziales und Stadtentwicklung, Kultur und Sport des Landes Nordrhein-Westfalen, Zentrum für interdisziplinäre Ruhrgebietsforschung (ZEFIR), Ruhr-Universität Bochum.

Strohmeier, K. P. & Kersting, V., 1999: Immer weniger Kinder, aber immer mehr arme Kinder. Armutsbekämpfung in den Großstädten – eine gesellschaftspolitische Herausforderung ersten Ranges, in: Kommunalverband Ruhrgebiet – KVR: Standorte. Jahrbuch Ruhrgebiet 1997/98, S. 292-301

Familienkindheit und Kinderpolitik in sozial-ökologischer Perspektive

Ludwig Liegle

Die „Ökologie der menschlichen Entwicklung", von Urie Bronfenbrenner (1979 u. 1992) im Anschluß an die Chicago-Schule und Kurt Lewin seit den 70er Jahren in immer anspruchsvolleren Modellen ausformuliert, ist mittlerweile zu einem wichtigen Orientierungsrahmen für sozial- und verhaltenswissenschaftliche Forschung und auch, den Intentionen der genannten Autoren entsprechend, für die wissenschaftliche Begründung gesellschaftspolitischen Handelns geworden.

1. Die Konstruktion von Kindheit im sozial-ökologischen Ansatz

In äußerster Verkürzung läßt sich dieser Orientierungsrahmen folgendermaßen zusammenfassen: Menschliche Entwicklung wird verstanden als ein lebenslanger Prozeß der Wechselwirkung zwischen naturgegebenen Anlagen, aktivem Subjekt und einer in ihren Elementen interagierenden Umwelt. Dieser Ansatz ist insofern einer Mehrzahl wissenschaftlicher Disziplinen verpflichtet, als er auf biologisch/neurobiologischem Wissen, auf einer konstruktivistischen Entwicklungspsychologie und auf dem Wissen einer in sozialen Systemen denkenden Soziologie aufbaut. In seiner forschungsstrategischen Ausrichtung bevorzugt er Methoden, die – in der Tradition z.B. von Thomas u. Znaniecki (1927) und von Kurt Lewin – Menschen in ihrer „natürlichen" Umgebung aufsuchen, als sinnsuchende Personen und soziale Akteure ernstnehmen und in ihren Lebensformen und Lebensäußerungen zu verstehen bestrebt sind. Für die Auffassung des Menschen in der Lebensphase Kindheit lassen sich insbesondere zwei Postulate der „Ökologie menschlicher Entwicklung" benennen:

- Von Kindern wird angenommen, daß sie in spezifischer Weise Personen-in-Entwicklung sind, denn in der Lebensphase Kindheit sollen die phylogenetisch angelegten Potentiale von Entwicklung mit der Ontogenese von individueller und zugleich kulturbezogener Handlungs- und Denkfähigkeit verknüpft werden. Diese Entwicklung wird verstanden als konstruktiver, selbstorganisierter Prozeß, der jedoch an Umwelt gekoppelt ist.
- Von Kindern wird angenommen, daß sie in spezifischer Weise auf Person-Umwelt-Beziehungen verwiesen sind. Kinder werden in einem hervorgehobenen Sinne als „Familienmenschen" begriffen, denn im Hinblick auf den erfolgreichen Verlauf der Ontogenese von Handlungs- und Denkfähigkeit

gelten sie als angewiesen auf eine „proximale" und überdauernde soziale Umwelt. Diese wird in aller Regel repräsentiert durch die Familie in der Vielfalt ihrer geschichtlich und gesellschaftlich/kulturell/subkulturell bestimmten Lebensformen. Als ein wesentliches Strukturelement der Umwelt des Menschen-in-Entwicklung wird jedenfalls betrachtet, daß sich Kinder in Beziehungen zu Mitgliedern der älteren Generationen gestellt sehen, die die Traditionen einer Kultur sowie die Regeln einer Sozialität repräsentieren und denen es auch obliegt, den Kindern Wissen und Werte dieser Kultur und Sozialität zu (re-)präsentieren.

2. Die Konstruktion von (Familien-)Kindheit in der UN-Konvention über die Rechte des Kindes

Die Annahmen des sozial-ökologischen Ansatzes, zumal seine Auffassung von Kindern als Personen-in-Entwicklung und als „Familienmenschen" sind eigentlich allgemeines Gedankengut. Als solches waren sie z.B. auch leitend für die Abfassung der Konvention der Vereinten Nationen über die Rechte des Kindes.

In der Präambel wird betont, daß „das Kind wegen seiner mangelnden körperlichen und geistigen Reife besonderen Schutzes und besonderer Fürsorge, insbesondere eines angemessenen rechtlichen Schutzes vor und nach der Geburt bedarf". Es wird auch kein Zweifel daran gelassen, welches der Ort ist, wo diese Fürsorge in aller Regel angesiedelt ist. Die Präambel sagt, „daß das Kind zur vollen und harmonischen Entfaltung seiner Persönlichkeit in einer Familie und umgeben von Glück, Liebe und Verständnis aufwachsen sollte".

Die hervorgehobene Position der Familie in der Sorge für Kinder macht es erforderlich, die Familie unter den Schutz der staatlichen Ordnung zu stellen – Stichwort „Familienpolitik":

> „der Familie (sollte) als Grundeinheit der Gesellschaft und natürlicher Umgebung für das Wachsen und Gedeihen aller ihrer Mitglieder, insbesondere der Kinder, der erforderliche Schutz und Beistand gewährt werden ..., damit sie ihre Aufgaben innerhalb der Gemeinschaft voll erfüllen kann."

Dementsprechend wird in Artikel 18 gesagt:

> „Für die Erziehung und Entwicklung des Kindes sind in erster Linie die Eltern oder gegebenenfalls der Vormund verantwortlich. Dabei ist das Wohl des Kindes ihr Grundanliegen. Zur Gewährleistung und Förderung der ... Rechte unterstützen die Vertragsstaaten die Eltern und den Vormund in angemessener Weise bei der Erfüllung ihrer Aufgabe, das Kind zu erziehen."

Diese grundlegende Konstruktion von Kindheit als Entwicklungs- und Familienkindheit wird verdrängt, wenn man sich auf die UN-Konvention mehr oder weniger ausschließlich im Sinne der – zweifellos notwendigen – Stärkung der allgemeinen Grund- und Menschenrechte der Kinder als Personen beruft.

3. Ist die am Sozialisationskonzept orientierte Kinderforschung überholt?

In der Kindheitsforschung und in der Theorie der Kinderpolitik hat sich in diesem Jahrzehnt die Tendenz verstärkt, die Betrachtung und Behandlung von Kindern als Menschen-in-Entwicklung einer grundlegenden Kritik zu unterziehen, und zwar insbesondere mit zwei Argumenten: Es werde damit die Gegenwart der Kinder ihrer Zukunft aufgeopfert, und es würden Kinder immer nur als abhängige Mitglieder eines sozialen Systems (Familienhaushalt, aber auch Gesellschaft) ins Auge gefaßt. Für diese Tendenz steht in Deutschland zum Beispiel Jürgen Zinnecker (1996), im Ausland stehen dafür zum Beispiel Leena Alanen (1994) und Jens Qvortrup (1993). Ich halte diese kritische Diskussion für wichtig und anregend. Sie hat den Anstoß gegeben für die Renaissance eines Typs von Kinderforschung, der im ersten Drittel dieses Jahrhunderts schon einmal verbreitet gewesen ist und der die Kinder selber zur Sprache kommen läßt (vgl. z.B. Muchow/ Muchow, 1935), und sie hat zur Neuetablierung eines Typs von Kindheitsforschung geführt, der ebenfalls bereits vor 1933 verbreitet war (vgl. z.B. Bernfeld, 1922 u. 1925) und der Kinder auch in einer politischen Perspektive als eine Bevölkerungsgruppe eigener Art betrachtet.

Warum ich trotz dieser zunächst positiven Einschätzung grundlegende Kritik an dieser kritischen Position habe, möchte ich am Beispiel eines der wichtigen wissenschaftstheoretischen Argumente erläutern: Es wird gesagt, Kinderforschung und Kinderpolitik müßten sich verabschieden von der „sozialisationstheoretischen" Perspektive, die für Zukunfts- statt für Gegenwartsorientierung und für Eingliederung/Anpassung statt für Selbständigkeit/Autonomie stehe. Als Alternative wird angeboten eine soziologische, näherhin gesellschaftstheoretische und gesellschaftskritische Perspektive auf Kindheit als soziale Statusgruppe eigener Art. Die Überzeugungskraft dieser Argumentation steht und fällt mit dem zugrundegelegten Konzept von „Sozialisation". Sie steht nur dann, wenn „Sozialisation", in der Tradition einer Soziologie à la Durkheim, als „Sozialmachung" verstanden und dem Kind ein Objektstatus zugeschrieben wird. Schon die erste bundesrepublikanische Rezeption des Sozialisationsbegriffs (Wurzbacher, 1968) hat jedoch dem Prozeß der „Sozialmachung" jenen der „Sozialwerdung" zur Seite gestellt und damit den Subjektstatus des Menschen-in-Entwicklung hervorgehoben. Vollends ist die neuere konstruktivistisch und systemtheoretisch orientierte Entwicklungsforschung quer durch alle Wissenschaftsdisziplinen – von der „harten“ kognitiven Neurobiologie bis zur „weichen“ Erziehungswissenschaft (vgl. Schäfer, 1995; Lenzen, 1997) – übereinstimmend zu der Erkenntnis gelangt, daß Sozialisation (wie Entwicklung) nur als „Selbstsozialisation“ begriffen werden kann. Sozialisation ist danach ein selbstorganisierter, autopoietischer Prozeß im Subjekt.

Die Erkenntnis, daß Sozialisation von einem selbstorganisierten, intern geschlossenen lebenden System geleistet wird, verweist indes nicht auf eine Umweltunabhängigkeit dieses Systems. Es zeigt sich vielmehr, daß dieser autopoietische Prozeß und die Qualitäten seiner Ergebnisse bestimmt werden von den Informationen aus der Umwelt, die verarbeitet werden können, von den Ressourcen in der Umwelt, an denen es die Kräfte zu messen gilt, sowie von den Beziehungen mit Personen der Umwelt, die eingegangen werden. Die Ontogenese des menschlichen Subjekts vollzieht sich dadurch, daß die Dinge und Symbole sowie die sozialen Beziehungen in und mit Personen der Umwelt in zunehmender Komplexität zu inneren Repräsentationen werden. Daß ein Kind in der Lage ist, die internen Zusammenhänge in seiner Umwelt sowie seine Ich-Umwelt-Bezüge zu reflektieren, hat, mit Jean Piaget gesprochen, die Entwicklung des formaloperativen Denkens zur Voraussetzung, und diese vollzieht sich erst vom Ende des Grundschulalters an. Nur im Modus der inneren Repräsentation von Welt können die Ontogenesen an die Phylogenese angeschlossen werden und kulturelle Evolution ermöglichen. Der „Sinn“ der im Generationenverhältnis angesiedelten Phänomene der Erziehung und Bildung ist darin zu erblicken, daß sie diesen Prozeß der Entwicklung innerer Repräsentationen begleiten, unterstützen, anregen, und zwar insonderheit dadurch, daß die mit Kindern lebenden und lernenden Erwachsenen sich selbst und die übrige erfahrbare Welt zu einer entwicklungsfördernden Umwelt gestalten.

Entsprechende Einsichten lassen sich in anderen Wissenschaftssprachen formulieren, z.B. in den Sprachen der Psychoanalyse (vgl. Winnicott, 1974), des Symbolischen Interaktionismus (vgl. Mead, 1968), aber auch des „biopsychosozialen Entwicklungsmodells“, das im Gutachten des Wissenschaftlichen Beirats für Familienfragen „Kinder und ihre Kindheit in Deutschland“ (Wissenschaftlicher Beirat, 1998) die sozial-ökologische Orientierung vertritt. Danach ließe sich sagen: Die Autonomie der Person entwickelt sich im Durchgang durch die Erfahrung und Verinnerlichung von Bezogenheit auf bzw. Verbundenheit mit Personen der Umwelt: Autonomie und Verbundenheit – das eine ist ohne das andere nicht denkbar. Der Prozeß aber, der zu Einheiten dieser vermeintlichen Gegensätze führt: zu „verbundener Autonomie“ und zu „autonomer Verbundenheit", gelangt erst ab dem Ende des Grundschulalters allmählich zu seinem Höhepunkt.

4. Paradoxien in den Prozessen der Entwicklung, Erziehung und Bildung

Die Erkenntnisse der neueren fächerübergreifenden Entwicklungs- (und Sozialisations-)forschung lassen sich in zwei Paradoxien zusammenfassen:

- Die erste Paradoxie lautet „noch werden/schon sein" (Lenzen, 1997) oder, mit Goethe gesprochen, „Werde, der du bist!" Das heißt: Das Kind muß in einem langwierigen Prozeß dem autonomen Selbst, das es ansatzweise schon immer ist, wirkliche Gestalt geben.
- Die zweite Paradoxie lautet „Autopoiesis/Ich-Umwelt-Verschränkung". Das heißt: das Kind kann sich als intern-geschlossenes lebendes System nur stabilisieren, indem es sich in einem langwierigen Prozeß in ein aktives Verhältnis zu seiner Umwelt setzt und die Ich-Welt-Bezüge zu inneren Repräsentationen umgestaltet. Auch das Generationenverhältnis muß in diesem Prozeß zu einer inneren Wirklichkeit werden.

Was bedeuten diese Erkenntnisse für die Kinder- und Kindheitsforschung? Sie sollte die genannten Paradoxien als nicht hintergehbar begreifen und daher zu ihren Prämissen machen. Sie sollte Kinder als Personen ernst nehmen, aber als Personen-in-Entwicklung und sie als selbstorganisierte, aber auf Umwelt verwiesene Lebewesen betrachten, insonderheit also auch als Familienmenschen.

Ich würde mich anheischig machen, im einzelnen nachzuweisen, daß die soziologische, sich gegen eine sozialisationstheoretische Perspektive wendende Kinderforschung in ihren empirischen Befunden zu keinen Ergebnissen gelangt, die den resümierten Erkenntnissen widersprechen: sie zeigt Kinder als Personen-in-Entwicklung und als Familienmenschen, als „Streßkinder" und „Glückskinder" z.B. (vgl. Zinnecker, 1997).

Was die soziologische Kindheitsforschung sensu Alanen (1994) oder Qvortrup (1993) betrifft, so richtet sich hier der Vorwurf der Entmündigung der Kinder und der Kindheit nicht zuletzt an die Zunft der Pädagogen, zu der ich gehöre. Einmal abgesehen davon, daß dieser Vorwurf nur trifft, wenn man sich auf „Schwarze Pädagogik" beruft, ist zuzugestehen: Die Pädagogisierung der Kindheit stellt einen der mächtigsten Faktoren dafür dar, daß Kindern ein Moratorium der Entwicklung, Erziehung und Bildung eingeräumt und zugemutet wird, das ihren Status des Noch-nicht-erwachsen-Seins festschreibt. Aber diese Pädagogisierung ist nicht das Werk von Pädagogen; sie stellt einen irreversiblen historisch-gesellschaftlichen Prozeß der Zivilisation dar; zu Recht hat Parsons die Pädagogisierung der Kindheit in Gestalt der Verbreitung und Verlängerung schulischer Bildungsprozesse als „evolutionäre Universalie" gekennzeichnet. Für diese schulischen Bildungsprozesse gelten aber die für Entwicklungs- und Sozialisationsprozesse geltenden Paradoxien entsprechend.

Bildung in Schulen kann nur im Modus der Selbstbildung wirksam werden; Schule als sozialer Kontext verkörpert demgegenüber Zwang, definiert die Schüler(innen) als Noch-nicht-Erwachsene, dient der Herstellung von Ungleichheit und wird als Instanz der Zurichtung der Subjekte auf gesellschaftliche Erwartungen gebraucht. Gleichzeitig kann jedoch schulische Bildung in modernen Gesellschaften als Bedingung der Möglichkeit der Befreiung des Denkens zur Vernunft gelten, einer Möglichkeit freilich, die im institutionellen Kontext von jedem einzelnen „Erwachsenen" als Vorbild repräsentiert und von jedem einzelnen „Kind" aktiv ergriffen werden muß, um Wirklichkeit zu werden (vgl. insbesondere Heydorn, 1994). Diese Paradoxien kann die Kindheitsforschung nicht zum Verschwinden bringen.

5. Von der „modernen" zur „postmodernen" Kindheit

Die bislang vorgetragenen Argumente könnten den Eindruck erwecken, Kindheit werde hier als ein epochenübergreifendes und universales Phänomen im Lebenslauf und in der sozialen Ordnung betrachtet, das keinem Wandel unterliege. In der Tat spricht vieles dafür, daß Kinder immer und überall „anders" sind als Erwachsene (vgl. Montessori, 1952), daß angesichts der besonderen Angewiesenheit von Kindern auf Lernen und Lernhilfen („Erziehung") die Differenz zwischen Kindern und „Erwachsenen" anthropologisch begründet ist (vgl. dazu neuerdings Honig, 1999). Diese Auffassung steht indes nicht im Widerspruch zu der Überzeugung, daß die Art und Weise der Wahrnehmung und Institutionalisierung dieser Differenz – „Kindheit" als Vorstellungen über Kinder sowie als sozialer Status – einem tiefgreifenden Wandel unterliegt.

Die „Entdeckung" der Kindheit (vgl. Ariès, 1975) ist zugleich die „Entdekkung" des Lernens (Einführung der Pflichtschule) und des erzieherischen Generationenverhältnisses gewesen (vgl. Schleiermacher, 1826/1957); damit ist die „moderne" Familien- und Schulkindheit entstanden, in der die oben genannten Paradoxien von Entwicklung und Erziehung zum Bewußtsein gelangt und institutionalisiert worden sind. In der „Postmoderne" scheint demgegenüber die Differenz zwischen Erwachsenen und Kindern gewandelten Vorstellungen und Institutionalisierungsformen zu unterliegen:

- Lernen und Erziehung sind zu lebenslangen Prozessen geworden, so daß unter diesem Aspekt von einem „Verschwinden" der Kindheit als differenzierter Lebensphase gesprochen wird (vgl. Lenzen, 1994);
- Insbesondere im Bereich der modernen Medien wachsen Kinder in die Rolle von Lehrmeistern der Erwachsenen hinein (vgl. z.B. Richard/ Krüger, 1998);
- Kinder werden als Rechtssubjekte aufgefaßt (vgl. die UN-Konvention über die Rechte des Kindes);
- Kinder werden in immer früherem Alter in ihrer Selbständigkeit gefördert und mit Entscheidungen über die Auswahl ihrer Aktivitäten konfrontiert (vgl. z.B. Preuss-Lausitz et al., 1990);
- Kinder werden in ihren Familien immer weniger als Befehlsempfänger und immer mehr als Verhandlungspartner betrachtet und behandelt (vgl. z.B. du Bois-Reymond et al., 1994).

Insofern damit Merkmale einer „postmodernen" Kindheit benannt sind, haben sie – ähnlich wie Merkmale „postmoderner" familialer Lebensformen – zu tun „mit Lebensqualität und der Selbstorganisation einer über sich selbst aufgeklärten Gesellschaft" (Liegle, 1988, 101); sie spiegeln eine „reflexive Moderne", die sich der Entfremdungspotentiale im Rahmen der Dialektik der Aufklärung bewußt ist (vgl. Beck, 1986; Honig, 1999).

Es licgt auf der Hand, die angedeuteten Wandlungen von Kindheit und Erziehung als den Kontext für Wandlungen in der Erforschung von Kindern und Kindheit zu betrachten: Ebenso, wie die Geschichte der Kindheit und Erziehung von der Tendenz bestimmt wird, Empathie an die Stelle von beherrschender Einwirkung zu stellen (vgl. z.B. de Mause, 1977), hat sich die Kinder- und Kindheitsforschung auf den Weg gemacht, von der „Eroberung des Kindes" (Gstettner, 1981) zu einer empathischen Erkundung der Lebensäußerungen von Kindern fortzuschreiten (vgl. z.B. Fatke, 1994; Lippitz/ Rittelmeyer, 1990).

Die gesteigerte Reflexivität in der sozialen und wissenschaftlichen Konstruktion von Kindheit hat indes nicht zur Folge, daß die anthropologisch begründete Differenz zwischen Kindern und Erwachsenen zum Verschwinden gebracht würde. Man kann im Gegenteil argumentieren, daß der Anspruch gesteigerter Reflexivität auch auf den Prozeß der Ontogenese durchschlägt: Mehr denn je müssen Kinder Reflexivität und Selbstreflexivität entwickeln, um in einer zunehmend komplexen Welt und unter Bedingungen zunehmender Entscheidungsfreiheit und zunehmenden Entscheidungszwangs Handlungsfähigkeit zu erwerben.

6. Kinderpolitik – Familienpolitik – Kind-Umwelt-Politik

Es bleibt zu fragen, was die resümierten Einsichten für den Bereich der Politik bedeuten. Wenn Personen, auch Kinder, als selbstorganisierte und auf Umwelt verwiesene Lebewesen verstanden werden, so folgt aus dieser Auffassung, daß politisches Handeln nicht als Einwirkung auf Personen (z.B. auf Familienmitglieder), sondern in erster Linie als Gestaltung von Umwelten konzipiert werden muß. Ein Blick auf die Geschichte der Familienpolitik in der Bundesrepublik zeigt, daß eine solche Orientierung von Anfang an – auch als ein Reflex auf den Nationalsozialismus – vertreten worden ist und sich im Laufe der Zeit verstärkt hat (vgl. z.B. Wingen, 1997): Familienpolitik hat ihre primäre Aufgabe in der Verbesserung von Rahmenbedingungen des Familienlebens gesehen. Für das neue Feld einer Kinderpolitik kann ähnlich argumentiert werden – und dies ist auch im Gutachten des Wissenschaftlichen Beirats der Fall: Kinderpolitik muß sich in erster Linie als Kind-Umwelt-Politik verstehen. Dabei gilt als erste und wichtigste Umwelt des Kindes seine Familie. Andererseits wäre es, auch aus der Sicht des Beirats, eine unzulässige Einschränkung von „Umwelt", wenn als Umwelt nur die Familie in den Blick genommen würde; vielmehr geht es, unter anderem, um die Verbesserung der rechtlichen Rahmenbedingungen der Lebensphase Kindheit im Hinblick auf Formen der Interessenvertretung und Mitwirkung. Dennoch bleibt es das Hauptanliegen des Gutachtens, für eine Kind-Umwelt-Politik zu plädieren, die Maßnahmen für Kinder familienpolitisch kontextualisiert. Ich möchte ein Beispiel für die hier vertretene Kontextualisierung einer Politik für Kinder durch familienpolitisches Handeln geben und beziehe mich dabei auf das genannte Gutachten, allerdings akzentuiere ich den besagten Zusammenhang stärker und ausdrücklicher als dies im Text des Gutachtens geschieht.

In seinen Empfehlungen zur Betreuung und Erziehung von Kindern im vorschulischen Alter geht der Beirat vom Rechtsanspruch eines jeden Kindes auf einen Kindergartenplatz als von etwas Gegebenem aus; die Gewährleistung dieses Rechtsanspruchs kann betrachtet werden als ein Stück Kinderpolitik im Modus der Kinder- und Jugendhilfepolitik, die anschließt an das klassische Recht auf Bildung. Das Gutachten bleibt aber dabei nicht stehen. Vielmehr heißt es in den Empfehlungen:

> „Der Vereinbarkeit (von Beruf und Familie) und der Einkommenssicherung muß in Zukunft hohe Priorität im Rahmen der Familien- und Kinderpolitik zuerkannt werden ... Daher sollte eine bedarfsgerechte familienergänzende Betreuung und Erziehung in Zukunft als beitragsfreie Dienstleistung angeboten oder es sollten die Kinderbetreuungskosten als steuerlich begünstigte Aufwendungen anerkannt werden" (Wissenschaftlicher Beirat, 1998, 255).

Im voraufgehenden Text des Gutachtens wird diese Empfehlung damit begründet, daß derzeit die Elternbeiträge für eine Kindertagesstätte die Einkommenssituation der Familien stark belastet und daß diese Belastung in eine Phase des Familienzyklus fällt, die ohnehin von ökonomischen Risiken geprägt wird, wie die Daten über die zunehmende Armut von Kindern zeigen. Ich füge ein weiteres Argument hinzu: Es ist von der Sache her gar nicht einzusehen, warum das System der öffentlichen Kleinkinderziehung anders behandelt wird als das Schulsystem und sogar das Hochschulsystem, nämlich als eine prinzipiell beitragsfreie Dienstleistung, die der Bildung des zukünftigen Humanvermögens der Gesellschaft dient; vielmehr kommt in dieser Andersbehandlung der vorschulischen Erziehung die „strukturelle Rücksichtslosigkeit" der Gesellschaft gegenüber Familien und Kindern in spezifischer Weise zum Ausdruck.

Wer so argumentiert, verortet das Kind im Kontext des sozialen Systems (der Familie), in welchem es lebt und sich entwickelt, und er verortet Politik für Kinder im Kontext von Familienpolitik und Gesellschaftspolitik. Von dieser Position aus ist es nicht hinreichend, Rechte für Kinder zu fordern und zu etablieren; vielmehr müssen die Voraussetzungen und Folgen, die sich im Zusammenhang mit der Wahrnehmung dieser Rechte für die überdauernde Umwelt des Kindes ergeben, wissenschaftlich geprüft, aber auch politisch gestaltet werden. Am Beispiel: Die Etablierung des Rechtsanspruchs auf einen Kindergartenplatz kann als eine wichtige kinderpolitische Maßnahme bewertet werden; die erhoffte Wirkung dieser Maßnahme im Sinne der Förderung kindlicher Entwicklungs- und Bildungsprozesse bleibt aber defizitär, wenn die Wahrnehmung dieses Rechtes dazu beiträgt, daß die Sorge für Kinder zunehmend zum Armutsrisiko wird und in den Familien die Ressourcen für die familieninterne Förderung kindlicher Entwicklungs- und Bildungsprozesse immer knapper werden. Insofern sollte sich – dies scheint mir die wichtigste Botschaft des Beiratsgutachtens zu sein – eine Politik für Kinder immer auch als eine Kind-Umwelt-Politik verstehen, als Gesellschaftspolitik in sozial-ökologischer Perspektive. Noch einmal am Beispiel: Kinderbetreuungskosten werden in dieser Perspektive als eine Angelegenheit der Solidargemeinschaft behandelt, und diese Einzelheit verweist auf die übergreifende Politikkonzeption, nach der die Sorge für Kinder als eine Kulturleistung der ganzen Gesellschaft aufgefaßt und gestaltet werden muß. Hiermit ist im übrigen eines der wichtigsten Argumente benannt, das vom Bundesverfassungsgericht in der Begründung für seinen jüngsten Beschluß angeführt wird, der den Gesetzgeber dazu verpflichtet, den Betreuungs- und Erziehungsaufwand für Kinder als festen Bestandteil des familiären Existenzminimums anzuerkennen und dementsprechend von einer Besteuerung frei zu halten.

7. Eltern als Anwälte und als Umwelt der Kinder

Das gewählte Beispiel der Kontextualisierung des Rechtsanspruchs auf einen Kindergartenplatz gibt Anlaß zu einer abschließenden Überlegung: Rechte des Kindes sind nicht immer vereinbar mit Rechten der Eltern. In den Fällen, wo die Rechte beider in Konflikt geraten, müssen die Rechte des Kindes prinzipiell Vorrang haben; außerdem müssen allgemeine Grundrechte des Kindes als Person anerkannt werden. Aus dieser Auffassung (die ansatzweise auch im KJHG und im neuen Kindschaftsrecht verankert ist) ergibt sich, daß Kinderpolitik nicht einfach in Familienpolitik aufgehen kann, daß es vielmehr auch eine eigenständige Kinderpolitik geben muß. Zumindest aber muß es eine auf Kinder bezogene Familienmitgliederpolitik geben, die sich von einer Familieninstitutionenpolitik abhebt. Eine weitere Betrachtung erscheint mir aber ebenso wichtig: Im allgemeinen ist es geraten, Kinder nicht allein als monadische Personen, sondern eben zugleich als Mitglieder des sozialen Systems Familie zu betrachten. Und dies auch deshalb, weil Kinder – und ich spreche jetzt ausdrücklich von Kindern als Personen im Vorschul- und Grundschulalter – noch nicht in der Lage sind, die ihnen zustehenden Rechte selber zu vertreten, weil Kinder, wie bereits gesagt, Personen-in-Entwicklung sind. Wenn dies anerkannt wird, dann muß es ein stellvertretendes, anwaltschaftliches Handeln für Kinder geben, das freilich selber einer „advokatorischen Ethik" verpflichtet ist. Dies betrifft das Handeln im intimen Beziehungssystem der Familie (also in familialen Generationenbeziehungen), das professionelle Handeln in den öffentlichen Einrichtungen der Betreuung, Erziehung und Bildung sowie das politische Handeln (als das Handeln in gesellschaftlichen Generationenbeziehungen). Als die ersten und wichtigsten „Anwälte des Kindes" müssen aber die Eltern gelten; eben dies besagen die Grundsätze, die ich aus der Präambel und aus Artikel 18 der UN-Konvention über die Rechte des Kindes zitiert habe. Wenn darüber Konsens besteht, muß Politik und gerade auch Politik für Kinder alles ihr Mögliche tun, um die Eltern in die Lage zu versetzen und ihnen die notwendigen Ressourcen zu gewährleisten, daß sie ihrer Anwaltschaft für ihre Kinder gerecht werden können – und damit wären wir wieder bei Familienpolitik als Gesellschaftspolitik, als einer Politik der Gerechtigkeit für Familien und ihre Mitglieder.

Eltern sind indes nicht nur die primären Anwälte ihrer Kinder, sondern ihre primäre Umwelt. Auch in diesem Sinne sollte sich also Kinderpolitik als Kind-Umwelt-Politik begreifen – ein sozial-ökologisches Projekt, für dessen Erfolg noch viel zu tun bleibt.

Literatur

Alanen, L., 1994: Zur Theorie der Kindheit, *Sozialwissenschaftliche Literaturrundschau*, Heft 28, S. 93-112.

Ariès, Ph., 1975: Geschichte der Kindheit. München & Wien: Carl Hauser.

Beck, U., 1986: Risikogesellschaft. Auf dem Wege in eine andere Moderne, Frankfurt: Suhrkamp.

Bernfeld, S., 1922: Vom Gemeinschaftsleben der Jugend, Leipzig, Wien & Zürich: Internationaler Psychoanalytischer Verlag.

Bernfeld, S., 1925: Sisyphos oder die Grenzen der Erziehung, Leipzig, Wien & Zürich: Internationaler Psychoanalytischer Verlag.

Bronfenbrenner, U., 1979: Ökologie der menschlichen Entwicklung, Stuttgart: Klett.

Bronfenbrenner, U., 1992: Ecological systems theory, in: Vasta, R. et al. (Eds.), Six theories of child development, London, S. 187-249.

de Mause, L., (Hrsg.), 1977: Hört ihr die Kinder weinen. Eine psychogenetische Geschichte der Kindheit, Frankfurt: Suhrkamp.

du Bois-Reymond, M., Büchner P., Krüger H.-H., Ecarius, J. & Fuhs, B., 1994: Kinderleben. Modernisierung von Kindheit im interkulturellen Vergleich, Opladen: Leske & Budrich.

Fatke, R., (Hrsg.), 1994: Ausdrucksformen des Kinderlebens, Bad Heilbrunn: J. Klinkhardt.

Gstettner, P., 1981: Die Eroberung des Kindes durch die Wissenschaft, Reinbek: Rowohlt.

Heydorn, H. J., 1994: Bildungstheoretische Schriften, in: Ders., Werke, Bd. 1, Vaduz: Topos.

Honig, M.-S., 1999: Entwurf einer Theorie der Kindheit, Frankfurt: Suhrkamp.

Lenzen, D., 1994: Das Kind, in: Ders., (Hrsg.), Erziehungswissenschaft. Ein Grundkurs, Reinbek: Rowohlt.

Lenzen, D., 1997: Lösen die Begriffe Selbstorganisation, Autopoiesis und Emergenz den Bildungsbegriff ab? *Zeitschrift für Pädagogik*, 43, S. 949-967.

Liegle, L., 1988: Freie Assoziationen von Familien. Geschichte und Zukunft einer „postmodernen" familialen Lebensform, in: Lüscher, K., Schultheiss, P. & Wehrspaun, M., (Hrsg.), Die „postmoderne" Familie, Konstanz: Universitätsverlag, S. 98-115.

Lippitz, W. & Rittelmeyer, C., (Hrsg.), 1990: Phänomene des Kinderlebens, Bad Heilbrunn: J. Klinkhardt.

Mead, G. H., 1968: Geist, Identität und Gesellschaft, Frankfurt: Suhrkamp.

Montessori, M., 1952: Kinder sind anders. Stuttgart: Klett.

Muchow, M. & Muchow, H.-H., 1935: Der Lebensraum des Großstadtkindes, Hamburg: Martin Riegel.

Preuss-Lausitz, U., Rülcker, T. & Zeiher, H., (Hrsg.), 1990: Selbständigkeit für Kinder – die große Freiheit? Weinheim & Basel: Beltz.

Qvortup, J., 1993: Die soziale Definition von Kindheit, in: Markefka, M. & Nauck, B., (Hrsg.), Handbuch der Kindheitsforschung, Neuwied: Luchterhand, S. 109-124.

Richard, B. & Krüger, H.-H., 1998: Mediengenerationen: Umkehrung von Lernprozessen? in: Ecarius, J., (Hrsg.), Was will die jüngere mit der älteren Generation? Opladen: Leske + Budrich, S. 159-182.

Schäfer, G.E., 1995: Bildungsprozesse im Kindesalter, Weinheim: Juventa.

Schleiermacher, F., 1826/1957: Die Vorlesungen aus dem Jahre 1826, in: Ders., Pädagogische Schriften, hrsgg. von E. Weniger, Bd. 1, Düsseldorf & München: Helmut Küpper vormals Georg Bondi.

Thomas, W. I. & Znaniecki, F., 1927: The polish peasant in Europe and America, New York: Dover.

Wingen, M., 1997: Familienpolitik, Bonn: Bundeszentrale für politische Bildung.

Winnicott, D. W., 1974: Reifungsprozesse und fördernde Umwelt, München: Kindler.

Wissenschaftlicher Beirat für Familienfragen beim Bundesministerium für Familie, Senioren, Frauen und Jugend, 1998: Kinder und ihre Kindheit in Deutschland. Eine Politik für Kinder im Kontext von Familienpolitik, Stuttgart: Kohlhammer.

Wurzbacher, G., (Hrsg.), 1968: Der Mensch als soziales und personales Wesen. Beiträge zu Begriff und Theorie der Sozialisation, Stuttgart: Enke.

Zinnecker, J., 1996: Soziologie der Kindheit oder Sozialisation des Kindes? Überlegungen zu einem aktuellen Paradigmenstreit, in: Honig, M. S., Lange, A. & Leu, H. R., (Hrsg.), Kinder und ihre Kindheit, Weinheim: Juventa, S. 31-54.

Zinnecker, J., 1997: „Streßkinder" und „Glückskinder". Eltern als soziale Umwelt von Kindern, *Zeitschrift für Pädagogik*, 43, S. 7-34.

Verzeichnis der Autorinnen und Autoren

Bohrhardt, Ralf, Dr., Universität Bremen, SFB 186: Statuspassagen und Risikolagen im Lebensverlauf

Dollase, Rainer, Prof. Dr., Universität Bielefeld, Fakultät für Psychologie und Sportwissenschaft, Abteilung Psychologie

du Bois-Reymond, Manuela, Prof. Dr., Universiteit Leiden, Faculty of Social and Behavioural Sciences, Department of Education

Eickhoff, Catarina, Dipl.-Psych., Universität Siegen, Fachbereich 2 Erziehungswissenschaften

Engelbert, *Angelika,* HD Dr., Universität Bielefeld, Fakultät für Soziologie

Fuhs, Burkhard, PD Dr., Philipps-Universität Marburg, Institut für Erziehungswissenschaft

Griese, Hartmut M., Prof. Dr. habil., Universität Hannover, Fachbereich Erziehungswissenschaften, Institut für Psychologie und Soziologie/Abtl. Soziologie

Hekken, Suus M. J. van, Dr, Vrije Universiteit Amsterdam, Fakultät für Psychologie und Pädagogik

Herlth, Alois, Dr., Universität Bielefeld, Institut für Bevölkerungsforschung und Sozialpolitik

Hoffmann, Dagmar, Dipl.-Soz., Technische Universität Chemnitz, Philosophische Fakultät, Sozialisationsforschung und Empirische Sozialforschung

Kersting, Volker, Dipl.-Soz., Ruhr-Universität Bochum, Fakultät für Sozialwissenschaft

Kirchhöfer, Dieter, Prof. Dr.,Universität Potsdam, Humanwissenschaftliche Fakultät, Institut für Pädagogik

Kreppner, Kurt, Prof. Dr., Max-Planck-Institut für Bildungsforschung, Berlin, Forschungsbereich Psychologie und Humanentwicklung

Liegle, Ludwig, Prof. Dr., Eberhard-Karls-Universität Tübingen, Institut für Erziehungswissenschaft, Abt. Allgemeine Pädagogik

Mansel, Jürgen, HD Dr., Universität Bielefeld, Fakultät für Pädagogik

de Mey, Langha, Dr., Vrije Universiteit Amsterdam, Fakultät für Psychologie und Pädagogik

Palentien, Christian, Dr., Universität Bielefeld, Fakultät für Pädagogik

te Poel, Yolanda, Dr., Universiteit Leiden, Faculty of Social and Behavioural Sciences, Department of Education

Rupp, Marina, Dr., Universität Bamberg, Lehrstuhl für Soziologie I

Schlemmer, Elisabeth, Dr., Universität Bamberg, Lehrstuhl für Sozialpädagogik

Schütze, Yvonne, Prof. Dr. Humboldt-Universität zu Berlin, Institut für Allgemeine Pädagogik, Abteilung Soziologie und Pädagogik

Schulze, Hans-Joachim, Prof. Dr., Vrije Universiteit Amsterdam, Fakultät für Psychologie und Pädagogik

Strohmeier, Klaus Peter, Prof. Dr., Ruhr-Universität Bochum, Fakultät für Sozialwissenschaft

Wilk, Liselotte, Prof. Dr., Johannes Kepler Universität Linz, Institut für Soziologie

Zeiher, Helga, Dr., Max-Planck-Institut für Bildungsforschung, Berlin, Forschungsbereich Bildung, Arbeit und gesellschaftliche Entwicklung

Zeijl, Elke, Dr., Universiteit Leiden, Faculty of Social and Behavioural Sciences, Department of Education

Sachregister